JN032349

臨場感あふれる解説で、楽しみながら歴史を“体感”できる

世界史劇場

河合塾講師 神野正史【著】

春秋戦国と始皇帝の誕生

はじめに

歴史を学んでいて“血湧き肉躍る”時代というのはたいてい戦乱時代です。

こうした戦乱の時代というのは、旧制・旧法にしがみつく者から順に亡んでいき、試行錯誤を繰り返しながらもつぎつぎと新しい思想・理念・制度・技術を取り入れていく者だけが生き残る“資格”を神から与えられる時代であり、そうした激動の中から英主・英雄・名軍師・猛将が相次いで現れ、忠臣と奸佞（かんねい）が駆引を行い、軍師が策を講じ、策士が謀略を練り、猛将と勇将が戦場で戦戈（せんか）をぶつけ合って火花を散らす。

裏切り・陰謀・知略が駆け巡り、ちょっとした運命の綾や些細（ささい）なミスでもあっけなく命を落とす厳しい時代だけに名場面（ドラマ）や名勝負（ドリームマッチ）がつぎつぎと生まれ、物語としては掛値（かけね）なしにおもしろい。

さしづめ中国史なら「春秋戦国」「楚漢争覇」「三國志」、日本史なら「戦国」「幕末維新」、ヨーロッパ史なら「ナポレオン時代」がこれに相当し、どれも絶大な人気のあるテーマですが、そうした中でなぜか「春秋戦国」は今ひとつ人気が振るわないようです。

最近、『キングダム』という漫画が人気を博したことで、この時代にも少し脚光が当たるようになりましたが、『キングダム』の舞台は嬴政（えいせい）（始皇帝の本名）の即位後の時代ですから、春秋戦国時代といってもその末期も末期で、その中枢の時代を扱っているわけではありません。

しかしながら、「春秋戦国」といえば、550年という中国史上もっとも永きにわたる戦乱時代であり、この時代を学ぶことで、中国の古典・故事・成語・四字熟語・諺（ことわざ）などは、この時代に由来するものがたいへん多いことに気づかされます。

それどころか、「中国」という国家・民族のアイデンティティはこの時代に培われたものといって過言でなく、この時代の歴史を知らずして中国を理解することはできないといってよいほどです。

現在、中国（習近平（シージンピン））は、その右手で近隣諸国に対して強引な膨張政策を押し進める一方、左手で「一帯一路（イーダイイールー）」政策で遠方の欧州（ヨーロッパ）・阿州（アフリカ）との関係を密にしようとしていますが、これこそこの「春秋戦国」において范雎（はんしょ）が秦の昭襄（しょうじょう）王に献策した「遠交近攻」策です。

秦はこの「遠交近攻」により急速に勢力を拡大していきましたが、現代中国もこれにより発展し、「21世紀の覇者」たらんとしたとき、“目の上のたんこぶ”となってくるのが「前世紀の覇権国家（ヘゲモニー）」たる米国（アメリカ）です。

したがって中国は、近い将来、米国（アメリカ）との対決は避けられませんが、このとき「一帯一路（イーダイイールー）」は“米国（アメリカ）を孤立化させる”という役割（ロール）も果たします。

これは「春秋戦国」において、秦（当時の覇権国家）に対抗する唯一の策として、蘇秦（そしん）が六国（りっこく）を説いて回った「合従（がっしょう）」策に相当します。

このように、「遠交近攻」にせよ「合従」にせよ、習近平（シージンピン）の押し進める国際政策はことごとく「春秋戦国」から学んだものです。

「春秋戦国」は、現代のような国際的緊迫が550年もつづいたのですから、それは“教訓の宝庫”です。

中国の“したたかさ”は、こうした長い歴史の中で培われてきた教訓を知り尽くし、これを現代に応用しているところにあります。

――敵を知り、己を知らば、百戦殆（あや）うからず。

春秋時代の孫子の言葉です。

中国の目論見、現代の国際情勢を正しく理解するためにも「春秋戦国」の歴史は現代人の“必修科目”といえましょう。

日本人はあの「太平洋戦争」に敗れて以来、歴史から目を背けてきた側面があります。

しかし、我々も「春秋戦国」に学び、これから到来する“動乱の時代”を生き抜く智慧を歴史から学び取らないならば、脅しではなくほんとうに“亡びの道”を転げ落ちていくことになるでしょう。

２０２１年６月　神野正史

本書の読み方

本書は、初学者の方にも、たのしく歴史に慣れ親しんでもらえるよう、従来からの歴史教養書にはない工夫が随所に凝らされています。

そのため、読み方にもちょっとしたコツがあります。

まず、各単元の扉絵を開きますと、その単元で扱う範囲の「パネル（下図参照）」が見開き表示されています。

本書はすべて、このパネルに沿って解説されますので、つねにこのパネルを参照しながら本文を読み進めていくようにしてください。

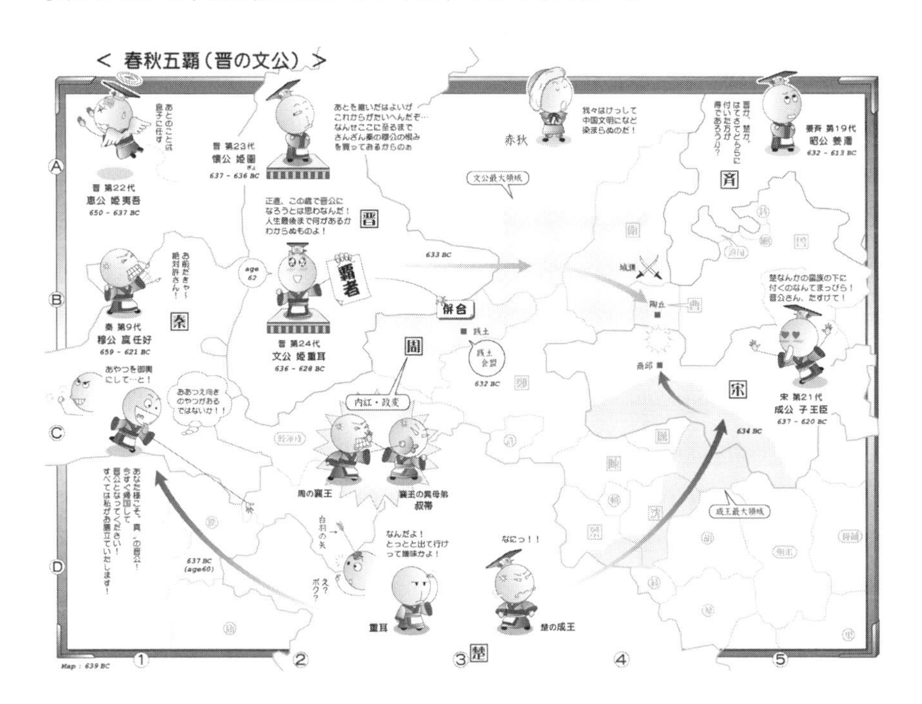

そうしていただくことによって、いままでワケがわからなかった歴史が、頭の中でアニメーションのようにスラスラと展開するようになります。

ぜひ、この読み方をお守りくださいますよう、よろしくお願いします。

また、その一助となりますよう、本文中にはその随所に（A-2）などの「パネル位置情報」を表示しておきました。

これは、「パネルの枠左の英字と枠下の数字の交差するところを参照のこと」という意味で、たとえば(B-2)と書いてあったら、「B段第2列のあたり」すなわち、前ページパネルでは「晋の文公」を示しています。

なお、本パネルの中の「人物キャラ」はてるてる坊主みたいなので、便宜上「てるてる君」と呼んでいますが、このてるてる君の中には、その下に「肩書・氏名・年号」が書いてあるものがあります。

晋 第24代
文公 姫重耳
636 - 628 BC

この「年号」について、注意点が2つほど。

まず、この年号はすべて「グレゴリウス暦」で統一されています。

したがいまして、イスラームを解説したパネルであっても「ヒジュラ暦」ではありませんし、日本の歴史が描かれたパネルであっても「旧暦」ではありません。

また、この「年号」は、そのすぐ上の「肩書」であった期間を表しています。

したがいまして、同じ人物でも肩書が違えば「年号」も変わってきますのでご注意ください。

たとえば、同じ「重耳(ちょうじ)」でも、その肩書が、
「晋の献公 次男」とあるときには、彼の次男としての一生(697～628BC)が、「晋 第24代」とあるときには、その在位期間(636～628 BC)が記されています。

ただ、本書がテーマとしている春秋戦国時代は不確かな年号が多く、“多説のうちの一説”が記されていることも多いのでご注意ください。

また、本文下段には「註欄」を設けました。

この「註」は、本文だけではカバーしきれない、でも歴史理解のためにはどうしても割愛したくない、たいへん重要な知識をしたためてありますので、歴史をより深く理解していただくために、本文だけでなく「註」の説明文の方にも目を通していただくことをお勧めいたします。

それでは、「まるで劇場を観覧しているかの如く、スラスラ歴史が頭に入ってくる!」と各方面から絶賛の「世界史劇場」をご堪能ください。

CONTENTS

第3章　戦国の幕開け

第4章　秦の抬頭

Column コラム

第1章 春秋時代（前期）

第1幕

笑わない王妃？

周の東遷

殷周革命を経て成立した西周も200年ほどで傾き、
第10代 厲王(れい)の御世(みよ)には王不在という危機に陥り、
第11代 宣王が一時国力を恢復(かいふく)するも、
第12代 幽王は「正室の嫡男を廃嫡する」という、どんな大国をも内から崩壊させる〝虎の尾〟を踏んだことで
ついに滅亡、新たな「春秋」の世が開くこととなった。

〈周の東遷〉

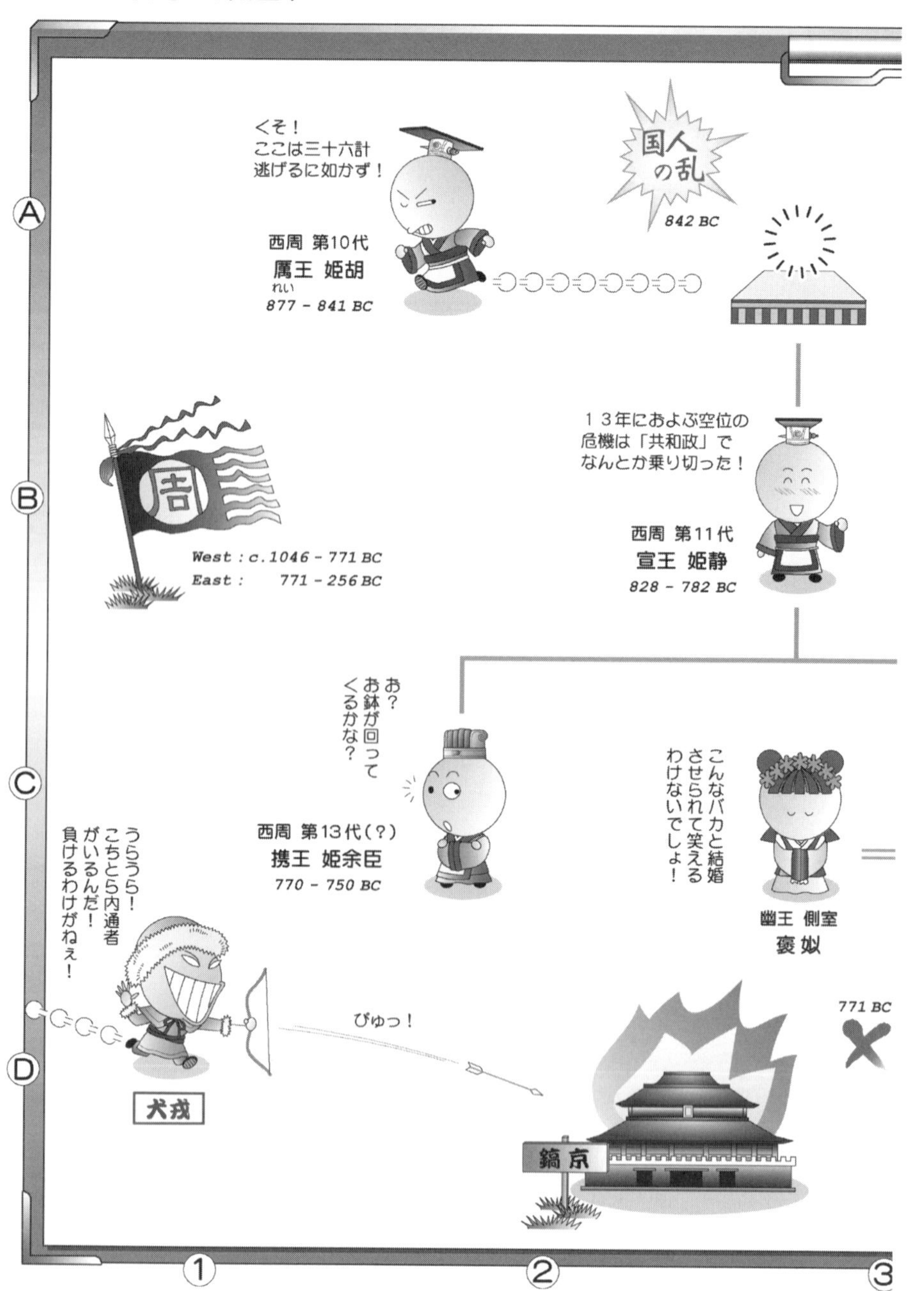
A
B
C
D
くそ！
ここは三十六計
逃げるに如かず！
西周 第10代
厲王 姫胡
れい
877 - 841 BC
国人の乱
842 BC
１３年におよぶ空位の
危機は「共和政」で
なんとか乗り切った！
西周 第11代
宣王 姫静
828 - 782 BC
周
West : c.1046 - 771 BC
East : 771 - 256 BC
お？
お鉢が回って
くるかな？
西周 第13代(?)
携王 姫余臣
770 - 750 BC
こんなバカと結婚
させられて笑える
わけないでしょ！
幽王 側室
褒姒
うらうら！
こちとら内通者
がいるんだ！
負けるわけがねぇ！
犬戎
ぴゅっ！
771 BC
鎬京
1
2
3

前９世紀中葉〜前８世紀中葉

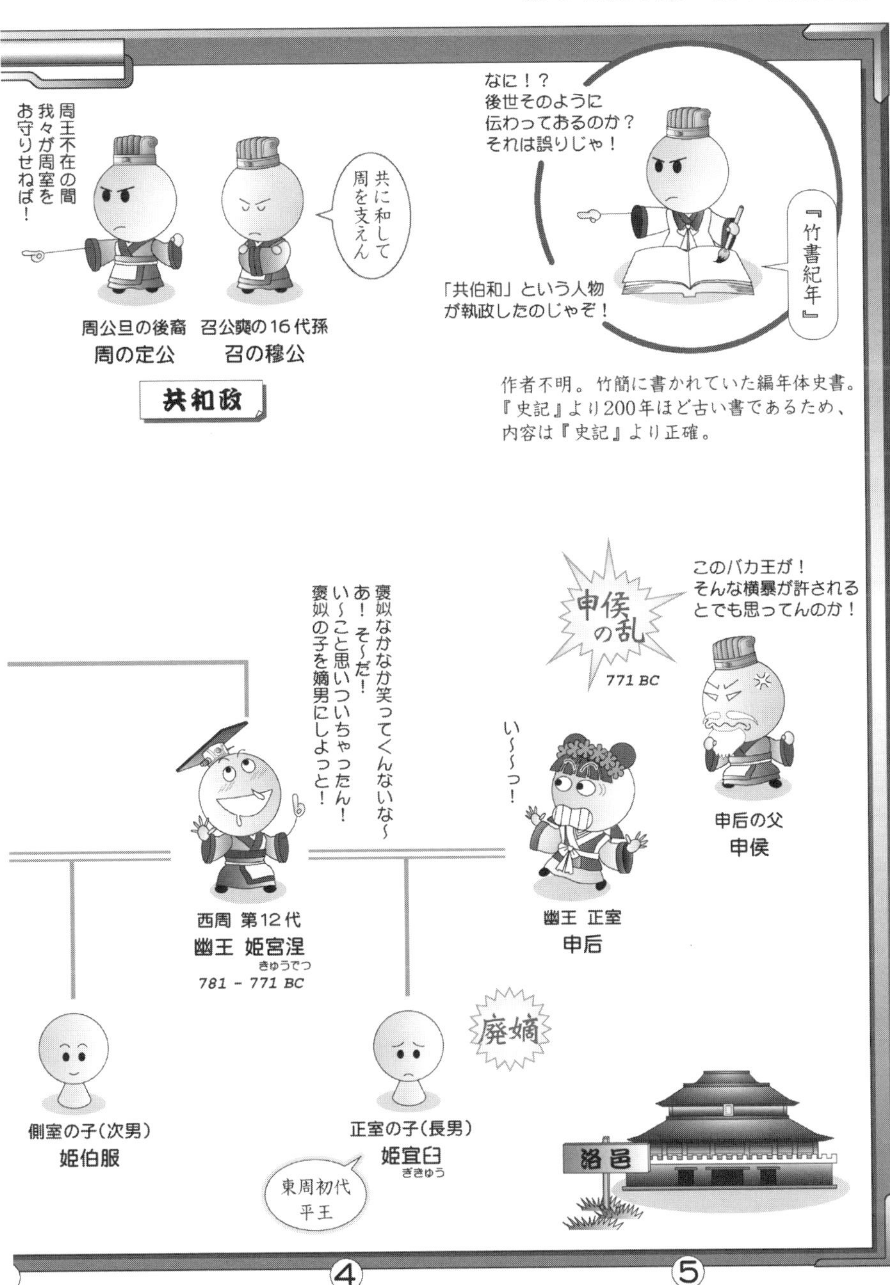

現在のところ、考古学的な裏付のある中国最古の王朝は、今から3700年ほど前に生まれた「殷（＊01）王朝」ですが、これはまだ「邑（＊02）の連合体（邑制国家）」にすぎず、まだ領域国家でもなければ「漢民族」という概念すら存在しない（＊03）時代でした。

それから700年ほど時代が下って「周王朝」の時代になると、それぞれの邑を王室（姫姓）の血縁またはその功臣で固め、より結びつきを強くした「封建体制」となったことで「領域国家」への指向が始まったものの、依然として

①「邑制国家」を基盤としていた点

②「漢民族」という概念が存在しなかった点

…など、周は本質的に殷の時代から変わっていません。

しかし、その周も建国より200年ほどで傾くと、そこから歴史が動きはじめます。

本書はまさにこの「旧時代から新時代への“産みの苦しみ”の時代」、すなわち「春秋・戦国時代」を扱ったものとなります。

そして、周の斜陽を象徴する事件こそが、周王第10代の厲王のころに勃発した「国人の乱（A-2/3）（前842年）」でした。

これは、暴君を殺害せんと叛徒が王宮にまで乱入したもので、このとき厲王は命からがら都を脱出（A-1/2）できたものの、以降、周は丸13年にもわたって王不在（A-3）となって存亡の機に陥ります。

しかしこのときは、2人の諸侯――周の定公と召の穆公（A-3/4）が協力し（共に和し）て政務に当たって（＊04）落日の周を必死に支えたと伝わります。

この故事から「王不在の人臣による合議政」のことを「共和政（A/B-3/4）」と呼ぶようになりました。

さて、その「共和政」も終わり、つぎの宣王（B-3）の御世になると一時国勢

（＊01）正式な王朝名は「商」ですが、これを討ち倒した周が商を「殷」と呼んだため、こちらの王朝名の方が広く知られています。

（＊02）古代中国に現れた都市国家のこと。都市国家といっても各地の環境・歴史背景に合わせてそれぞれ特性が違うため、たとえば古代エジプトなら「ノモス」、古代ギリシアなら「ポリス」といった具合に、それぞれ固有名詞が与えられています。

を盛り返したものの、その次の王の御世(みよ)に周は亡びることになります。

それこそ、中国史上でも指折りの暗君として有名な「幽王(ゆう)（C-3/4）」です。

幽王(ゆう)にはれっきとした正室申后(しんこう)（C-5）とその間に生まれた嫡男宜臼(ぎきゅう)（D-4）がいたにもかかわらず、あとから後宮に入ってきた褒姒(ほうじ)（C-3）という美女に溺れ、彼女との間にできた子・伯服(はくふく)（D-3）を立太子してしまいます。

一度定まった世継(よつぎ)を廃嫡（D-4/5）するなど、いつの世でもどこの国でも国を亡ぼすほどのインパクトあるお家騒動に発展する大事です。

宜臼(ぎきゅう)の廃嫡を知った当時の太史（秘書官）伯陽甫(はくようほ)などは、「禍(わざわい)成れり。周亡びん。」と嘆いていますが、彼の懸念通り、国は「長男（宜臼(ぎきゅう)）派」と「次男（伯服(はくふく)）派」に分かれて対立が始まってしまいます。

しかし、そんな状況も当の幽王(ゆう)はどこ吹く風。

『史記』には彼の脳天気ぶりを表す逸話が記されています。

――政務もそこそこ、幽王(ゆう)は“笑わない王妃”褒姒(ほうじ)をなんとか笑わせようといろいろと試してみるも、彼女は決して笑わない。

道化師を呼んでも笑わない。

正室にしてやっても、彼女の子（伯服(はくふく)）を立太子してやっても笑わない。

（＊03）当時、中原に住んでいた民族は「華夏族」と呼ばれていましたが、殷周・春秋戦国時代にかけて、華夏族と周辺諸民族（夷狄蛮戎）が混血を繰り返して均質化し、新たな混血民族が生まれます。これが今から2000年ほど前より「漢民族」と呼ばれるようになります。

（＊04）『史記』に拠る。作者不明の『竹書紀年（A-5）』では、政務を執ったのは「共伯和」なる人物とあります。

そんなあるとき、兵乱の合図である狼煙が上がったため、諸侯らは大挙して駆けつけましたが、来てみれば、平穏な都に諸侯たちは目を白黒。

この様を見た褒姒が大笑いしたのを悦んだ幽王は、何事もないのに何度も狼煙を上げさせたため、やがて本当に外敵（犬戎）（D-1）が攻めてきたとき、誰も援軍に駆けつけてくれなかった。

こうして都（鎬京）（D-2/3）はあっけなく陥落し、幽王と伯服は殺され、褒姒は犬戎に連れ去られてそのまま消息を絶ち、周（西周）は滅亡した。

しかしながら、この話はイソップ寓話「狼少年」の話ともそっくり(＊05)で、これに“いつも男が国を興し、女がそれを亡ぼす“という中国人好みの定型文(＊06)を組み合わせた、如何にもお伽噺っぽく、これを史実としてそのまま鵜呑みにすることはできません。

おそらくは、援軍に駆けつけなかった諸侯を正当化するために、あとから取って付けられた創作でしょう。

史実は、「長男派」と「次男派」の対立が深まる中で、長男派の領袖たる申侯(＊07)（C-5）が西の犬戎と手を組んで叛乱（申侯の乱）（B/C-5）を起こしたとき、多くの諸侯が主君（幽王）の援軍要請に応じませんでした。

その理由は「狼煙事件」のせいなどではなく、日頃から幽王に対する不満が鬱積していたからでしたが、たとえ不満があったにせよ、王を見殺しにしたのは不忠であったため、「笑わない王妃」という寓話を挟んで諸侯らに正当性を与えた、と考えるのが自然です。

ところで、鎬京陥落後の歴史も史書によってだいぶ話が異なります。

多くの書で採用されている『史記』に拠れば、

――幽王および伯服（次男）の死により宜臼（長男）が即位して「平王」となったものの、こたびの戦乱で都（鎬京）がすっかり興廃してしまったた

（＊05）通説では、『イソップ寓話』が中国に伝えられたのは明代とされていますが、あまりによく似ていますから、ひょっとしたらこのころすでに司馬遷の耳に入っていたのかも？

（＊06）夏の桀王は妹嬉に溺れて国を亡ぼし、殷の紂王は妲己に溺れて国を亡ぼし、そして、周の幽王は褒姒に溺れて国を亡ぼした――というわけです。

（＊07）申后の父、宜臼の祖父。鎬京から渭水を100kmほど上流（西方）にのぼった申の諸侯。

め、やむなく洛邑（D-5）に遷都することになった。

以降を「東周」と呼ぶ。

…とあり、ここに幽王の弟・携王（C-2）は登場しません。

ところが『竹書紀年[＊08]（A-5）』によれば、申侯が孫（宜臼）を即位させてこれを平王としたところまでは『史記』と同じですが、犬戎に伯服を殺されて旗標を失った「次男派」の虢石父[＊09]は、今度はその弟を祀りあげて「携

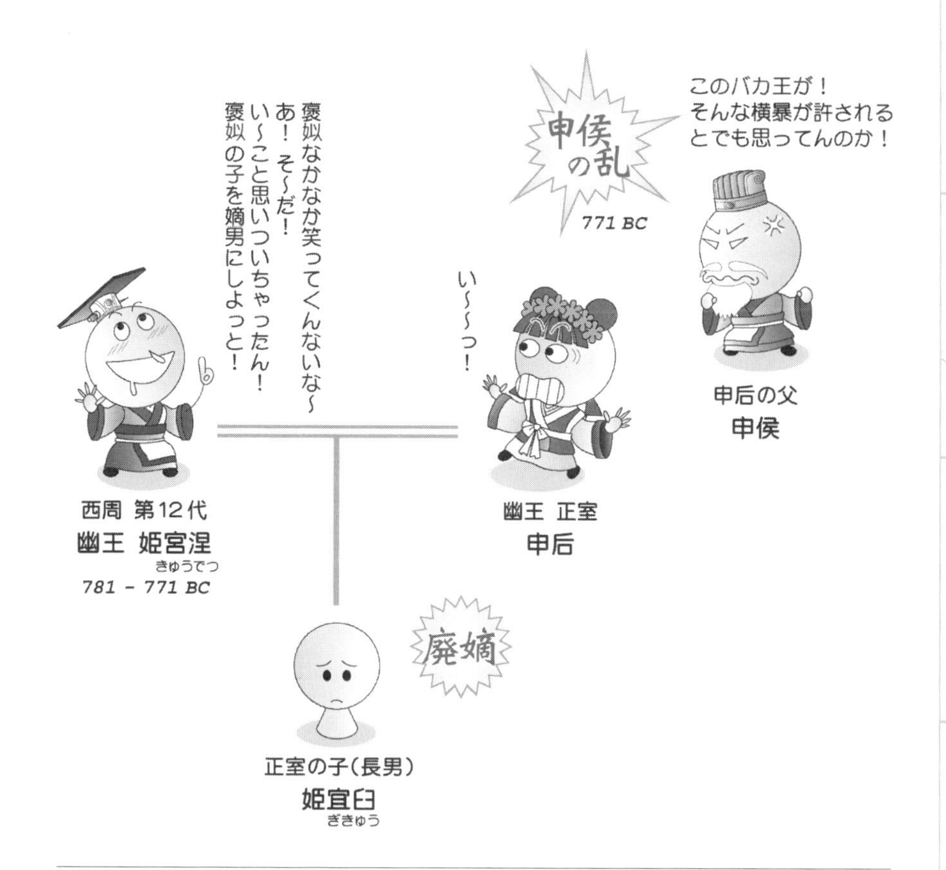

（＊08）おそらく戦国時代に書かれた編年体の史書。作者不明。『史記』には触れられていない出来事や、『史記』の誤りを発見することに役立っている貴重な書。

（＊09）西虢の君主。幽王の佞臣。褒姒を笑わせるため、狼煙を上げさせたのも彼。

王」として即位させたため、「周王」が２人並び立ったとあります。

つまり、『史記』では「西周が亡んで東周に代わった」ということになっているのに、『竹書紀年』では、日本の南北朝時代のように一時「西周と東周は20年ほど併存していた（770～750B.C.）」ということになります。

また別書『清華簡(＊10)』の場合、『竹書紀年』同様「携王」は登場するのですが、携王・平王は並立したのではなく、幽王から携王に継承（位770～750年B.C.）され、携王亡きあと９年間の空位（750～741B.C.）を挟んでから平王に継承された——と書かれています。

そのどれが“史実”なのかは判然としません(＊11)が、いづれにせよ、このときの動乱が契機となって、時代は「西周」から「東周」へと移り、東周時代はさらに「三家分晋(＊12)」を挟んでその上半期（約350年間）「春秋時代」と下半期（約200年間）「戦国時代」に分かれますが、やがて秦による天下統一までの550年間が本書の主題となります。

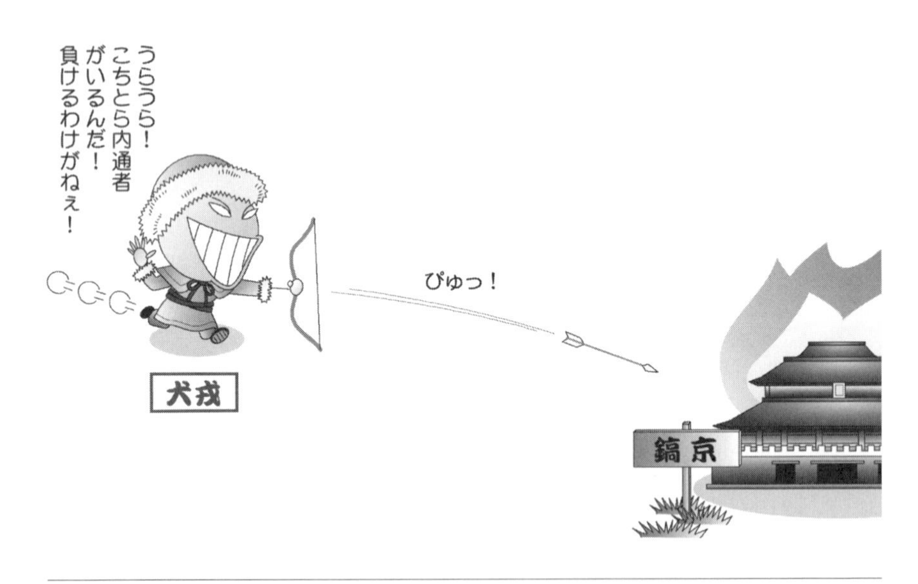

（＊10）近年になって発見された戦国時代の竹簡。作者不明。内容は多岐にわたる。

（＊11）とはいえ、筆者は諸般の理由により、『史記』がもっとも胡散臭く、『清華簡』が一番説得力があると考えています。

（＊12）紀元前453/403年、春秋時代の晋が韓・魏・趙の三家に分割された出来事。

第1章 春秋時代（前期）

第2幕

最初の覇者

春秋五覇（斉の桓公）

春秋時代において、最初に力を付けてきたのは斉だった。斉は襄公の御世に乱れたものの、桓公の時代になって隆盛を極め、彼は会盟を重ねて最初の「覇者」として君臨することとなった。
しかしそれも、その軍師管仲の支えあってのこと、彼の死とともに斉は急速に衰退していく。

姜斉 第16代
桓公 姜小白

〈春秋五覇(斉の桓公)〉

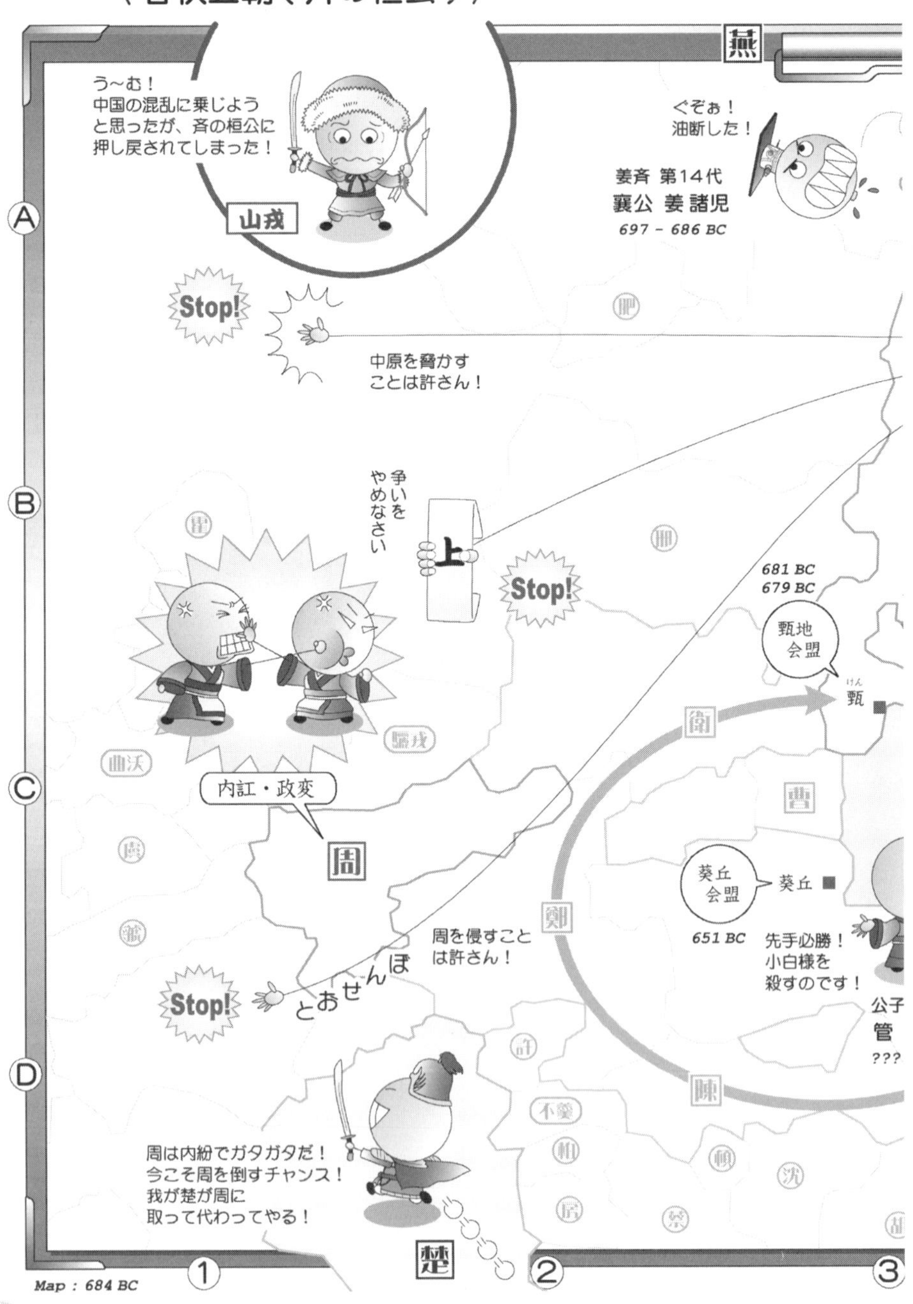

燕
う～む！
中国の混乱に乗じよう
と思ったが、斉の桓公に
押し戻されてしまった！
山戎
ぐぞぉ！
油断した！
姜斉 第14代
襄公 姜諸児
697 – 686 BC
Stop!
中原を脅かす
ことは許さん！
争いを
やめなさい
上
Stop!
681 BC
679 BC
甄地
会盟
けん
甄
衛
曹
曲沃
驪戎
内訌・政変
周
葵丘
会盟
葵丘
鄭
651 BC
先手必勝！
小白様を
殺すのです！
周を侵すこと
は許さん！
ぼ
ん
せ
お
と
Stop!
公子
管
???
許
陳
不羹
周は内紛でガタガタだ！
今こそ周を倒すチャンス！
我が楚が周に
取って代わってやる！
柏
頓
沈
房
蔡
楚
A
B
C
D
1
2
3
Map : 684 BC

前７世紀前半

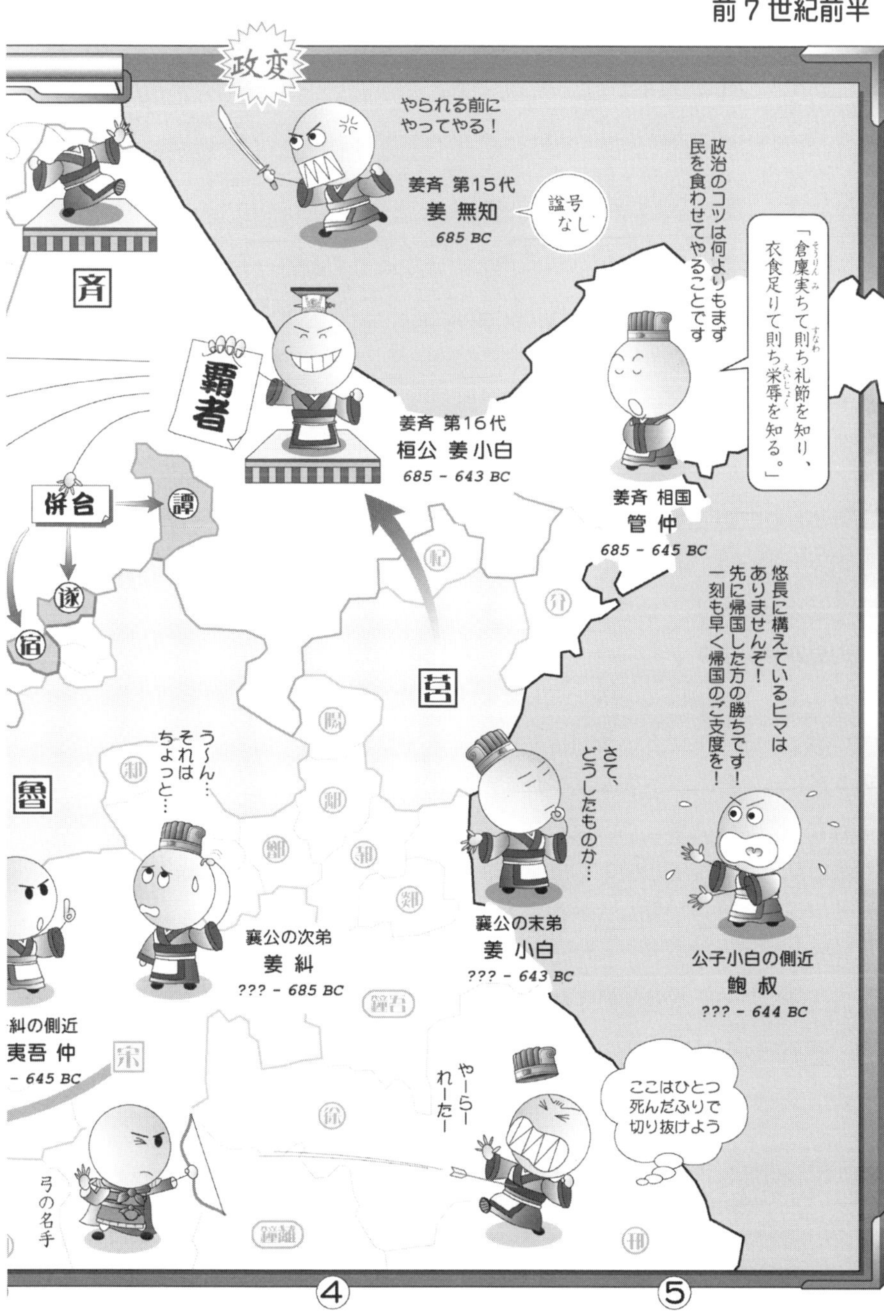
政変
やられる前に
やってやる！
姜斉 第15代
姜 無知
685 BC
諡号なし
斉
覇者
姜斉 第16代
桓公 姜小白
685 - 643 BC
政治のコツは何よりもまず
民を食わせてやることです
「倉廩実ちて則ち礼節を知り、
衣食足りて則ち栄辱を知る。」
姜斉 相国
管 仲
685 - 645 BC
併合
譚
遂
宿
莒
魯
悠長に構えているヒマは
ありませんぞ！
先に帰国した方の勝ちです！
一刻も早く帰国のご支度を！
さて、
どうしたものか…
う～ん…
それは
ちょっと…
襄公の次弟
姜 糾
??? - 685 BC
襄公の末弟
姜 小白
??? - 643 BC
公子小白の側近
鮑 叔
??? - 644 BC
糾の側近
夷吾 仲
- 645 BC
宋
や－ら－
れ－た－
ここはひとつ
死んだふりで
切り抜けよう
弓の名手
④
⑤

周王朝の建国物語は、初代武王の父（文王）がある日狩りに出かけたとき、たまたま渭水の畔で釣をしていた“とある人物”と出逢ったことから始まった——と伝わります。

その人物こそ一般的に「太公望」と呼ばれる呂尚［子牙］（＊01）その人であり、文王はこの老人を一目見て、「あなたこそ、我が太公（祖父）が待ち望んだお方だ！」とそのまま軍師として迎え入れた、と『史記』にあります。

周の軍師となった太公望は、殷周の対立が拮抗する中、第三勢力として隠然たる力を持っていた「召」の説得工作に入り、召公奭（姞奭）を味方陣営に組み込むことに成功します。

こうして、武王を中心として周公旦（武王の弟）・太公望（軍師）・召公奭（盟友）の３人がこれを支える形で、ついに剋殷（殷周革命）を成し遂げました。

この功により、召公奭は国姓（姫）を賜り、“武王の弟分”として迎えられる厚遇まで受けました（＊02）が、その武王が即位よりわずか２年で若くして急逝してしまったため、幼君（成王）が後を継ぐこととなり、周室は建国早々の危機に見舞われます。

建国後、まだ地盤も固まっていない状態で幼君が立てば、かならずといってよいほど“波”が立ち、それはたいてい王朝そのものを倒壊させるほどの“津波”となって襲いかかるものです。

しかしこのときは、周公旦が摂政としてこれをよく輔佐して国難（＊03）を切り抜けたうえで成王が成人した暁には“大政奉還”するという離れ業をやってのけた（＊04）おかげで事なきを得、おかげで周王朝は、以降、成王・康王の２代にわたって「成康の治」と呼ばれる安定期を迎えることができました。

周王朝はこうした建国の元勲らの功に報いるため、周公旦には「魯（C-3）」を、太公望には「斉（A-3/4）」を、召公奭には「燕（A-2/3）」を与え、中央

（＊01）氏は「呂」ですが、本姓は「姜」なので「姜尚」と呼ばれることもあります。
ちなみに、中国における「姓」「氏」「名字（苗字）」の違いは、日本のそれとは違い、大きな血縁集団（部族）に与えられた固有名が「姓」、その支族（氏族）に与えられた固有名が「氏」、さらにその支族（家族）に与えられた固有名が「名字（苗字）」となります。
なお、本書本文中で［　　］で括られている部分は字（あざな）です。

ではそれぞれ三公(＊05)の地位に付けます。

本幕は、こうして生まれた「斉」「魯」が中心となる時代です。

そもそも周が東遷して以降を「春秋時代」と呼ぶようになったのも、ちょうどこの時代（前771～453/403年までの約350年間）が孔子による編纂と伝えられる「魯(ろ)」の年代記『春秋』で扱われている時代（722～481年B.C.）とほぼ一致するためです。

春秋初期に濫立(らんりつ)した諸侯の数を数え上げてみると、文献上にその名が見えるものだけでも200余国にもなりますが、主だった国となると約50ほどとな

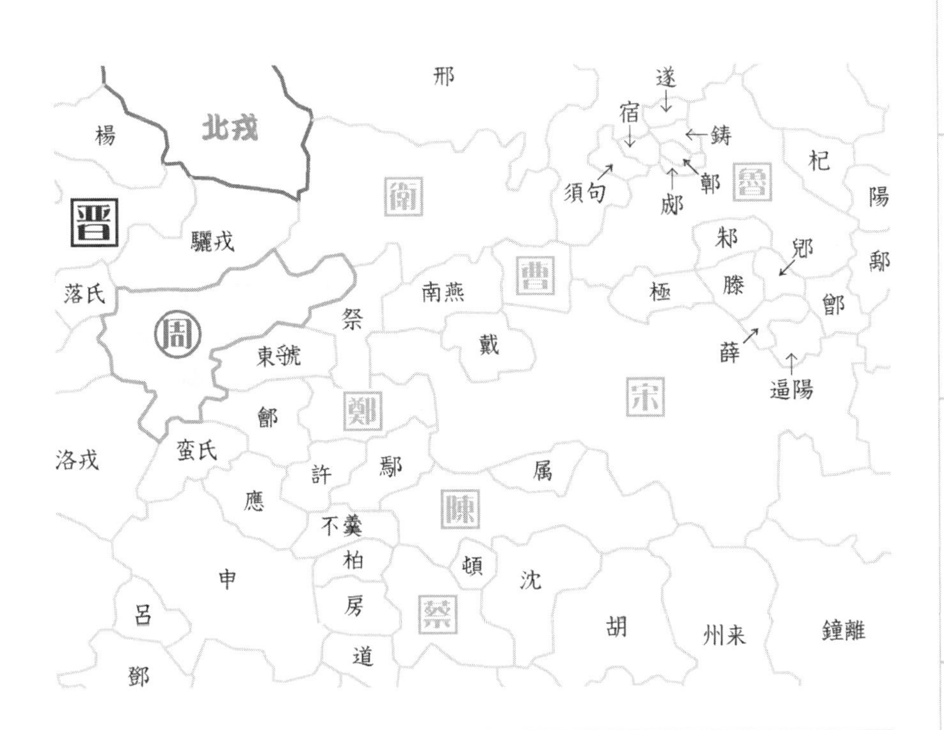

（＊02）「召公奭」に関してはよくわかっておらず諸説紛々、多説のうちの一説とお考えください。

（＊03）武庚（殷の遺児）・管叔鮮（周公旦の兄）・蔡叔度（周公旦の弟）による「三監の乱」。

（＊04）たいていは我が子かわいさで自分の子に継がせたくなってしまうものです。

（＊05）天子直属の人臣最高位。周公旦が太傅（天子の傅役）、太公望が太師（天子の師）、召公奭が太保（天子の相談役）に就きました。

〈春秋初期の諸侯配置〉

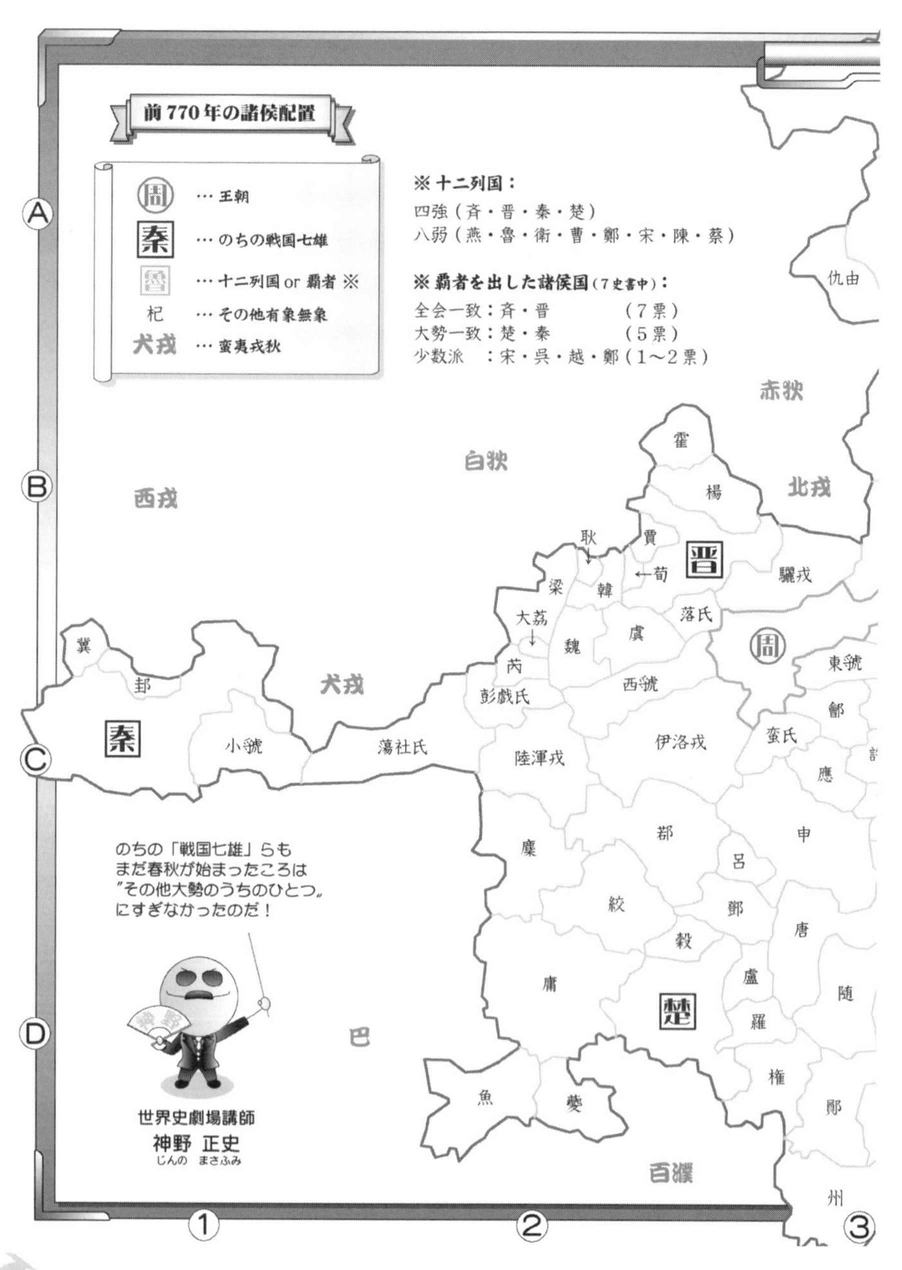

前770年の諸侯配置
周 …王朝
秦 …のちの戦国七雄
晋 …十二列国 or 覇者 ※
杞 …その他有象無象
犬戎 …蛮夷戎狄
※十二列国：
四強（斉・晋・秦・楚）
八弱（燕・魯・衛・曹・鄭・宋・陳・蔡）
※覇者を出した諸侯国（7史書中）：
全会一致：斉・晋 （7票）
大勢一致：楚・秦 （5票）
少数派 ：宋・呉・越・鄭（1〜2票）
仇由
赤狄
霍
白狄
楊
北戎
西戎
耿
賈
晋
梁
韓
荀
驪戎
大茘
落氏
虞
魏
周
冀
芮
東虢
邽
犬戎
西虢
彭戯氏
鄶
秦
小虢
蕩社氏
伊洛戎
蛮氏
陸渾戎
應
鄀
申
のちの「戦国七雄」らも
まだ春秋が始まったころは
〃その他大勢のうちのひとつ〃
にすぎなかったのだ！
麇
呂
絞
鄧
唐
穀
盧
庸
随
楚
羅
巴
権
魚
夔
鄖
世界史劇場講師
神野 正史
じんの まさふみ
百濮
州
A
B
C
D
①
②
③

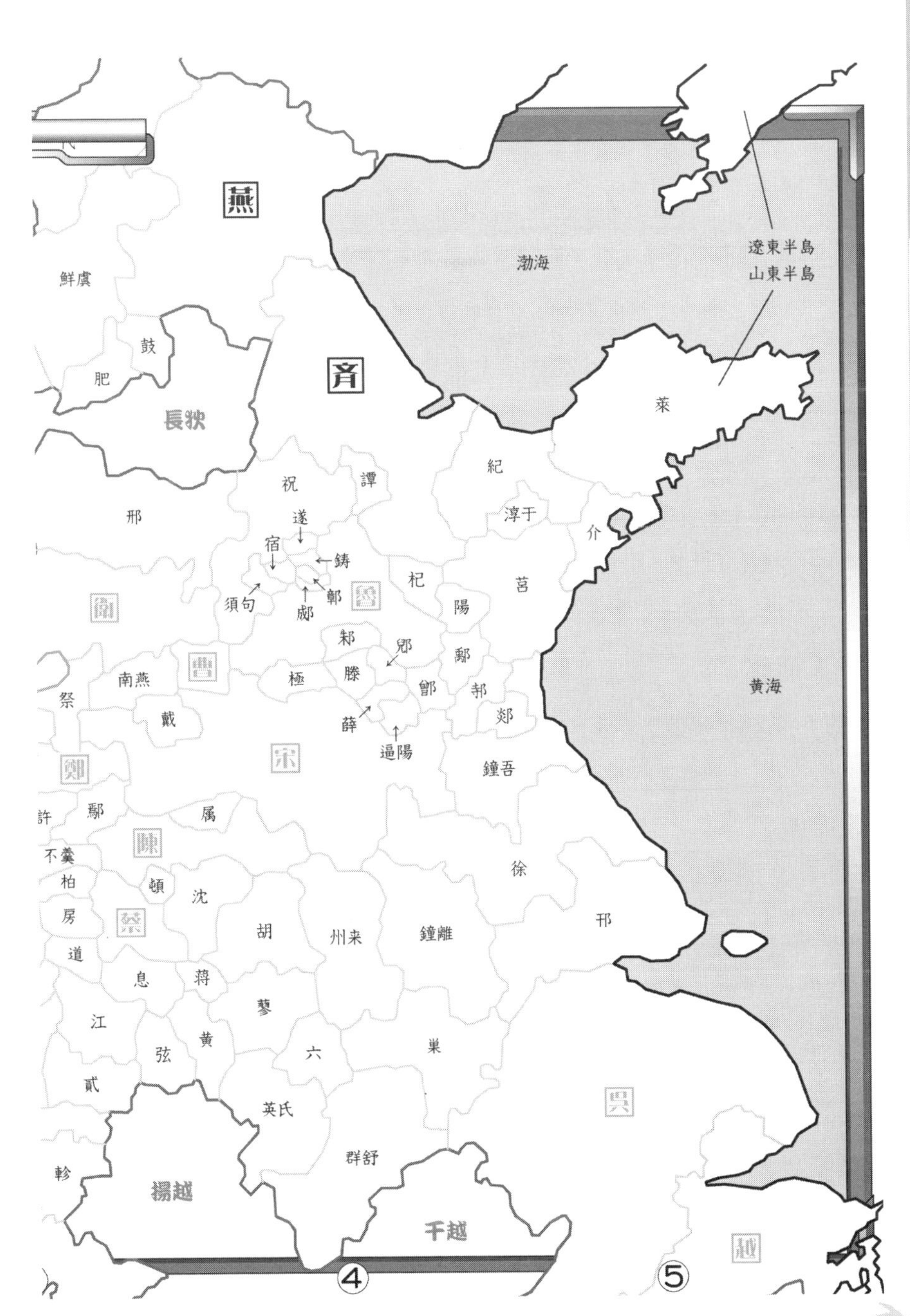
燕
渤海
遼東半島
山東半島
鮮虞
鼓
肥
長狄
斉
萊
祝
譚
紀
邢
遂
淳于
介
宿
鋳
杞
莒
須句
郕
鄟
魯
衛
陽
邾
郳
鄫
曹
南燕
極
滕
鄫
邿
黄海
祭
戴
薛
郯
偪陽
鄭
宋
鍾吾
許
鄢
属
陳
不羹
柏
頓
沈
徐
房
蔡
胡
州来
鍾離
邗
道
息
蔣
蓼
江
黄
弦
六
巣
貳
英氏
呉
軫
揚越
群舒
干越
越
④
⑤

り、中でも特に有力な国は「十二列国」と呼ばれる斉・晋・秦・楚（D-1/2）の四強と、その他の燕（A-2/3）・魯・衛（C-2/3）・曹（C-2/3）・鄭（C/D-2）・宋（C/D-3/4）・陳（D-2/3）・蔡（D-2/3）の小国を合わせたたった12ほどにすぎません。

いづれにせよ、周王朝がこれらの諸侯を抑えることができなくなったとなれば、これに代わって「諸侯を統制し、中原（＊06）に秩序を恢復し、外夷の脅威からこれを護ることができる者」が必要となってきます。

こうした“歴史的役割”を担って登場してきたのが「覇者（A/B-4）」です。

そして、その「覇者」として最初に名乗りを上げたのが、太公望から始まる「斉」でした。

斉は、春秋時代初期から頭角を現しはじめ、次第に他を圧倒する国力を持ちはじめたものの、時の第14代君主襄公（A-3）が暴君であったため、その害は親族にまで及び、公の弟・姜糾（次兄）（C/D-3/4）は魯へ、姜小白（末弟）（C-4/5）は莒（B/C-4）へ亡命しなければならないほどでした。

こうした混迷の中、案の定、まもなく襄公は彼に冷遇された公孫無知（襄公の従弟）（A-4）に誅殺され、その公孫無知もまた鼠輩に討たれ、相次ぐ政変騒ぎによって斉は主のいない状態となってしまいます。

そこで斉では、亡命中の糾か小白、どちらかを新公に迎え入れようと待望論が湧き起こります。

そうなれば、先に斉に帰国した方が玉座に近いことは明白で、事は一刻を争います。

こうした変局にあって、本領を発揮するのが軍師（＊07）であり、その采配の適否で主君の死命を決することもあります。

このときの糾の軍師だった者こそ、あの有名な管夷吾［仲］（＊08）（C/D-3）

（＊06）狭義では「黄河中流域一帯」のこと。ここで「中国の中心部」くらいの意。

（＊07）狭義では「将軍に戦略を助言する相談役」ですが、ふつうはもっと広い意味で「政治・経済・軍事全般にわたり、主君に政略・戦略を助言する相談役」といった役割。
「軍師」という役職名が生まれたのは後漢以降ですが、これに相当する立場の者は古くからおり、本幕で登場した「太公望」もそうですし、管仲もその代表格です。

であり、そして小白（しょうはく）の軍師こそが、その親友であった鮑叔（ほうしゅく）（C-5）であり、2人は無二の親友（＊09）でもありました。

「これは時間との戦いになるぞ！　今すぐ帰国せねば！」

焦る糾（きゅう）に対し、管仲（かんちゅう）はこれを遮（さえぎ）るように言います。

――糾（きゅう）様、お待ちください。

たとえ我々が先に帰国したとしても、あとから小白（しょうはく）様が帰国してきます。

そうなれば、どうせ一戦交えなければなりません。

先手必勝、そうなる前に手を打っておくに如（し）くはありませぬ。

「というと？」

――帰国の途にある小白（しょうはく）様を待ち伏せして、お命を頂戴いたします。

「いや、しかし、それは…」

――躊躇（ためら）ってはなりません。

一瞬でも躊躇った方が、襄公（じょうこう）や無知（むち）殿の二の舞となるのですぞ。

こうして管仲（かんちゅう）はただちに帰路を急ぐ小白（しょうはく）を待ち伏せ。

（＊08）彼は名（夷吾）より字（仲）の方が圧倒的に有名なので、通常「管仲」と呼ばれていますので、本書でも以後「管仲」と呼ぶことにします。

（＊09）この２人は篤い友情で結ばれ、その友情は後世「管鮑の交わり」という成句を生んで永く語り継がれるほどでした。

一番手っ取り早いのが大軍で一気に急襲して皆殺しにすることですが、大軍を動かせば情報漏れの可能性が高まりますし、それにそんなことをすれば、管仲にとって“無二の親友”たる鮑叔の命まで奪うことになりかねません。

——なに、そんな大仰にせずとも、街道沿いに腕のよい射手(D-3)を潜ませて、小白様ひとりを射殺せばよいだけのこと。

こうして待ち伏せしていたところに小白の馬車がやってきます。

狙いを定めた射手が放った矢は、矢筋一閃、吸い込まれるように小白の腹部に命中!(D-4/5)

「うぅ!」

唸り声とともにばったり倒れる小白に驚いた一行は襲撃を恐れてそのまま駆け抜けていきました。

——確かに命中した。あれでは助かるまい。

しかし、万が一にも助かれば事だ。

念には念を入れ、管仲は密偵を放ちましたが、案の定、棺桶が調達され、護衛として莒から連れてきていた兵を国元に返して一行は哀しみに暮れているという。

——よし!

管仲は糾に首尾を報告し、悠々と帰国の途に就きます。

ところが、そこに早馬が駆けつけてきました。

「報告！」

――何事じゃ？

「小白様がすでに斉にご帰還され、

“桓公（B-4）”を名乗って即位した由にございます！」

――な、何を申しておる！?

小白様はすでに死んだ。そのようなことがあるはずがない！

「それがそのぉ…、じつは矢が当たったのは帯の留金で、小白様はとっさに死んだふりをして、さらに棺桶まで用意させた由にて……」

――なんと、謀られたか！

このまま斉に向かえば殺されに行くようなものですので、一行は踵を返して魯に舞い戻ったものの、結局戦に敗れて糾は打ち首、管仲も捕らえられ、首枷をかけられたまま桓公の前に引きずり出されることになりました。

――無念！　もはやこれまで。

桓公の命を狙った張本人ですから打ち首で済めば御の字、釜茹刑・八裂刑にされてもおかしくない。

ところが、桓公は管仲の首枷をはずさせ、こう言います。

「余はおぬしを処刑しようと思っていたのじゃがな、

鮑叔がどうしてもおぬしを殺してはならんというのじゃ。

『我が君が斉一国で満足されるなら私の輔佐でもなんとかなりますが、

我が君がもし天下を望まれるなら、どうしても彼の才覚が必要です』とな。

どうじゃ、余の側近としてもう一働きしてくれぬか？」

こうして管仲は、一命を取り留めたどころか、桓公に仕えた名宰相（＊10）として後世にその名を轟かせることになります。

桓公は管仲に訊ねました。

「では、さっそくじゃが、汝に問おう。

斉が天下に号するためには如何にすればよいか。」

（＊10）三国時代、諸葛亮は自らを「管仲・楽毅」に準え、『三國志』の著者・陳寿も諸葛亮を「管仲・蕭何に比す」としており、以降つねにその時代のすぐれた軍師は「管仲」と比べられるようになったほどです。

――我が君。民というものは、

「倉廩実ちて則ち礼節を知り、衣食足りて則ち栄辱を知る（A/B-5）」

ものでございます。

有名なこの言葉（＊11）はこのときの管仲の言葉ですが、この言葉の真意を知るために、次章で詳しく述べる孔子の主張について簡単に触れておきましょう。

孔子は「国をよく治め、その先の天下を臨むためには、まず足下の民ひとりひとりの修身（心構え）が肝要だ」と説いています。

しかし、ここまでは一瀉千里の勢いで流暢に語る孔子ですが、「ではどうすれば下々の者に修身が行き渡るか？」という具体論となると、途端に「格物致知」などという抽象的かつ難解な、その後2000年以上経った現在に至るまで何人たりとも説明することのできない空理空論に汲々とし、その真意については一切触れない――という為体に陥った書生論（＊12）でした。

管仲も孔子の「修身・斉家・治国・平天下」とよく似た主張（＊13）をしていますが、彼は孔子が逃げた“修身”に現実性を与えたのでした。

「飢えた民にいくら“修身”など説いてみたところで、

それこそ“牛に琴を弾ず（＊14）”です。

そうではなく、民にはまず衣食住を満足させてやることです。

さすれば、修身など自然に民の中に浸透していくものです。」

腐れ儒者のような小難しい抽象的な哲学論とは違い、管仲のわかりやすく具体的な政治論にいたく感銘を受けた桓公は、身を乗り出してさらに訊ねます。

「なるほど、なるほど！

して、具体的にどうすれば民に衣食住を充たしてやることができようか？」

――簡単なことです。

商業を発展させ、経済を豊かにしてやることです。

幸い、我が国は海に面しているのですから、塩業を保護してやります。

（＊11）『管子』の中の一節で、現在ではこの言葉を縮めて「衣食足りて礼節を知る」という成句で知られています。

（＊12）まだ社会に出たこともない未熟な学生（書生）が、少しかじった知識を頭の中だけで組み立てただけの、現実をわきまえていない空理空論のこと。

　さすれば、自然と斉にはヒトとカネが集まりましょう。
　天下に号令するためには兵を強くせねばなりませんが、
　その軍費を貧しい民から絞り取ろうとする国はかならず内から亡びます。
　商業を発達させて国を富ませ、そこから上がる収益で軍を整えるなら、
　天下に号令することなど容易いことです。
　これを「富国強兵」といいます。
「おお！　余は目から鱗が落ちるようじゃ！
　よし、おぬしを相国（宰相）に任ずるゆえ、そちの思うがままを為せ！」
——ははっ！　有り難き幸せ。
　桓公はその日のうちに管仲を相国に任じ、以降、たとえ公の意にそぐわぬ忠言にも、耳の痛い諫言にも、決してこれに逆らうことなく彼に従います。
「主君が賢臣に全面的な信任を与え、
　賢臣はそれに応えて主君を支える（＊15）」

（＊13）「天下は国の、国は郷の、郷は家の、家は人の、人は身の、身は治の本なり。」
（＊14）中国語で「対牛弾琴」といい、日本の諺「馬の耳に念仏」に相当するもの。
（＊15）イギリス風にいえば「国王は君臨すれども統治せず」という精神にも似ています。

…という理想的な君臣一如（＊16）が実現し、みるみる斉は発展。

これを背景として、

- 「周室に内訌あり（C-1）」と聞けばこれを鎮め（B-2）、
- 西に、斉に従わぬ国あらばこれを滅ぼし（＊17）（B-3/4）、
- 北に、蛮族（山戎）（A-1/2）の侵寇ありて燕（A-2/3）に援けを請われればただちにこれを救い（A/B-1/2）、
- 南に、楚（D-1/2）が反旗を翻し、周に攻め上らばこれを討って周に忠誠を誓わしめる（D-1/2）。

こうして着々と「覇者（A/B-3/4）」への道を駆け上っていき、ついに斉の号令の下、中原諸侯（衛・鄭・陳・宋）を甄（＊18）（C-3）に集めて会盟を行い（前681/679年）、ここにおいてついに桓公は実質的な「覇者」となりました。

さらに30年を経て、さらに魯・曹・許（D-2）を加えて葵丘（C/D-3）で会盟（葵丘会盟）（C/D-2/3）したときには、周室から「文武の胙・彤矢・大路（＊19）」を賜り、周王からも認められたことで名実ともに「覇者」として絶頂期を迎えます。

しかし。

賢臣によって支えられてきた国は、賢臣の死とともに雲散霧消していく運命から逃れることはできません。

管仲は死に当たって、「易牙・開方・豎刁の三悪人だけは重用してはなりません」と言い遺しましたが、桓公はこれを無視して彼らを３人とも寵臣とした（＊20）ため、たちまち宮廷は乱れに乱れ、まもなく桓公も亡くなると、宮廷はたちまち血で血を洗う相続争いに明け暮れる“伏魔殿”と化してしまいます。

その間、桓公の遺体などほったらかし、腐乱し、腐臭で近づくこともできないほどとなり、やがて蛆が湧き、その蛆が廊下にまで這い出してくるように

（＊16）「一如」とは仏教用語で「存在としては２つ以上でありながら、本質的には１つである」こと。梵我一如・物心一如・神仏一如など、「○○一如」と使用されることが多い。

（＊17）前684年に「譚」「宿」、前681年に「遂」を併呑しています。

（＊18）現在の山東省の西方にある地。

なっても放置されつづけました。

葬儀が行われたのは、ようやく跡目争いに決着が付いた10ヶ月後のことで、生前は40年にわたって賢臣の忠言に耳を傾け、斉を牽引してきた桓(かん)公も、その賢臣を失った途端に馬脚を現し、晩節を穢(けが)して悲惨な最期となったのでした。

優れていたのは「最初の覇者」と賞賛され君臨した彼ではなく管仲(かんちゅう)だったことを露骨に表していました。

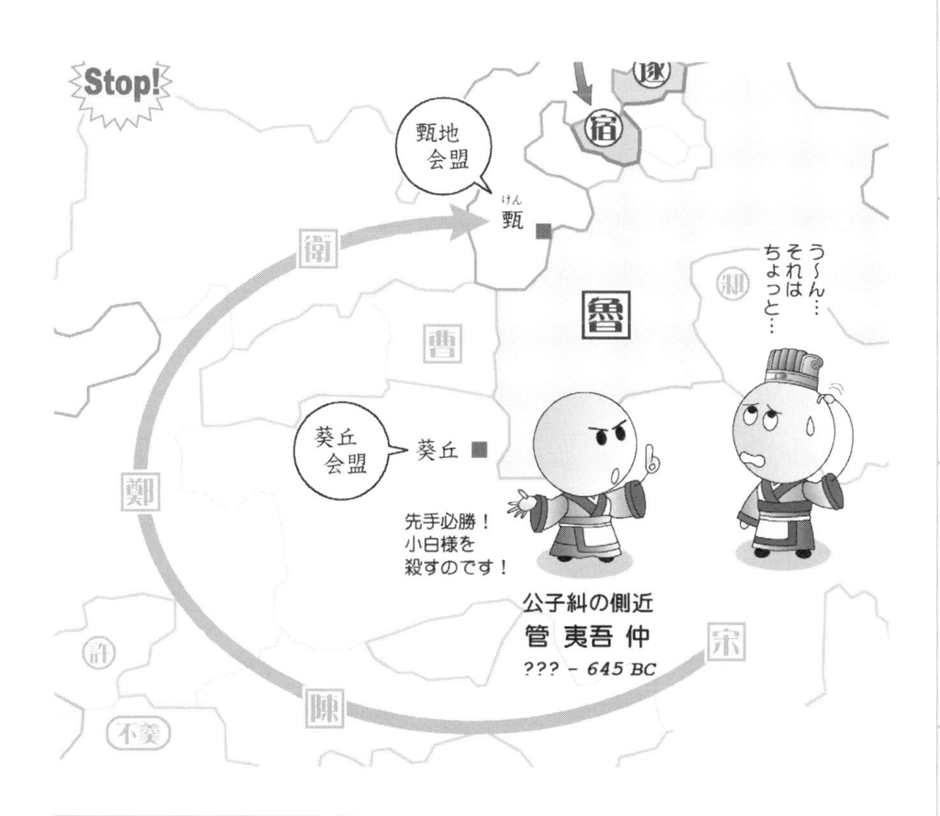

（＊19）「文武の胙」というのは周王室が祖先（文王・武王）の祭祀に使った肉のことで、本来、夏商周室の子孫にしか贈らないもの。「彤矢」とは赤い矢、「大路」とは周王が乗る隆車のことで、日本でいえば「三種の神器」に近い位置づけのもの。

（＊20）この３人は典型的な佞臣でしたが、永年にわたって管仲の諫言に我慢してきた桓公にとって、この３人の甘言・ごますり・おべっかは心地よかったのでしょう。

Column 「管鮑の交わり」の裏

管仲と鮑叔は厚い友情で結ばれ、後世「管鮑の交わり」と呼ばれるほどの仲だったといいます。

管仲は言いました。

「私は若いころ、鮑叔と一緒に商売していたことがあったが、その儲けを余分に掠め取っていた。また、自分のしでかしたことが意図とせず鮑叔を窮地に陥れてしまったこともあった。

仕官してもつづかず、戦場では逃げ回り、こたびは主君が処刑され、後を追って殉死した者もいたのに自分だけはおめおめと生き延びた。

しかし、鮑叔は一度たりとも私を責めたことはなかった。

私を生んだのは父母だが、私を理解してくれている者は鮑叔である。」

史書には、鮑叔が管仲の命を救ったばかりか、彼を相国（宰相）に推薦し、自分はその下に付くことに甘んじたとあります。

しかし、この管仲の独白だけ聞くと、彼はかなりの性悪・小心・無能のように聞こえます。

そんな彼が相国になった途端、突如、歴史に名を留めるほどの名宰相になったというのもちょっと不自然な気もします。

そこで、想像してみます。

じつは管仲は鮑叔の“操り人形”で、管仲の実績と伝わるものはじつはすべて鮑叔の入れ知恵なのではないか、と。

ではなぜ、鮑叔はそんなまどろっこしいことをしたのか？

当時はどんなに功を立てても、たった一度の些細な失策や失言で詰腹を切らされる――などということは珍しくありませんでした。

そこで鮑叔は、自分の“分身（管仲）”を立て、これを操ることで自らの思い通りの政治を行うと同時に、何かあったときはこいつに責任を取らせようと、親友づらして管仲を利用したのかも？

だとしたら「管鮑の交わり」も違った意味になってしまいますが、こうした“妄想”をめぐらすのも歴史の楽しみ方のひとつということで。

第1章 春秋時代（前期）

第3幕

一枚肋の屈辱

重耳、流浪時代

晋の公子として生を享けた重耳でしたが、若いころは継母に命を狙われ、つぎに異母弟に命を狙われ、諸国を変転することになる。しかし各地で冷遇され、たまに厚遇してくれた国には不幸が襲いかかって出国せざるを得なくなる不幸つづき。こうして流れに流れて最後に楚に行き着いたとき、彼は還暦を迎えていた。

〈重耳、流浪時代〉

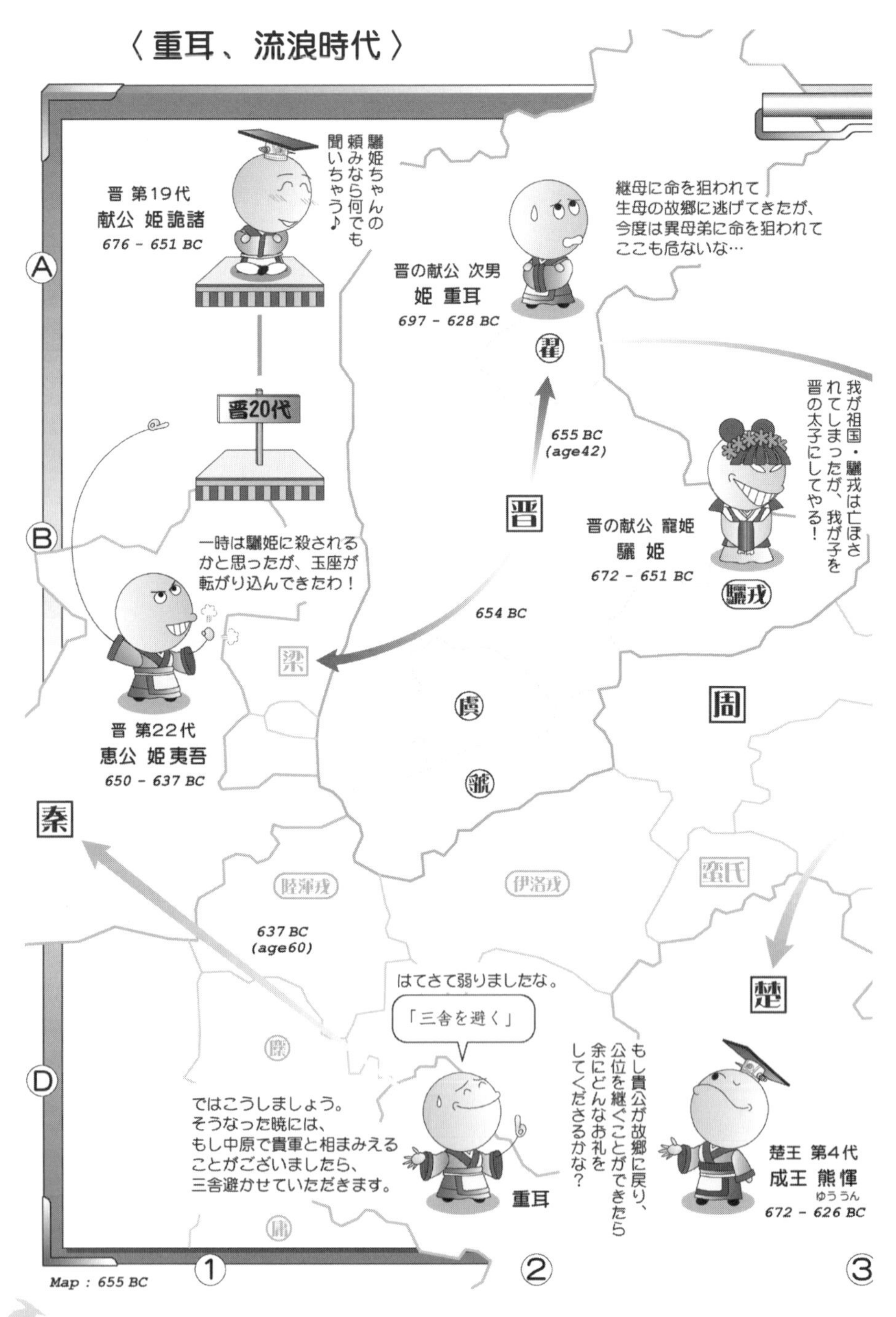

驪姫ちゃんの頼みなら何でも聞いちゃう♪
晋 第19代
献公 姫詭諸
676 - 651 BC
継母に命を狙われて
生母の故郷に逃げてきたが、
今度は異母弟に命を狙われて
ここも危ないな…
晋の献公 次男
姫 重耳
697 - 628 BC
翟
晋20代
655 BC (age42)
我が祖国・驪戎は亡ぼされてしまったが、我が子を晋の太子にしてやる！
晋の献公 寵姫
驪 姫
672 - 651 BC
驪戎
晋
一時は驪姫に殺されるかと思ったが、玉座が転がり込んできたわ！
654 BC
梁
虞
周
晋 第22代
恵公 姫夷吾
650 - 637 BC
虢
秦
陸渾戎
伊洛戎
蛮氏
637 BC (age60)
はてさて弱りましたな。
「三舎を避く」
楚
もし貴公が故郷に戻り、公位を継ぐことができたら余にどんなお礼をしてくださるかな？
ではこうしましょう。
そうなった暁には、
もし中原で貴軍と相まみえることがございましたら、
三舎避かせていただきます。
重耳
楚王 第4代
成王 熊惲
ゆううん
672 - 626 BC
A
B
D
1
2
3
Map : 655 BC

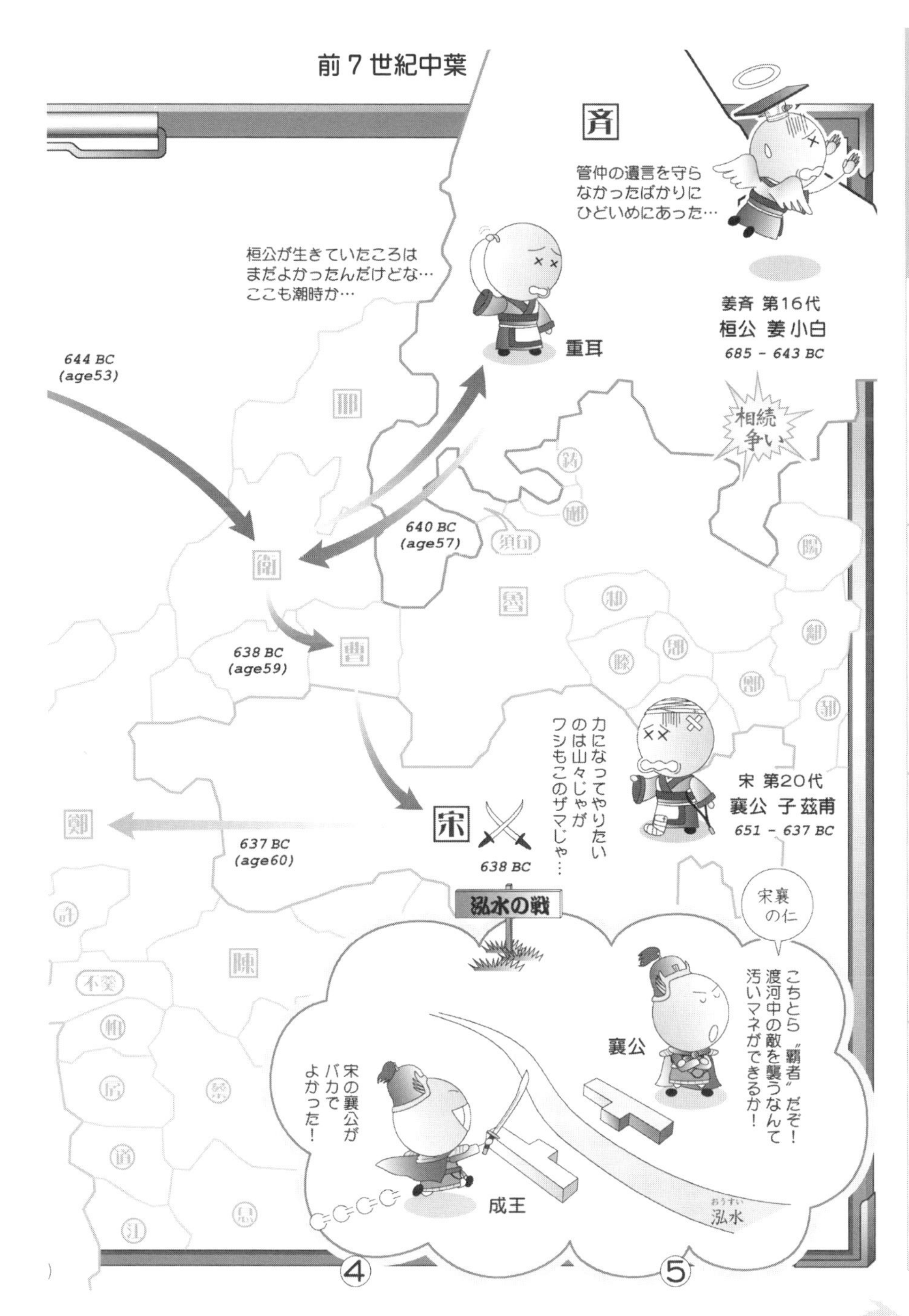
前７世紀中葉
斉
管仲の遺言を守らなかったばかりにひどいめにあった…
姜斉 第16代
桓公 姜小白
685 - 643 BC
相続争い
桓公が生きていたころはまだよかったんだけどな…ここも潮時か…
重耳
644 BC (age53)
640 BC (age57)
638 BC (age59)
637 BC (age60)
衛
曹
魯
宋
鄭
陳
638 BC
泓水の戦
力になってやりたいのは山々じゃがワシもこのザマじゃ…
宋 第20代
襄公 子茲甫
651 - 637 BC
宋襄の仁
こちとら〝覇者〟だぞ！渡河中の敵を襲うなんて汚いマネができるか！
襄公
宋の襄公がバカでよかった！
成王
泓水
④
⑤

斉（A-5）の“お家騒動”は、桓公の嫡子・昭が「孝公」として即位したことで何とか収拾したものの、そのときすでに斉には昔日の面影はなく、以降の斉は衰亡の一途を辿っていくことになります。

そのうえ、こたび孝公が即位できたのは宋（C-4/5）の襄公（C-5）が後盾になってくれたからでしたので、孝公には実権なく、次なる「覇者」にもっとも近い立場にいたのは宋の襄公ということになります（＊01）。

襄公は「次なる覇者たらん！」との野心を燃やし、孝公が即位することに協力しなかった滕（＊02）（B/C-5）を討つとともに、桓公に倣って斉・楚（D-2/3）・陳（C/D-4）・蔡（D-3/4）・許（C-3）・曹（B/C-4）に招集をかけて会盟を主宰しましたが、大国・楚だけが“宋がごとき小国”と侮り、その下に付くことを潔しとしなかったため、宋は楚と一戦交えることになりました。

これが「泓水の戦（前638年）（C-4/5）」です。

大国と小国が干戈を交えるとき、小国（宋）に勝機があるとすれば「短期決戦」と「奇策」です。

長期戦になっては体力のない小国に勝ち目もありませんし、たとえ短期決戦でも正面から堂々とぶつかったのではやはり勝ち目はありません。

如何に敵の虚を衝くか、如何に短期で敵の戦意を挫くか、ここにかかっています。

ところで、宋・楚両軍は泓水（D-5）という川で睨み合うことになりましたが、軍というものは渡河中を襲われればひとたまりもありませんから、どちらも渡河するに渡河できず、泓水を挟んでお互いに身動きができない状態になりました。

戦線が膠着したとなれば、戦は長引きます。

となると、いよいよ宋は不利になったか――といえば然に非ず、じつはその

（＊01）これは日本史で喩えると、織田信長（桓公）亡きあと跡目争いが起き、モメにモメたあと、結局三法師（孝公）に決まりましたが、その後、天下を動かしたのは「信長の跡目を継いだ三法師（孝公）」ではなく、その後盾となった秀吉（襄公）だった――という構図です。

（＊02）斉と宋の間に存在していた小国。周の文王の庶子（姫繡）から始まる。
彼は「滕に封じられた武王の叔父の繡」という意味で通称「滕叔繡」と呼ばれています。

逆、これで宋に勝機が見えてきました。

なんとなれば、この決戦地（C-4/5）が宋都商丘（しょうきゅう）の目の鼻の先だったためです。

宋は背に都を背負い、もはや後がなく、したがって軍には緊張感があふれて士気は高く、輜重（しちょう）（＊03）は都から潤沢に送られてきます。

これに対して楚軍はいくつもの国を跨（また）いでここまでやってきた遠征軍でしたから、すでに移動だけで兵は疲弊していて士気は低い。

しかも大軍ゆえに、ひとたび戦線が膠着（こうちゃく）すれば、たちまち兵站（へいたん）（＊04）に苦しみはじめます。

切羽詰まった楚軍は、ついに強引に渡河をはじめました。

これをみた相国（宰相）の目夷（もくい）［子魚（しぎょ）］（＊05）は狂喜して襄（じょう）公に訴えます。

――我が君！　今です！

　今攻撃すれば我が軍の大勝利です！

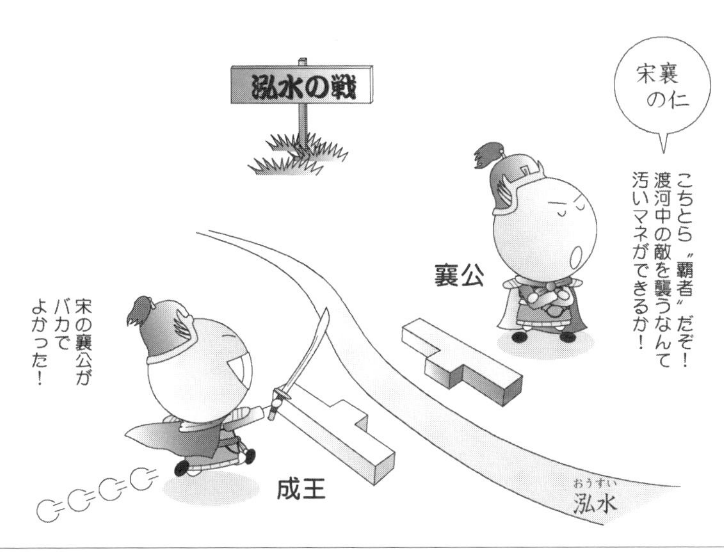

（＊03）戦争において、前線に補給するべき兵糧・武器・被服などの軍需物資のこと。

（＊04）前線部隊が円滑に戦闘が行えるようにするためのあらゆる後方支援（兵員・物資・食糧その他の補給など）を行うシステム全般のこと。

（＊05）襄公の腹違いの兄（庶子）。

しかし、襄公は首を横に振ります。
「ならぬ！」
——え？　ならぬ？　ならぬとは如何に??
　こんな千載一遇の好機を逃せば次はありませぬぞ！?
問答しているうちに楚軍は渡河し終わってしまいましたが、まだ川からあがったばかりで陣形が整っていなかったため、目夷は必死に訴えます。
——今ならまだ間に合います！
　敵軍がまだ陣形が整う前に総攻撃を！
しかし、襄公はやはり首を横に振り、言いました。
「敵の弱味につけ込むなど、君子のすることではなかろう！」（C/D-5）
嗚呼！　なんと愚かな！
そんなものは時と場合によりけり。
この的外れな“ひとこと”で、彼が「論語読みの論語知らず」の典型で、君主としてまったく無能であることは明らかとなり、この言葉を聞いた目夷も愕然となり、やりきれなさに天を仰ぎます（＊06）。
こうして、すっかり陣形を調えた楚の大軍が宋軍に襲いかかったため、宋は無惨な大敗を喫して死屍累々。
襄公の的外れな道徳観念が、死ななくてもよい兵士を大量に死なせることになったばかりか、このとき襄公自身も深手を負って（C-5）、結局このときの傷が元でまもなく亡くなることになりました。
襄公は、一部（＊07）で「春秋五覇」に数えられていますが、このように事の顛末はお粗末で、彼を覇者に加えるのには少々無理があります。
さて、ここで歴史を振り返ってみましょう。
「覇者」は斉の桓公から始まり、彼が亡くなった（A-5）あと、その跡目争いに介入した宋の襄公が「覇者」を継ごうと野心を燃やしましたが、彼はその器になく、「泓水の戦」に散りました。

（＊06）この故事から「的外れで、自分に災いをもたらすだけの無用の情け」のことを後世、「宋襄の仁（C-5）」と言うようになりました。

（＊07）司馬貞による『史記』の注、監視子による『漢書』の注など。少数派。

となると、今度はその襄（じょう）公を破った楚の成王（D-4/5）が、次なる「覇者」への色気を出してくるのは必然。

そんなときに、彼の下（もと）に“とある人物”が庇護を求めてきました。

それこそ、のちの晋の文公となる人物「重耳（ちょうじ）」です。

彼がなぜこの時期、この国にやってきたのかを知るため、少し時間を戻しましょう。

これより時代を遡ること、34年前（前672年）のこと。

重耳（ちょうじ）がまだ25歳のころ、晋の献（けん）公（A-1）が異民族の驪戎（りじゅう）（B-2/3）を征伐し、敗れた驪戎（りじゅう）の君主が自分の娘（驪姫（りき））（B-2/3）を差し出して和を請うてきたことがありました。

このことが晋に骨肉相食む凄惨な内訌（ないこう）に発展しようとは誰も想像しなかったことでしょう。

献（けん）公は驪姫（りき）の美貌に骨抜きとされてこれを寵愛、驪姫（りき）は晋の宮廷に連れてこられた当初こそ、己（おのれ）の運命を嘆いて泣き暮らしていましたが、晋公の愛妾として公の寵愛を一身に受け、毎日山海の珍味を食し、やわらかい布団に寝て暮ら

（＊08）『荘子』より。荘子はこの「驪姫の喩え」を引き合いに、「人もまた生きているときには極端に死を恐れるが、いざ死んでみれば生きていたことを後悔するかもしれぬではないか。このときの驪姫と同じだ。」と必要以上に死を恐れる愚かさを諭しています。

すうちに、泣いて暮らしたことなどすっかり忘れて、その贅沢な生活をどっぷり堪能するようになります（＊08）。

彼女は我が子（奚斉）を立太子させたいばかりに裏工作と陰謀を繞らし、つぎつぎと公子（＊09）たちを陥れていきました。

そしてついに、太子（＊09）申生に「叛逆」の濡れ衣を負わせて自決に追い込むことに成功、そのためその弟・重耳（42歳）は母の故郷であった翟（白狄）（A-2）へ、さらにその弟・夷吾は梁（B/C-1）へそれぞれ命からがら亡命せざるを得なくなります。

そののちまもなく献公が死ぬと、反政変が起きて諸悪の根源であった驪姫は族滅されましたから、これで重耳もようやく帰国できたかと思いきや、今度はその後を継いだ弟の夷吾（恵公）に命を狙われることになりました。

――もはやここ（翟）も安全ではないな。

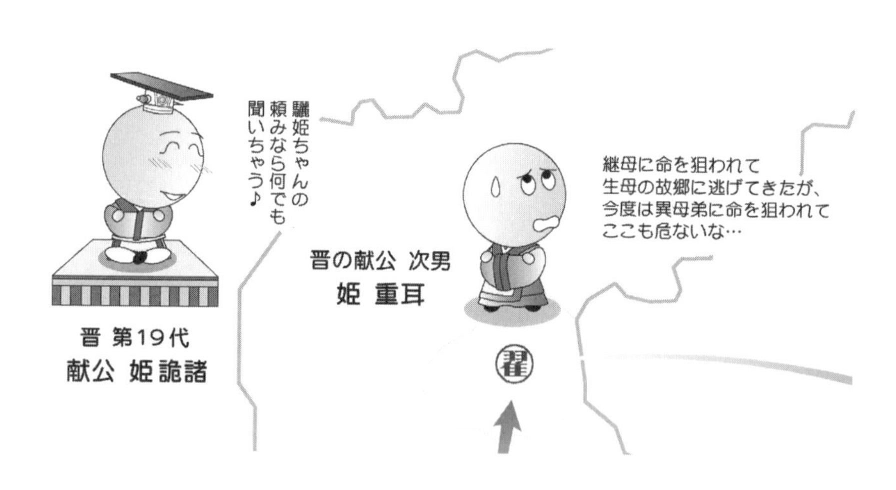

（＊09）諸侯の子を「公子」、嫡子を「太子」、孫を「公孫」といいます。

（＊10）当時の中国では、遺体が墓に収められたあと墓に木を植える習慣があり、その種類も、天子は「松」、諸侯は「柏」、大夫は「柳」、士は「楡（ニレ）」と決まっていました。
つまり、ここで季隗は「たとえあなたが戻ってこなくても、あなたはかならず諸侯になるお方ですから、私は諸侯の妻として死にます」という矜持を示しているわけです。

　こうして重耳は放浪生活を決意、しかし、この過酷な旅に妻（季隗）を連れていくのは忍びない。
―― 落ちついたらかならず迎えに行くから、25年待っていてくれ。
　それでも戻って来なければ再婚してくれてかまわない。
　妻は笑って答えました。
「25年も経ったら私の墓に植えられた柏の木（＊10）が大木になってますよ。
　だいじょうぶ、何年でもお待ち申し上げております。」
　このとき重耳53歳。
　ここから８年にわたる放浪生活が始まります。
　まずは衛（B-3/4）（文公）を通って、斉（桓公）に向かい、その後ふたたび衛に戻って、以後、曹（共公）→ 宋（襄公）→ 鄭（C-3）（文公）→ 楚（成王）と諸国を点々とすることになりましたが、「祖国を追われて命を狙われている公子」など厄介者でしかなく、ほとんどの国で冷遇され、さまざまな屈辱と辛酸を味わうことになります。
　特に曹の共公の扱いはひどく、重耳一行に粗末な宿舎しか与えずぞんざいな態度で臨み、そのうえ重耳が「一枚肋（＊11）」だという噂を耳にするや、
「聞くところによると、そちは“一枚肋”じゃそうじゃな？
　余は一枚肋というものを見たことがない。
　どれ、ひとつここで脱いで余に見せてみよ。」
…と、重耳を見せ物扱い。
　屈辱に打ち震える重耳を見て、共公の家臣僖負羈（＊12）が諫めましたが共公はまったく取り合わず、要求を撤回しようとしません。
　怒り心頭の重耳が早々に曹を発とうしていることを知って僖負羈は焦りました。
―― まずい！
　このまま去られてしまっては我が国に禍根を残してしまう！

（＊11）肋骨の一本一本が骨太で隙間が狭く、まるで肋骨が一枚の板のようにみえる体型のこと。
　日本人では、生涯勝率９割を誇る伝説の力士「雷電」も一枚肋だったといわれています。
（＊12）『春秋左氏伝』では「僖負羈」ですが、『史記』では「釐負羈」と姓が異なります。

僖負羈は共公には内密で重耳一行をもてなし、食糧と璧（翡翠）を贈って詫びましたが、重耳は食糧だけ受け取って璧を返しました。

璧を返したのは「お気になさらず。そこまでしていただかなくても大丈夫です」という意味ではありません。

「僖負羈（食糧）は許したが、共公（璧）は断じて許さぬ。

いつかかならずこの恨みを晴らす！」という意味です。

このことがのちの出来事の伏線となります。

ところで共公ほどひどくはなくても、他の国からも冷遇されることが多く、厚遇してくれたのは、斉の桓公・宋の襄公・楚の成王くらいのものでした。

この３人の共通点といえば、全員「覇者、または覇者たらんとする自覚を持った諸侯」です。

これは偶然ではなく、覇者には「諸国のさまざまな問題を仲裁し、秩序を保たなければならない責務がある」ためです。

しかし、重耳が斉にたどりついた（前644年）のは、管仲が亡くなった翌年のことで、斉では前出の易牙・開方・豎刁の「三貴」が跋扈し、政治を引っ掻き回していたころ。

そのうえ、その翌年（前643年）には唯一の“抑え”であった桓公も亡くなり（A-5）、完全に箍がはずれた斉は血で血を洗う殺戮劇が演じられ、桓公のご遺体ですら放置され、蛆が湧き放題だったとことは前幕でも触れましたから、ましてや“客人（重耳）”の扱いなど推して知るべし。

そこで重耳（A-4/5）も、ほどなく次なる“覇者候補”の呼び声高い襄公の統べる宋に向かうことになりました（前640年）。

しかし、彼が宋に着いたとき（前638年）というのが、これまた間の悪いことに、その直前に行われた「泓水の戦」で宋は大敗して大きく国が傾いていたころで、襄公自身もその戦で大怪我を負って半死半生、正直「それどころではない」状態でした。

表向き、襄公からは厚遇を受けたものの、家臣から「察してほしい」とやんわりと出国を促されます。

そこでつぎに向かったのが、その宋を破って勢いのあった楚（成王）（D-3）です。

　楚の成王も「覇者」に色気を出していたころでしたから、立場上、彼を厚遇しましたが、所詮はまだ覇者としての自覚が薄く、重耳にこんな質問を投げかけています。
「もし貴殿が首尾よく祖国（晋）に凱旋が成った暁には、
　余にどんなお返しをしていただけるかな？」（D-2/3）
　このときの重耳は祖国（晋）を追われてより早18年、すでに還暦を迎えて凱旋帰国の可能性もほとんどなくなり、彼自身もそんな野心はとうに失せていましたから、そんな彼にこんな言葉を吐きかけるとは、成王もまた「覇者」たる器になく、底の浅さが知れます（＊13）が、返答に窮した重耳は軽く受け流すことにします。
――はてさて、これは弱りましたな。
　　財宝など、陛下には有り余っておられましょうから、私に差し上げること

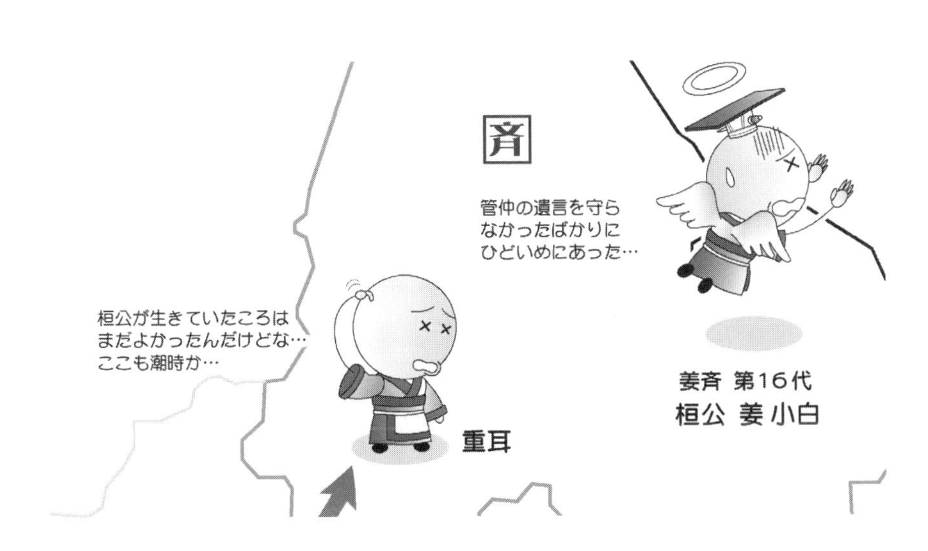

（＊13）ひょっとしたら、成王はちょっとしたイジワル心から出た戯言で他意はなかったのかもしれませんが、とはいえ、これを他愛ない軽口として受け流そうとした重耳に「それでも！」食い下がっていますから、その言い訳も通らないような気もします。
ここはふつうに考えれば、「礼のひとつもできぬならとっとと出ていけ」という嫌味だったと考えるのが自然でしょう。

　がてきる物などありましょうや。

ここで笑い飛ばしていれば「軽い冗談」で済んだところを、なおもこれに食い下がる成王。

「それでも何かひとつくらいあるでしょう？」

そこで重耳（ちょうじ）は答えます。

──そうですな。それでは如何でありましょう。

　もし凱旋（がいせん）かなって私が晋公となり、さらに陛下と干戈（かんか）を交えざるを得なくなった暁には、軍を退（ひ）いて三舎避（さ）かせましょう（＊14）。（D-2）

ところが、こうした戯言（ざれごと）が交わされた直後（＊15）、風雲は急を告げ、歴史が動き始めることになったのでした。

（＊14）「三舎」とは軍が３日で移動できる距離で、現在でいえばおよそ36kmくらい。
ここから、現在でも「相手に敬意を表して一目置いた態度で臨む」とか「大きく譲歩する」ことを「三舎を避く」というようになりました。

（＊15）この会話を知った令尹（宰相）の子玉は激怒し、「たかが流浪の身の分際で我が君になんたる無礼な物言い！　ただちに殺しましょう！」と進言しています。却下されましたが。

第1章 春秋時代（前期）

第4幕

三舎を避かせて猪を捌く

春秋五覇（晋の文公）

「大器晩成」とは彼のためにあるような言葉で、苦節20年の時を経て祖国に凱旋した重耳は、そこからはこれまでの鬱憤んを晴らすかのような大活躍をみせる。
まず周の内訌を収めてこれを押さえ、つぎに楚の侵攻を受けた宋の救援要請に応じてこれを城濮で退け、ついには「践土会盟」を開いて覇を唱えるに至った。

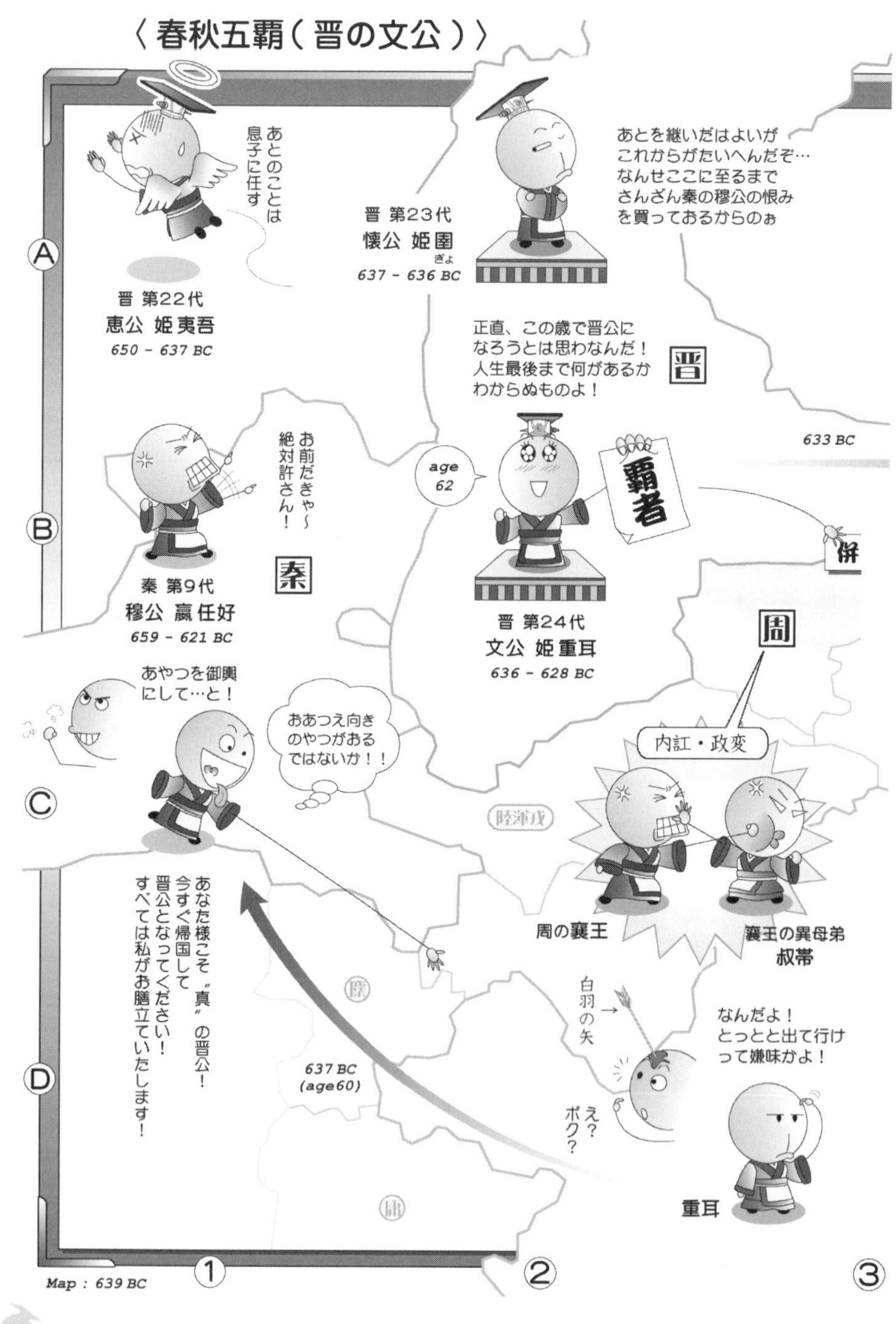
〈春秋五覇（晋の文公）〉
あとのことは息子に任す
晋 第22代
恵公 姫夷吾
650 – 637 BC
晋 第23代
懐公 姫圉
ぎょ
637 – 636 BC
あとを継いだはよいが
これからがたいへんだぞ…
なんせここに至るまで
さんざん秦の穆公の恨み
を買っておるからのぉ
正直、この歳で晋公に
なろうとは思わなんだ！
人生最後まで何があるか
わからぬものよ！
晋
633 BC
age 62
覇者
お前だきゃ～絶対許さん！
秦
秦 第9代
穆公 嬴任好
659 – 621 BC
晋 第24代
文公 姫重耳
636 – 628 BC
周
あやつを御輿にして…と！
おおつえ向きのやつがおるではないか！！
内訌・政変
陸渾戎
あなた様こそ〝真〟の晋公！
今すぐ帰国して
晋公となってください！
すべては私がお膳立ていたします！
周の襄王
襄王の異母弟
叔帯
白羽の矢
なんだよ！
とっとと出て行けって嫌味かよ！
637 BC
(age60)
え？ボク？
重耳
A
B
C
D
①
②
③
Map : 639 BC

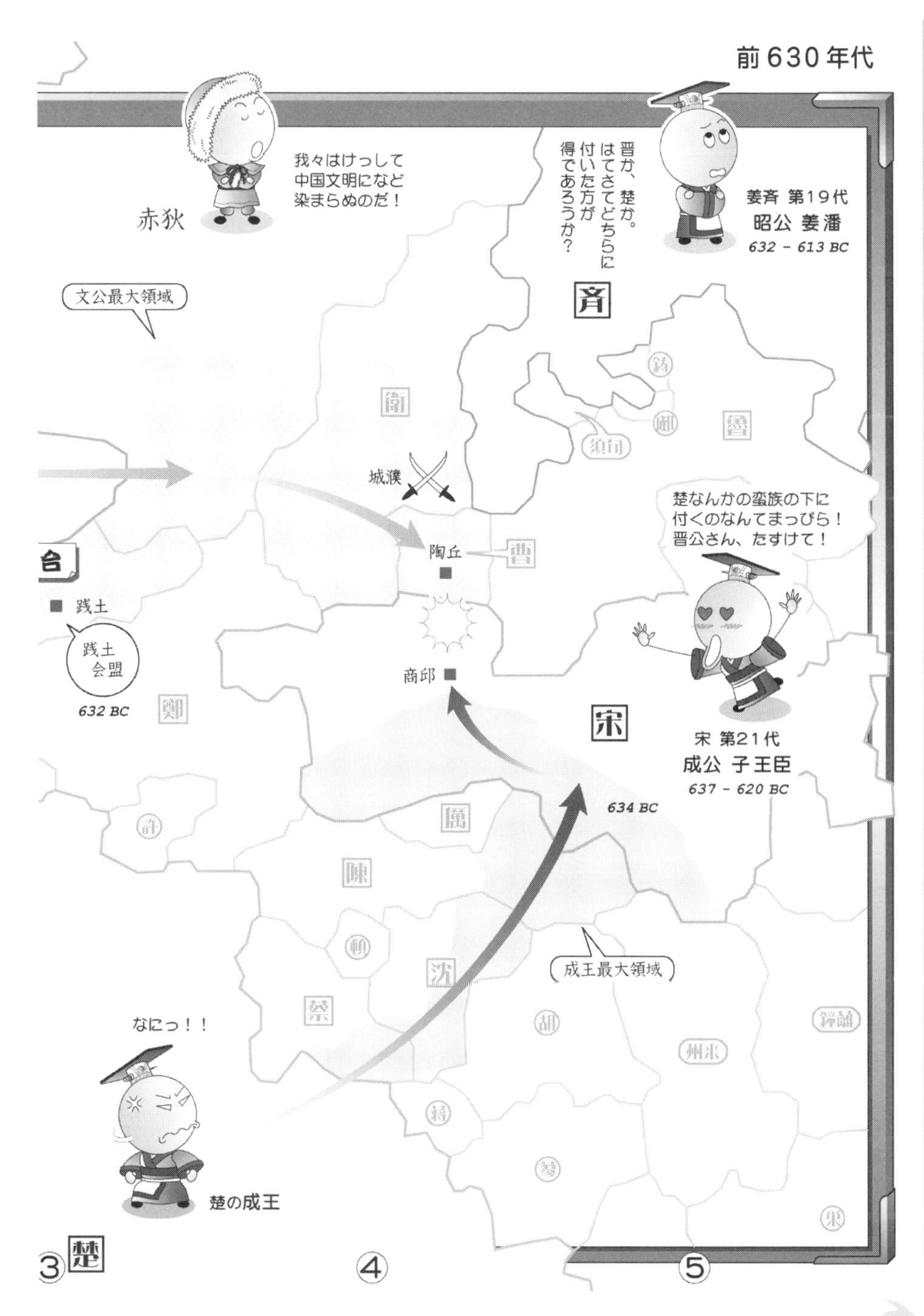

第1章 春秋時代（前期）
第2章 春秋時代（後期）
第3章 戦国の幕開け
第4章 秦の抬頭
最終章 天下布武

歴史というものは、動かないときはテコでも動きませんが、ひとたび動きはじめれば、その展開たるや、人間の想像をはるかに超えて早いものです。

それは人の運勢も同じで、芽が出ないときというのはその人自身にどんなに才覚があろうと、どんなに努力しようと、夢中で足掻こうと一向に芽は出ないものですが、何かの“きっかけ”で突然、九地の底から九天の上へと駆け上るようにして運気が急上昇することがあります。

楚の成王（D-3/4）が重耳（D-2/3）にいじわるな要求をしていたときには、すでに諸国を彷徨うこと幾星霜、肩身の狭い思いを強いられ、屈辱を受け、燻りつづけてきたこの齢六十の老人（重耳）が、その会話が交わされた直後から情勢が一変、その翌年には祖国（晋）に凱旋帰国し、その玉座を温めることになろうなどと、いったい誰が想像したでしょうか。

事の発端は、前637年、晋の恵公（重耳の弟・夷吾）（A-1）が急死し、これに代わってその公子の圉が即位した（懐公）（A-2）ことでした。

ところが、この恵公・懐公父子は秦の穆公（B-1）と永年にわたる深い確執があり（＊01）、穆公はどうしてもこの懐公が許せない。

――じゃが、あやつ（懐公）を玉座から引きずり下ろすためには、
こちらにも相応の“旗標”がいるな。

そこで当時楚に逗留していた重耳に“白羽の矢”が立ち（D-2/3）、彼の下に秦（穆公）から「我が国に迎え入れたい（C-1）」との打診がきたのです。

こうして、年が明けた前636年、秦の穆公は「重耳こそ正当なる公位継承者！」として晋に侵攻。

しかし、懐公には人望なく、重耳を“錦の御旗”に掲げる秦軍を前にしてたちまち動揺、総崩れとなり（＊02）、重耳は見事凱旋帰国を果たして「文公」として即位することになりました（B-2）。

（＊01）詳しくは、次ページのコラムを参照のこと。

（＊02）これは「鳥羽・伏見の戦」を彷彿とさせます。
あのときも、数に勝る幕府軍が戦局を優勢に進めていたのに、新政府軍が“錦の御旗”を掲げた途端、幕府軍は総崩れを起こしています。

Column　晋の恵公・懐公の不徳

夷吾(いご)は、父君（晋の献(けん)公）の死に伴い発生した混乱の中、即位するに当たって秦の穆(ぼく)公に後盾となってもらうことにし、その代償として領土の割譲（８城）を約束していましたが、いざ即位するとこれを反故(ほご)にしてしまいました。

ところがその後、晋に飢饉が襲うと、秦はいまだ約束（８城割譲）も果たしていないのに、厚顔にも秦に食糧の援助を要請します。

しかし穆(ぼく)公はそれでも「恵公（夷吾(いご)）に罪ありと雖(いえど)も、その民に罪なし」として惜しみなく食糧を援助しました。

ところがその翌年、今度は秦に飢饉が襲います。

穆(ぼく)公は、積年の恩を返してもらうべく、晋に食糧の援助を求めましたが、恵公はあろうことか、食糧を送る代わりに「これぞ好機！」と、秦に軍を送り込んできたのです。

「恩を仇で返す」とはまさにこのこと。

さしもの温厚な穆(ぼく)公もこれには激怒。

穆(ぼく)公は翌年、晋を攻めて恵公を捕虜とすることに成功すると、積年の恨みを晴らすためこれを処刑しようとしましたが、すったもんだあったのち結局、「約束の地（８城）の割譲」と「恵公の子（太子圉(ぎょ)）を人質に出す」ことでこれを許しました。

これで両国は和解したかと思いきや、今度は、その太子圉(ぎょ)が人質の身でありながら脱走してしまいます。

これが帰国したのち即位したのが懐(かい)公です。

あの親にしてこの子あり。

父子して度重なる不義理に怒り心頭の穆(ぼく)公は、なんとしてもこの憎っくき懐(かい)公を玉座から引きずり下ろすことを画策。

そんなとき、たまたま隣国の楚に逗留(とうりゅう)していたのが重耳(ちょうじ)でした。

穆(ぼく)公が彼に“白羽の矢”を立てたのは自然のなりゆきだったと言えましょうが、重耳(ちょうじ)にとっては「棚からぼた餅」的な幸運でした。

翟に亡命してより苦節20年、重耳このとき御歳62歳。

彼は即位後、イの一番に「いつまでもお待ち申しております」と言った妻・季隗を呼び寄せています。

――待たせたな。

この言葉に、「諸侯の妻として墓に入る」との矜恃を見せていた季隗も感無量だったことでしょう。

とはいえ、「25年でも待つ」と覚悟していて季隗にしてみれば、2人が別れてから8年はアッという間だったかもしれません。

さて、文公が即位した年（前636年）というのは、隣国の周では襄王が異母弟（叔帯）に玉座を追われるという"お家騒動（C-2/3）"が起きていました。

翌年、襄王が晋に救援を求めてきたため、文公はこれに応じて周を攻め、叔帯を誅殺し、襄王を復辟（*03）させます。

襄王はこれに謝意を示して文公に爵位（伯爵）と河内の地（*04）（B-3）を恩賞として与えられ、これにより晋が「覇者（B-2/3）」としての礎を築くことになりました。

ところで、こうした動きの契機となった晋の恵公が死んだ年（前637年）は、宋でも前年の「泓水の戦」で受けた傷（*05）が元で襄公が薨去し、子の成公（B/C-5）が即位した年でもありました。

成公は、父の仇・楚（成王）に服従することを潔しとせず、さりとて楚の脅威の前に跪かざるを得ずに鬱々とした日々を過ごしておりましたが、そこに晋の文公の威名が宋にまで轟くようになったため、成公は「これ幸い！」と楚に背いて晋に接近します（前634年）。

これに怒った楚（成王）が、自らの属国――鄭（B/C-3/4）・許（C-3/4）・陳（C/D-4）・蔡（D-4）を引きつれて宋に攻め入ると、宋はたちまち国土の南

（*03）一度追われた天子をふたたび即位させること。復位。重祚。

（*04）温・原・陽樊・攢茅などの邑。その広さは天領の3/4近くに及びましたから、一応形式的には「周室より賜った」形を取っていますが、実質「問答無用で奪った」のでしょう。これにより、以降、周は都市国家レベルの小国にまで零落することになります。

（*05）前幕参照。

半（C-4/5）を奪われてしまい、存亡の機に立たされます。

そこで宋は晋に援軍を求め、文公もこれに応じてただちに兵を送り込むことになりました（前633年）。

しかし、これには大きな問題がありました。

できれば、晋を発して鄭を通過して宋に向かいたいところでしたが、鄭は楚の属国であり、こたびも楚陣営で参戦していたためここを通過するのは難儀。

となると、残された道は赤狄の地（＊06）（A-3/4）を通って衛（A/B-4）・曹（B-4/5）を通過する経路しかありませんが、どちらも文公が放浪時代に冷遇された苦い思い出の地です。

ことに曹などは楚の属国であったうえ、その国主（共公）と文公は因縁浅からぬ仲（＊07）で、こたびの行軍に協力してくれることは期待できません。

一応、衛（成公）にも晋軍が通過する許可を求めましたが、予想通り拒否されます。

（＊06）まだ中華文明に染まっていない北方民族（狄）の一派。文公の母は狄の出身（白狄）であり、北方民族（狄）とは比較的友好でした。

（＊07）前幕の「一枚肋の屈辱」のこと。

（＊08）本幕コラム「道を仮りて虢を伐つ」を参照のこと。

晋には「仮道伐虢(＊08)」の“前科”がありましたから、衛がこれを拒否するのは当然と言えましたが、文公はこれを口実として衛・曹に侵寇、これを討って曹都・陶丘（B-4）を押さえ、宋都・商邱（B/C-4）を囲む楚軍と睨み合うことになりました。

ところで、大軍と大軍が対峙したとき、無為無策に正面から激突するのは愚将のすることです。

それでは勝敗の帰趨は“時の運”となりますし、たとえ勝利を得たとしても自軍に莫大な損害が出るため、それでは戦術的勝利も戦略的敗北につながります。

孫子も言っています。

―― 百戦百勝は善の善なる者に非ざるなり。
　　戦わずして人の兵を屈するは善の善なる者なり。(＊09)

では、「戦わずして勝つ」ためにどうすればよいか。

孫子はつづけます。

―― まず謀を伐ち、次に交を伐ち、最後に兵を伐つ。
　　（まずは謀略戦で敵の謀を無力化し、つぎに外交戦で同盟・友好国を自陣営に付けて敵を孤立化させれば、敵の戦意を挫き、“戦わずして勝つ”ことができよう。戦うのはそれでも戦わざるを得ぬときだけだ。）

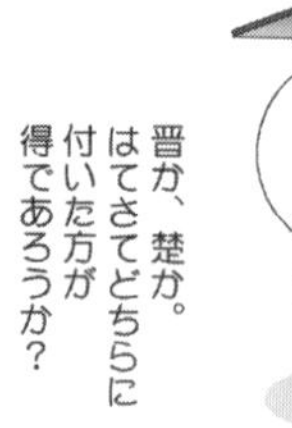

姜斉 第19代
昭公 姜潘

（＊09）「たとえ連戦連勝だったとしても“戦って勝つ”というのはお世辞にも誉められたものではない。“戦わずして勝つ”のが最上の策である。」という意味。

（＊10）重耳が諸国を流浪している間、ずっと付き従った５人の忠臣のうちのひとり。
他は、趙衰［子余］（ちょうさい［しよ］）、狐偃［咎犯］（こえん［きゅうはん］）、賈佗（かだ）、魏犨（ぎしゅう）の４人。

そこで、晋の文公は、先軫（＊10）の策を用いて外交戦に打って出、秦（B-1）・斉（A-5）を味方に付けることに成功し、楚（成王）の戦意を挫くことに成功します。

「晋だけでも手強いのに、このうえ秦・斉まで敵陣営に回られたのでは……」

当時、秦・晋・斉・楚が「四強」であり、楚以外のすべてが敵に回ったとなると、如何にも分が悪すぎます。

成王の心は折れ、ついに決戦をまみえることなく退却を決意。

こうして、晋の戦略「戦わずして勝つ」が当たったかに見えましたが、楚の令尹（宰相）にして猛将の成得臣［子玉］は退却に頑として納得せず、ついに成王と袂を分かち、単独で晋軍と決戦することになってしまいました。

――なんとしても雌雄を決せん！

子玉は晋軍の布陣する陶丘に向かって北上を始めます。

ところが。

北上してくる楚軍を認めるや、晋軍は潮が引くように北へと退いていきます。

――重耳め！　臆したか！
口ほどにもない、逃がさぬぞ！

しかし、晋軍は“敗走”したのではありません。

文公は先年、楚の成王と交わした約束を果たしていたのでした。

――将来、楚と干戈を交えざるを得なくなった暁には、
軍を三舎避かせましょう。

陶丘から北に三舎（約36km）ほどいったところに城濮（B-4）という地があり、晋軍はそこに布陣し、そこを決戦地に設定します。

これが「城濮の戦（前632年）」です。

北へ退く晋軍を「敗走」と見て遮二無二深追いした子玉は、気がつけば敵地奥深くまで迷い込まされ、兵は疲弊し、兵站は切れ、しかも晋軍は秦軍・斉軍の援軍が駆けつけ大軍となっていました（＊11）。

（＊11）こうした「敗走したと見せかけて戦略的撤退をして自軍を追わせ、敵戦線が伸びきったところを一気に畳みかける」という戦術は「後手からの一撃（バックハンドブロウ）」といい、第二次大戦時のマンシュタイン将軍やロンメル将軍の得意技でした。

この戦略的失態により、楚軍はすでに開戦前から圧倒的不利となっていましたが、子玉(しぎょく)にはそれすら理解できず、そのまま策なく突撃を命じます。
しかし文公は楚軍の猛攻にも沈着冷静。
まるでマラトンのミルティアデスか、カンナエのハンニバルか。
はたまたヴェルダンのペタンか、晋連合軍は彼ら歴史上の名将を彷彿(ほうふつ)とさせる見事な「縦深(じゅうしん)戦術(＊12)」で対処。
こうして楚軍は、たちまち3倍の兵力を有する晋連合軍に包囲されてしまいます。
子玉(しぎょく)は開戦前から戦略で失態を犯しながら、開戦後も戦術でも手玉に取られる。
彼は確かに"猛将"だったかもしれませんが、直情型で前後の見境なく突進する猪(いのしし)武者。
こうしたタイプは智将の策に素直にかかってくれますから、策士にとってむしろ扱いやすい。
文公は子玉(しぎょく)の猛進を正面から受け止めず、闘牛士(マタドール)のようにさらりと捌(さば)く。
もはや役者が違い、結果は火を見るより明らか。
ところが、これ以上ない晋の大勝だったにもかかわらず、文公はたいそう不満げで、周りの者が訝(いぶか)ります。
「これほどの大勝利、滅多にありませんぞ！
にもかかわらず、我が君は何を案じておられるのでしょう？」
――こたびは勝ったかもしれんが、子玉(しぎょく)を討ち漏らしたであろう。
追い詰められた獣は最後の力を振り絞って戦う(＊13)というではないか。
ましてや、それが令尹(れいいん)(宰相)ともなれば尚更じゃ。
「勝って兜の緒(お)を締めよ」とはいいますが、大勝利の直後にこの言葉。
もっとも、そうした文公の懸念も杞憂(きゆう)に終わり、当の子玉(しぎょく)は「主君の命に背いてまで戦(いくさ)を強行したにもかかわらず大敗して戻ってきた」ということで、成

(＊12)中央軍をわざと退かせて敵軍を懐深く誘い込み、右軍・左翼でこれを包囲殲滅する戦術。

(＊13)四字熟語「困獣猶闘(こんじゅうゆうとう)」の由来となった言葉。
日本の諺で「窮鼠猫を噛む」に相当。

王の逆鱗に嬰れて死を賜ります（＊14）。

これを知り、「これで余も枕を高くして寝られるわい！」と安堵した文公は、践土（B-3）に周の襄王を招いて会盟を開き（＊15）、天下に号令します。

この「践土会盟（B/C-3）」には、晋陣営の斉・魯（A/B-5）・宋・莒はもちろん、戦前まで楚陣営だった衛・鄭・陳・蔡までも加わって晋を盟主と立てたため、晋の文公はついに「覇者」となったのでした。

（＊14）「主君から自殺を命じられる」こと。

（＊15）斉の桓公が行った「葵丘会盟」に相当するもの（第１章 第２幕）。

Column 道を仮りて虢を伐つ

重耳が驪姫に命を狙われるようになったころ、晋の献公はその南に隣接する「虞」「虢」という2国(前幕パネルのC-2)を併呑したいと望みました。

しかし、この2国を同時に相手にしたのではさしもの晋も厳しい。

そこで大夫荀息が献公に献策します。

――まずは虞と結び、これと協力して虢を討ちましょう。

「じゃが、そんなこと虞が認めるかな?」

――そのために我が君が大切になさっておられる屈産の名馬4頭に豪華な馬車、それに垂棘の璧(宝石)を贈りましょう。

「あ、あれは余の宝じゃぞ!?」

――だいじょうぶ、すぐに戻ってきます。

こうしたことが2度(前658/655年)つづいたため、虞の賢臣宮之奇や百里渓もたまらず虞公を諫めます。

「昔から『唇亡びて歯寒し』と申します。

これは"歯"が我が国であり、"唇"が虢でございます。

虢が亡びれば、そのとき我が国の命運も尽きるのですぞ!」

しかし虞公はお宝欲しさにこれを聞き入れなかったため、宮之奇はその足で一族を引きつれて虞を離れ、こう言い残します。

「もはや虞は臘祭(大晦日の祭典)まで保つまい。」

果たして、晋軍は虢を亡ぼして帰国する際、その"ついで"のように虞を亡ぼしてしまいました。

晋の献公は歓びます。

「宝はそのまま、馬は肥えて戻ってきたわい!」

この故事は、「兵法三十六計」の第24計に収められるまでなりましたが、人は歴史に学ぶことなく、何度でも同じ過ちを繰り返します。

特に日本人は人類史上稀に見る"お人好し民族"のため、毎度毎度この罠にひっかかり、国益を損ねています。具体的には……(以下略)。

第1章 春秋時代（前期）

第5幕

仮痴不癲の王

春秋五覇（楚の荘王）

文公による晋の繁栄も束の間、彼の死後は凡君・愚君がつづいてその覇権は破れ、これとは対照的に勢いを増してきたのが楚であった。
楚は成王が我が子に殺されて穆王に代わり、暴君と怖れられながらも領土を拡大し、つぎの荘王の時代には覇を睨むまでになる。

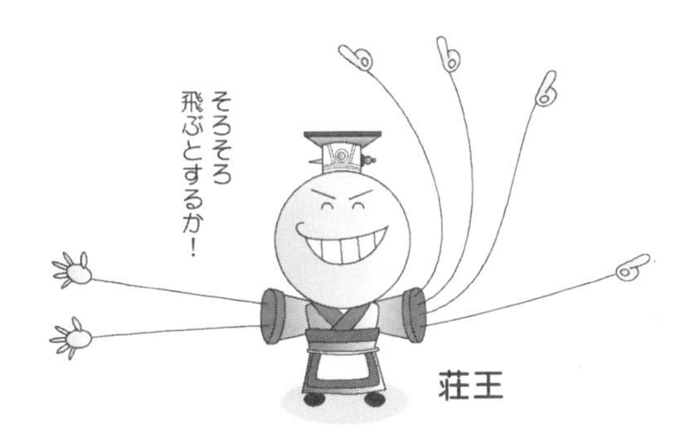

〈春秋五覇（楚の荘王）〉

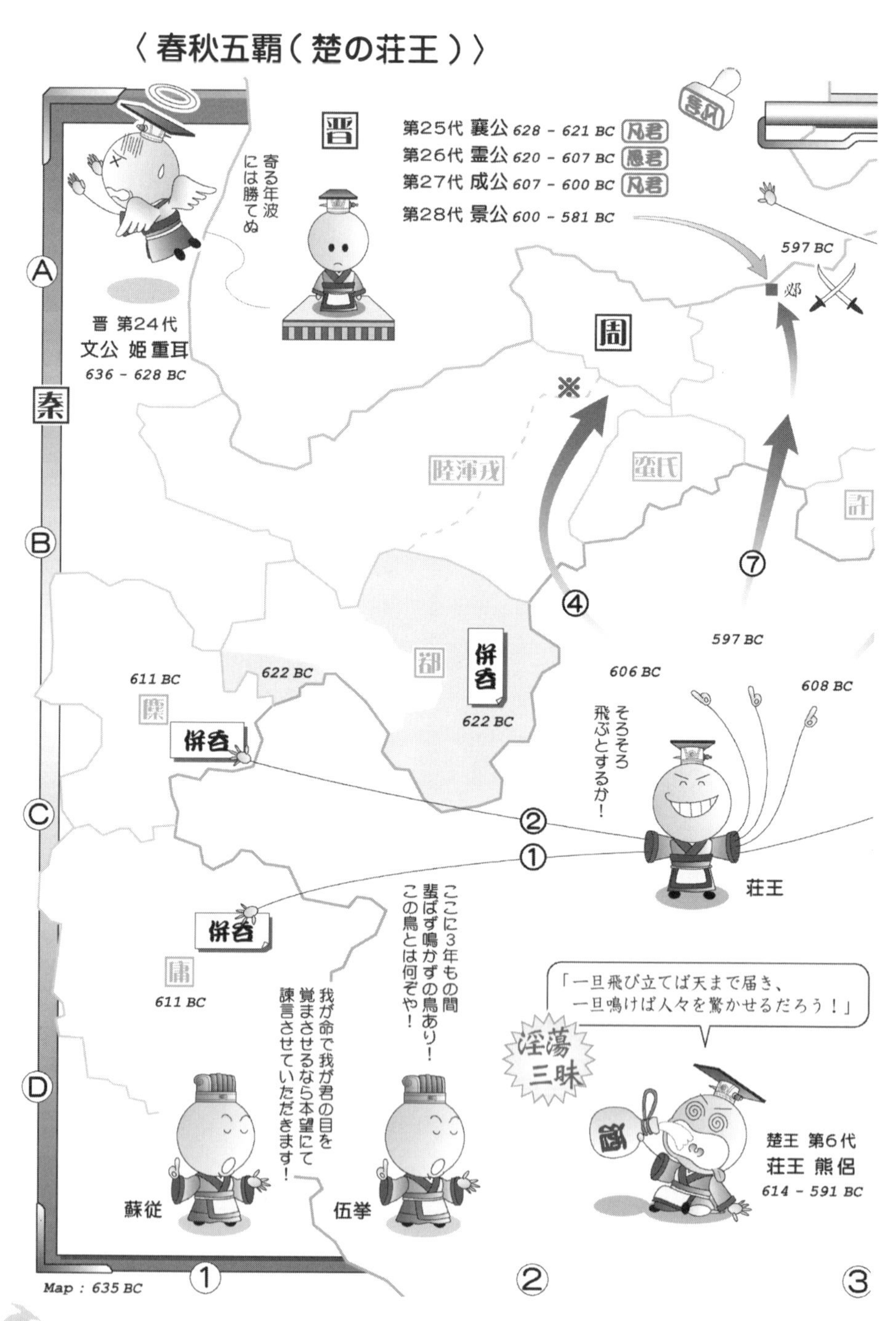

晋
第25代 襄公 628 - 621 BC 凡君
第26代 霊公 620 - 607 BC 愚君
第27代 成公 607 - 600 BC 凡君
第28代 景公 600 - 581 BC
寄る年波には勝てぬ
晋 第24代
文公 姫重耳
636 - 628 BC
秦
周
597 BC
陸渾戎
蛮氏
許
④
⑦
597 BC
606 BC
608 BC
611 BC
622 BC
622 BC
併呑
併呑
併呑
そろそろ飛ぶとするか！
②
①
荘王
ここに3年もの間蜚ばず鳴かずの鳥あり！この鳥とは何ぞや！
我が命で我が君の目を覚まさせるなら本望にて諫言させていただきます！
611 BC
「一旦飛び立てば天まで届き、一旦鳴けば人々を驚かせるだろう！」
淫蕩三昧
蘇従
伍挙
楚王 第6代
荘王 熊侶
614 - 591 BC
Map : 635 BC

前７世紀後葉

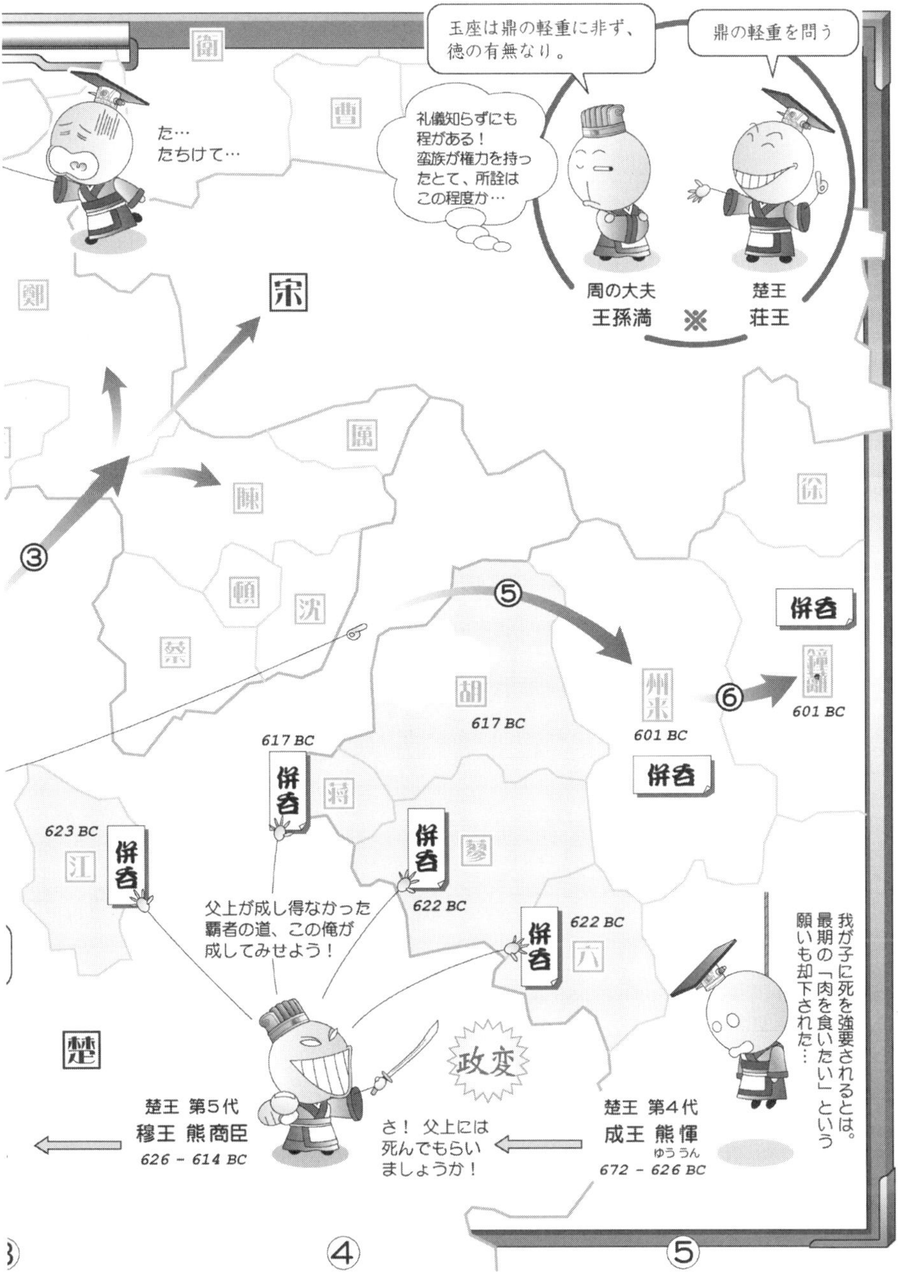

玉座は鼎の軽重に非ず、
徳の有無なり。
鼎の軽重を問う
礼儀知らずにも
程がある！
蛮族が権力を持ったとて、所詮は
この程度か…
周の大夫
王孫満
※
楚王
荘王
た…
たちけて…
衛
曹
鄭
宋
厲
陳
頓
沈
蔡
徐
③
⑤
⑥
併呑
鐘離
601 BC
州来
601 BC
併呑
胡
617 BC
617 BC
併呑
蔣
623 BC
併呑
江
併呑
蓼
622 BC
併呑
622 BC
六
父上が成し得なかった
覇者の道、この俺が
成してみせよう！
我が子に死を強要されるとは。
最期の「肉を食いたい」という
願いも却下された…
楚
政変
楚王 第５代
穆王 熊商臣
626 - 614 BC
さ！ 父上には
死んでもらい
ましょうか！
楚王 第４代
成王 熊惲
ゆううん
672 - 626 BC
③
④
⑤

こうして晋（A-1/2）は、文公の働きによって「覇者」として我が世の春を謳歌することになりました。

しかし、この繁栄を支えた文公は即位時すでに老齢の身。

ほどなく（前628年）彼が亡くなる（A-1）と、晋はその“支え”を失ったかのようにみるみる傾きはじめ、文公の危惧していたとおり、時を経ずして楚によって覇権を奪われることになります。

文公亡きあとは凡君・愚君がつづき（A-2）、まず、次の襄公の御世には早くも秦（穆公）が晋に反旗を翻し、次の霊公の御世には斉・衛、次の成公の御世にはさらに鄭・陳・宋・魯などがつぎつぎと離反して合従連衡(＊01)を繰り返すようになり、晋の「覇者」としての地位は失われていきました。

ところで、晋が襄公→霊公→成公と代が進むごとに衰えていくのとは対照的に力を付けてきたのが楚（D-3）でした。

楚は、成王のころに一時「覇者」を目指した(＊02)ことはすでに触れましたが、彼は晋の文公が亡くなってまもなく我が子（熊商臣）に殺され（D-5）、父王を弑した「穆王（前626～614年）（D-3/4）」の御世に入っていました。

彼は冷徹な性質で、内には粛清につぐ粛清で暴君として怖れられたものの、外には鄀（B/C-2）・江（C-3）・蔣（C-4）・蓼（C-4/5）・六（C/D-4/5）などつぎつぎと周辺諸国を併呑していき、父の遺志を継いで「覇者」への階段をひとつひとつ登っていきましたが、治世12年にして志半ばで没してしまったため、その子が後を継ぎます。

これが、のちに「春秋五覇」のひとりに数えられることになる荘王（前613～591年）（D-2/3）です。

しかし、治世当初の彼はまったく政治を顧みることなく酒色と女色に溺れる日々を送るだけの放蕩三昧。

そのうえ「諫言するものはすべて殺す」と家臣に釘を刺す念の入れよう。

（＊01）固有名詞としては、戦国時代の縦横家（蘇秦・張儀）の戦略（後述）を指しますが、普通名詞に転ずると「その時々の時勢や利害に応じて、様々な国と和合・離反を頻繁に繰り返す様」の意で使用されます。

（＊02）本書「第1章 第3幕」参照。

成王は「名君」、穆(ぼく)王は「暴君」として後世知られるようになりましたが、これにつづく荘王は「暗君」だったか。

群臣らはしばらくは荘王の様子を窺(うかが)っていましたが、「これはホンモノ（の暗(バ)君(カ)）だ」と悟ると、奸(かん)臣・佞(ねい)臣らはこぞって汚職・脱税・浪費のやりたい放題、忠臣らはこれを嘆くも、さりとて王に諫言すらできずに天を仰ぐしかない有様。

即位から３年、ついに堪えきれず、伍挙(ごきょ)(＊03)（D-1/2）が“諫言”ではなく遠回しに謎かけをします。

「我が君。

今日は謎かけ遊びをしたいと思います。作麼生(そもさん)！(＊04)」

――おもしろい。説破(せっぱ)！

「阜(おか)に鳥がいます。

しかしながら、この鳥は３年もの間、蜚(と)ばず鳴かず(＊05)。

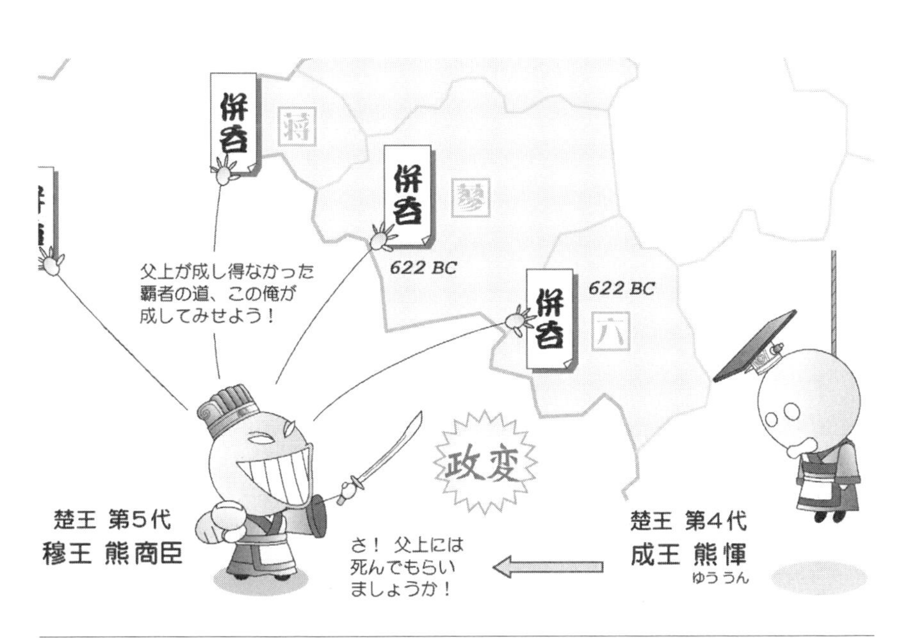

（＊03）荘王の重臣で、子に伍奢、孫に伍尚・伍子胥がいます。

（＊04）謎かけや禅問答をする際、主題者側が発する言葉。答える側は「説破」と受ける。
「さあ、いくぞ！（作麼生）」「よし、こい！（説破）」くらいの意味。

（＊05）慣用句「鳴かず飛ばず」の由来となります。

この鳥とは何ぞや！？」（C/D-1/2）

言わずもがな、ここ３年の荘王のことを指しています。

荘王、これに答えて曰く。

――たとえ３年蜚ばずとも、
ひとたび蜚べば天を衝き、ひとたび鳴けば人を驚かさん！（C/D-2/3）
おぬしの言わんとすることはわかっておる、皆まで言うな。
退がれ。

しかし、その後も放蕩が収まることはなく、ついに我慢ならなくなった大夫・蘇従（D-1）は、「伍挙のような遠回しでは埒が明かぬ！」と直言を行います。

これに荘王は睨みを利かせて言いました。

――おぬし、いい度胸をしておるな。
法（諫言は死罪）を知らぬはずはあるまい？

「もちろん。
されど、我が命で我が君の目を覚まさせるなら本望にて…」

この言葉を聞いた荘王は膝を打って叫びます。

――よくぞ申した！　おぬしのような者が現れるのを待っておったのだ！
機は熟した！　では、余もそろそろ“蜚ぶ”とするか！

じつは、荘王の即位時、これを迎える家臣らは先君の旧臣ばかりで信頼関係が築けず、また老臣が多くて若君を軽んずる傾向があったため、荘王は暗君を装って信頼のおける家臣を見定めていた（仮痴不癲（＊06））のです。

荘王はこの３年間、ずっと家臣の人物査定を行っており、さんざん汚職を行っていた重臣数百人を誅殺して、あらかじめ目を付けていた若者に替え、特に伍挙と蘇従には国政を任せます。

これにより中央から奸臣・佞臣が一掃され、代わりに忠臣・直臣で占められ

（＊06）『兵法三十六計』のひとつ。「痴を仮りて癲（くる）わず」と読み下し、「愚か者を装って相手の警戒心を解き、時機の到来を待つ」という戦術。日本では加賀藩第３代藩主・前田利常がわざと鼻毛を伸ばし放題にして“うつけ”を装っていたことは有名。“うつけ”といえば織田信長が有名ですが、彼の場合は「装った」のではなく「飾らぬありのままの振舞」が当時の人には“うつけ”に映っただけなので「仮痴不癲」とは少し違います。

たことで一気に朝政が引き締まり、楚は勇躍することになったのでした。

荘王は、庸（C/D-1）・麇（B/C-1）を亡ぼした（前611年）のを皮切りに、陳（B-4）・宋（A/B-4）・鄭（A/B-3）を攻め（前608年）、さらに陸渾（＊07）の戎（＊08）（B-1/2）を討つ（前606年）と、そのまま周都・洛邑の郊外まで兵を進め、観兵式（軍事パレード）を挙行しました（＊09）。

このころの周（A-2）はすでに洛邑とその周辺を支配するだけの都市国家レベルまで零落しており、楚の示威に震えあがって、さっそく大夫・王孫満を使者に立てて荘王の真意を探りに行かせます（A-5）。

謁見の席で荘王は使者に尋ねました。

――そちにひとつ訊ねたき儀がある。

　周室には「九鼎」なるものがあるそうじゃの。

　そちはそれを見たことがあるか？

「九鼎」とは、夏王朝の始祖（禹）から殷・周と代々継承されてきた「天子の象徴」で、日本でいえば「三種の神器（剣・鏡・勾玉）」に相当するもの。

（＊07）黄河の南を並走する伊水流域の古名。

（＊08）中華文明に同化・帰順しない西方の異民族に対して、華夏族（のちの漢民族）が呼んだ蔑称。

（＊09）日本でいえば、織田信長が京都で挙行した御馬揃え（軍事パレード）に相当します。

荘王は突然それを口にしたのです。

それだけでも不遜なこと極まりありませんが、さらにつづけて曰く、

――それは如何ほどの大きさ、重さであろうか？

この言葉には、王孫満も怒りを通りこして呆れ果てます。

そもそも、この時代「王」と名乗っていいのは周王だけであって、覇者であろうが何であろうが諸侯が名乗っていいのは「公」までです。

斉の桓**公**、晋の文**公**、秦の穆**公**、宋の襄**公**……。

これまで登場してきた「覇者」といわれる人たちもすべて「公」です。

ところが、楚だけが成王・穆王・荘王など「王」を名乗っていること自体が周室を軽んじている証拠（＊10）です。

「そのうえ、鼎の軽重まで問おう（＊11）（A-5）とは…。

さすが蛮族だけのことはあって、こいつらは“礼”というものを知らぬのぉ。」

楚人は華夏族（＊12）ではなく「蛮（＊13）」です。

九鼎が重かろうが軽かろうが、蛮族のごときがこれに興味を持つこと自体が不遜の極み。

それを敢えて訊ねたのは「周に取って代わってやる」という逆心の表れ以外の何物でもありません。

そこで王孫満は毅然として答えます。

「周王がその玉座にあるは鼎の軽重に非ず、徳の有無なり（A-4/5）。

徳あらば、たとえ鼎がどれほど軽くとも動かすこと叶わず、

徳なくば、たとえ鼎がどれほど重くとも動かすは容易い。

鼎の軽重など問題になりませぬ。」

これには荘王も恥じ入り、軍を退かせました。

しかし荘王は、その後もおとなしくなるということはなく各地遠征（前601

（＊10）日本でいえば、戦国時代に一地方大名が「天皇」を名乗るようなものです。

（＊11）この一連の故事から「鼎の軽重を問う」という慣用句が生まれました。

（＊12）当時、中原（黄河中流域一帯）に住んでいた民族のことで、のちの漢民族。

（＊13）中華文明に同化・帰順しない南方の異民族に対して、華夏族が呼んだ蔑称。

年 州来・鐘離を併合）（B/C-5）を繰り返し、陳を討ち（前 598 年）、つぎに鄭に軍を進めると、鄭は晋に援軍を求め（A-3）てきました。

これに応じて晋も出兵して黄河を渡って鄭に入ってきたため、ここに晋（景公）vs 楚（荘王）が邲（A-3）の地で対峙することになります。

これが有名な「邲の戦（前 597 年）」です。

しかし、事ここまで至りながら、「ここで晋・楚という大国同士がぶつかればお互いタダでは済まない。鄭ごとき小国のためにそこまでの犠牲は払いたくない」という気持ちが両軍ともにあり、決戦となることを避けるべく、お互いに使者を送り合って和睦の糸を探り合いました。

ところが、この動きを知った晋軍内の主戦派が暴走して楚の軍営に夜襲を掛けてしまったため、怒り狂った楚が決起、開戦となります。

晋軍は和睦が成ると思っていたため戦時態勢を取っておらず、突如として攻め寄せてきた楚軍を前に総崩れを起こして潰滅。

しかも、兵法の基本のひとつに「背水陣爲絶地（川を背にし陣を張ってはならない）（＊14）」というのがありますが、その禁を破って晋軍は黄河を背に“背水の陣”を取っていたため尚更です。

狼狽した晋軍の大将 荀 林父は、何を思ったか、「先に川を渡った者には褒美を取らす！」などと叫んだため、兵らが大挙して舟に殺到、先に舟に乗り込んだ兵は転覆を避けるべく、つぎつぎ舟に摑みかかってくる兵の指を斬り落とすという地獄絵図となりました。

その様を『春秋左氏伝』ではこう描写しています。

――舟中の指、掬すべし。（＊15）

こうして、この戦に大敗を喫した晋は名実ともに「覇者」としての地位を失い、逆に大勝した楚は覇を窺うことになったのでした。

（＊14）『孫子』『呉子』『六韜』などの兵法書「武経七書」のうちのひとつ『尉繚子』に見える。よく勘違いされていますが、出典は『孫子』ではありません。

（＊15）「舟の中は指で埋めつくされ、両手で掬（すく）えるほどだった」の意。

Column 病膏肓に入る

こうして晋の景公は、まだ即位してまもないころに「邲の戦」で大敗することになりましたが、彼はそのまま終わることなく、敗戦による国内の動揺を抑え、東方の赤狄を討ち滅ぼしたばかりか、その後も斉・鄭・蔡・沈・楚などと戦を繰り返して、清の儒学者全祖望［紹衣］などは、彼を「春秋五覇」のひとりに数えたほどの活躍をみせます。

どんなに優れた人物であっても「勝敗は時の運」、一敗地に塗れることはありますが、そこからどう這い上がるがで、その人物の器量を計ることができます。

景公は即位早々、家臣の暴走で“大コケ”はしたものの、立派に再起を果たしていますから、優秀な人物だったのでしょう。

しかし、治世20年も近づいたあるとき、景公は巫から「今年の新麦を召し上がることは叶いませぬ（その前に死ぬ）」との神託を受けます。

景公はほどなく病に伏し、名医を呼び寄せて診てもらったところ、

――陛下。残念ながら、陛下の病はすでに病巣が膏（横隔膜）と肓（心臓）の間に入ってしまっています。

こうなりますと、もはやどんな名医でも治すことはできませぬ。

後世、病が重篤に陥ることを「病膏肓に入る」というようになったのは、この故事に拠ります。

しかしその後、景公はなんとか新麦の季節まで持ち堪えました。

彼は収穫したばかりの新麦を取り寄せ、これを炊かせて、件の巫を呼びつけてほかほかの新麦が盛られたお椀を見せつけます。

――見よ、ここに新麦があるぞ！　よくも余を謀ってくれたな！

こうして景公は巫を処刑し、改めて食膳に座ったところ、急にお腹が差し込んできたため厠に駆け込みましたが、そこで足を滑らせて糞壺に落ちて亡くなりました。

まだ新麦はほかほかの状態で箸は付けられておらず、巫の卦はここに成就することになったのでした。

第2章 春秋時代（後期）

第1幕

孔子と老子

諸子百家（儒家・道家）

楚の荘王が身罷(みまか)って以降、春秋時代も混迷期に入り、
いよいよ「戦国」の跫音(あしおと)が聞こえてくるようになった。
そうした中で、生き残るための智慧を与える者として
隆盛してきたのが「諸子百家」。
その中でも、特に後世に大きな影響を与えた三家が
「儒家」「道家」「法家」である。

「君、君たり。臣、臣たり。
父、父たり。子、子たり。」

儒家 開祖
孔丘 仲尼

〈諸子百家（儒家・道家）〉

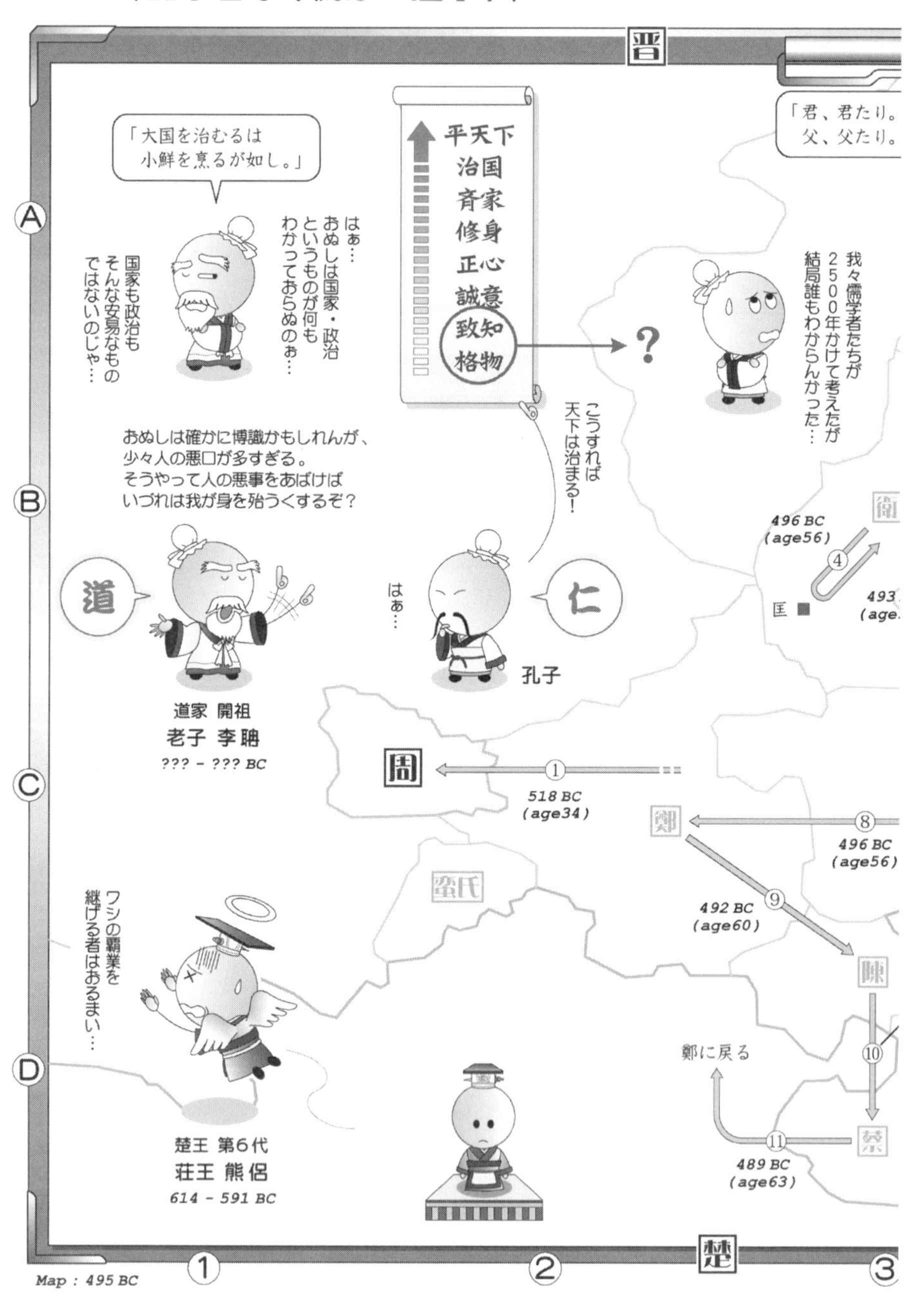

晋
「大国を治むるは
小鮮を烹るが如し。」
はぁ…
おぬしは国家・政治
というものが何も
わかっておらぬのぉ…
国家も政治も
そんな安易なもの
ではないのじゃ…
平天下
治国
斉家
修身
正心
誠意
致知
格物
?
「君、君たり。
父、父たり。
我々儒学者たちが
2500年かけて考えたが
結局誰もわからんかった…
こうすれば
天下は治まる！
おぬしは確かに博識かもしれんが、
少々人の悪口が多すぎる。
そうやって人の悪事をあばけば
いづれは我が身を殆うくするぞ？
道
はぁ…
仁
孔子
496 BC
(age56)
匡
道家 開祖
老子 李聃
??? – ??? BC
周
518 BC
(age34)
鄭
496 BC
(age56)
蛮氏
492 BC
(age60)
陳
ワシの覇業を
継げる者はおるまい…
鄭に戻る
蔡
489 BC
(age63)
楚王 第6代
荘王 熊侶
614 – 591 BC
楚
Map : 495 BC

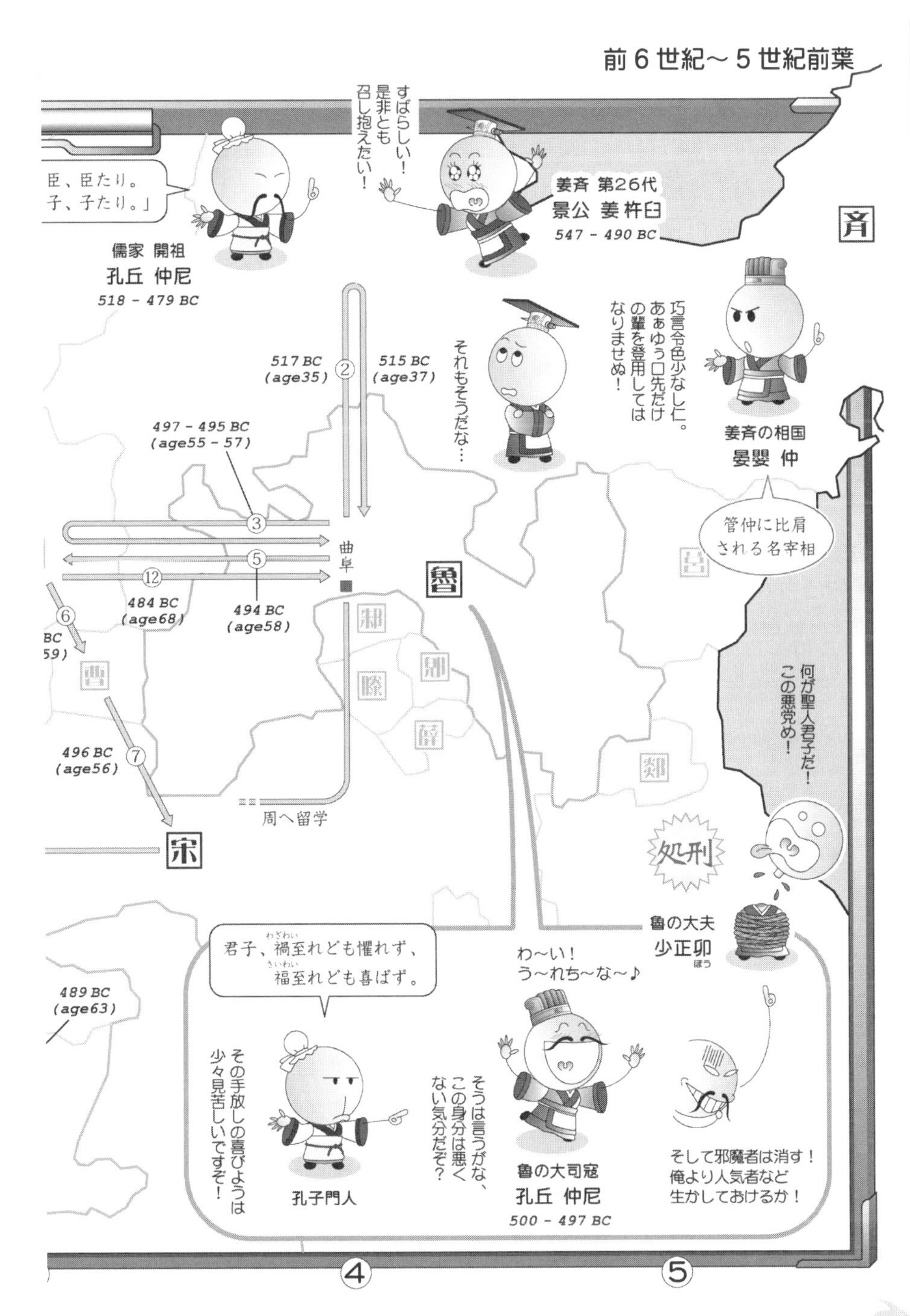

前６世紀～５世紀前葉
臣、臣たり。
子、子たり。」
儒家 開祖
孔丘 仲尼
518 - 479 BC
すばらしい！
是非とも
召し抱えたい！
姜斉 第26代
景公 姜杵臼
547 - 490 BC
斉
それもそうだな…
巧言令色少なし仁。
あぁゆう口先だけ
の輩を登用しては
なりませぬ！
姜斉の相国
晏嬰 仲
管仲に比肩
される名宰相
517 BC
(age35)
515 BC
(age37)
497 - 495 BC
(age55 - 57)
曲阜
魯
494 BC
(age58)
484 BC
(age68)
496 BC
(age56)
周へ留学
宋
何が聖人君子だ！
この悪党め！
処刑
魯の大夫
少正卯
君子、禍至れども懼れず、
福至れども喜ばず。
489 BC
(age63)
その手放しの喜びようは
少々見苦しいですぞ！
孔子門人
わ～い！
う～れち～な～♪
そうは言うがな、
この身分は悪く
ない気分だぞ？
魯の大司寇
孔丘 仲尼
500 - 497 BC
そして邪魔者は消す！
俺より人気者など
生かしておけるか！
④
⑤

こうして晋を降した荘王は、さらに覇業を進めんと、最後に宋に兵を進めましたが、ここで彼も志半ばにしてまもなく亡くなります（D-1）。

荘王一代で国を併せること26、地を開くこと3000里。

しかし、斉の桓公の覇業は彼の死とともに潰え、晋の文公の覇業もその死とともに雲散したように、楚の荘王の覇業も彼が亡くなるや露と消えゆくことになります。

覇業というものは「英主と賢臣が厚い信頼関係で結ばれ」てかろうじて成り立つもので、凡君と微臣（＊01）・奸臣では構築どころかその維持すらままならないためです。

しかし、こうした春秋の歴史法則もこのあたりから「覇者の時代」から「混迷の時代」へと変質していくことになります。

以降、世は離反・和合を繰り広げ、東西南北に斉・秦・楚・晋の四強が睨み合い、「覇者」のいない混戦模様となっていきました。

守ってくれる者（覇者）がいなくなって弱肉強食・優勝劣敗の世が激しさを増してくれば、小国ほど殆うい。

（＊01）さしたる才もない、取るに足らぬ家臣。

（＊02）「戦国七雄」以外にも、まだ魯（B-4）・邾（ちゅう）（B-4）・郳（げい）（B/C-4）・薛（せつ）（C-4）・宋（C-3/4）・衛（B-3）・鄭（C-2/3）・周（C-1/2）・（三晋分裂後の）晋・蜀・巴などの小国がありました。しかもこれらの小国はほとんど七雄のうちのどれかの属国でしたから、実質的には「7つ」といってよい状態でした。

ちなみに春秋時代を紐解(ひもと)けば、初め 200 余国も濫立(らんりつ)した諸侯が、その終わりごろにはたった 18 ほど(＊02)にまで減少していましたから、単純計算で春秋時代を通じてほぼ「２年に１ヶ国づつ」滅亡していったことになります。

昨日は東の国が亡ぼされたかと思えば、今日は今日とて西の国が亡ぼされ、そして明日は我が身。

そうした世知辛い世にあって、諸侯は「どうすれば生き残ることができるか？」ということを必死に考えるようになります。

そうなれば、子飼の家臣らだけでは心許(もと)ないと、進んで外部からも知恵者を招聘(しょうへい)して教えを請い、感銘を受ければこれを師と仰ぎ、そこまでいかなくとも一芸に秀でているだけで食客(しょっかく)(＊03)として囲い、さまざまな相談をするようになります。

こうして君主を導く“家庭教師”を生業(なりわい)とする者がつぎつぎと現れ、彼らはそぞれぞに学派を形づくっていったため、後世、彼らを「諸子百家」と呼ぶようになりました。

そのうち主要なものが、儒家・道家・墨家・法家・陰陽家・名家・縦横家・雑家・農家・小説家・兵家の 11 学派ですが、中でも特に後世に大き影響力をもたらしたのは「儒家」「道家」「法家」の３つです。

儒家の開祖・孔子（孔丘(こうきゅう)［仲尼(ちゅうじ)］）（A-3/4）の半生、およびその思想については、書き始めればそれだけで１冊の分厚い書物になってしまい、本書の主旨から外れますので、ここではあまり詳しくは触れませんが、簡単に俯瞰してみることにします。

彼は仕官を夢見て故郷の魯(ろ)（B-4）で活動していましたが、35 歳のころ、これに見切りを付けて斉（A-5）に向かい（A/B-4）、ここでの仕官を目指しました。

（＊03）何かしら才覚ある者を養ってやる代わりに、いざ事が起こったときにはその才を活かして主人を助ける義務を負う者たちのこと。斉の孟嘗君、趙の平原君、魏の信陵君、楚の春申君ら（戦国四君）は 3000 人もの食客を抱えていたことで有名。

（＊04）斉の桓公（第 16 代・在位 43 年）から 10 代 100 年ほど時代を下ったころの斉王（第 26 代・在位 58 年）。その間、在位が 30 年を越えたのは桓公以来彼が初めて。

斉で景公[＊04]（A-4/5）に謁見を果たした孔子は訊ねられました。
「国をうまく治めるためにはどうすればよいであろうか。」
先にも触れましたように「諸侯が諸子百家に期待したのは、この乱世を生き残るため、天下に覇を唱えるための助言」ですから、当然の質問です。
孔子が答えて曰く、
——君、君たり。臣、臣たり。
　父、父たり。子、子たり。（A-3）
「君主は君主らしく、家臣は家臣らしく、父親は父親らしく、子供は子供らしく、皆がそれぞれ己の立場を心得、分を辨え、節度を知るならば、国は治まるでしょう」という意味で、孔子は自らの主張をこうした端的な言葉にして表現するのが得意。
この言葉をたいそう気に入った景公は彼を仕官させようとしましたが、斉の相国（宰相）晏嬰［平仲］（A/B-5）ら重臣がこぞってこれに反対したため、結局仕官の話は流れ、孔子は失意のうちに帰郷と相なります。
ちなみに、このときの様子が語られるとき、晏嬰など重臣らが孔子の登用に反対したのは「孔子の才を妬み、彼が登用されれば自分の地位が殆うくなることを懼れたからで、彼ら重臣は斉公を操り、朝政を蝕む佞臣」がごとく描かれることが多いのですが、これは後世の儒者らによる印象操作です。
実際の晏嬰は、霊公・荘公[＊05]・景公と3代に仕え、半世紀以上にわたってその最前線で斉の復興に実績を上げ、どんなに権力を握ってもけっして驕ることなく質素清貧な生活[＊06]を貫き、つねに思慮深く謙遜を忘れず、才ある者を発掘してはこれを引き上げてやり、その公正な政治は庶民からも人気があった人物です。
「管仲に比肩する名宰相」として後世にその名を轟かせた一廉の人物で、司

（＊05）斉には「荘」を諡号とする公が2人おり、1人目を「前荘公（荘公贖）」、2人目を「後荘公（荘公光）」と呼んで区別することがあります。本文の荘稿は「後荘公」の方で、彼は「蟷螂の斧」の故事で有名。

（＊06）30年間たった1着の服（狐皮）を着つづけ、供養のためのお供え物（豚肉）はおどろくほど小さかったため「三十年一狐裘」「豚肩豆を掩わず」という言葉が生まれたほどでした。

馬遷も彼を絶讃したほど（＊07）。

当時、仕官を望み自分を売り込んでくる者などそれこそ毎日のようにやってきており、孔子など“どこの馬の骨とも知れぬその他大勢のうちのひとり”にすぎません。

そんな自他共に認める老練かつ大功なす晏嬰（あんえい）ともあろう者が、孔子がごとき“舌先三寸の青二才”など歯牙にもかけるはずもなく、「孔子の才に嫉妬した」など“腐れ儒者（＊08）”の発想にすぎません。

晏嬰（あんえい）が孔子の仕官に反対したほんとうの理由は、「孔子の主張する政治論が聞いてるこっちが恥ずかしくなるほどの“現実が見えていない書生論”にすぎず、そんな幼稚な理想論を政治に持ち込まれたら混乱するだけということを看破したから」と考えた方が自然でしょう。

閑話休題。

（＊07）司馬遷は『史記』の中で「管晏列伝」として、列伝の２番目に配置し、管仲と同列に扱い、その「管晏列伝」の最後に「願わくば、私（司馬遷）は彼（晏嬰）の御者となって仕えたいと思うほど慕わしい」と言っています。

（＊08）「口先だけで役立たずの学者」のこと（「儒」という漢字はもともと「学者」の意）。

こうして失意のうちに魯に戻ってきた孔子は、それからしばし雌伏したのち、故郷の魯で仕官が叶います（D-5）。

しかし、それもほんの一時（前500～497年）、ほどなく失脚すると彼は魯に失望し、自らの政道を実践してくれる主君を探し求めて各地を遊説して廻る（55歳～）ことを決意します。

まずは衛（B-3）、そのあとは曹（B/C-3）→宋（C-3/4）→鄭（C-2/3）→陳（C/D-3）→蔡（D-3）など（＊09）、諸小国を転々としながら仕官先を探しましたが、どこも相手にしてくれません。

そしてついに絶望感に駆られた彼は、慟哭にも似た嘆きの声を上げます。

「嗚呼！　私に国政を任せてくれる者がおればなあ！

たった1年でもいい！　もし3年の時間を与えてくれるなら、

かならずや理想を達成してみせるものを！」（＊10）

しかしながら。

この言葉自体が、彼が「政治」というものをまったく理解できていないことを示しています。

政治というものは「頭の中で練り上げた理想」を当てはめれば、2～3年で理想政治が実現する――などという、そんな単純なものでも安易なものでもありません（＊11）。

それは歴史が証明しており、洋の東西と古今を問わず、過去、「政治に理想を追求する」愚を犯した政治家は数知れず現れましたが、うまくいった例がないどころか“地獄絵図”となってしまいます。

たとえば、18世紀のフランスではロベスピエールが、孔子さながらに人々の“徳”に頼った「徳治政治」を実行しようとしたものでしたが、その結果、経済は破綻し、国民の怨嗟の声は天を覆い、その行き着いた先は幾万もの罪なき人が毎日断頭台に送り込まれていくという「恐怖政治」でした。

また、20世紀に入ると、レーニン・毛沢東・金日成・ポルポトといった面々

（＊09）東西南北を呉・晋・楚・斉の4大国に囲まれて、小国が濫立していた地域。

（＊10）原文書き下し文 →「苟（いやしく）も我を用ふる者あらば、期日（1年）のみにして可なあらん。三年にして成すこと有らん」

が現れ、「社会主義」という“理想”を追求したものでしたが、その結果は、彼らの標榜する「地上の楽園」どころか、その先に待っていたのは国中の善良なる人々の幸せな生活と命を理不尽かつ不条理に奪っていく「この世の地獄」が現出しただけでした。

例を挙げれば枚挙に遑（いとま）なく、それだけで１冊の分厚い本になってしまいますのでこれくらいにしておきますが、「頭の中だけで考えた理想」など、政治の世界では災厄（カタストロフ）以外の何物でもないのですが、ここのところが歴史や政治に疎（うと）い人には万言尽くして説明してあげても理解できません。

孔子もその典型で、「君君（くんくんたり）、臣臣（しんしんたり）」などという理想論など、断じて「乱世に秩序と安定を与えるカンフル剤」にはなり得ないことが彼には理解できない。

管仲（かんちゅう）も言っています。

――衣食足りて礼節を知る。

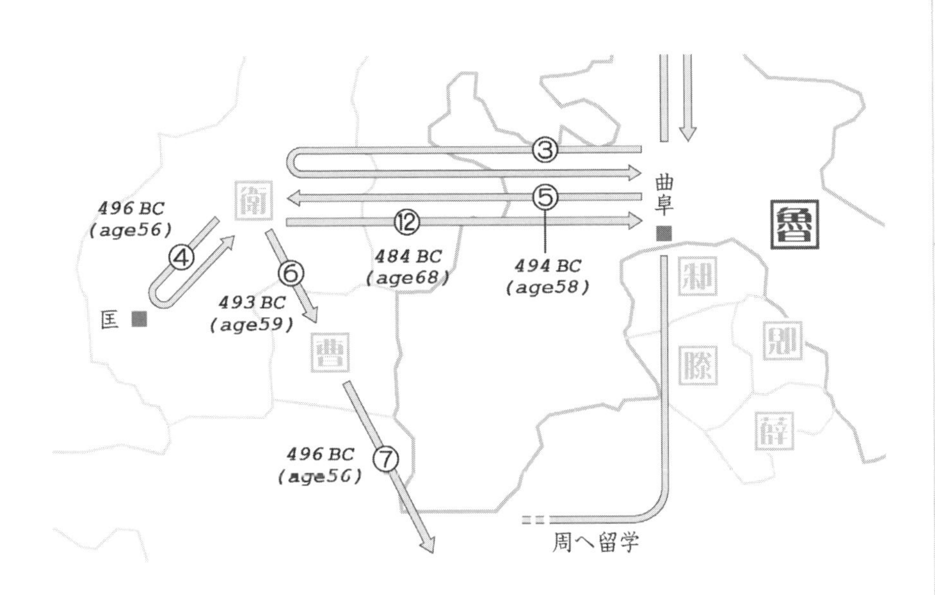

（＊11）『論語』では、「孔子が政治を任されるや、たちまち孔子の政治理想が行き渡って秩序が回復した」という主旨のことが書いてありますが、おそらくは作り話です。
『論語』は孔子の弟子たちが師を礼讃して書いたものなので、孔子にとって都合の悪いことは書かれず、『聖書』の中のイエス同様、はなはだ客観性に乏しいものだということを認識して読まなければいけません。

すなわち、「秩序が生まれ（因）て初めて“君君臣臣（果）”が社会に行き渡ることが可能となる」のであって、「“君君臣臣（因）”が社会に行き渡ることで秩序が生まれる（果）」のではありません。

因と果がまったく逆で、孔子の発想は「雨を降らせたくば、道を濡らせばよい」といっているようなものです。

「雨が降る（因）から道が濡れる（果）」だけであって、「道を濡らせば（因）雨が降る（果）」わけではありません。

下剋上（＊12）の世にあって、弱体な主君への叛逆を虎視眈々と狙っている家臣らが蠢（うごめ）く中で、「家臣は家臣らしく振る舞いなさい」などと綺麗事を述べ立てたところで、悦（よろこ）ぶのは主君ばかり、家臣らが「なるほどなあ。俺も今日から野心を棄てて家臣らしく生きよう」などと思うはずがありません。

―― 余計なことを言って主君を惑わす、あの腐れ儒者を殺せ！

…となるに決まっており、実際、孔子も命を狙われています。

孔子の教えが“現実”になるのは、強大な権力を持つ君主が現れ、「臣、臣たれ！」と命じたときだけです。

それはその後の歴史によって証明されており、中国の歴代王朝はつねに「乱世にあって儒学を採用する王朝は現れず、安定王朝になると儒学が尊重される」ということを繰り返してきました。

したがって儒学は、「泰平の世の学問」とはなり得ても、「乱世の学問」とはなり得ず、孔子が生きた乱世にあって彼の学問が取り上げられる可能性など、最初から皆無だったのです。

しかし、孔子は生涯にわたってついに己（おのれ）の誤りに気づくことはなく、自分が仕官できない理由をあくまで“他（暗君や佞臣（ねいしん）（＊13）など）”に求めました。

68歳にしてついに仕官を諦めた孔子は、14年の放浪を終えて帰郷し、残りの人生を後進の育成に力を注ぐことにします。

こうして育った弟子たちによって継承されていった教えが「儒学」となったの

（＊12）下位の者が上位の者を政治的・軍事的に打倒して上下関係を逆転させること。

（＊13）よこしまな心を持つ家臣のこと。

でした。

ところで、儒学の経典は初め『易経』『詩経』『書経』『春秋』『礼記』の五経（＊14）が重視されましたが、その中で儒学の神髄が書かれているのが『礼記』なので、その中枢たる２編を『大学』『中庸』として独立させ、これに孔子の言行録『論語』、孟子の言行録『孟子』を加えて「四書」とし、のちにはこの「四書」の方が重視されるようになります。

そして、この『大学』に「どうすれば天下を平定する（平天下）ことができるか」という当時の諸侯がもっとも知りたいノウハウが凝縮していました。

孔子曰く。

――天下を平らかにせんと欲すれば、まずその国をよく治め、　（治国）
　その国をよく治めんと欲すれば、まずその家をよく斉え、　（斉家）
　その家をよく斉えんと欲すれば、まずその身をよく修めよ。（修身）

孔子は「天下」という壮大なスケールの物を理解するのに、これを細分化して理解しようとしました。

たとえば、巨大で複雑な機械に不具合が生じてどうしてもその原因がわからないときは、いったんバラバラに分解してひとつひとつの部品に異常がないかを精査していった方が確実です。

同じように、「天下」というのは「国」という“部品”がたくさん集まってできたものなのだから、そのひとつひとつの“部品”がうまく機能すれば、天下も平らげることができるはず――と考えます。

あとは同じ要領で、国家は“家”が、家は“人”が集まって構成されたものなのだから、「ひとりひとりの個人がきちんと自分の行いを糺せば（修身）自然と家庭は幸せになる（斉家）し、ひとつひとつの家庭が幸せになれば国も自然と治まる（治国）はず」というわけです。

この考え方が後世「修身・斉家・治国・平天下（A-2）」という至言となりました。

（＊14）『易経』は易学書、『詩経』は詩集、『書経』『春秋』は史書、『礼記』は哲学書です。
さらにいえば、『書経』は「虞書」「夏書」「商書」「周書」に分かれて、それぞれ堯舜史・夏史・殷史・周史が記されており、『春秋』は春秋時代の魯史が記されています。

しかし、それでは「その“修身”とやらは具体的に何をすればよいのか？」という疑問が湧いてきます。

そこで孔子は答えます。

——身を修めんと欲すれば、心を正しく律すればよく、（正心）
　心を正しくせんと欲すれば、意を誠にすればよく、（誠意）
　意を誠にせんと欲すれば、知に致らばよい。（致知）
　そして、知に至るとは物に格(いた)るということである。（格物）

すなわち「物に格(いた)らば知に至ることができ、知に至らば意を誠にでき、意を誠にせば正しい心を持つことができ、正しい心を持つことが修身につながる」というわけです。

これが後世「格物・致知・誠意・正心」という至言となります（A/B-2）。

しかしこの論法だと、一番最初の「格物(ものにいたる)」ができなければ「致知(ちにいたる)」ができず、それはすなわち誠意→正心→修身→斉家→治国とつなげていくことができませんから「平天下」など夢のまた夢ということになり、この「格物」こそが儒学の根本ということになります。

ところが困ったことに、孔子は肝心要のこの「格物致知(ものにいたらばちにいたる)」という言葉の真意を言い残しませんでした[*15]。

つまり、この「格物致知」の真意がわからない以上、けっして「平天下」は叶わず、その解明なくば、儒学そのものの存在意義すら揺らぐことになります。

そのため、後世の儒学者たちは必死に「格物致知」の真意を研究しつづけましたが、それは解釈の違いによるさまざまな学派を生んだだけで、ついに今日に至るまで統一見解を見ることはできなかったのでした[*16]（A/B-2/3）。

ところで。

さきほど、「孔子は政治に関して根本的かつ致命的な心得違いをしている」と

（＊15）儒学の根幹を成すものとして「仁」という概念がありますが、これについても孔子は、何度となく弟子からその定義を問われても答えていません。
彼は御託を並べさせれば天下一品ですが、その核心部分に迫ろうとするとたちまちお茶を濁し、自分の言ったことも自分で実践できないところが多々ありました。

申し上げましたが、その“心得違い”を当時すでに彼に指摘していた人物がいました。

それが李耳（りじ）［聃（たん）］（B/C-1）、一般には「老子」という尊称で知られる、道家の開祖です。

じつは、孔子は斉に向かう少し前（34歳）、周（C-1/2）の都洛邑（らくゆう）に留学していたことがあったのですが、このとき孔子は、しばらく老子に師事していました。

やがて暇乞い（いとまごい）をする孔子に対して、老子は「餞別（せんべつ）代わりに」と言葉を残しました。

――聡明で目先が利く者が死にそうな目に遭うのは人の悪口を言うからじゃ。
　博識で弁も立つ者が危険な目に遭うのは人の悪事をあばくからじゃ。
　そなたはこのことを肝に銘じ、もう少し自己主張を控えることが肝要じゃ。
　このこと、ゆめゆめお忘れなきよう。（B-1）

もちろん「聡明で目先が利く者」「博識で弁が立つ者」というのは孔子のこと

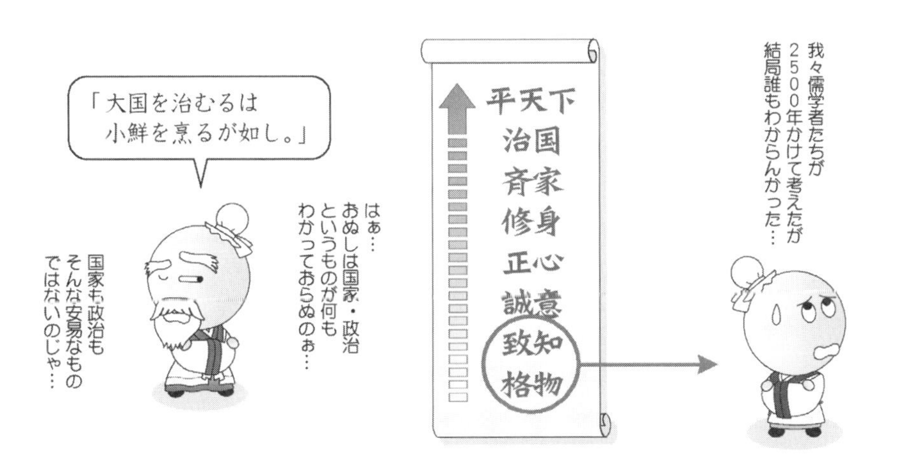

（＊16）「致知」の解釈の統一を見ないどころか、読み方すら一致しません。
宋学の大成者・朱熹は「いたる」と読み下しました（本書はこちらを採用）が、陽明学の大成者・王陽明は「ただす」と読み下し、それぞれ独自解釈しています。

を指しており、孔子が繰り返し「人の悪口を言う」「人の悪事をあばく」ことを戒めているわけです。

孔子は帰国後、老子のことを評して「まるで龍のようなお方だった」と絶讃したものの、この老子の言葉の意味はまるで理解できなかった（＊17）ようで、老子の言葉などどこへやら、彼と別れてほどなく魯で任官を果たすや、「自己主張」を前面に押し出し、「人の悪口」を言い、「人の悪事」をあばいて政敵を蹴落とし、あるいは処刑して出世街道を歩んでいきます。

このことに関して、孔子には儒者がひた隠しに隠したがる“黒歴史”があります。

当時、孔子には政敵として少正卯なる人物がいました。

彼は由緒正しき魯の大夫の家柄であり、人々からも慕われ、天下にその名を轟かせていた聞人（＊18）であり、孔子の門弟たちですらぞくぞくと孔子から少正卯の下へ走り、彼を絶讃するほどでした。

孔子としてはおもしろくない。

——こいつがいるかぎり、わしの未来はない！

そう思ったか、孔子は「大司寇（＊19）」に就くや、ただちにその職権を濫用し、よほど憎かったのでしょう、就任からわずか7日目にして少正卯を処刑してしまいます（C-5）。

処刑理由は「小人の桀雄（＊20）だから」という取って付けたようなもの。

ここでいう「小人」とは、ついこの間まで孔子の門弟だった者たちでしたから、その理由が通るなら、孔子も「小人の桀雄」として死刑にされなければならないはずですが、そんなことはお構いなし。

つまりそんなことはほんとうの理由ではなく、この処刑が孔子の「少正卯への個人的な嫉妬」によるものであることを明白に示しています。

この暴挙にはさしもの孔子門弟からすら非難の声が上がり、3000人も数える孔子の門弟の中でも特に十指に入る「孔門十哲」のひとりで、孔子には絶対の

（＊17）「頭では理解していても実践できなかった」というだけかもしれませんが、王陽明に言わせれば「実践できないのは理解できていない証（知行合一）」ということになります。

（＊18）名を知られた、声望厚い人のこと。

忠誠を誓っていた端木賜［子貢］ですら、このときばかりは孔子に抗議したほど。

この出来事は、孔子が「聖人君子」どころか、どこにでも転がっている「伏魔殿の俗物」であることを示しており、さしもの儒学者ですら言い訳しがたい汚点であったため、『論語』にはいっさい触れられていません。

こうして、極めて強引かつ横暴なやり方で政敵を排除することに成功した孔子は得意満面だったといいます（D-4/5）。

人を蹴落とし、恨みを買って手に入れた地位など“春先の雪”のように儚く殆ういものなのに、そんなことすらわからず有頂天になってしまうところにも、彼の「俗物ぶり」が顕れています。

これは筆者の個人的な見解というだけでなく、当時の孔子の直弟子たちです

（＊19）現在でいうところの「警察庁長官」と「最高裁判所裁判官」を併せ持ったような役職であったため、職権を濫用すれば、いつでも自分の気に入らない者を逮捕し（警察権の濫用）、死刑判決を出し（司法権の濫用）て、これを殺すことなど容易い官職。

（＊20）「つまらぬ者たちの指導者」の意。

ら眉をひそめたほどで、弟子のひとりが孔子に詰問しています。
—— 先生！
　先生は平素、「君子たるもの、禍が襲っても懼れず、福が舞い込んでも喜ばず（C/D-4）」とおっしゃっておられたではありませんか。
　にもかかわらず、先生の最近の有頂天ぶりは如何なものでしょうか。
　すると孔子は答えます。
「まぁそんなことも言ったかな。
　でも、高い身分に立って、上から人に謙るのも悪くない気分だぞ？」
　まったく答えになっていません。
　答えに窮すると詭弁で相手をケムに巻くその態度は、「君子」どころか、まるっきり同時代のギリシアに現れた「ソフィスト（*21）」そのもの。
　こうした答弁からも、彼が周りの者が眉をひそめるほど舞い上がっていたことがわかりますが、そんなザマではほどなくその足をすくわれることになるのは火を見るより明らかで事実その通りになります（*22）。
　老子は、彼との短い問答の中でこうした孔子の為人を看破し、こうなることを予見して彼に忠告したのでしょう。
　しかし、その戒めは孔子の心にはまったく届かなかったのでした。
　さて。
　これほどの慧眼たる老子は「道」を説いた（B/C-1）ため、彼の教えは「道家」と呼ばれます。
　しかし、「道」とは何かと問われれば、老子自身が「言葉では説明できない」と言っているほど難解なもので、ここでは詳しく触れませんが、簡単に言えば「この宇宙の万物森羅万象の深淵に流れる絶対真理」とでもいうべきものです。
　老子の政治観は、孔子のそれとは180°違いました。

（*21）古代ギリシアにおいて「人に徳目や知識を教えて生計を立てていた家庭教師」のこと。
まさに中国史における「諸子百家」そのもの。
ソフィストの中には、屁理屈や詭弁で相手を論破することを是とする者が多く輩出したため、当時から蔑視・非難の対象となり、特にソクラテスがソフィストの偽善を攻撃したことは有名ですが、じつは、当のソクラテス自身もソフィストのひとり。

── 大国を治むるは小鮮を烹(に)るが如し。（A-1）

孔子が「自分の理想を政治に反映させるべくちょこまかと立ち回り、政敵を陥れ、政治を引っ掻き回す」のとは対照的に、老子は「なるべく手や口を出さないように無為自然に任すのが吉(＊23)」と考えました。

老子は、宇宙万物森羅万象には滾々(こんこん)と「道」が流れているのだから、人間ごときが余計な浅知恵で弄(いじ)りさえしなければ、自然にうまく流れていくものだ、とします。

したがって彼は、どこかの国に仕官するなどして国を動かそうなどという野心を持つことなく隠棲し、孔子と別れたあとまもなく函谷関(かんこくかん)(＊24)を越えて西へ向かったあと消息を絶ってしまい、その後の彼の消息を知る者はいません。

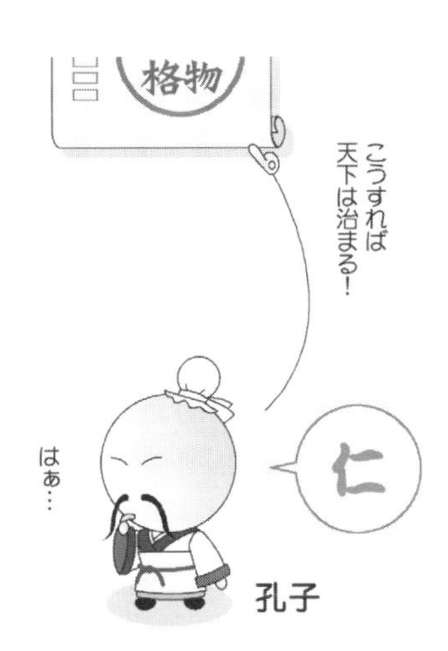

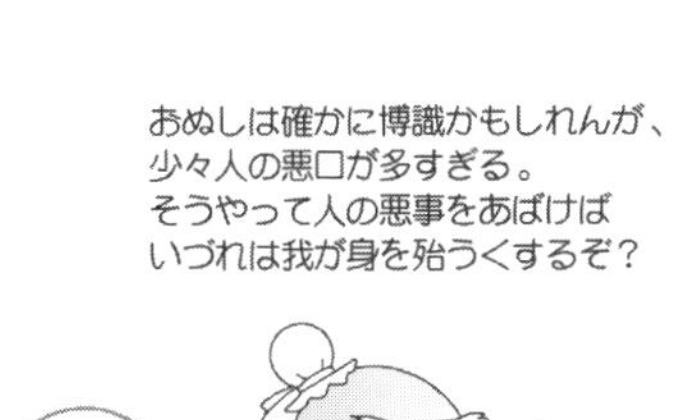

（＊22）一応『論語』では、孔子のメンツを守るため、孔子の方から魯公を見限っての「辞任」ということになっていますが、史実はおそらく「更迭」でしょう。

（＊23）これはアダム＝スミスの「神の見えざる手」にも通ずる理念で、「人間の浅知恵で引っ掻き回すから余計におかしくなる」という考え。

（＊24）じつのところ、どこの「関」なのかはよくわかっていません。一説に「散関」とも。

Column 孔子とソクラテスと釈迦

じつは、中国で孔子を首(はじ)めとする「諸子百家」がわらわらと現れたちょうどそのころ、ギリシアではソクラテスが活動していた時代で「ソフィスト(知恵者)」がわらわらと現れた時代と一致します。

そしてちょうどそのころ、インドでは釈迦(ゴータマシッダールタ)や大勇(マハーヴィーラ)らに代表される新興宗教がつぎつぎと現れた時代です。

つまり、紀元前500年ごろという時代は、ユーラシア大陸の東(中国)・西(ギリシア)・南(インド)で新思想・新宗教を提唱する者が一斉に現れた時代ということになります。

これは偶然でしょうか。

いいえ。

新しい考えや理念が生まれてくるのは、旧来の国家・社会の運営がうまく機能しなくなってきているからです。

じつは、紀元前8世紀中頃に地球規模で大寒波が襲いました。

これを境として地球は温暖な気候から寒冷な気候へと変化したため、それまでの「温暖な気候を背景として成立していた政治・社会・制度・体制・組織」は何もかもうまく機能しなくなります。

西周の支配体制が崩れ、春秋時代に突入したのが8世紀中頃というのもそのためです。

そのため、この寒冷な気候を背景とした新しいシステム作りが必要となりますが、その“産みの苦しみ”に当たるのが「春秋戦国時代」というわけです。

どうすれば安定した社会が作れるのか。

その糸口を探して暗中模索する中で、「こうすればよいのでは?」「ああすればうまくいくはず!」とつぎつぎと新思想が生まれてくるのです。

こうしてギリシアではソフィストが、インドでは新宗教が、中国では諸子百家が濫立することになり、新しい時代の秩序の構築を担う基盤となっていったのでした。

第2章 春秋時代（後期）

第2幕

血塗られた玉座

春秋五覇（呉の闔閭）

荘王亡きあとの楚は急速に衰えていく。平王のころには佞臣費無忌の讒言をマに受けた楚王が罪なき者をつぎつぎと処刑していき、混乱は深まる一方。粛清された者の中には伍挙の子や孫もいたが、伍子胥だけは落ち延び、彼は平王への復讐のため呉の闔閭に仕えたが、それにより呉は急速に国力を伸ばしていくことになる。

〈春秋五覇（呉の闔閭）〉

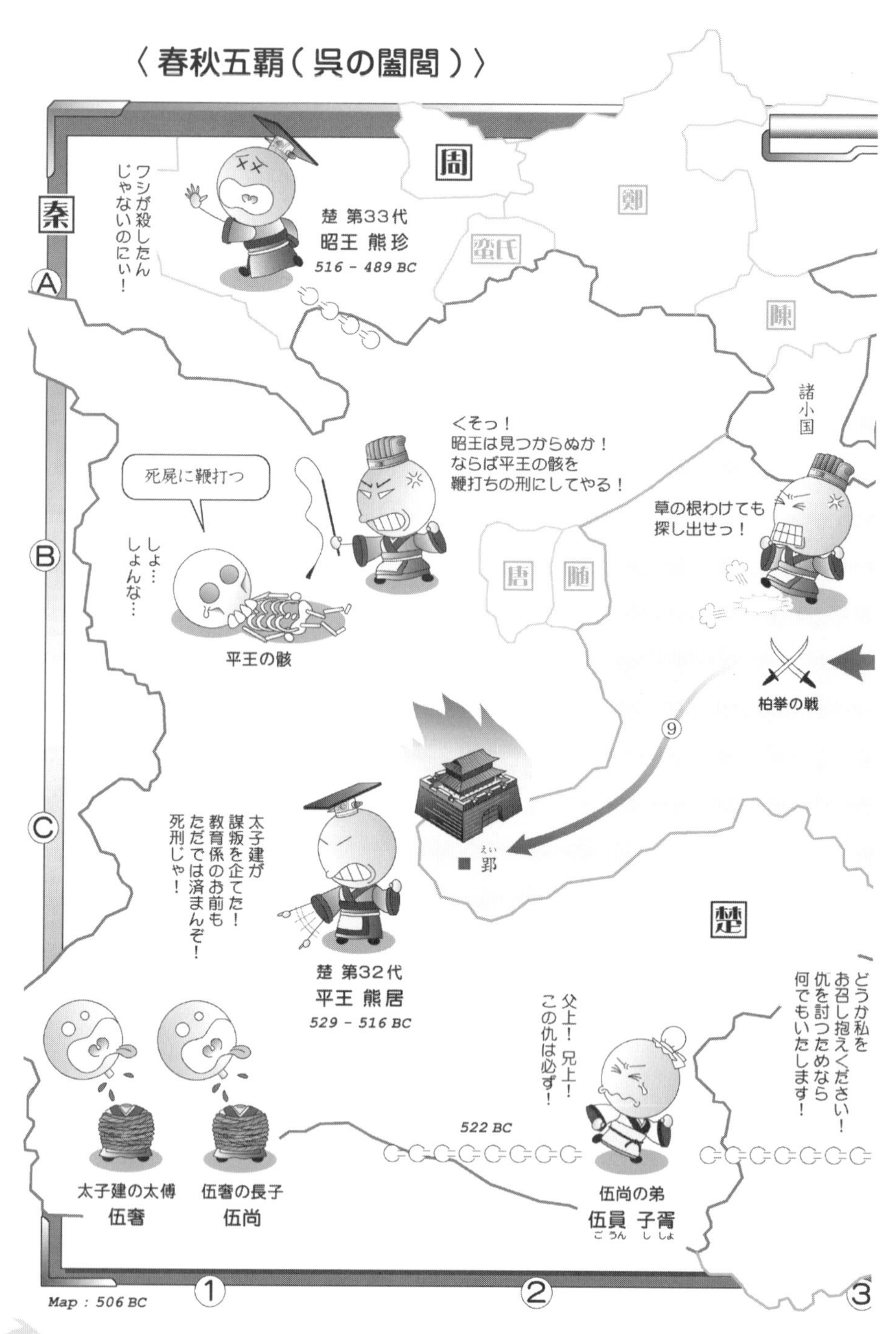

秦
周
鄭
蛮氏
陳
諸小国
唐
随
楚
ワシが殺したんじゃないのにぃ！
楚 第33代
昭王 熊珍
516 - 489 BC
くそっ！
昭王は見つからぬか！
ならば平王の骸を
鞭打ちの刑にしてやる！
死屍に鞭打つ
しょ…しょんな…
平王の骸
草の根わけても
探し出せっ！
柏挙の戦
⑨
郢
太子建が謀叛を企てた！教育係のお前もただでは済まんぞ！死刑じゃ！
楚 第32代
平王 熊居
529 - 516 BC
父上！兄上！この仇は必ず！
どうか私をお召し抱えください！仇を討つためなら何でもいたします！
522 BC
太子建の太傅
伍奢
伍奢の長子
伍尚
伍尚の弟
伍員 子胥
A
B
C
1
2
3
Map : 506 BC

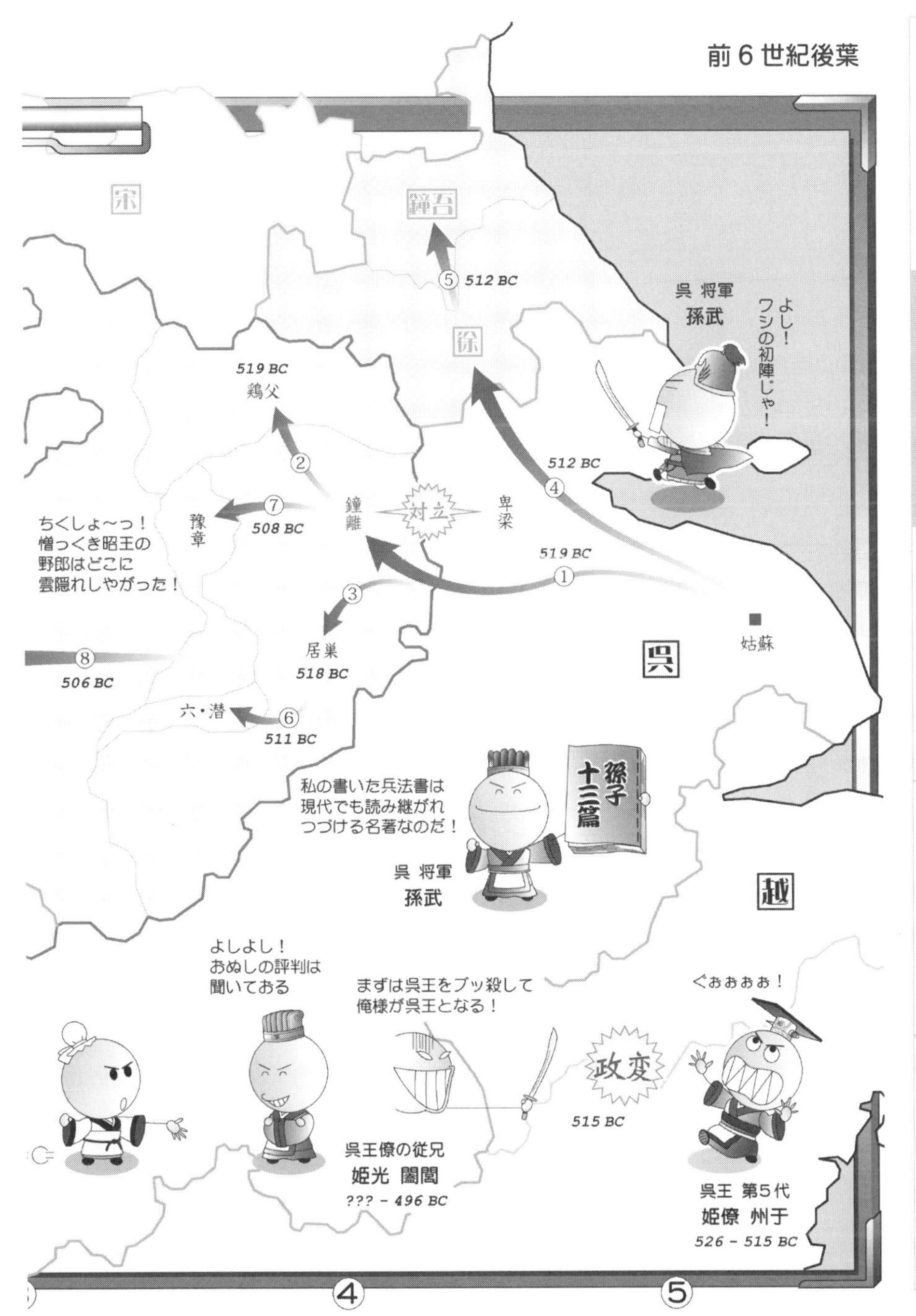

前６世紀後葉
宋
鍾吾
徐
⑤ 512 BC
呉 将軍
孫武
よし！
ワシの初陣じゃ！
519 BC
鶏父
②
512 BC
④
⑦
豫章
508 BC
鍾離
対立
卑梁
ちくしょ～っ！
憎っくき昭王の
野郎はどこに
雲隠れしやがった！
519 BC
①
③
居巣
518 BC
姑蘇
呉
⑧
506 BC
六・潜
⑥
511 BC
私の書いた兵法書は
現代でも読み継がれ
つづける名著なのだ！
孫子十三篇
呉 将軍
孫武
越
よしよし！
おぬしの評判は
聞いておる
まずは呉王をブッ殺して
俺様が呉王となる！
ぐぉぉぉぉ！
政変
515 BC
呉王僚の従兄
姫光 闔閭
??? – 496 BC
呉王 第5代
姫僚 州于
526 – 515 BC
④
⑤

楚で荘王が亡くなると、中原は覇者のいない混戦模様となり、中央が消耗戦を繰り返しているすきに、辺境で力を付けてきたのが呉（B/C-5）と越（C-5）です。

ところで、荘王がまだ“仮痴不癲”をしていたころ、王に「蜚ばず鳴かず」の謎かけをした「伍挙」なる人物がいたことはすでに述べましたが、時代が下り、その伍挙の子・伍奢（D-1）は平王（＊01）（C/D-1/2）の太子・建の太傅（＊02）をしていました。

ところがここに、ひとりの佞臣が現れたことで歴史が動きはじめます。

平王に取り入って、なんとかその寵臣になりたいと考えていた少傅（＊03）の費無忌という男が、平王に美女を与えて歓心を買い、さらには「太子建に謀叛の疑いこれあり！」と讒言（＊04）したのです。

これをマに受けた平王は、太子建の教育係であった伍奢を呼び出して詰問。

「なんですと！?
建様が謀叛？　ばかばかしい！
そんな根も葉もない讒言を鵜呑みにして我が子を疑うとは何事です！?」

しかし平王は、費無忌に唆されるまま伍奢を投獄し、建を廃嫡（＊05）したのみならず、赴任先の城父にいた伍奢の子、伍尚（兄）（D-1）・伍員（＊06）［子胥］（弟）（D-2）まで殺そうとします。

――伍尚・伍子胥両名はただちに都（郢）に戻るべし。
召還に応じれば父親（投獄中の伍奢）の命は助けよう。
応ぜずば、父の命はないと思え！

伍子胥は兄に訴えます。

「これは我ら父子を謀殺せんとする罠ですぞ！
我らが行こうが行くまいがどうせ父上は殺されます。

（＊01）荘王亡きあと、5代60年（共王→康王→郟敖→霊王→訾敖）の玉座交代を挟んで、楚王となったのが平王。佞臣の讒言をいちいちマに受けて政治を乱した無能。

（＊02）侍従長。天子やその子の身の回りの世話をする役職。家庭教師。侍従長。

（＊03）太傅の補佐役。副侍従長。

（＊04）他人を陥れるために目上の者にありもしない事柄を告げ口すること。

ここは鄭（A-2/3）に亡命し、再起を図りましょう！」

しかし兄は答えます。

「たとえそうであろうと父を見棄てることはできぬ！」

こうして伍尚は召喚に応じて父とともに処刑され、伍子胥は亡命生活を強いられることになりました（前522年）。

まずは鄭に、やがてここにもいられなくなると呉に向かいましたが、その道程たるや苛烈を極め、あるときは誇りを捨てて物乞いをし、あるときは飢えがもとで死線をさまよう病となりましたが、これに耐えて呉の都を目指します。

彼の生きる気力を支えていたのは「平王と費無忌への復讐」それのみでした。

艱難辛苦、ようやく呉に辿り着くと、伍子胥は呉の太子のひとりだった姫光（のちの闔閭）（＊07）（D-4）を頼ります。

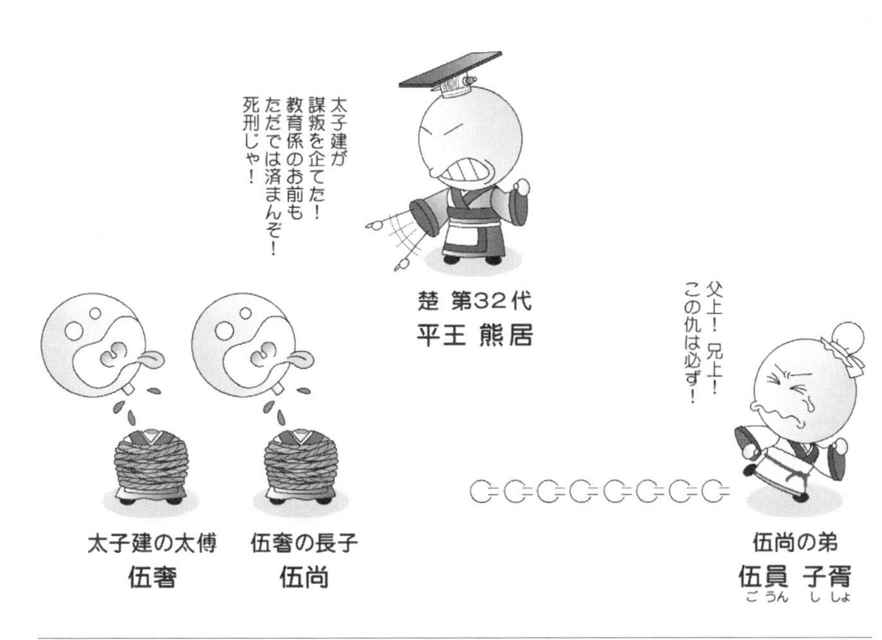

（＊05）建はその後、鄭に亡命し、鄭に匿まってもらっていたにもかかわらず、鄭に叛逆して殺されています。

（＊06）読みは「うん」。「えん」と読まれることもありますが「いん」ではありません。

（＊07）当時の呉王・僚の従兄。王位継承に不満を持っていました。

「太子のお側に仕えさせていただければ、
　かならずやお役に立ってみせます。」

伍子胥は呉の軍事力を利用して仇を討とうと考え、呉王（僚）に楚との開戦を訴えましたが、呉王は「楚は大国にてまだその時に非ず」とその気がなかったため、以降、伍子胥は呉の国力を高めるために尽力します。

もともと中国は「南船北馬」といって、中原諸国は騎馬戦が、江南地域は水上戦が伝統的に強いのですが、伍子胥は呉軍に騎馬戦を教え、その強化を図ります。

呉王がなかなか決断できぬまま、何事もなく3年の月日が矢の如く過ぎ去っていきましたが、歴史というものは動きはじめるときは突然です。

事の始まりは、呉と楚の国境に位置する小さな村・卑梁（A/B-4/5）と鐘離（A/B-4）の間で起こった子供同士のケンカでした。

ところが、これに親が加わったことで村同士の争いとなり、ついにはこれを聞きつけた楚（平王）が「楚領（鐘離）を護るため！」とばかり軍を繰り出して卑梁（呉領）を村ごと皆殺しにしてしまったのです[（＊08）]。

これを知った呉王（僚）は激怒、ただちに太子光に出撃を命じ、鐘離をはじめ鶏父（A/B-4）・居巣（B/C-4）など、周辺の城をつぎつぎと陥落していきました（前519～518年）。

ナポレオンは言ったものです。

「“人生という試合”でもっとも重要なのは“休憩時間の得点”である。」

みんなが休んでいる間に努力できる者だけが成功を掴むことができる。

伍子胥も、とりあえず何もすることがなかった3年間を無為に過ごすことなく練兵に精を出していたおかげで、それがここに華開いたのでした。

快進撃に気をよくしている呉王（僚）に、伍子胥はここぞとばかり一気に楚都郢（C-2）まで進撃することを勧めます。

―― 陛下！　今の呉の軍事力と勢いを以てすれば、
　　楚都・郢を陥とすことも夢ではありませんぞ！

（＊08）この故事から「最初は取るに足らない小さな出来事だったものが、どんどん大事となっていく様」を慣用句で「卑梁の釁（きん）」というようになります。

この言葉に僚(りょう)王もようやくその気になったのに、ここに「待った！」をかけたのが他でもない太子光(こう)でした。

——なぜじゃ！　せっかくの好機を、なぜ光(こう)様が止める？
　光(こう)様とて今が千載一遇の好機だと知らぬはずがない！（＊09）
　さては光(こう)様、王位簒奪を狙っておるな？

もしそうであれば、自分もお家騒動に巻き込まれてしまうかもしれない。

伍子胥(ごししょ)は「楚王への復讐」その一心で生き存(なが)えているのであって、こんなところでお家騒動になんぞ巻き込まれて殺されでもしたら死んでも死にきれませ

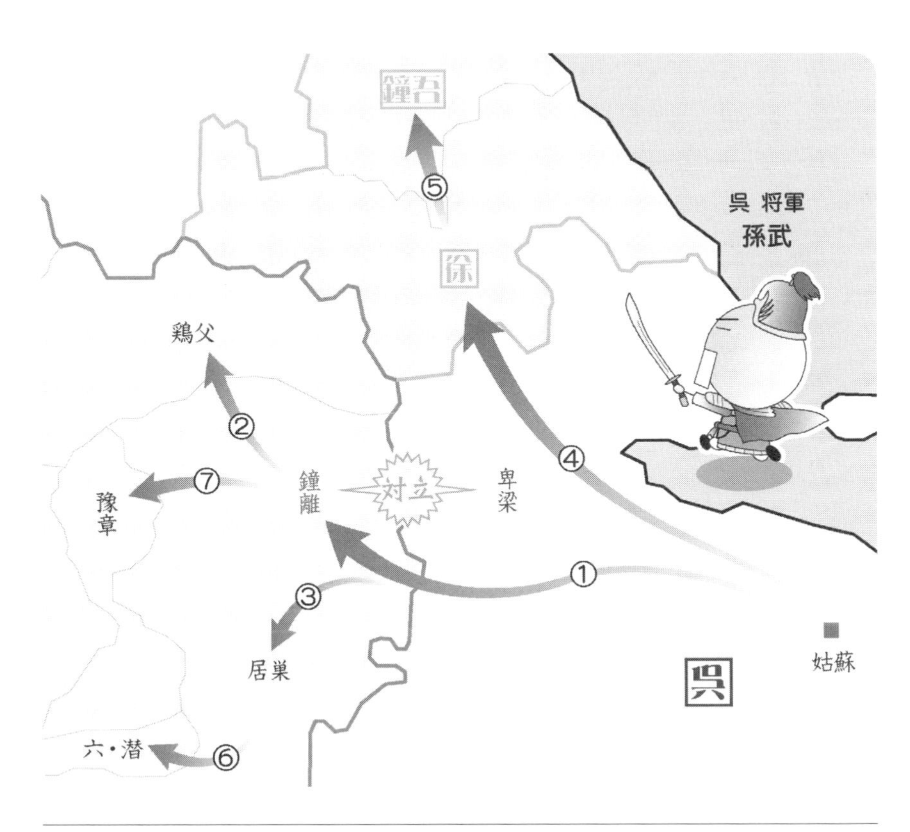

（＊09）のちに太子光が呉王になったとき、「あのとき、内心ではよい作戦だとは思っていたが、実行されれば私に出撃命令が出ることは目に見えていたし、その手柄はやつ（呉王僚）のものとなってしまうので反対したのだ」と言っています。

ん。

そこで伍子胥は辞職を願い出、しばらく野に下って外から様子を窺うことにします。

しかしその後、何事も起こらななままさらに3年の時が過ぎたころ、風雲急を告げる一報が入りました。

「報告！　楚の平王、薨去！」

――なんだとぉ！?

ここまで辛酸を舐め、血反吐を吐いても艱難と屈辱に耐え忍んできたのは、

ただただ平王に復讐するため！

その平王が寝床の上で安らかな死を迎えようとは、

天はいったい何をしておられるのだ！?

しかしながら、まだ憎っくき費無忌がいる！

平王の子、昭王がいる！　楚国がある！

伍子胥は改めてこれらに復讐を誓います。

さらに、平王の死で楚王に幼君（昭王）が立ったと知り、これを好機と呉王（僚）もついに決断し、掩余・燭庸両将軍に出撃を命じます。

これを見た太子光は、主力軍が遠方に出撃して国内が手薄になった今が好機とつねづね計画していた政変を決行、呉王僚を謀殺（D-5）して玉座を手に入れることに成功しました。

こうして"血塗られた玉座"を手に入れた彼こそ、春秋五覇のひとりに数えられることもある(＊10)呉王闔閭です。

闔閭はただちに伍子胥を呼び戻して、彼を「行人(＊11)」に抜擢しましたが、伍子胥はさっそく1巻の書を献上して、とある人物を推挙します。

――陛下が覇を唱えんとするなら、この男の才がどうしても必要となります。

その書こそ、現代に至るまで知らぬ者とてない『孫子兵法』であり、その人物こそ、その著者「孫武(＊12)（C-4/5）」です。

（＊10）『荀子』や『白虎通義』など。

（＊11）賓客の接待や外交を司る官職。外交官。

闔閭は当初、孫武にまったく興味を示しませんでしたが、伍子胥の度重なる推挙（７回）についに折れ、「そこまで言うなら、一度、孫武とやらに会うだけ会ってみよう」ということになりました。

――先生の著作13篇はすべて読ませていただいた。
　如何であろう、先生の実際の指揮ぶりを見せていただきたいのですが。

口先だけでない、実際の指揮ぶりが如何ほどのものか示せというわけです。

「もちろん。して、兵はどこに？」

すると、実際の兵ではなく、後宮の美女たちがぞろぞろ現れます。

――あいにく急のこととて今、兵は用意できぬでな。
　とりあえず今回は、彼女たちで軍事指揮をしてもらいたい。

矢槍など持ったこともなければ隊列を組んだこともない女子たちを指揮させようなど、わざと失敗させて孫武に恥をかかせてやろうという闔閭の企みが透けて見えます。

案の定、孫武がいくら号令をかけても女たちはクスクス笑うだけで命令に従ってくれません。

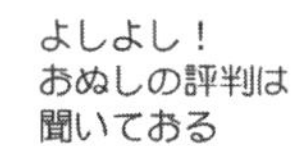

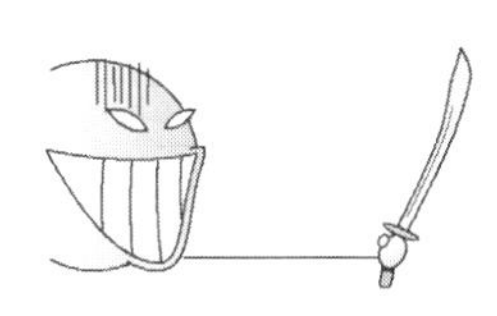

呉王僚の従兄
姫光　闔閭

呉王 第５代
姫僚　州于

（＊12）一般的には「孫子」として知られる人物。じつのところ、「武」という名も後世の創作といわれており（兵法家の名前が「武」だなんて出来すぎ）、名前すらはっきりとわかっておらず、『左氏伝』にもまったく登場せず、つい最近までその実在性すら疑われていました。

「命令が実行されぬは隊長の罪なり！　左右の隊長２名の処刑せよ！」
　この言葉に驚いた闔閭はあわててこれを制止し、
──待て待て！　先生の実力のほどはよくわかった！
　　２人は余の寵姫であるから、殺すのだけはやめてくれ！
　しかし、孫武もこの茶番がよほど腹に据えかねていたのでしょう。
「陛下は私の書を読まれましたな？
　そこにも書いてあったでしょう？
　『将は軍に在りて、君命も受けざる所あり！』と。やれ！」
　こうして２人の寵姫は斬首され、恐れおののいた女たちは整然と命令に従うようになりました。(＊13)
「さあ、教練は終わりましたぞ。
　陛下、どうか閲兵してください。」
　２人の寵姫を目の前で殺された闔閭は憮然として「その儀に及ばず」と退席しましたが、孫武の力量を認め、彼を将軍に任じました。
　孫武はその初陣（A/B-5）で徐・鍾吾の２ヶ国（A-4/5）を併呑（前512年）し、翌年には楚に侵攻して六・潜（B/C-3/4）の両城を陥とし、さらに豫章も併呑（前508年）して、さらに止まるところを知らず西進します。
　これを迎え討つ楚軍は、囊瓦［子常］・沈尹戌に率いられた20万という大軍でしたが、これに対して伍子胥・孫武に率いられた呉軍はたったの３万。
　とはいえ、軍隊というのは数が多ければよいというものではありません。
　兵法に疎い者はどうしても「数」に目を奪われがちですが、兵の数よりも兵の練度、士気、兵器の優劣、兵站、そして将の器の方が勝敗を決定づける重要な要素となります。
　楚軍の囊瓦はたいへん評判の悪い将軍で、兵からの人気がなく、したがって

（＊13）所謂「孫子勒兵（孫子姫兵を勒す）」の故事ですが、「たかが演習で正規兵でもない娘が命令に従わなかったごときのことで、しかも正式の将軍でもないのに王の制止を振り切って寵姫を殺すなど、いくらなんでも考えられぬ！」と後世の創作が強く疑われています。

（＊14）『春秋左氏伝』には、「呉の兵器は木製なのに、我が楚軍は革製なので永くは保たない」というセリフが見えます（兵器の種類についての記述はない）。

士気はおしなべて低く、兵器は劣悪(＊14)だったうえ、嚢瓦と沈尹戌の足並みが揃わず(＊15)、「柏挙の戦（前506年）（B/C-3）」で楚軍は総崩れを起こし、ついには楚都・郢まで陥落、楚の昭王は命からがら都から脱出（A-1）しなければならないという惨状に陥ります。

父・兄を楚の平王に殺されてから苦節16年！

ついに夢にまで見た楚都・郢に凱旋を果たして感無量の伍子胥でしたが、しかし肝心の楚王（昭）に逃げられたとの報告を受け、地団駄を踏みます（B-3）。

――あの男を八つ裂きにしなければ復讐を果たしたことにはならぬ！

伍子胥は昭王の居所を血眼になって探させましたが杳として知れず(＊16)、

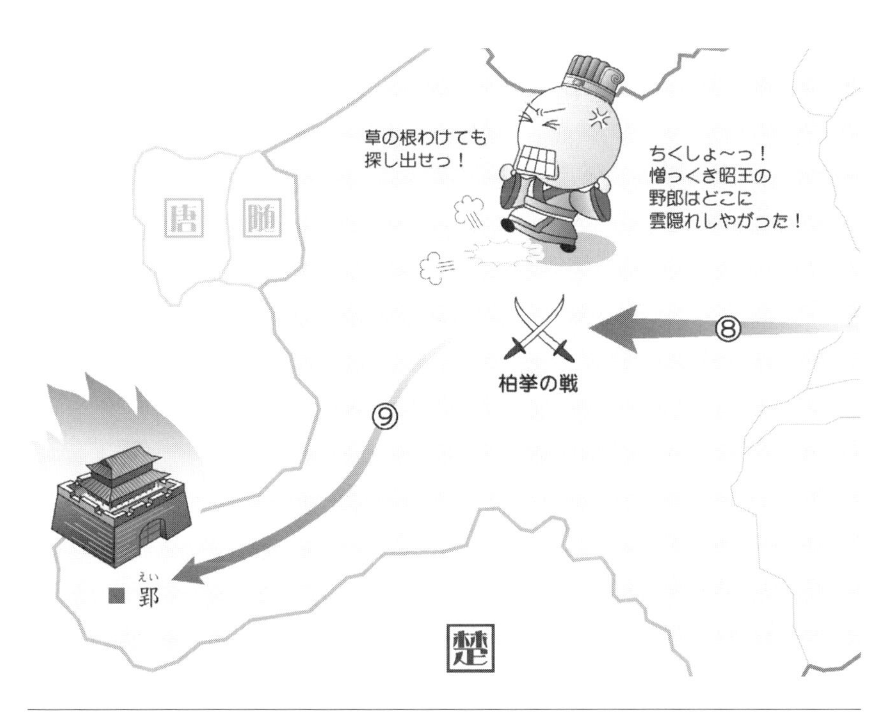

（＊15）沈尹戌が提案した挟撃作戦をいったんは受け容れた嚢瓦でしたが、すぐに「この作戦が成功したら手柄がすべて沈尹戌のものになってしまう」という疑心暗鬼に捉われて勝手に軍を動かしてしまい、それが大敗の原因となってしまいます。

（＊16）このころ楚の昭王は、楚の属国のひとつ「随（B-2）」に亡命していました。

やがてその復讐の矛先は墓で眠っている平王に向きました。
――よし、ならば平王の墓を曝く！
　やつの棺を引きずり出すのだ！
　棺から白骨化した平王の骸（B-1）が現れると、伍子胥は命じます。
――よし、この屍を鞭で300回打て！（B-1/2）
　この言葉に将兵一同ドン引きしましたが、伍子胥の鬼気迫る態度に部下も従わざるを得ず、骸がバラバラになるまで鞭が入れられました（＊17）。
　このことを伝え聞いた楚王の家臣・申包胥は、伍子胥に手紙を書いて彼を非難すると、伍子胥はその返書の中でこう述べました。
「日暮れて道遠し。故に倒行して之を逆施す。（＊18）」
　要約すれば、「私もすっかり老いてしまったのに人生の目的ははるか先にあっていまだ達成を見ない。それゆえに焦ってしまい、道理に反することをしてしまったのだ。」という意味です。
　伍子胥はすぐれた政治家ながら、彼とて人の子、「激情に駆られてやりすぎてしまった」と悔いていたのかもしれません。

平王の骸

（＊17）このときの故事から「死屍に鞭打つ（故人または抵抗力を失った者に対して攻撃の手を緩めない様）」という慣用句（A/B-1）が生まれました。

（＊18）このときの伍子胥の返信から「日暮れて道遠し」という諺と、「倒行逆施」という四字熟語が生まれました。

第2章 春秋時代（後期）

第3幕

名君にして暗君

春秋五覇（呉の夫差）

闔閭は勝ちすぎた。そのために一気に苦境に陥り、撤退を余儀なくされる。しかし、10年の雌伏ののち、ふたたび攻勢に転じて、今度は越を攻めたものの、このときすでに孫武亡く、越の軍師・范蠡の奇策に敗れ、闔閭もこのときに負った傷で亡くなってしまう。こうして跡を継いだ夫差は腹に一物抱えた人物であった。

〈春秋五覇（呉の夫差）〉

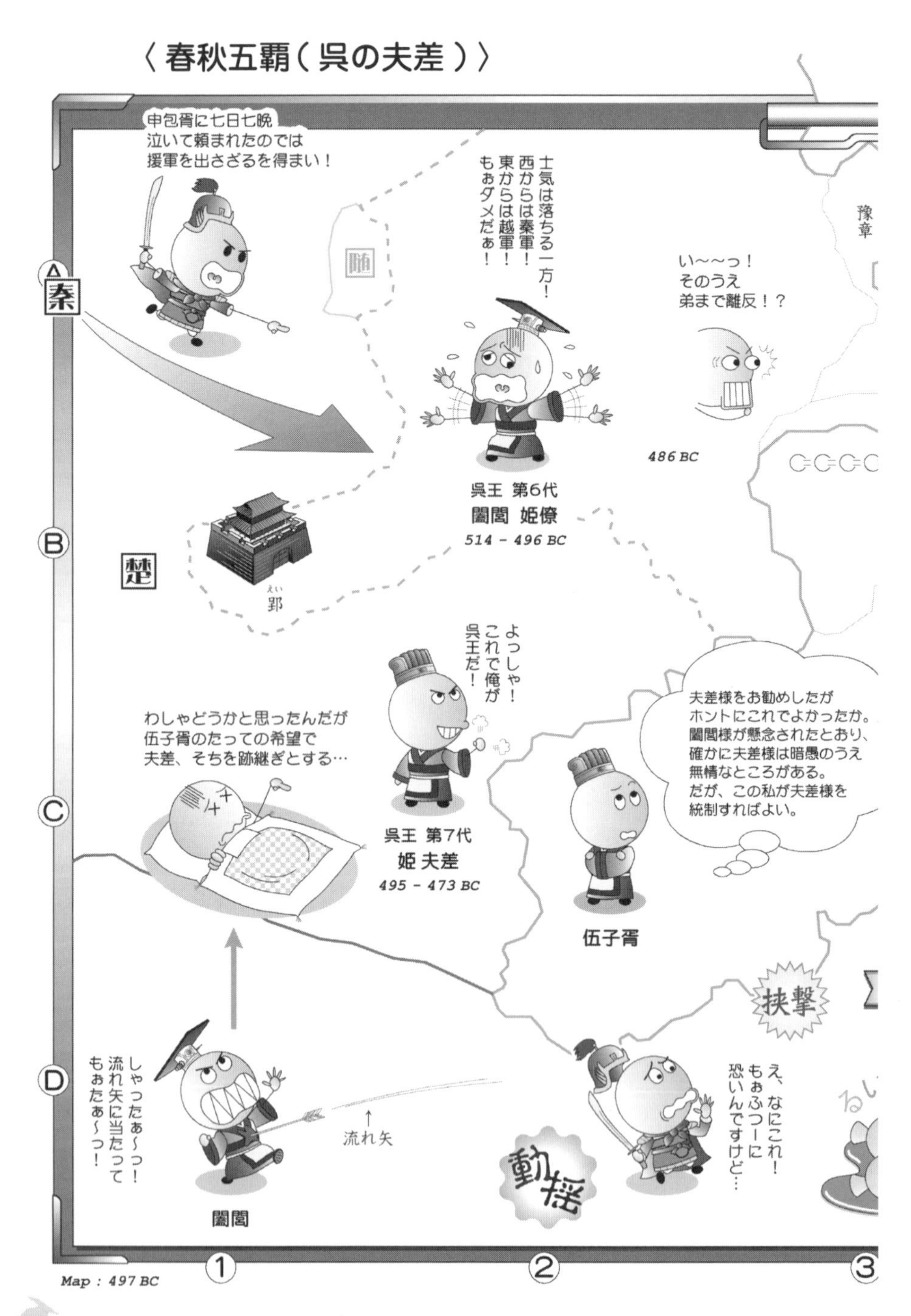

申包胥に七日七晩
泣いて頼まれたのでは
援軍を出さざるを得まい！
秦
随
士気は落ちる一方！
西からは秦軍！
東からは越軍！
もぉダメだぁ！
豫章
い〜〜っ！
そのうえ
弟まで離反！？
486 BC
呉王 第6代
闔閭 姫僚
514 − 496 BC
楚
郢
よっしゃ！
これで俺が
呉王だ！
わしゃどうかと思ったんだが
伍子胥のたっての希望で
夫差、そちを跡継ぎとする…
夫差様をお勧めしたが
ホントにこれでよかったか。
闔閭様が懸念されたとおり、
確かに夫差様は暗愚のうえ
無情なところがある。
だが、この私が夫差様を
統制すればよい。
呉王 第7代
姫 夫差
495 − 473 BC
伍子胥
挟撃
しゃったぁ〜っ！
流れ矢に当たって
もぉたぁ〜っ！
流れ矢
動揺
え、なにこれ！
もぉふつーに
恐いんですけど…
闔閭
Map : 497 BC

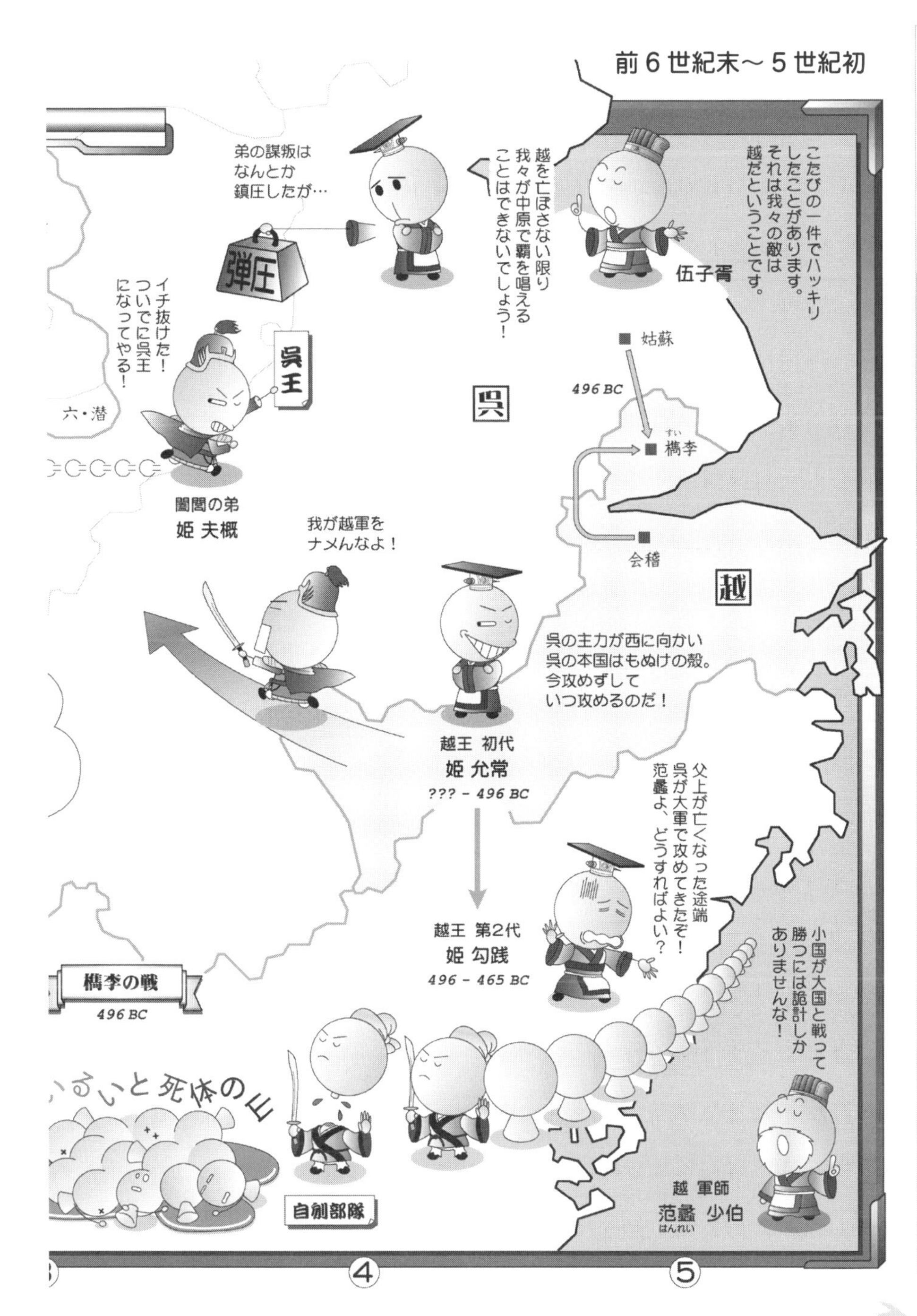
前６世紀末～５世紀初
こたびの一件でハッキリしたことがあります。それは我々の敵は越だということです。
伍子胥
越を亡ぼさない限り我々が中原で覇を唱えることはできないでしょう！
弟の謀叛はなんとか鎮圧したが…
弾圧
イチ抜けた！ついでに呉王になってやる！
呉王
六・潜
闔閭の弟
姫 夫概
呉
姑蘇
496 BC
すい
檇李
会稽
越
我が越軍をナメんなよ！
呉の主力が西に向かい呉の本国はもぬけの殻。今攻めずしていつ攻めるのだ！
越王 初代
姫 允常
??? – 496 BC
越王 第2代
姫 勾践
496 – 465 BC
父上が亡くなった途端呉が大軍で攻めてきたぞ！范蠡よ、どうすればよい？
小国が大国と戦って勝つには詭計しかありませんな！
檇李の戦
496 BC
いと死体の丘
自刎部隊
越 軍師
范蠡 少伯
はんれい
④
⑤

しかし、呉の快進撃もここまで。
『孫子兵法』にもあります。
――百戦百勝は善の善なる者に非ず。
そして、この孫子に並び称される兵法家の「呉子」も言っています。
――しばしば勝ちて天下を得る者は稀、以て亡ぶる者は衆し。
じつは、歴史を紐解けば、勝てば勝つほどその先に待つものは“栄冠”ではなく“破滅”です。
ハンニバルもナポレオンも項羽も韓信も皆、勝って勝って勝ちまくった先に待っていたものは破滅でした。
勝ちすぎてはならないのです（＊01）。
呉もこたびの対楚戦で5戦5勝したことで、短期のうちに敵地奥深くまで侵攻しすぎてしまいました（＊02）。
そのため、長い行軍と連戦につぐ連戦によって兵は疲弊し、士気は衰え、兵站の維持も苦しくなってきたうえ、さらに長く本国を留守にしていたことで、越の允常（B/C-4/5）に本国を衝かれてしまいます。
――まずいことになった。
そこで兵の半分を本国防衛に回さざるを得なくなりましたが、ただでさえ兵の数が少ないのに、さらに半分になった兵力で楚の全土を支配することなど至難の業です。
そのうえ弱り目に祟り目、このタイミングで秦（昭王）が援軍を繰り出してきた（A-1）ため、残されたわずかな兵力でこれに対応しなければならなくなります。
これで「勝て！」というのが無理な相談で、案の定、呉軍は惨敗。
もう先の見通しも立たず、「もはや撤退しかない」ことは誰の目にも明らか。
ところが人間というものは、一度“甘い果実”を摑んでしまうと「手放したく

（＊01）「風林火山」で有名な武田信玄も「戦いは五分の勝ちを以て上と為し、十分を以て下とす。敗けねば良し。勝ちすぎてはならぬ。」と言っています。
たとえば、戦国武将の中でもっとも勝率が高いのは上杉謙信の97％（71戦61勝2敗8分）ですが、実際に天下を取ったのは勝ったり負けたりを繰り返した（68戦49勝15敗4分で勝率77％）織田信長です。

ない！」という想いに縛られて正常な判断が効かなくなり、ずるずると底なし沼にハマってしまう――ということはよくあること(＊03)。

闔閭(こうりょ)（Ａ/Ｂ-２）も「ここで退(ひ)いたら、これまでの大戦果も、せっかく手に入れた楚の地をすべて失うことになってしまう！」という想いが退くことを躊躇(ためら)わせてしまいます。

しかし、撤退が１日遅れるごとに、損害は等比級数的に甚大となり、ヘタをすれば全滅です。

そのため呉軍内部でも「継戦」か「撤退」かで足並みが乱れ、ついに闔閭(こうりょ)の弟（夫概(ふがい)）までが勝手に陣払いして本国に帰還してしまったばかりか、そのまま本国で「呉王」を僭称してしまいます（Ａ/Ｂ-３/４）。

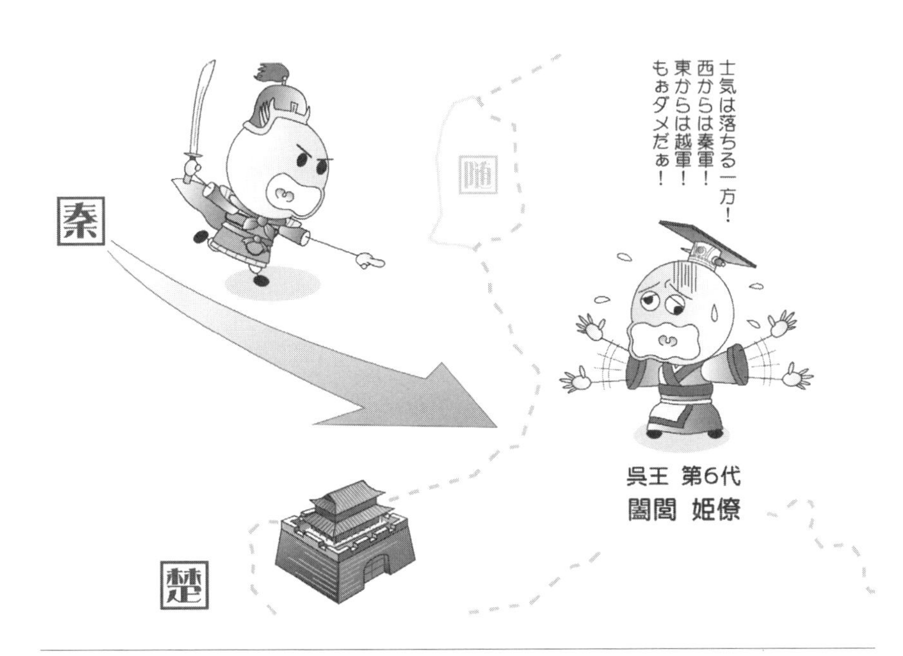

（＊02）『史記』に拠れば、このとき孫武も従軍していたはずですが、もし孫武が従軍していたなら、この快進撃を諌めないはずがないのに、そうした記述は見えません。
『左氏伝』にはこの戦には孫武自体が登場しませんし、「このとき孫武は呉軍の中にいなかったのでは？」といわれる根拠のひとつになります。

（＊03）「猿が金平糖の入った壺に手を入れて抜けなくなる」童話と同じです。

帰る地を失った闔閭は、これが決め手となってようやく撤退を決意。

大挙して呉へ戻るや、たちまちのうちに夫槩を打ち破って王位を取り戻すことに成功した（A-4）ものの、こたびの長戦で消耗した国力を取り戻すため、以降、闔閭は国力の恢復に努めざるを得ませんでした。

こうして雌伏の10年の時が過ぎます。

「よし、国力も恢復した！
　伍子胥よ！　今一度、楚に侵攻しようと思うが、どうであろうか？」

――先の戦で、我が国が中原に進出するためには越が“目の上のたんこぶ”だということがはっきりしました。[（＊04）]（A-5）
　楚を討つ前に、まずこの“後顧の憂い”を断っておかねばなりますまい。

そしてちょうどこのタイミングで越王允常が薨去（前496年）したため、闔閭はついに出陣を決意します。

呉の三軍を率いるは、前軍が伍子胥、中軍が闔閭、後軍が太子夫差。[（＊05）]

迎え討つ越は、越王允常の後を継いだ子の勾践[（＊06）]（C/D-4/5）、これを支えたのが先代からの謀臣・范蠡［少伯］（D-5）。

こうして両軍は越領の檇李（A/B-5）で対峙します。

しかし如何せん、多勢（呉）に無勢（越）。

そこで参謀の范蠡が一計を案じました。

――我が君。小軍が大軍に正々堂々正面から戦って勝った例はございませぬ。
　こうしたときは詭計を用いるものです。

こうして范蠡は、死刑囚を集めて命じます。

――おぬしらはどうせ死を待つ身である。
　しかし、どうせ失う命なら最期はお国のために使ってはみぬか。
　もしお主らの命、お国のために捧げると申すなら、
　お主らの家族の面倒は、我が名を以て保障しよう！

（＊04）昔から仲の悪い呉越でしたが、これよりどちらかが滅びるまで憎しみ合う争いとなり、「臥薪嘗胆」「呉越同舟」などの四字熟語を生む由来ともなります。

（＊05）この中に「孫武」の名が見えません。『左氏伝』はもちろん、『史記』にもその他の史書にも登場しないところを見ると、このころにはすでに亡くなっていたのかもしれません。

やがて呉軍の前に越兵が現れます。

「さあ合戦だ！」と呉兵が身構えるや、越兵は戦うでもなく呉軍の目の前で自刎(＊07)して果てます（D-4）。

「何事！?」と動揺が走る呉兵（D-2/3）の前に、さらに越兵が現れたかと思ったら自刎、また現れては自刎、現れては自刎（D-4/5）。

呉軍が異様な恐怖に包まれて士気が下がったところに、また越兵が現れたかと思ったら、突然襲撃してきました。

大混乱に陥った呉軍に、さらに後背から「敵襲ーーっ！！」の声。

越の決死隊が自刎劇を繰り広げ、呉軍が気を奪われている間に、別動隊が呉軍の背後に回り込んでいたのでした。

孫武さえいればこんな小細工には引っかからなかったでしょうが、悪いことには悪いことが重なるもので、総崩れを起こした呉軍の中、闔閭が流れ矢に当たって負傷（D-1）してしまいます。

なんとか７里（約3km）ほど下がって体勢は立て直したものの、毒矢だったか破傷風にかかったのか、闔閭の容態は悪化の一途をたどります。

(＊06)「春秋五覇」に数えられることもある（『荀子』『文選』など）人物ですが、残念ながら無能。

(＊07)自分で自分の首をはねて死ぬこと。

　これに、まだ陣中にあるというのに早くも太子たちがざわつき始めました。
――まずい！
　このまま跡継ぎを指名されず闔閭様が亡くなったら内紛となってしまう！
　危機感を覚えた伍子胥は病床の闔閭にただちに跡継ぎを決めるよう迫ります。
「そうじゃのぉ、誰がよいか……」
――やはり順当に、嫡男の夫差（＊08）様がよろしいかと。
「夫差か…。あやつは暗愚で、しかも情に薄いやつじゃ。
　とても君主の器ではなかろう？（＊09）」
――夫差様にも足らない部分はあるでしょうが、それは私がお支えします。
　それよりも今は、一刻も早く跡継ぎをお決めになりませぬとお家騒動となりかねませぬ。
　そこで闔閭は夫差を枕元に呼び、「余のあとはそちに任せる。父の仇、決して忘れるでないぞ！」と申し付ける（C-1）と、夫差（C-1/2）も「必ずや3年以内に仇を取ってみせます！」と力強く答えます。
　ホッとした闔閭はまもなく亡くなりました。
　こうして即位した彼こそ、のちに「春秋五覇」のひとりに数えられることもある（＊10）ほど呉を強国にのし上げた“名君”にして、祖国を滅亡に導いた“暗君”の夫差です。

（＊08）闔閭の次男でしたが、長男（波）は早世していたため、夫差が嫡男でした。

（＊09）末子に「子山」がおり、闔閭はこちらの器量を買っていました。

（＊10）「春秋五覇」について触れられている史書の中で唯一『漢書』の註でのみ、彼を五覇のひとりに挙げています。

第2章 春秋時代（後期）

第4幕

主客逆転

春秋五覇（越の勾践）

夫差が父の仇を討つべく「臥薪」して臨んでいることを知った勾践は、范蠡の反対を押し切って先制をかけるも大敗、「会稽の恥」を受けることになる。
復讐を果たした夫差は、以降、北伐を繰り返して国力を消耗していったが、その間、勾践は「嘗胆」して力を蓄え、ついに呉を亡ぼすことに成功した。

〈春秋五覇（越の勾践）〉

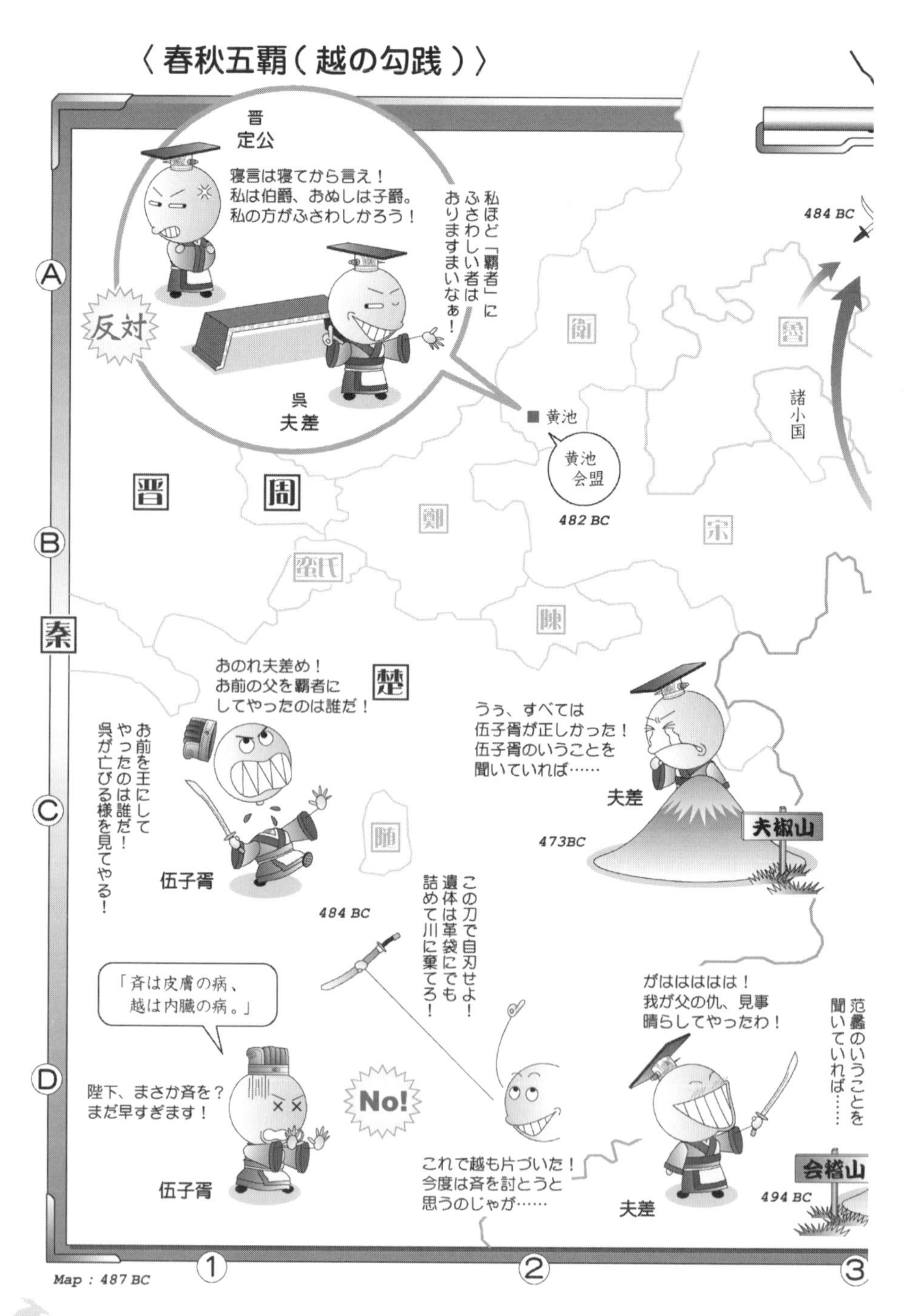

晋
定公
寝言は寝てから言え！
私は伯爵、おぬしは子爵。
私の方がふさわしかろう！
私ほど「覇者」にふさわしい者はおりますまいなぁ！
反対
呉
夫差
484 BC
衛
魯
諸小国
黄池
黄池会盟
482 BC
晋
周
鄭
宋
蛮氏
陳
秦
楚
おのれ夫差め！
お前の父を覇者にしてやったのは誰だ！
お前を王にしてやったのは誰だ！
呉が亡びる様を見てやる！
伍子胥
484 BC
随
うぅ、すべては
伍子胥が正しかった！
伍子胥のいうことを
聞いていれば……
夫差
473BC
夫椒山
この刀で自刃せよ！
遺体は革袋にでも詰めて川に棄てろ！
「斉は皮膚の病、
越は内臓の病。」
陛下、まさか斉を？
まだ早すぎます！
No!
伍子胥
これで越も片づいた！
今度は斉を討とうと
思うのじゃが……
がはははははは！
我が父の仇、見事
晴らしてやったわ！
范蠡のいうことを聞いていれば……
夫差
会稽山
494 BC
A
B
C
D
1
2
3
Map : 487 BC

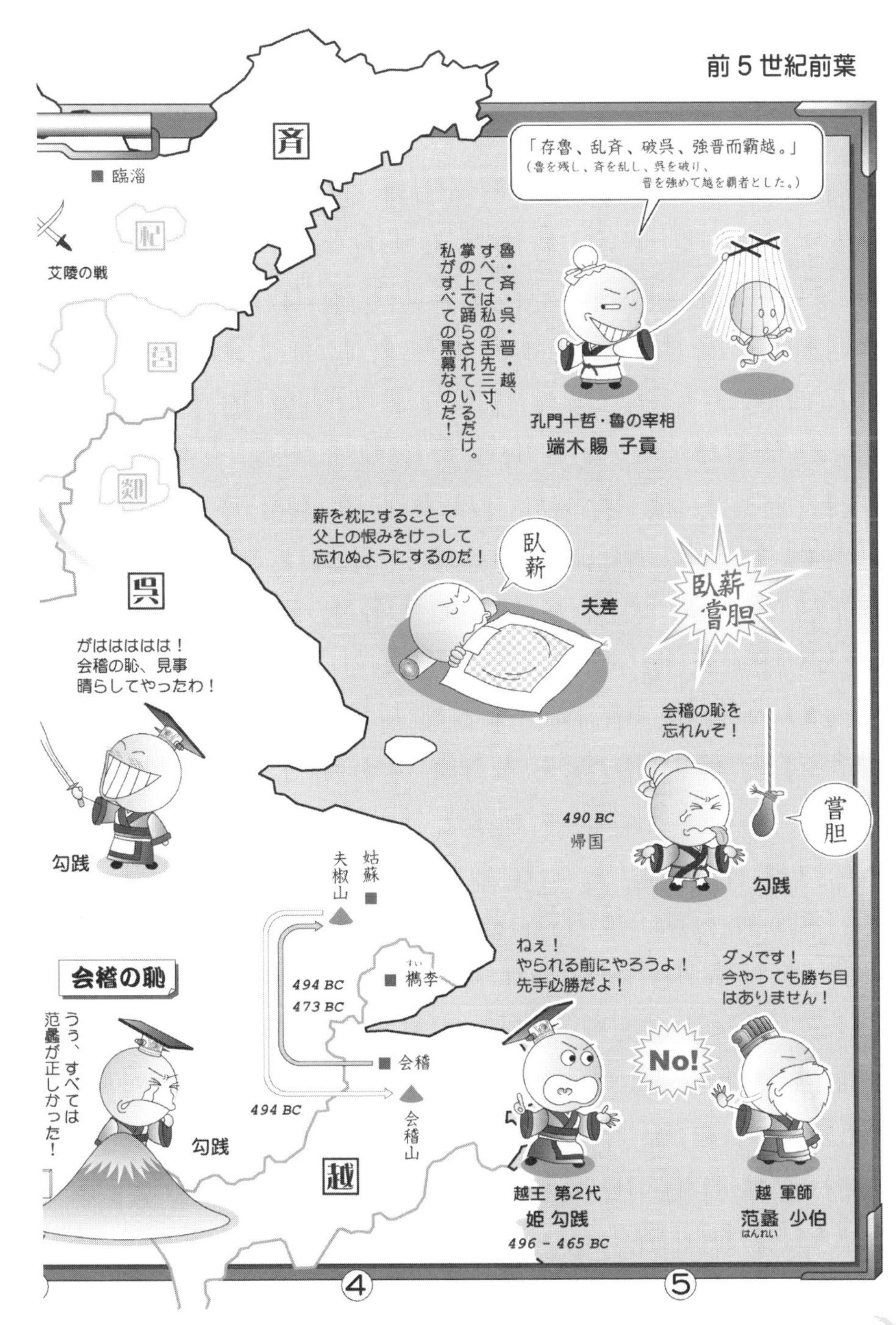
前５世紀前葉
斉
臨淄
杞
艾陵の戦
莒
郯
呉
越
「存魯、乱斉、破呉、強晋而霸越。」
（魯を残し、斉を乱し、呉を破り、晋を強めて越を覇者とした。）
魯・斉・呉・晋・越、すべては私の舌先三寸、掌の上で踊らされているだけ。私がすべての黒幕なのだ！
孔門十哲・魯の宰相
端木賜 子貢
薪を枕にすることで父上の恨みをけっして忘れぬようにするのだ！
臥薪
夫差
臥薪嘗胆
会稽の恥を忘れんぞ！
嘗胆
490 BC
帰国
勾践
がはははは！会稽の恥、見事晴らしてやったわ！
勾践
夫椒山
姑蘇
檇李
494 BC
473 BC
会稽
494 BC
会稽山
会稽の恥
うう、すべては范蠡が正しかった！
勾践
ねぇ！やられる前にやろうよ！先手必勝だよ！
ダメです！今やっても勝ち目はありません！
No!
越王 第2代
姫 勾践
496 - 465 BC
越 軍師
范蠡 少伯
④
⑤

夫差は治世当初こそ、勾践への怨みを忘れまいと日々「臥薪（＊01）」を以て臨み（B-4/5）、また伍子胥の言葉にもよく耳を傾けたため、国力は日に日に高まっていきました。

すべては越王勾践に復讐を果たすため！

これを伝え聞いた勾践は焦りを覚えます。

「1日遅れればそれだけ国力の差が開いてしまう！

先手必勝、叩くなら早い方がよかろう！」（D-4/5）

しかし、范蠡は反対します。（D-5）

如何せん、越は呉に比べて小国であり、これまでも越が呉と戦うときはいつも「遠征中の留守を狙って背中から襲いかかる」とか「自刎兵を繰り出す詭計」とか、敵の虚を突いたり奇を衒った戦い方ばかり。

それもこれも正面からまともに戦っては勝てないからです。

范蠡は「今は勝てません」「和平の道を探るべきです」と諭しましたが、勾践はこれを押し切って軍を動員してしまいました（C/D-4）。

こうして呉越両軍は夫椒山（C-4）で激突（前494年）することになりましたが、所詮は多勢に無勢、そのうえ呉軍は準備万端。

案の定、越軍は壊滅的敗北を喫してしまいます。

勾践率いる敗残兵わずか5000は、命からがら会稽（＊02）山（D-4）まで逃げ込むことに成功しましたが、そこもすぐに包囲されて絶体絶命に（D-3/4）。

「范蠡よ、すまぬ！

余がそなたの意見を聞かなかったばかりにこの有様じゃ。

この窮地を切り抜ける、よい策はないか？」

――もはや事ここに至らば如何ともしがたく。

和睦を請うしかございませぬ。

（＊01）薪（たきぎ）を枕として寝ること。その痛みを感じることで怨みを忘れぬようにしました。ただし、この話は『左氏伝』にも『史記』にもなく、そこから1700年以上も時代が下った宋代（『資治通鑑』など）以降に付け加えられているため、後世の創作の可能性は高い。

（＊02）現在の紹興。「紹興酒」の産地として有名ですが、伝説では夏王朝の始祖・禹が亡くなった場所と伝えられ、秦の末期に項羽が隠れ住み、秦討伐軍を起こした地としても有名。

こうして勾践は軍使（文種）を遣わし命乞いしました。

――我が君（勾践）は降伏するばかりか、越を差し出し、

　自らは呉王（夫差）の下僕となり、妻をその妾とすると申しております。

　どうか、お命ばかりはお助けくださいますよう。

　宿敵（勾践）がここまで平身低頭に屈服する姿に優越感を抱いた夫差はその気になりましたが、伍子胥がこれに反対します。

「我が君！　情にほだされてはなりませぬぞ！

　昔から『徳を植え付けるなら丁寧に、害を除くなら根こそぎに』と申します。

　この機を逃せばかならずや後悔なさいますぞ！」

　古今東西、屈服した敵に情けをかけたことで、逆に亡ぼされてしまった例は枚挙に遑ありません（＊03）。

　伍子胥はそれを恐れたのでした。

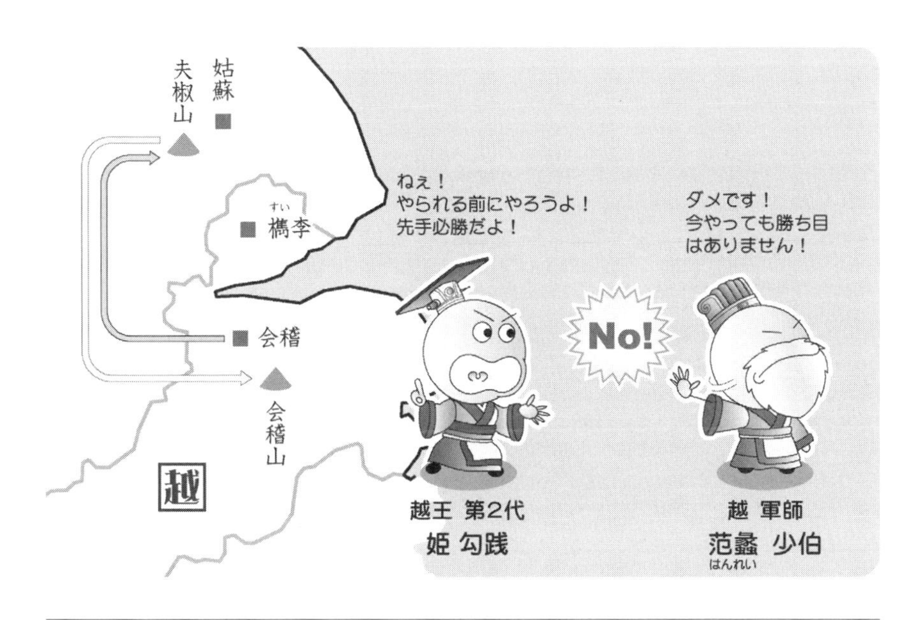

（＊03）日本では、「源平合戦」に敗れた源氏でしたが、頼朝・牛若（のちの義経）はまだ幼いということで助命されました。しかしこれが禍根となって、のちに平氏は壇ノ浦で、その情けをかけてやった頼朝に亡ぼされることになります。

そこで軍使・文種(ぶんしょう)は裏から手を回し、佞臣(ねいしん)・伯嚭(はくひ)に賄賂(ワイロ)を贈って呉王を説得させたため、ついに夫差(ふさ)はこれを許してしまいます。

勾践(こうせん)はなんとか命は助かったものの、妻は寝取られ、自身は「馬小屋係」を命ぜられるという屈辱を味わわされました。

かつては玉座を温めていた者が「馬小屋係」をさせられるなど、そのまま石壁に激突して自ら頭をかち割らねば怒りが収まらぬほどの屈辱ですが、彼はこれを甘んじて受け、その一方で伯嚭(はくひ)への賄賂(ワイロ)を重ねて、帰国を許してもらえるよう工作します。

苦節4年、ようやく帰国を許され(前490年)てからは、つねに熊胆(ゆうたん)(*04)を側に置き、朝な夕なにこれを嘗(な)めて「汝(なんじ)、会稽(かいけい)の恥を忘れたか!」と唱える日々を過ごします(*05)(C-5)。

さらに2年後、范蠡(はんれい)も許されて帰国を果たすと、彼はさっそく越再起のために策動を始め、夫差(ふさ)に「越国一の美女」を贈りました。

(*04)干した熊の胆嚢。肝(肝臓)も胆(胆嚢)もどちらも「きも」と読み下すため「肝臓」と勘違いしている人・書物がたいへん多いですが、苦いのは肝臓ではなく「胆嚢」です。

(*05)この故事から「臥薪嘗胆」「会稽之恥」という四字熟語が生まれました。
臥薪嘗胆とは、「復讐を果たすため今の苦労を耐え忍ぶ」こと。
会稽之恥とは、「他人から受けた忘れられない屈辱」のこと。

なにせ中国では、どんな盛国であろうともたちまち傾かせる“最終兵器”が絶世の美女で、『兵法三十六計』にも“武器”としてこれを利用する策が収録（第31計 美人計）」されているほど。

そしてこのとき夫差に送り込まれた女性こそ、現在に至るまで「中国四大美女」のひとりに数えられる西施（夷光）（＊06）です。

范蠡の思惑通り、夫差は西施に溺れ、このころから伍子胥の忠言に耳を貸さなくなりました。

伍子胥の脳裏には、闔閭の最期の言葉が蘇ったことでしょう。

――あやつは暗愚で、しかも情に薄いやつじゃ。

　とても君主の器ではなかろう。

伍子胥とてそんなことは百も承知でしたが、暗愚であるが故に、彼を操ることさえできれば政治を自分の思いのままにできる――との算段もあったのでしょう。

しかし現実には、伍子胥の思惑通りにはゆかず、夫差は隣に西施をはべらせ、その周りを伯嚭ら佞臣で固めて伍子胥を遠ざけるようになります（＊07）。

田舎諸侯のひとつにすぎなかった呉が、今日、覇を狙うまでになれたのは、ひとえに伍子胥が政治を、孫武が軍事を支えてのことだったのに、孫武はすでに亡く、今また伍子胥を自らの手で放り出そうというのですから、２本の“支え”を失った呉が、これを境として傾きはじめるのは自然な流れだったといえましょう。

その契機となったのが斉の動きでした。

「景公が死んで、斉（A-4）は内乱状態だと！?

　越も片づいたことだし、つぎは斉を討とう！」（D-2）

しかし、伍子胥が反対します（D-1）。

（＊06）西施は、『史記』『左氏伝』などの史書には登場しませんが、
『墨子』『荘子』『孟子』などの哲学書にその名が見えます。

（＊07）名君は耳に痛いことも直言する諫臣・賢臣を側に置き、暗君は甘言しか言わない佞臣・奸臣で周りを固め、忠臣を遠ざけるものです。そうしたところからも、夫差は「覇者」のひとりに数えられながら、闔閭が懸念したとおり「暗君」であることがわかります。

――我が君、なりませぬ！

背後の憂い（越）を断つことなく北（斉）に出撃するは、愚の愚。

斉など呉にとって“皮膚の病”にすぎませぬが、越は“内臓の病”(＊08)。

目に付くのは“皮膚の病（斉）”なれど、これは放っておいてもどうということはありませんが、“内臓の病（越）”は目には見えねど、放っておけば命取りとなります！（C/D-1）

しかし、まもなく斉が魯（A-3）に侵寇し、魯の使節（子貢）（A-5）が呉に援軍を要請するに至り、「魯の救援」という大義名分まで手に入れた夫差は、ついに伍子胥の反対を振り切って出兵してしまいます。

すると、呉軍は「艾陵の戦（A-3）」で斉軍を散々に打ち負かすことに成功。

伍子胥の反対を押し切っての開戦でしたから、万一ここで敗けようものなら「そら見たことか！」と、それこそ一生伍子胥に頭が上がらなくなってしまうところでしたから、こたびの大勝には夫差の悦びも一入。

――そち（伍子胥）はさんざん反対しておったが、

どうだ！ 見事、大勝利を収めることができたぞ！

夫差は得意満面でしたが、彼には政治の本質がまるで理解できていません。

伍子胥が開戦に反対したのは、目先の「戦術上の勝敗」を危ぶんだからでは

（＊08）日中戦争時、中華民国総統・蔣介石が「日本軍は軽い皮膚の病、共産党は重篤な内臓疾患」と言ったことは有名ですが、じつはこの故事から取ったものです。

なく、　五手先・六手先まで読んだ「戦略上の不利」を憂えたからです。
　それが理解できない夫差は、たかが“目先の勝利”に自信を得て、以降いよいよ伍子胥を疎んじるようになったうえ、越の范蠡も佞臣・伯嚭に賄賂を贈って夫差に伍子胥を陥れる讒言をさせたため、これをマに受けた夫差はついに伍子胥に「剣」を贈ってしまいます。
　剣を見た伍子胥は怒り心頭。
――嗚呼、佞臣（伯嚭）の口車に乗って、この私に死ねと申すか！
　夫差よ、そなたの父（闔閭）を覇者にしてやったのは誰だ？
　おぬしを王にしてやったのは誰だ？
　しかるに、佞臣ごときの讒言なんぞにたぶらかされおって！
　そして、家人に対しても遺言します。
――私亡きあと、呉は遠からず亡びるだろう。
　私の遺体から眼をくり抜いて都（姑蘇）の東門に掛けておけ。
　越が攻めてきて、この呉を滅ぼす姿が見られるように。
　こうして伍子胥は自決（前484年）（C-1）。
　その言葉を聞いた夫差は激怒。
「おのれ伍子胥め！　やつはそんな大それたことを吐かしたか！
　ええい、やつの遺体を墓に入れることは許さぬ！
　鴟夷（＊09）に詰めて長江に打ち棄てよ！」
　こうして目の上のタンコブを取り去った夫差は、「覇者」になることを夢見て各地へ度重なる遠征を企て、ついに諸侯を黄池（A/B-2）に集めて会盟するまでに漕ぎつけます。
　当時、天下の強国は斉・晋・楚でした（＊10）が、楚はすでに「柏挙の戦」以降呉に屈しており、今また斉を討ち破り、残るは晋のみ。
　その晋もいまや内訌に苦しんでおり、ここで会盟を開いて晋を従えれば、晴れて呉は「覇者」として君臨できるはず。

（＊09）馬の皮で作られた酒を入れるための袋。

（＊10）このころの秦は孝公の死以降、急速に衰えていました。

ところが。
意気揚々と黄池(こうち)に着いてまもなく、本国から急使がやってきて夫差(ふさ)を愕然(がくぜん)とさせます。
――報告！　越、謀叛(むほん)！
　すでに我が呉都（姑蘇(こそ)）は陥落の由(よし)！
「会稽(かいけい)の恥」以来苦節12年、「嘗胆(しょうたん)」して国力を日々増強することに尽力していた越が、呉主力軍の留守を狙って呉都を急襲したのです。
留守を任されていた太子友(ゆう)は、わずかな兵力ではこれを持ち堪(こた)えることができず、翌日には越軍は呉都の東門（＊11）から入城を果たしました。
――我が君、事態は急を要します！
　ただちに帰国を！
しかし、夫差(ふさ)は目の前にぶら下がっている“人参（覇者）”に目を奪われ、「ここまで来て帰国などできるか！」と箝口令(かんこうれい)を布(し)き（＊12）、黄池(こうち)会盟をつづけました。
会盟そのものは、古式ゆかしく儀礼に則(のっと)って粛々と儀式が執り行われましたが、ここで問題となったのが「牛耳(ぎゅうじ)」。
当時の儀式では、牛の耳が削(そ)ぎ落とされ、諸侯はその耳からしたたる血をすすって誓いを立てるのですが、その牛耳の血をすする順番が諸侯の序列を表しており、最初にすする者が「盟主（覇者）」でした（＊13）。
当然、呉王夫差(ふさ)がこれを最初にすすろうとします。
「本(もと)を糺(ただ)せば、我が家柄は周室の兄分（＊14）にて、牛耳を執(と)るのは我が国がふさわしかろう。」（A-1/2）
ところが、これに晋の定公が異を唱えます。（A-1）
「笑止！　血筋で言うなら貴公も余も姫(き)姓で同族である。
同族同士となれば、その上下関係は爵位で決まるものだ。

（＊11）伍子胥が自決にあたって「我が目玉を掛けておけ」と命じた門です。

（＊12）ところが、『史記』ではその秘め事はすぐに漏れてしまい、怒り狂った夫差は情報を漏らしたと思しき者7名を処刑しています。ただ『左氏伝』では、情報が漏れる前にこの事実を知る報告者7名をただちに殺してしまっており、微妙に違います。

余は伯爵、貴公は子爵。さて、どちらが盟主にふさわしいかな？」

こうして両者激論となって埒が明かず、時間だけが刻々と過ぎていきます。

しかし、都が陥落しているのですから、夫差にはこんなところでちんたら議論している時間はありません。

ついに夫差が音を上げ、「覇者」を諦めて帰国の途に就きました。

帰国すると、呉都（姑蘇）は荒らされ放題の廃墟と化しており、宝物庫も武器庫も穀倉も掠奪されて空っぽ、夫差は怒りに打ち震えましたが戦うに戦えず、そこから和睦と戦を繰り返しながら９年にわたって戦うも、ついに前473年、夫差は呉都近郊の姑蘇山（C-4）に逃げ込むまでに追い詰められてしまいます。

まさに21年前の「会稽山の戦」の主客（夫差と勾践）が入れ替わってそっくりそのまま、ここに再現されることになったのでした。

命乞いをする夫差を哀れに思い、許そうとする勾践に范蠡が一喝しました。

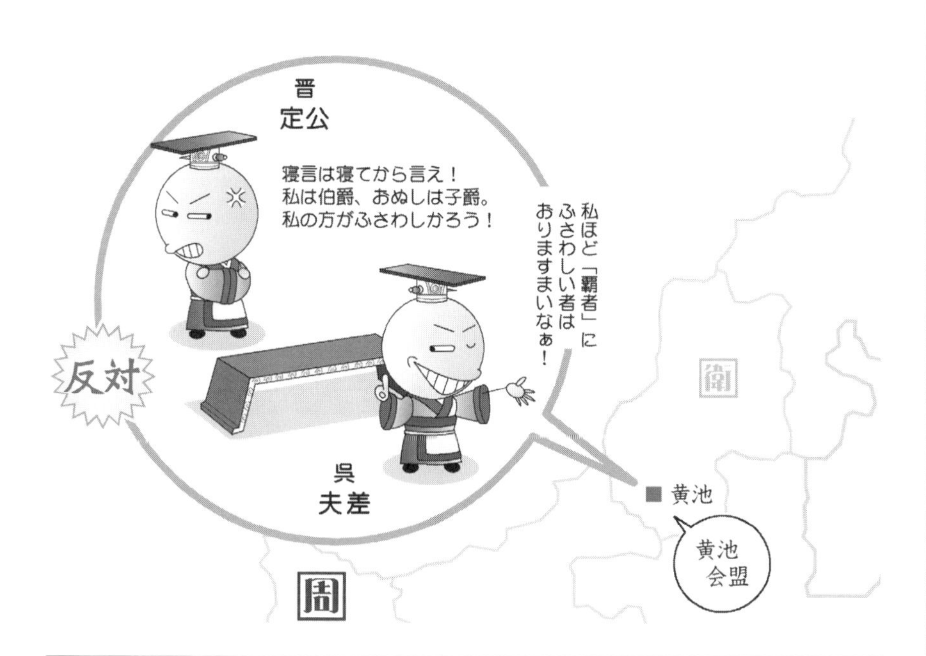

（＊13）これを「牛耳を執る」といい、現在では転訛して「牛耳る」と言うようになりました。

（＊14）呉の王室は、周の初代（文王）の祖父（季歴）の兄（虞仲）の系統であるため。

――我が君、なりませぬぞ！

21年前、会稽で夫差は情けをかけて今日の結果を招いたのです。

今、我が君が情けをかければ、明日は我が身ですぞ！

「そうは言ってものぉ。

余が今あるは、会稽で夫差が助命してくれたおかげじゃ。

なんとか命だけは助けてやりたい。」

そこで「呉国は没収、夫差は助命だけはするが遠島」となりましたが、夫差はこれを潔しとせず、そのまま自刃して果てます。

――嗚呼！

振り返れば、伍子胥の申していたことがすべて正しかった！

余はここで死ぬが、あの世で伍子胥に合わす顔がない！（C-2/3）

余が死んだあとは顔を布で包んでくれ……。

こうして呉は滅亡。

勾践はその亡骸を手厚く葬りましたが、呉滅亡の諸悪の根源となった奸臣伯嚭はただちに処刑され、その首は奸臣の見本として長く晒された――と『史記』は伝えています（＊15）。

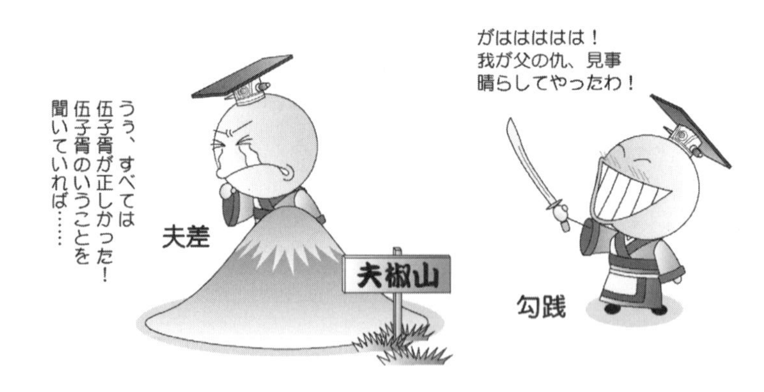

（＊15）しかしながら、『史記』は勧善懲悪の精神を貫くために歴史を捏造することがよくあります。そこで『左氏伝』を紐解くと、伯嚭はその後、越の太宰（宰相）となって再登場しています。処刑されたどころか、越で大出世！「憎まれっ子世に憚る」とはよく言ったもので、悪党というのは世渡りがうまいもの。おそらく史実はこちらでしょう。

第3章 戦国の幕開け

第1幕

「鉄」の衝撃

春秋末 / 戦国初頭の経済変革

憎っくき呉を亡ぼして中央に進出を果たした越は、そのまま会盟を開いて「覇者」となった。
しかし、このころから時代が大きくうねり始める。
社会に鉄器が普及しはじめたことで、それまでの社会・経済・思想・政治が崩壊しはじめ、「春秋」という旧い時代が幕を下ろす起爆剤となったのだ。

〈春秋末／戦国初頭の経済変革〉

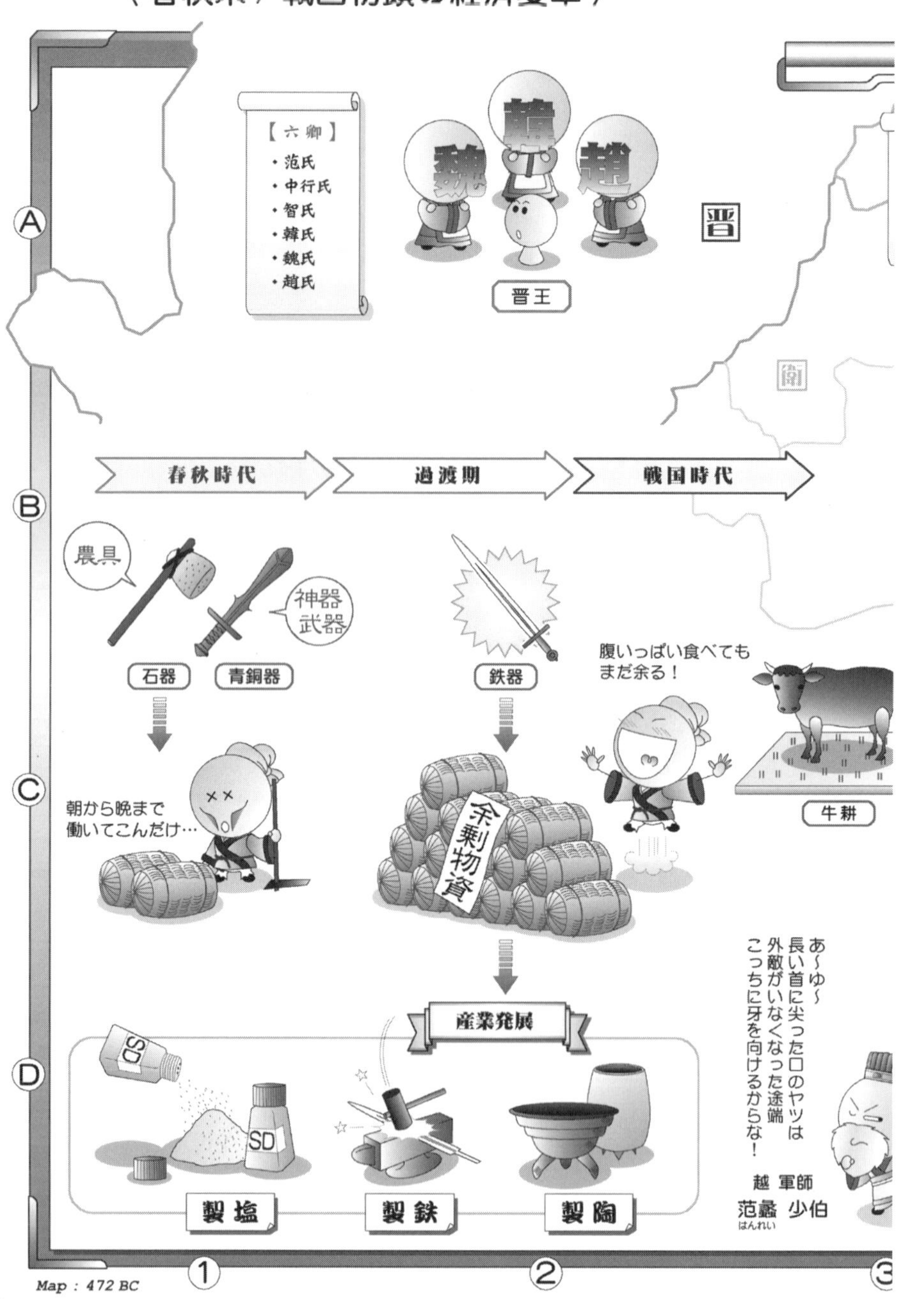

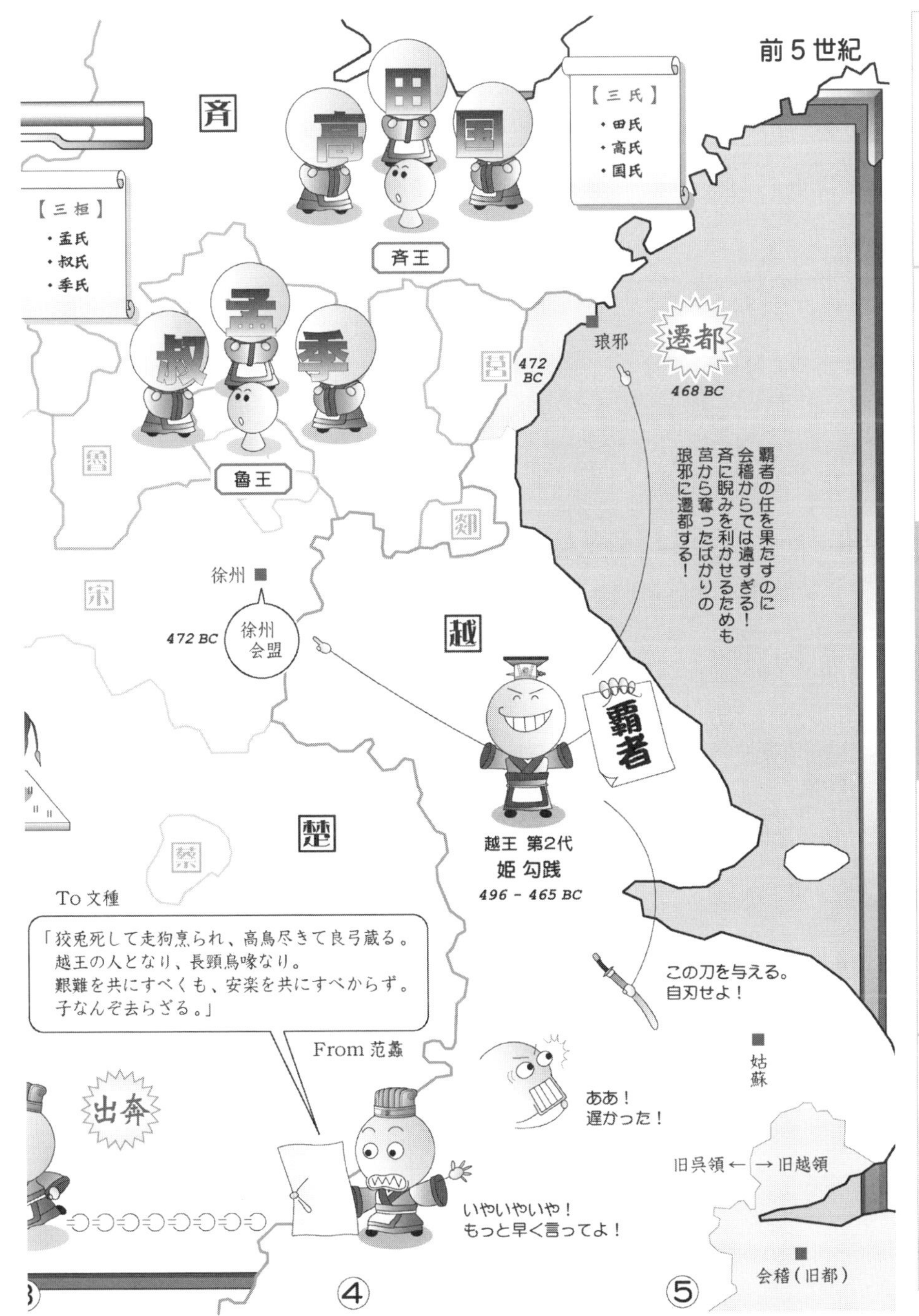

前５世紀
斉
【三氏】
・田氏
・高氏
・国氏
高
田
国
斉王
【三桓】
・孟氏
・叔氏
・季氏
孟
叔
季
魯王
魯
莒
472 BC
琅邪
遷都
468 BC
覇者の任を果たすのに会稽からでは遠すぎる！斉に睨みを利かせるためも莒から奪ったばかりの琅邪に遷都する！
郯
宋
徐州
472 BC
徐州会盟
越
覇者
越王 第2代
姫 勾践
496 - 465 BC
楚
蔡
To 文種
「狡兎死して走狗烹られ、高鳥尽きて良弓蔵る。
越王の人となり、長頸烏喙なり。
艱難を共にすべくも、安楽を共にすべからず。
子なんぞ去らざる。」
From 范蠡
この刀を与える。自刃せよ！
姑蘇
ああ！遅かった！
出奔
いやいやいや！もっと早く言ってよ！
旧呉領 ← → 旧越領
会稽（旧都）
④
⑤

呉を併呑した越は、その後も攻勢をつづけ、莒（A/B-4/5）を攻めてその海岸部を奪うと、北を睨んで琅邪（A-5）に遷都したうえで、諸国を集めて会盟し（前472年 徐州会盟）（B-4）、ついにあの夫差が夢にまで見て果たせなかった「覇者（B/C-4/5）」となりました。

ところが。

自分の仕えた主君がとうとう「覇者」となり、「さあ、これから！」という段になって軍師・范蠡は突如として逐電（D-3）してしまいます（前468年）。

これからも范蠡（軍事）・文種（政治）の二本柱で支えていかねばならないのにどうして？

首をかしげる文種の下に、ほどなく范蠡から手紙が届きました（D-4）。

「狡兎死して走狗烹られ、高鳥尽きて良弓蔵る（＊01）。

越王（勾践）の容貌は長頸烏喙（＊02）にして、こうした人相の者とは艱難は共にできても安楽を共にできないものです（＊03）。

あなたはなぜ越を去らないのですか？」（C/D-3/4）

これを読んだ文種はあわてて病と称して参朝をやめましたが、時すでに遅し、猜疑心の塊となっていた勾践より、ほどなく文種の下に「剣」が届けられます（＊04）（C/D-5）（前466年）。

艱難辛苦を分かち合い、何度も命を助けてもらった功臣を、自分の身が安泰となった途端に殺しまくる。

中国の歴史を紐解くと、こうしたことが永々滾々と繰り返されていることがわかります。

こうして、范蠡・文種両名に支えられて覇を唱えるまでになった越は、両名を失ったことで衰退していったのは、呉と同じパターンです。

さて、ここから時代は急速に動き出します。

（＊01）「すばしっこい兎がいなくなれば、どんなにすぐれた猟犬も食われてしまうし、空を飛ぶ鳥がいなくなれば、どんなによい弓も蔵にしまわれてしまう」という意味。
のちに漢の韓信が死にあたってつぶやいた台詞は、このときの范蠡の言葉を引用したものですが、韓信はこれに「敵国敗れて謀臣亡ぶ」と付け加えています。

（＊02）首が長くて口が尖っている容貌のこと。

- 前期　：覇者が秩序を保つ時代（前７世紀ごろ）
- 過渡期：覇者のいない混迷時代（前６世紀前葉～中葉）
- 後期　：辺境（へんきょう）の新興勢力の時代（前６世紀後葉～５世紀前半）
- 過渡期：戦国時代に向かう時代（前５世紀後半）

本書「第１章」で春秋前期を、「第２章」で春秋後期を扱いましたが、いよいよ「第３章」からは「春秋」から「戦国」へと移り変わっていく過渡期（春秋末期 / 戦国初頭）に入ります。

周王朝では「封建制」という統治システムが採（と）られていましたが、その頂点に立つのが「王」で、その下に「諸侯」、その下に「家臣」が従い、さらに諸

（＊03）高杉晋作の言葉「艱難を共にすべく、富貴を共にすべからず」は、このときの范蠡の言葉を引用したものです。高杉が「安楽」の部分を「富貴」に言い換えているのは、単なる言い間違えか、意図しての改変なのかは不明。

（＊04）伍子胥のときとおなじ、「自刃せよ」という意味です。

侯には公・侯・伯・子・男という爵位が、家臣には卿・大夫・士という禄位がそれぞれ与えられて明確に序列化された階層制を形成していました。

そして、王は諸侯に公邑（＊05）を与えてやる代わりにこれに忠誠を誓わしめ、諸侯は王から与えられた公邑を家臣に細分化して与える（采邑）代わりに忠誠を誓わせしめるという二重支配構造を取っています。

上のことを心得た上で、春秋時代を振り返ってみると、前期では前8世紀には「諸侯による王からの自立化」が進み、前7世紀にはその自立化した諸侯の中から「覇者が現れる」ようになりましたが、前6世紀に入ると有力諸侯が軒並み衰えて覇者が現れなくなります。

なんとなれば、そのころには各地で「家臣による諸侯からの自立化」という現象が起こり始めていたため、諸侯は覇を競う余裕などなくなってしまったためです。

たとえば、

- 晋では六卿（＊06）（范氏・中行氏・智氏・趙氏・韓氏・魏氏）（A-1/2）
- 斉では三氏（田氏・高氏・国氏）（A-4/5）
- 魯では三桓（孟孫氏・叔孫氏・季孫氏（＊07））（A/B-3/4）

…らが実権を握って主君を蔑ろにし、国政を左右するようになっていました。

こうした動きを、「野心を抱いた家臣が主君を虐げ、不遜にも簒奪を狙っている」と、如何にも家臣が「悪者」のように描かれることが多い（＊08）のですが、それは歴史というものが一面的にしか見えていないためです。

まず第一に、家臣に実権を奪われそうになっている諸侯たち自身が、そもそも周王を権威を蔑ろにして自立してきた者たちであって、いわば「自分が主君にしたことを家臣にされているだけ」の“因果応報”にすぎず、家臣だけが悪者にされる所以はありません。

日本の戦国時代で喩えると、天皇（殷）から政権を奪ったのが室町幕府（周）

（＊05）封建君主が家臣に与える領地のこと。封土。日本の「知行」に相当。

（＊06）「六卿」とはもともと文公が創設した三軍の将と佐を指す言葉でしたが、のちに6家がこれを独占するようになると、この6家を指す言葉に転化しました。

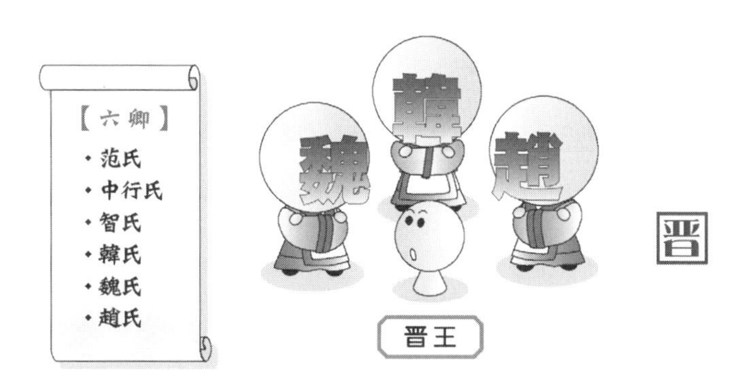

で、幕府から自立したのがその家臣の守護（諸侯）で、守護に取って代わったのがその家臣の守護代（卿）のようなものです。

織田家も守護代から成り上がって、守護（斯波氏（しば））を倒して自立し、幕府を倒して「天下布武」を驀進（ばく）しましたが、だからといって織田家が「簒奪者（さんだつ）」として悪者扱いされていないのと同じです。

そしてその織田家も、信長の死とともにさらにその家臣であった秀吉に乗っ取られていくことになりますが、こうして政権が交代するのは、いわば“時代の流れ”であって、そのこと自体に善悪があるわけでありません。

第二に、時代背景の変化も見逃せません。

歴史というものは、「政治史」でけではなく、もっと多面的に見ていかなければ真の姿を現しません。

歴史には「石器段階（ストーンエイジ）」「青銅器段階（ブロンズエイジ）」「鉄器段階（アイアンエイジ）」に分けて考える歴史区分法がありますが、中国はちょうどこのころ、「石器（ストーン）・青銅器段階（ブロンズエイジ）（B/C-1）」から「鉄器段階（アイアンエイジ）（B/C-2）」への移行期に入っていました。

「鉄（アイアン）器が使用されるようになった」というたったこれだけのことが、中国の社

（＊07）中国では長男に「伯（孟）」、次男に「仲」、三男に「叔」、四男には「季」などの文字を入れる習慣がありました。三桓氏も、魯15代桓公の次男・三男・四男の子孫ということでこう呼ばれました。ただし次男系だけは「仲孫氏」から「孟孫氏」と改姓されました。

（＊08）孔子なども、魯の三桓氏を「悪者」扱いしています。

会・経済、そして思想・政治に激震を与える重大な意味を持ちます。

たとえば、中国文明と肩を並べる他の古代文明（オリエント文明・古代インド文明）を見ても、どれも「石器段階」はもちろん、青銅器段階に入っても統一王朝は生まれていませんが、「鉄器段階」に入った途端、急速に統一化が進み、ほどなく統一王朝（アッシリア帝国やマウリア朝）が生まれています。

中国とて例外ではありません。

オリエントやインドと同じ道（鉄器の普及が統一を指向）を辿ります。

すなわち、鉄器が「春秋」に幕を下ろし、新しい時代「戦国」へと誘い、その行き着いた先が「秦始皇による天下統一」というわけです。

これまで中国は、一応「青銅器段階[（＊09）]」に入っていたとはいえ、これは祭器・食器・武器に使用された程度で農具にまで普及せず[（＊10）]、農業の分野においては春秋末期（前5世紀）まで依然として「石器段階」でした。

また、夏・殷（商）・周と王朝交代を繰り返してきたとは言え、これらはすべて「統一王朝」どころか領域国家ですらなく、あくまで「都市国家（邑）の連合体（邑制国家）」にすぎません。

すなわち、経済段階としては「石器段階」であり、統治段階としては「邑制国家（都市国家連合）」。

一見関係なさそうなこの2つの事実は、じつは密接な相補関係にあります。

石器は重くて切れ味も悪く、鋤ひとつ扱うにも2人がかりで行わなければならない（耦耕）うえ、あまり深く耕すことができなかったため、生産効率はおしなべて低いものでした（C-1）。

氏族共同体を基盤とする都市国家を単位とする社会も、こうした低い生産効率にあってもうまく社会を回していくために生まれたものです。

ところが、春秋末期から鉄器が普及してきたことで、邑制国家を支えてきた

（＊09）中国で発見された最古の青銅器は前3000年ごろ（仰韶文化）のものですが、これが普及したのはずっと時代が下って前2千年紀前半（殷代）になってからです。

（＊10）中国の青銅器は脆性（もろさ）が高かったため、農具には向きませんでした。

（＊11）力を加えたときに延びる性質で「脆性」の反対語。
「脆性」が高ければ折れやすく、「延性」が高ければ曲がりやすいことになります。

社会基盤が根柢から覆されることになります。

鉄器で農具を作れば、軽くて刃も鋭いため少ない力で深く耕せましたし、延性（＊11）が高いため加工も容易で耐用年数も長く、さらにはこれまでの「鋤」を「犂」へ（＊12）と発展させることが可能となりました。

「犂」の刃の部分を木器や石器で作ることはできません（＊13）でしたから、所謂、牛に犂を牽かせて耕す「牛耕（C-3）」が可能となったことがもっとも大きい改革だったと言えます。

牛耕であれば、人力など比較にならないほどの深耕が、短時間かつ軽労働でできましたから、これにより爆発的に農業生産力が高まります（C-2）。

「爆発的」という抽象的表現ではなく、実際にどれほど高まったのかについ

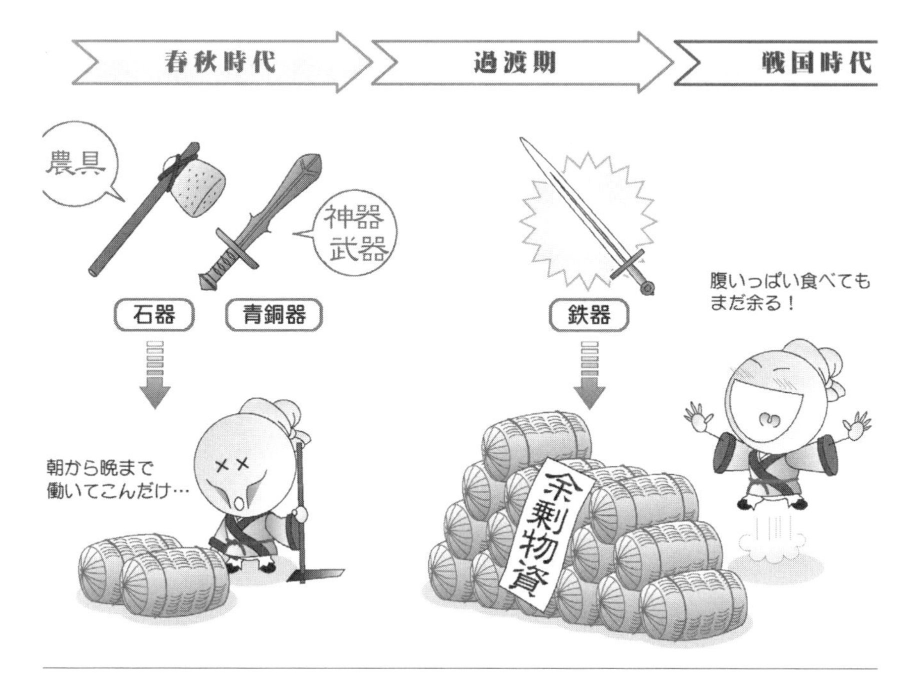

（＊12）「鋤」も「犂」も「すき」と読み、どちらも土壌を耕起する農具である点は同じですが、「鋤」は人力で、「犂」は畜力を利用して使用する点に違いがあります。

（＊13）柔らかい土壌であれば木製犂も可能ですが、黄土地帯のような硬い土壌では無理でした。

て、たくさんの学者が独自に試算していますが、少ないもので「7～8倍」、多いもので「20～30倍」と算出されています。

少し前まで上から下まで右から左まですべての者が農業に従事してなんとか糊口を凌いでいたのが、鉄器を導入した途端、少ない労働力で何十倍もの収穫ができるようになったのですから、低い生産性を前提として生まれた旧い社会制度を叩き壊すのに充分な破壊力を持つことは想像に難くないでしょう。

莫大な余剰物資が生まれ、そのうえ労働力が余るとなれば、これを背景として「専門業」が生まれてきます。

その中で最初に生まれたものが「製塩」「製鉄」「製陶」でした（D-1/2）。

そうなれば、そうした「商品」を売買する生業、すなわち「商人」が活躍するようになり、商業活動が活性化すると、従来の「物々交換」では時代の要請に応えられなくなってきます。

こうして「鉄」が生まれたことで、ドミノが次々と倒れていくように旧い社会要素がつぎつぎと破壊されていき、急速に「新しい時代（戦国時代）」へと向かっていく牽引力となったのでした。

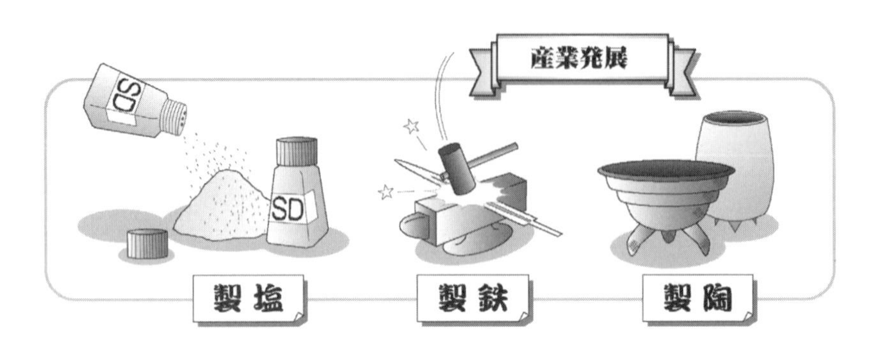

第3章 戦国の幕開け

第2幕

銭の力

春秋末 / 戦国初頭の社会変革

鉄器が生まれれば、これまで手が付けられなかった荒地の新田開発が可能となる。新田開発は私有制を生み、私有制は「地主」という新しい階級を生む。また産業が生まれれば、商業が生まれ、商業が生まれれば「商人」という新しい階級を生む。そして商業の発達は金属貨幣を生み、新しい時代を創りあげていった。

〈春秋末／戦国初頭の社会変革〉

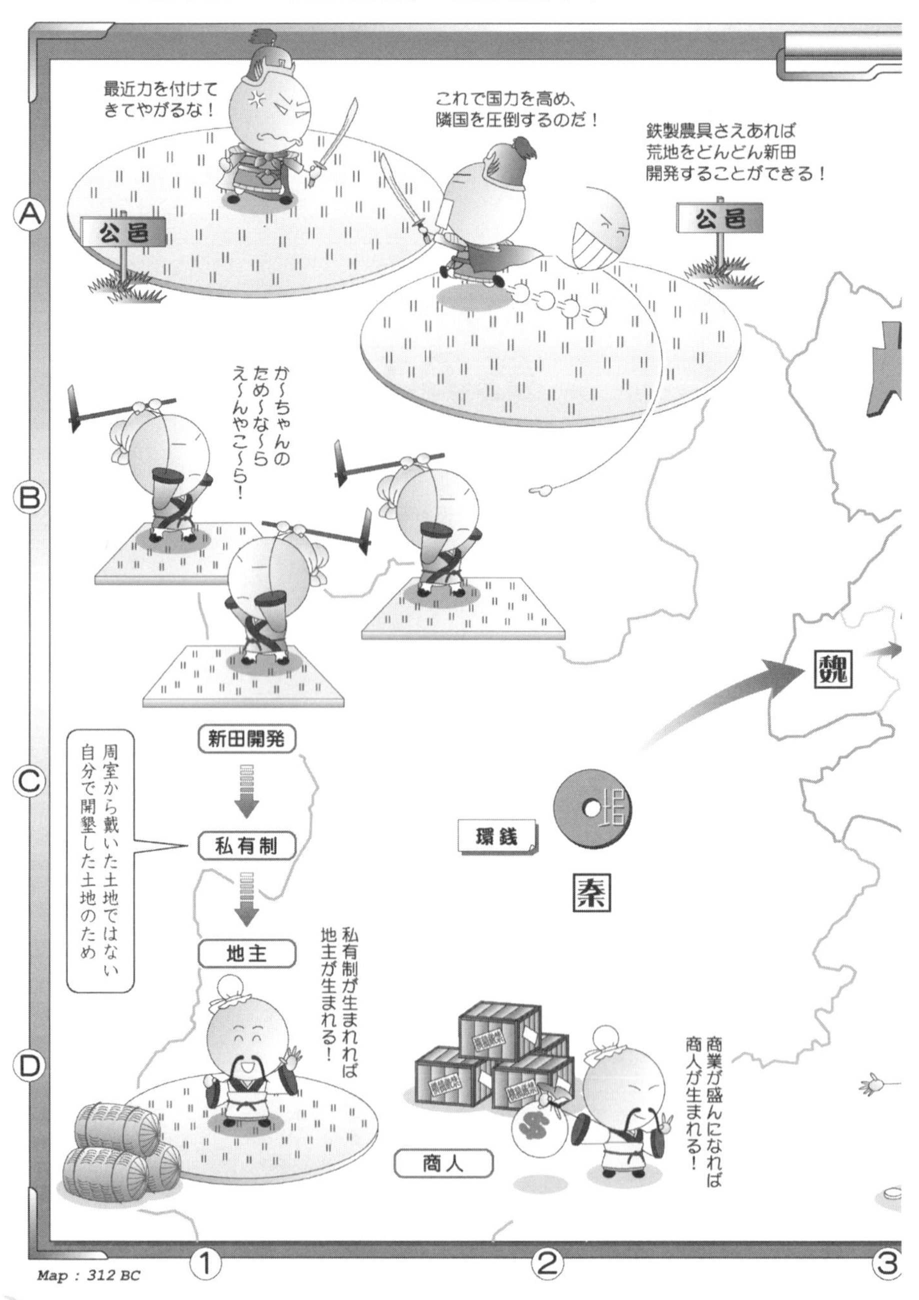

Map : 312 BC

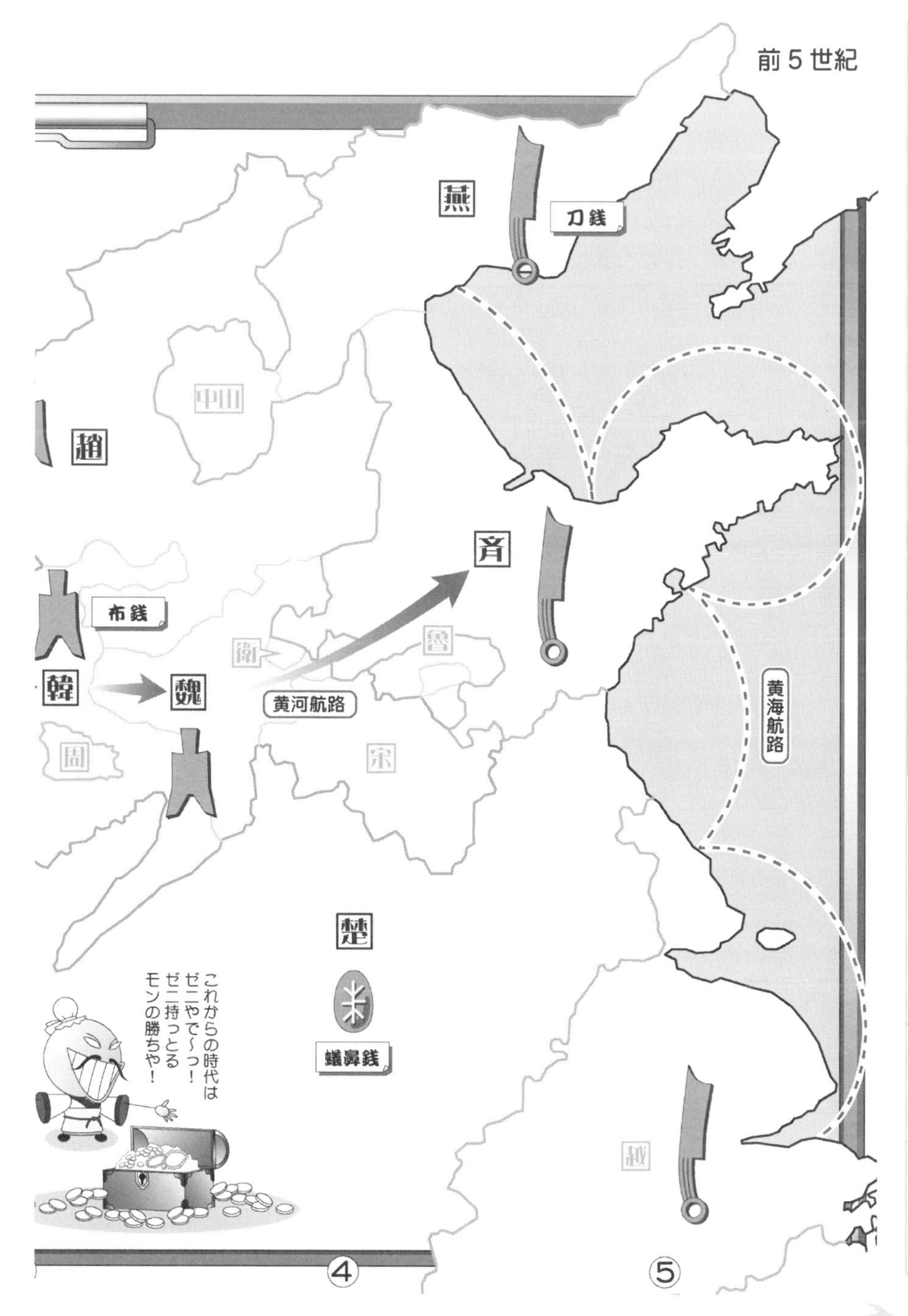

第1章　春秋時代（前期）
第2章　春秋時代（後期）
第3章　戦国の幕開け
第4章　秦の抬頭
最終章　天下布武

ところで、このころまで「国力」とは、ほぼ「農地の広さ」でした。
管仲(かんちゅう)が斉の桓(かん)公に「国富は商業に在り！」と献策した(＊01)ときに、桓(かん)公がたいそう驚いたのは、当時「国富＝(イコール)農業」であって、現代では当たり前となっている「商業活動から国富を得る」という発想がなかったからです。

では、商業によって発展した斉を見た他の国も「我も！」「我も！」と商業を発展させたかといえば、事はそう単純でもありません。

斉は土地柄「塩業」ができましたが、他の国はほとんどこうした産業が興(おこ)せる恵まれた環境になく、やはり農業に頼るしかなかったためです。

しかし、鉄器(アイアン)が普及したことで情勢が一変します。

それまで石製(ストーン)農具では開墾できず荒地として放置されていた土地も、鉄製(アイアン)農具を使えば新田開発が可能になったため、諸侯は農地を広げるべく新田開発に躍起となります（B/C-1）。

これまでは、すべての農地はあくまで周王室から借り受けているだけの「公有地（公邑(こうゆう)）（A-1）」であって、「私有地」というものは制度上存在しませんでしたが、ここにきて諸侯らが開墾した新田は「周室からもらった土地」でもなんでもない、「自らの手で切り拓(ひら)いた私有地」（C-1）ということになりますので、ここから「私有」という概念が拡がっていくことになります。

そうなれば、「公邑(こうゆう)は公有地」「新田は私有地」という区分などたちまち曖昧(あいまい)になり、すべて私有地化して「地主（D-1）」という新しい階級が発生していきます。

さらに私有地ということになれば、所有者の意志で自由に売買も可能となり、折からの物流の発展と相まってその動きはさらに加速していくことになります。

急激に物流が増大したことで、これまでのような「物々交換」や「物品貨幣(＊02)」が限界を迎えると、“必要は発明の母”、新しい時代に見合った交換経

（＊01）本書「第1章 第2幕」参照。

（＊02）その地域や社会で広く価値が認められている物品（貝・石・穀物・家畜・織物など）を“貨幣”のように交換媒体として扱ったもの。
ただしこれらは「地域によって価値が変わる」「時間経過とともに価値が落ちる」「維持費がかかる」「かさばる」などのデメリットが大きく、貨幣としては適していませんでした。

済、すなわち「金属貨幣」が生まれます。

世界初の金属貨幣を鋳造したリュディア王国では「金銀合金（エレクトラム）」が使用されましたが、中国では伝統的に祭器として神聖視されていた青銅（ブロンズ）が材質として採用され、国ごとに特徴的な形の貨幣が造られるようになりました。

- 斉・燕・越 に代表される　刀　の形をした青銅貨（　刀銭　）
- 韓・魏・趙 に代表される　鋤（すき）　の形をした青銅貨（　布銭　）
- 楚　に代表される 子安貝 の形をした青銅貨（ 蟻鼻銭（ぎび） ）（＊03）
- 秦・魏・斉 に代表される　円盤　の形をした青銅貨（　環銭　）

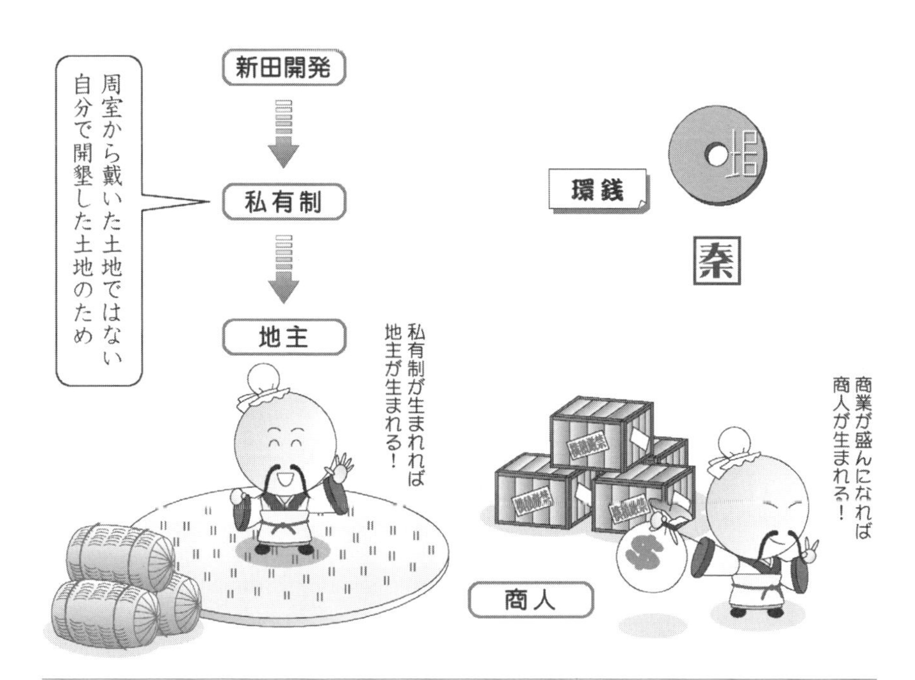

（＊03）名の由来はどの書を見ても「表面の刻印が蟻の鼻（頭・顔）の形に似ているから」と書いてあるため、筆者は「蟻の頭」と「蟻鼻銭」を見較べてみましたが、どこをどう見れば「蟻の鼻」になるのかさっぱりわかりません。こうした理由は後世の学者が後付けで言っているだけで、真実かどうかははなはだ怪しい。

これを地図で確認してみると、「刀銭（A-4/5）」は黄海沿岸の国々で使用されていますから、黄海航路（B/C-5）を結ぶ国同士で使用されている“国際通貨”ですが、残りの「布銭（B-3）」「環銭（C-2）」「蟻鼻銭（C/D-4）」はそれぞれ晋・秦・楚の一国のみで使用されていた“国内通貨”であることがわかります。

ところが、このうち徐々に国際的に使用されるようになってきたのが「環銭」です。

というのも、「刀銭」「布銭」は複雑な形をしていたために制作に手間がかかるうえ、突起部・峡部があって壊れやすく（破損した貨幣は無価値となる）、「蟻鼻（ぎび）銭」は形が不揃いで数えにくいという、それぞれ貨幣としての欠点（デメリット）がありましたが、その点、「環銭」は円盤状でしたから突起部・峡部がなく壊れにくいうえ、円盤を重ねて真ん中の穴に軸を通し、旋盤で削れば形を均一に整えやすく、これに紐（ひも）を通せば数えやすい。

そのため、もっとも貨幣として利便性が高かった「環銭」が渭水（いすい）を中心に流通するようになると、通商路だった黄河に沿って拡がりを見せ、やがて黄河中流域の魏・韓（B/C-3）、下流域の斉（B-4/5）でも「環銭」が使用されはじめて黄河航路（B/C-4）の“国際通貨”となっていきました。

貨幣経済が浸透すれば、農地が狭くても商人を保護・結託[＊04]して交易で利益を上げれば、銭（ぜに）の力が「国力」ともなり得る（D-3/4）。

こうして、「地主階級」と「商人階級（D-2）」が経済・政治に大きな発言権を持つ“新しい世”が生まれることになります。

力を付けてきた新しい階級「商人」「地主」は、以降、王権ですら抑え込むことが困難となるほど勢力を振るうようになり、歴代王朝は如何（いか）に彼らを抑えることができるかが王朝の命運を決し、これに成功すれば強権王朝となって繁栄を謳歌することができますが、失敗すれば弱体王朝となりました。

（＊04）たとえば、「市を開かせてやる代わりにショバ代（みかじめ料）を取る」「交通路に関所を設けて通行税を取る」など。

第3章 戦国の幕開け

第3幕

戦国時代の幕開け

三家分晋

前5世紀ごろは「春秋」から「戦国」への過渡期であった。晋では六卿が血で血を洗う政争を繰り広げたのち、韓・魏・趙が晋を三分し、斉では田氏・高氏・国氏が政争して田氏が天下を簒奪し、魯では三桓氏による専横が行われるという乱れよう。しかし、そうした混乱の中から、確実に戦国が形づくられていった。

〈三家分晋〉

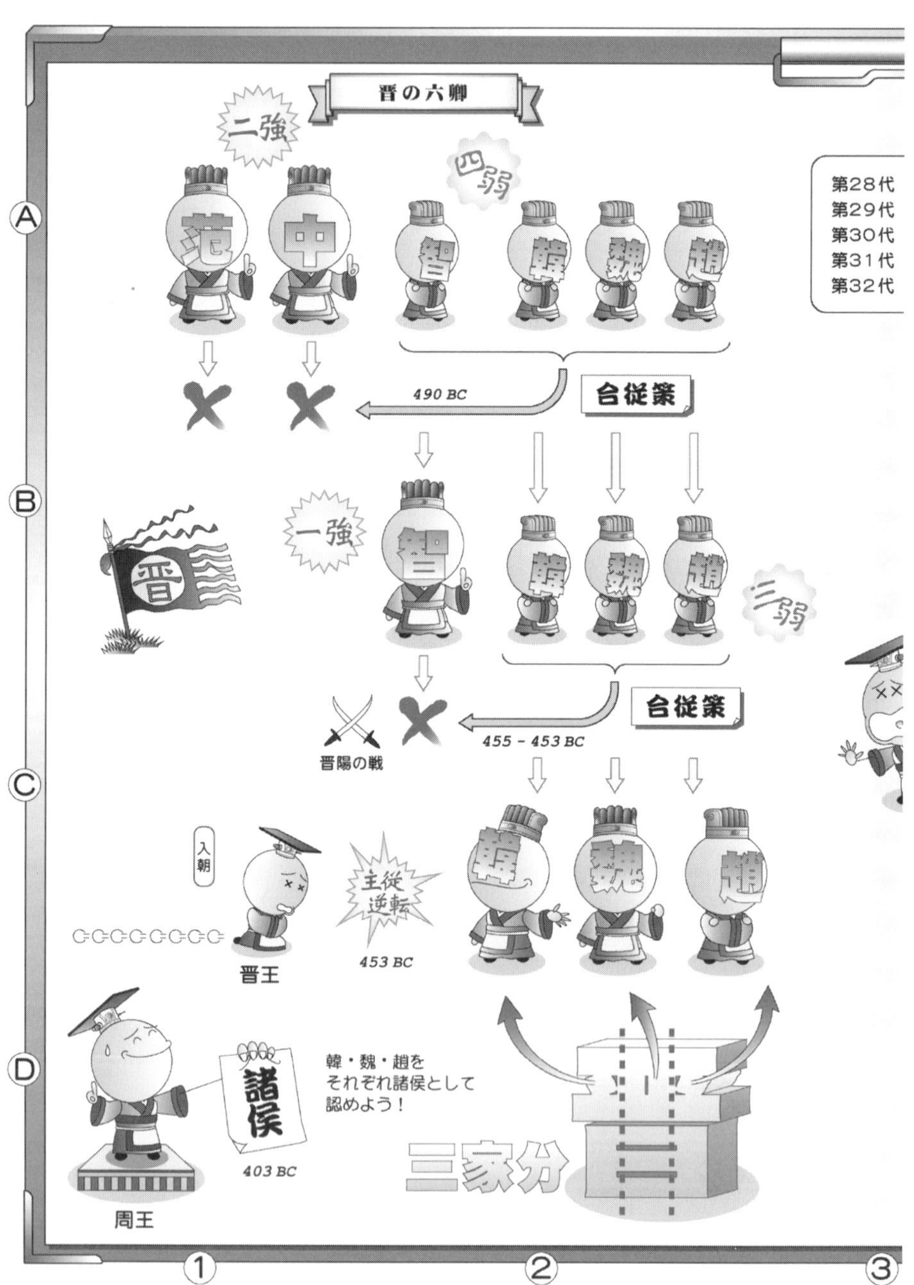

晋の六卿
二強
四弱
范
中
智
韓
魏
趙
第28代
第29代
第30代
第31代
第32代
490 BC
合従策
一強
三弱
晋
合従策
455 – 453 BC
晋陽の戦
入朝
主従逆転
453 BC
晋王
諸侯
韓・魏・趙を
それぞれ諸侯として
認めよう！
403 BC
三家分
周王
A
B
C
D
①
②
③

前５世紀

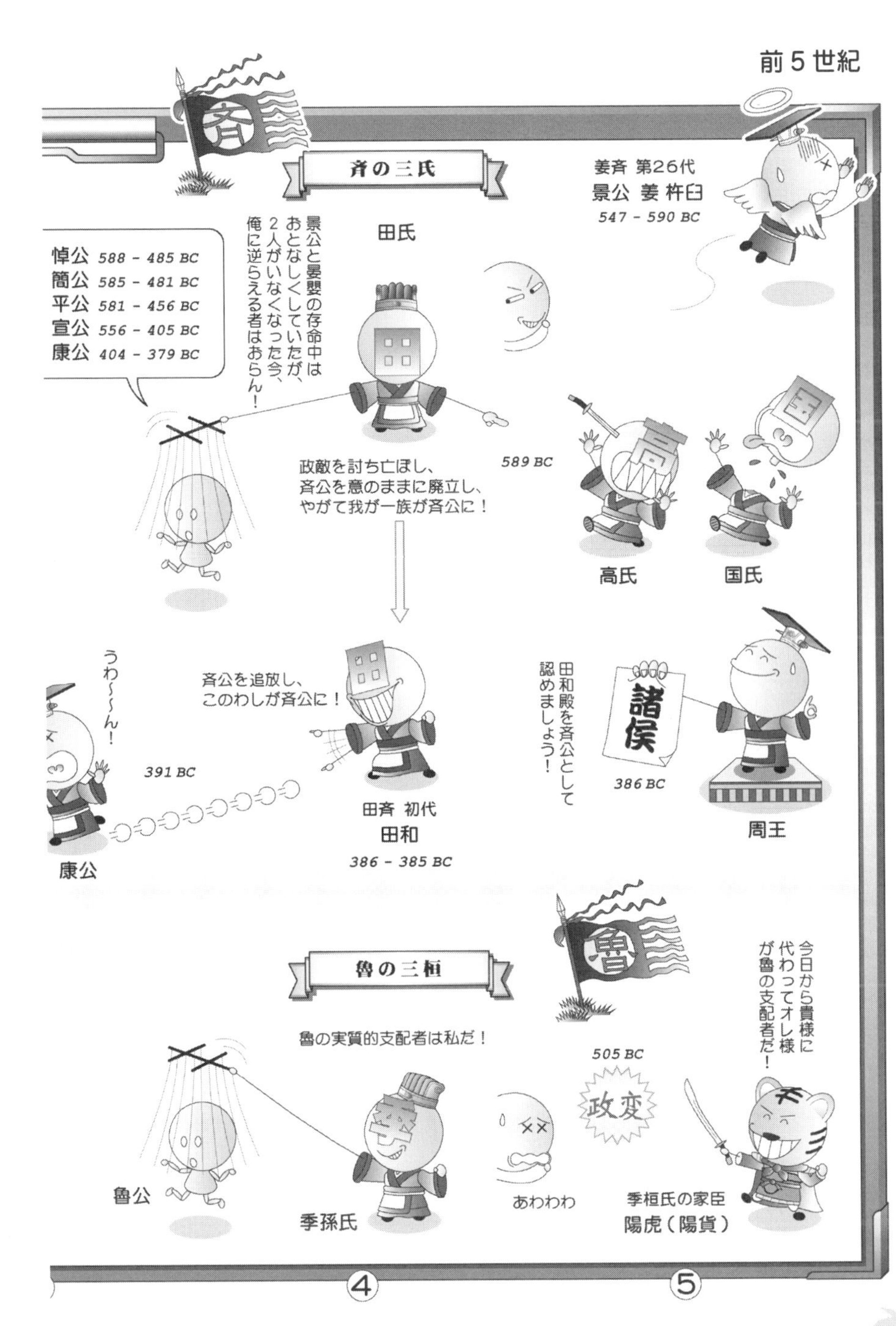

斉
斉の三氏
姜斉 第26代
景公 姜 杵臼
547 - 590 BC
田氏
景公と晏嬰の存命中はおとなしくしていたが、2人がいなくなった今、俺に逆らえる者はおらん！
悼公 588 - 485 BC
簡公 585 - 481 BC
平公 581 - 456 BC
宣公 556 - 405 BC
康公 404 - 379 BC
589 BC
政敵を討ち亡ぼし、
斉公を意のままに廃立し、
やがて我が一族が斉公に！
高氏
国氏
うわ～～ん！
斉公を追放し、
このわしが斉公に！
田和殿を斉公として認めましょう！
諸侯
391 BC
386 BC
田斉 初代
田和
386 - 385 BC
周王
康公
魯
魯の三桓
今日から貴様に代わってオレ様が魯の支配者だ！
魯の実質的支配者は私だ！
505 BC
政変
魯公
季孫氏
あわわわ
季桓氏の家臣
陽虎（陽貨）
④
⑤

こうして「鉄」が普及したことにより、“古き佳き時代（春秋時代）”は車窓から見える景色のように過ぎ去り、トンネルを抜けると、そこには新しき景色（戦国時代）が拡がることになりました。

よく書を紐解くと「鉄器は春秋末期に普及した」と書いてありますが、あれは“間違い”と言い切れぬまでも語弊の生じる書き方であって、「春秋時代の“末期”という時代に鉄器が普及した」のではなく、正しくは「鉄器が普及したことで春秋というひとつの時代が急速に終焉に向かったため、結果的に“末期”になった」となります。

鉄さえ普及していなければ、まだまだ「春秋」はつづいていたでしょう。

ところで、春秋時代と戦国時代の線引きをどこに設定するかは諸説あり、一般的には「三家分晋(＊01)を以てす」という点ではたいていの一致を見るのですが、ではどの時点を以て「三家分晋」と見做すのかは見解の一致を見ません。

そこで、本幕では「三家分晋」を追っていくことにしましょう。

ご多分に漏れず、晋（B/C-1）においてもすでに家臣（卿・大夫）が実権を握っていたことはすでに触れました。

春秋五覇のひとりであった晋の文公は軍を三軍（上行・中行・下行）に分け、それぞれ将（長官）と佐（副官）を配し、これらを総称して「六卿」と呼んでいたのですが、このうち中行の将が正卿（宰相）を兼位することが多かったため、実質的にこの２つの位は同義に近い(＊02)ものとなります。

初めこそ、「六卿」には晋公が適任者（たいていは公族）を任命していましたが、文公没後の晋公の零落に伴い、六卿が范氏・中行氏・智氏・韓氏・魏氏・趙氏（A-1/2）の６家で独占されるようになったため、以降、この６家のことを「六卿」と称するようになっていきます。

六卿が６家に定まった初期のころは、「范氏・中行氏の二強（A-1）」と「その他の四弱（A-2）」という力関係でしたが、こうした混戦に陥った場合、弱者が生き残る方法は、好むと好まざるとにかかわらず「合従(＊03)」しかあり

(＊01) 晋から韓・魏・趙が独立したこと。

(＊02) 日本で喩えると、「自民党総裁」が「内閣総理大臣」の地位を兼ねることが多いため、この２つの位はほとんど同義のように使用されているのと同じです。

ません。

合従に成功すれば生き残りを図ることができ、失敗すれば亡ぼされる、その一択です。

このときは、二強（范氏・中行氏）に対して四弱（智氏・韓氏・魏氏・趙氏）が"錦の御旗(＊04)"を掲げて合従（A/B-2/3）することに成功、これを討ち滅ぼします（A/B-1）（前490年）。

しかし、これにより残った四卿は智氏を一強（B-1/2）として、韓氏・魏氏・趙氏の三弱（B/C-2/3）が対峙するという構図になったため、今度は智氏に対して三弱が立ち向かい（前453年 晋陽の戦）（C-1/2）、これを亡ぼすことに成功します。

こうして「六卿」の混戦は、終わってみれば三強（范氏・中行氏・智氏）が亡ぼされて三弱（韓氏・魏氏・趙氏）が生き残るという皮肉な結果となりましたが、事ここに至り、韓・魏・趙は晋公に入朝(＊05)しなくなったどころ

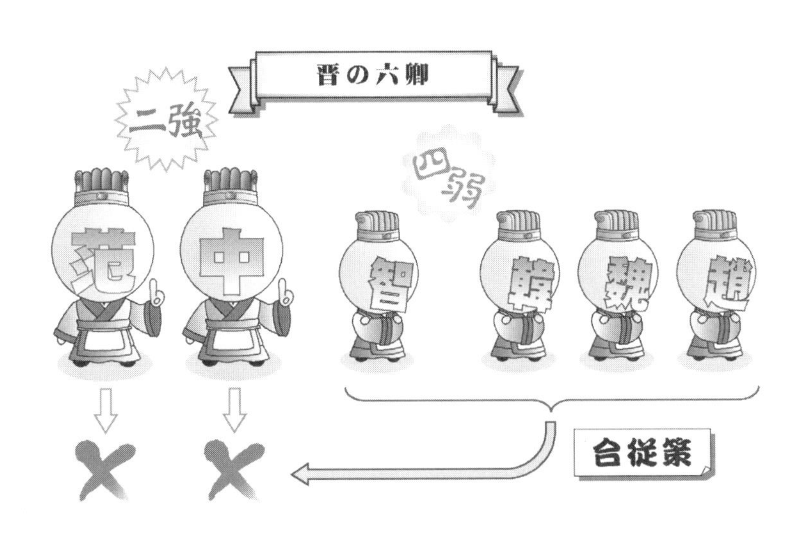

（＊03）詳しくは、本書「第4章 第2幕」をご参照のこと。

（＊04）もともとは「天皇の軍旗」の意。ここでは主君（晋の定公）を味方に付けたくらいの意。

（＊05）家臣は主君に対して臣下の礼を取るため、定期的に参内しなければなりませんでした。

か、逆に晋公の方が韓・魏・趙に入朝する（C/D-1）という主従が逆転する有様で、この年（前453年）を以て「三家分晋」と見做す考え方があります。

ただし、まだこの時点では、周王から韓・魏・趙が「公」として認められたわけではありませんでしたから、あくまでも晋公の家臣にすぎません。

そこで、韓・魏・趙が周から諸侯に列せられた（D-1）前403年を以て「三家分晋（D-2）」と見做されることが一般的です（＊06）。

このように「三家分晋」が起こっていたちょうどそのころ、晋の隣国・斉（A-3/4）では康公（＊07）の御世とは名ばかり、すでに斉も田氏（A-4）の専横が著しく、景公が亡くなって（A-5）以来、数代にわたって斉公は田氏が自由に廃立しているような状態（A/B-3/4）がつづいていましたが、ついに前391年、康公が追放（C-3）されたことを機に、田氏が完全に斉を掌握。

そして韓・魏・趙から遅れること17年（前386年）、田氏もついに周から諸侯に列せられて（B/C-5）名実ともに斉公となりました（＊08）。

さらにこれら晋と斉に挟まれた魯（C/D-4/5）でも、三桓氏（孟孫氏・叔孫氏・季孫氏）が専横がつづいていましたが、前517年、これを討たんと試みた昭公は季孫氏に追放され、以降、魯公は完全に季孫氏（D-4）の"お飾り"となってしまいます。

しかし、その季孫氏も、その家臣であった陽虎（陽貨）（D-5）に政変を起こされて実権を奪われ（前505年）、その陽虎の栄華も3年と保たずに崩壊。

孔子が魯に仕官したのはちょうどこのころでしたが、彼は殊更に国内の対立を煽った（＊09）ため内乱状態に拍車をかけ、魯はいよいよ混迷を極めていくことになります。

こうした目も当てられぬ下剋上が横行するようになった前5世紀前後が「戦国」への過渡期といってよいでしょうが、それを「何百何十何年」とは特定することは困難です。

（＊06）よく、これを以て晋が滅亡したと勘違いしている方が見受けられますが、韓・魏・趙が諸侯に列せられたあとも晋はしばらく生き存えます。滅亡年は『史記』の「六国年表」では前376年、同書「晋世家」では前349年となっていて矛盾していますが。

（＊07）「春秋五覇」の最初の覇者・桓公（斉16代）から数えて16代あとの姜斉最後の斉公。

なんとなれば、「春秋戦国時代」というのは「邑制国家から領域国家へ」「封建体制から中央集権体制へ」と移り変わっていく過渡期にあたりますが、それがあまりにも長すぎる（約550年）ため、前半の比較的周制（王室への忠誠・邑制・封建制）の名残が強い時代を「春秋」、後半の比較的新制（実力主義・領域国家・中央集権）に近い時代を「戦国」と呼び慣わしているだけで境目がビシッと分かれているわけではないからです。

ここまでの流れを大きく俯瞰してみると……

- 前７世紀中葉：［覇者の時代］――――――――本書「第１章 第２～４幕」
  周の東遷から100年近く経ち、衰える一方の周室の権威を支える者が登場する。斉の桓公・晋の文公などの「覇者」がそれで、あくまで周室を重んじ、周制の枠内で、周礼に則って動いた。
- 前７世紀末／前６世紀初：［覇者の変質］――――――本書「第２章 第５幕」
  しかし、世紀が切り替わるころになると、「王」を自称し、「鼎の軽重を問う（前606年）」など、周室を軽んずる言動を繰り返す者（楚の荘王）が覇を狙うようになる。

（＊08）康公を最後に「姜姓 呂氏」は断絶し、以降「嬀姓 田氏」に乗っ取られたため、前386年を境に、それ以前の斉を「姜斉（呂斉）」、以降の斉を「嬀斉（田斉）」と呼んで区別することがあります。

（＊09）「魯公の復権を果たすため」という大義あってのことではありましたが。

• 前6世紀中葉：[覇者のいない時代] ―――――――― 本書「 第2章 第1幕 」
　卿・大夫 (諸侯の家臣) らが力を付けてきたことで相対的に諸侯の力が弱まって、覇者が現れなくなる。

• 前6世紀末 / 前5世紀初：[辺疆の隆盛] ――― 本書「 第2章 第2～4幕 」
　中央では、諸侯の力がいよいよ弱まる中、
　地方では、呉・越のような「 蛮 」と蔑まれていた辺疆の異民族までが「 覇者 」を狙うようになる。

• 前5世紀中葉：[下剋上の指向] ―――――――――― 本書「 本章 本幕 」
　諸侯の廃立を卿らが自由に行うようになったため、これを以て「 戦国時代 」と考える説 (＊10) も生まれてくる。

• 前5世紀末 / 前4世紀初 [下剋上の時代] ―――――――― 本書「 本章 本幕 」
　晋では「 三家分晋 (前403年) 」、斉では「 姜斉から田斉へ (前391/386年) 」とついに下剋上が表面化し始める。

　通常は、三家分晋が行われた前403年を以て「 戦国時代の幕開け 」と見做すのが一般的で、いよいよここから本格的な戦国時代、すなわち「 天下統一へと向かう時代 」となります。

(＊10) 孔子の纂といわれる『 春秋 』から「 前481年説 」、司馬遷の『 史記 』から「 前476年説 」、司馬光の『 資治通鑑 』から「 前451年説 」などがあります。

第3章 戦国の幕開け

第4幕

法家 vs 抵抗勢力

諸子百家（法家）

ひとつの時代は、その時代に符合（マッチ）した「思想」によって理論武装され、運営されている。したがって、時代が旧から新へと移り変われば、思想も変わらざるを得ない。時代が「春秋」から「戦国」へと移行する中で、これを支える新思想として「法家」が体系化され、広まっていくことになる。

〈諸子百家（法家）〉

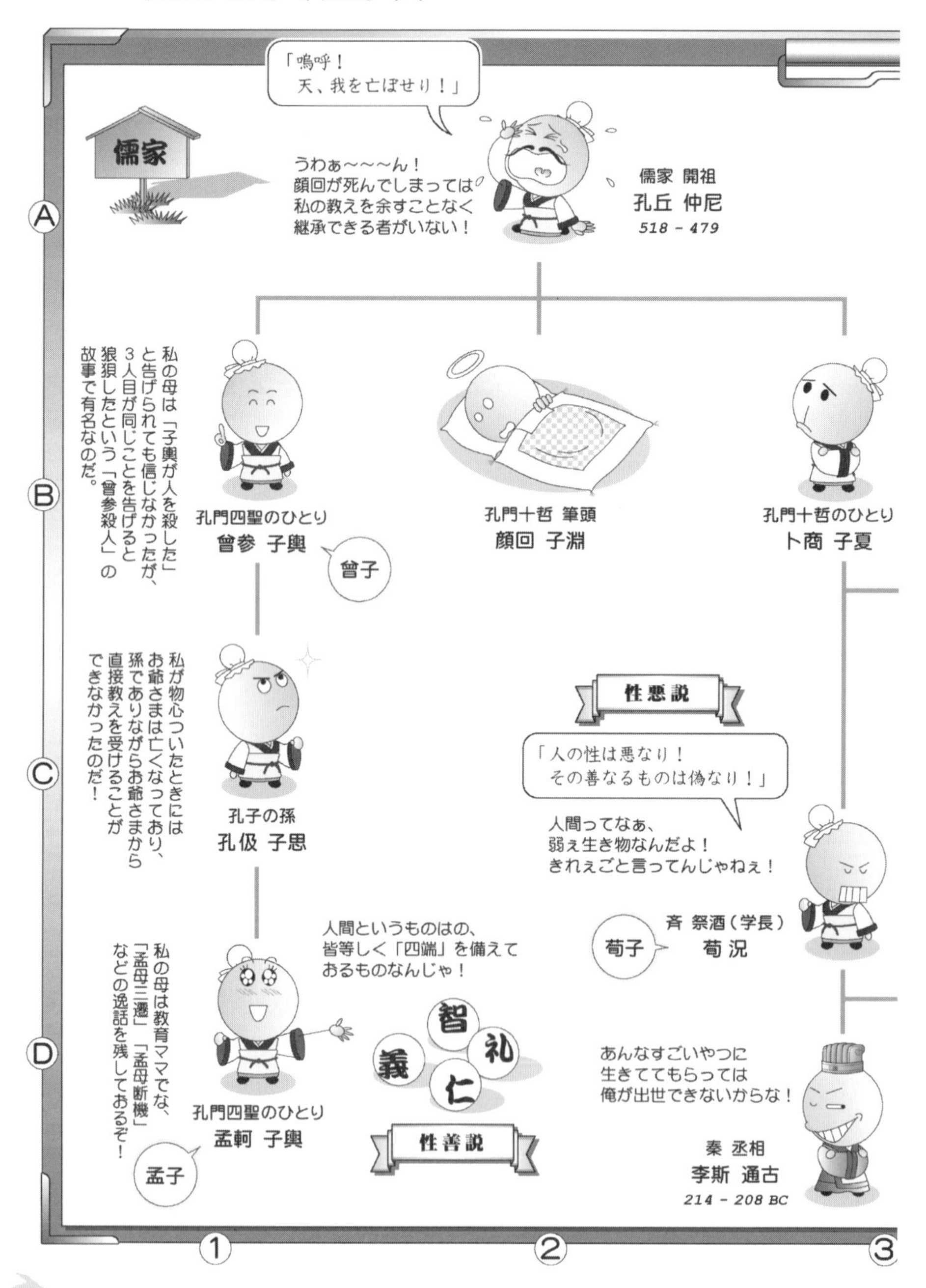

儒家
A
「嗚呼！
天、我を亡ぼせり！」
うわぁ～～～ん！
顔回が死んでしまっては
私の教えを余すことなく
継承できる者がいない！
儒家 開祖
孔丘 仲尼
518 – 479
B
私の母は「子輿が人を殺した」と告げられても信じなかったが、3人目が同じことを告げると狼狽したという「曾参殺人」の故事で有名なのだ。
孔門四聖のひとり
曾参 子輿
曾子
孔門十哲 筆頭
顔回 子淵
孔門十哲のひとり
卜商 子夏
C
私が物心ついたときにはお爺さまは亡くなっており、孫でありながらお爺さまから直接教えを受けることができなかったのだ！
孔子の孫
孔伋 子思
性悪説
「人の性は悪なり！
その善なるものは偽なり！」
人間ってなぁ、
弱ぇ生き物なんだよ！
きれぇごと言ってんじゃねぇ！
斉 祭酒（学長）
荀 況
荀子
D
私の母は教育ママでな、「孟母三遷」「孟母断機」などの逸話を残しておるぞ！
人間というものはの、
皆等しく「四端」を備えて
おるものなんじゃ！
智
礼
義
仁
性善説
孔門四聖のひとり
孟軻 子輿
孟子
あんなすごいやつに
生きててもらっては
俺が出世できないからな！
秦 丞相
李斯 通古
214 – 208 BC
1
2
3

前５～前３世紀

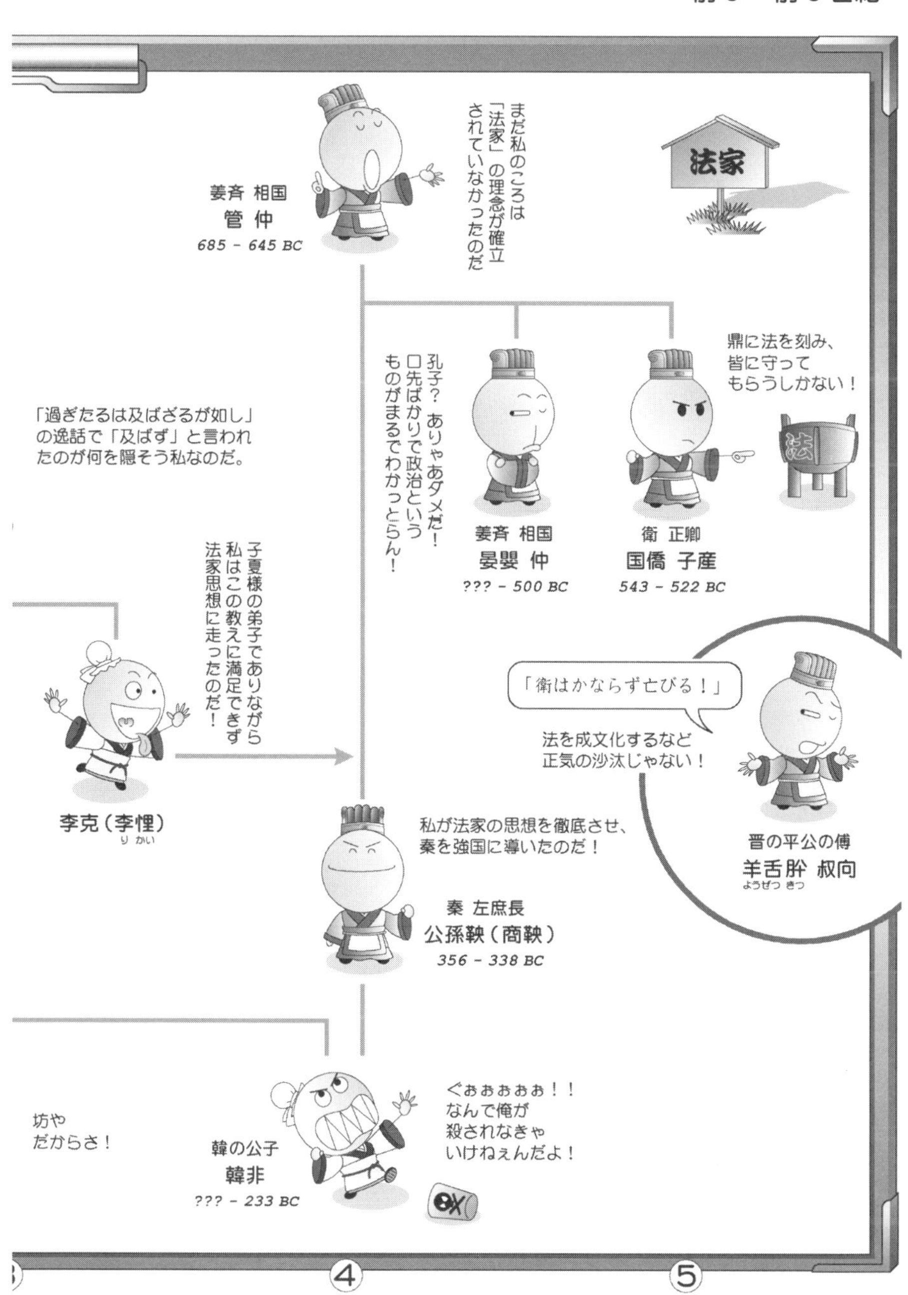
法家
姜斉 相国
管 仲
685 - 645 BC
まだ私のころは「法家」の理念が確立されていなかったのだ
孔子？ありゃあダメだ！口先ばかりで政治というものがまるでわかっとらん！
姜斉 相国
晏嬰 仲
??? - 500 BC
鼎に法を刻み、皆に守ってもらうしかない！
法
衛 正卿
国僑 子産
543 - 522 BC
「過ぎたるは及ばざるが如し」の逸話で「及ばず」と言われたのが何を隠そう私なのだ。
子夏様の弟子でありながら私はこの教えに満足できず法家思想に走ったのだ！
李克（李悝）
「衛はかならず亡びる！」
法を成文化するなど正気の沙汰じゃない！
晋の平公の傅
羊舌肸 叔向
私が法家の思想を徹底させ、秦を強国に導いたのだ！
秦 左庶長
公孫鞅（商鞅）
356 - 338 BC
坊や
だからさ！
韓の公子
韓非
??? - 233 BC
ぐぉぉぉぉぉ！！
なんで俺が
殺されなきゃ
いけねぇんだよ！
④
⑤

時代は「春秋」から「戦国」へと移行していき、政治も経済も社会も急速に変化しはじめたとなれば、これを支える「思想」もこれに対応する新風が吹き込むことになります。

その最右翼が「法家（A-5）」でした。

法家の基本精神自体はすでに春秋時代から芽生えており、あの管仲（A-4）も自らの政策に採り入れ、“第二の管仲”とも目される晏嬰（B-4/5）もこれを継承していましたが、これが儒学思想によって理論武装され、体系化されてきたのは戦国の世になってからです。

ところで、春秋時代に現れた「儒家（A-1）」は、孔子（A-2）の死後、特に優秀と言われた「孔門十哲」の中からも彼の思想をそっくりそのまま継承できる弟子が現れず[(＊01)]、おもに曾子[(＊02)]（B-1）の系統と子夏[(＊03)]（B-3）の系統に分かれてしまいました[(＊04)]。

曾子の系統は、孔子の孫であった孔伋［子思］[(＊05)]（C-1）から孟子[(＊06)]（D-1）へとつながっていき、「性善説（D-2）」を唱えるこちらの儒学が正統派的な存在となって、のちの朱子学へと連なっていくことになります。

これに対してもう一方の子夏の系統からは、李克（李悝）（C-3/4）や荀子（C/D-2/3）が現れ、「性悪説（C-2/3）」に準拠する彼らは「法家」の理論武装を支えて、呉起・商鞅（C/D-4）・韓非（D-4）・李斯（D-3）といった法家の学者を生んでいくことになりました。

法家というのは、簡単に言えば「法によって統治する」という、我々法治国家に生まれ生きる者にとっては空気のように当たり前のことで、「じゃあ、それ以前は法はなかったのか？」と思われるかもしれませんが、もちろんそれ以前にも「法」自体はありました。

（＊01）唯一、見込みがあったのが顔回［子淵］（B-2）でしたが、彼は早世してしまいました。

（＊02）孔子の直弟子。本名は曾参（そうしん）［子余］。一説には、彼の子の曾申が呉起を弟子としたことがあったが、不孝を責めて破門したと言われています。

（＊03）孔子の直弟子。本名は卜商。子貢の問いに孔子が答えた「過ぎたるは猶及ばざるが如し」という言葉の「及ばざる」人物として名指しされた人。なお、「過ぎたる」人物と名指しされたのは顓孫（せんそん）師［子張］。

しかしそれは、我々の考える「法」の概念とはたいぶ異なります。

中国では、伝統的に「政治というものは君主の“徳”を以て治めるもの」という理念が強く、「法を徹底すれば、民は君主にではなく法に従うようになるし、さもなくば如何にして法の目をかいくぐるかを考えるため、そのたびに法を複雑化させねばならず、それは混乱を生むだけで、“亡国の道”をたどることは避けられない」と考えます。

したがって、「法」はあってもきわめて簡素なものですし、為政者がこれを独占して明文化せず、民にも知らせず、為政者の胸三寸で恣意的に解釈されて士大夫（貴族）に適用されることはほとんどありません。

民はどんな法があるのかすら知らされないまま、ただ慣習に従って毎日を生き、何か問題が起これば罰せられる。

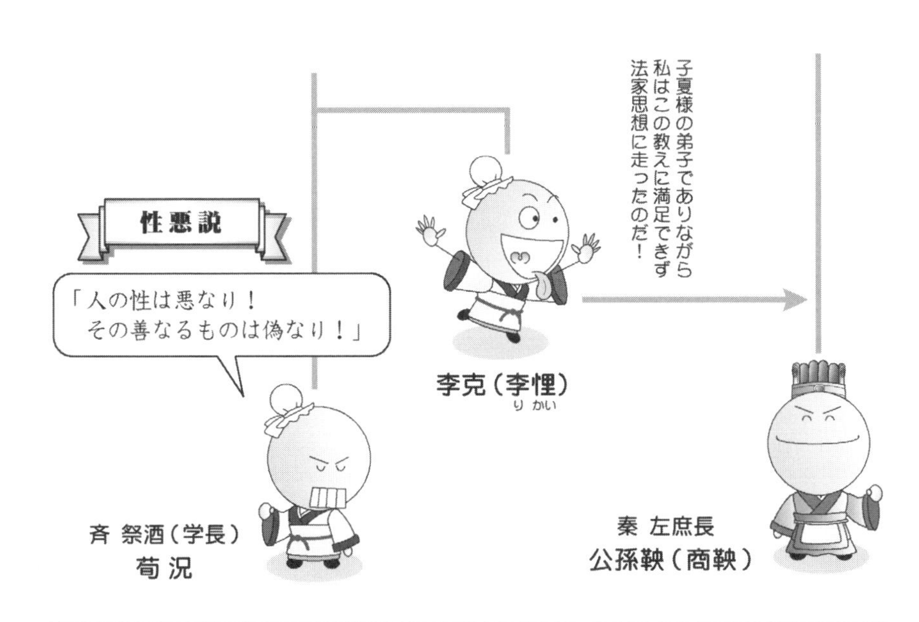

（＊04）『韓非子』に拠ると「儒分為八（儒学は八派に分裂した）」となっています。

（＊05）彼が幼少のときにすでに祖父・孔子は亡くなっており、直接教えを請うことができず、直弟子の曾子に師事して祖父の教えを学びました。

（＊06）戦国時代の儒学者。本名は姓が姫、名が軻（か）、字は子輿（？）。性善説・王道を主張。

これでは士大夫（貴族）らは汚職し放題、どれほど民から税収を吸い上げても、彼らの汚職で喰われてしまい、中央までたどりつきません。

そんなずぶずぶのシステムも、ヌルい「春秋の世」なら回ったかもしれません。

しかし、「戦国の世」がひしひしと近づく中、この生き馬の目を抜くような時代に生き残りを賭けるためには、そんな悠長なことは言っていられなくなります。

一刻も早く公正を全うし、無駄をなくし、善政を布くことで国力のすべてを効率よく中央に集め、軍拡に努めなければ、その先に待つのは滅亡のみ。

これまでのような“旧体制”では生き残れない時代が到来したのです。

それを成し遂げるために法家が目を付けたのが「法」です。

衛の正卿（宰相）であった子産（＊07）（B-5）は、中国史上初めて、権力の象徴である「鼎」に法を刻んで「成文法」を作ったといわれています。

これを伝え聞いた晋の羊舌肸［叔向］（C-5）は「衛はかならず滅びるだろう！」と嘲ったものでしたが、先に亡んだのは晋の方でした。

叔向の死後まもなく晋も衛に追従するようにして成文法を制定していますから、これはもう完全に“時代の流れ”です。

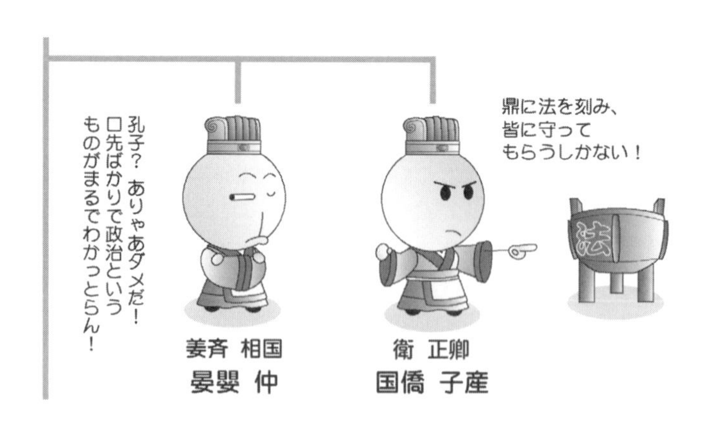

（＊07）姓は姫、氏は国（または公孫）、名は僑、そして字が子産。衛の穆公の孫。

叔向とて、後世“賢臣”として讃えられるくらいですから「春秋の世」ではすぐれた政治家だったかもしれません。

しかし、彼の言葉は、彼が“新しい時代”をまるで理解できていない“時代遅れの政治家”だったということを示しています（＊08）。

さて、法家の学者たちはこうした因習を打破し、法をあまねく徹底させることで社会の隅々にまで公正を染み渡らせ、不正を糺し、上から下まで例外なく功ある者にはかならず賞し、罪を犯したる者はかならず罰することで秩序を恢復し、国力を中央に集中させようとしましたが、こうした「信賞必罰」を徹底させるのに、どうしても邪魔となるのが周制（封建制）そのものでした。

これまで、主君は一族・功臣には封土を与えることで報いてきました。

しかしこのやり方では、ひとたび封土を賜れば、あとは子々孫々どんな無能・ぐぅたら・役立たずであろうと、何の功もなくとも、彼らは祖先が賜った封土から上がる収益でぬくぬくと安泰です。

これはあからさまに「信賞必罰」の法家精神に悖ります。

さらにいえば、一族・功臣は代が替わるたびに新たに生まれるのに、土地は増えるわけではありませんから、主君の土地は小さくなる一方で、そのうえこの一族・功臣は代が替わるたびに主君と縁遠くなるため、主君の地位を脅かす

晋の平公の傅
羊舌肸（ようぜつきつ） 叔向

（＊08）ひとつの時代に「名将」「名宰相」であっても、時代が移り変わると、同一人物がたちまち「老害」となってしまうことは、歴史上枚挙に遑がありません。たとえば、19世紀までならすぐれた政治家であったG．クレマンソーも、20世紀からの新時代の到来をまったく理解できず、国際政治に「19世紀方式」を貫こうとして、たちまち老害化しています。

逆臣となっていきますから始末に負えません（＊09）。

周制はこのような“致命的な構造欠陥”を抱えていたにもかかわらず、これを解決できた国はこれまでひとつもありませんでした。

そこで法家はこれも改めるよう主張します。

まず、一族・功臣に封土を与えることをやめ、俸禄（給料）を与えてその代わりとします。

たとえ卿・大夫であろうが、功なくば恩賞に与れず、得た地位もたちまち殆うくなり、罪あれば地位の貴賤に関係なく均しく罰せられる。

下々の者も、よく働く者は優遇し、働かざる者には厳罰を与える。

そうした制度があまねく社会に浸透したとき、上は直臣から下は農民まで、それぞれの立場の中で必死に働き、功なき者・働かざる者は自然に淘汰され、功ある者・働き者が残るはず。

しかしながら。

こうした法家の理念は、万事いいことだらけのようでありながら、これもじつは重大な問題を孕んでいました。

それは特権を奪われる立場の卿・大夫が命懸けで抵抗してくるということです。

彼らは社会の隅々にまで支配の根を伸ばしており、あの手この手で法家を潰しにかかりますから、彼らを押さえつけることは容易なことではありません。

法家に拠って立つ政治家は、これら旧制の中でしか生きていけない“抵抗勢力”と戦っていかねばならない宿命を負っているのでした。

（＊09）事実、晋の六卿・斉の三氏・魯の三桓、これらほとんど一族・功臣の末裔です。

第4章 秦の抬頭

第1幕

法を為すの弊、一にここに至るか

商鞅の変法

歴史はひとたび動きはじめれば、何人たりともこれを止めることはできない。このたびその〝引き金〟を引いた人物こそ「商鞅」だった。
彼は「法家」を学び、これを武器に立身出世を夢見て故郷を旅立つ。このひとりの青年が歴史を動かすことになろうとは、このとき誰も思わなかった。

衛の公孫
公孫鞅（商鞅）

〈商鞅の変法〉

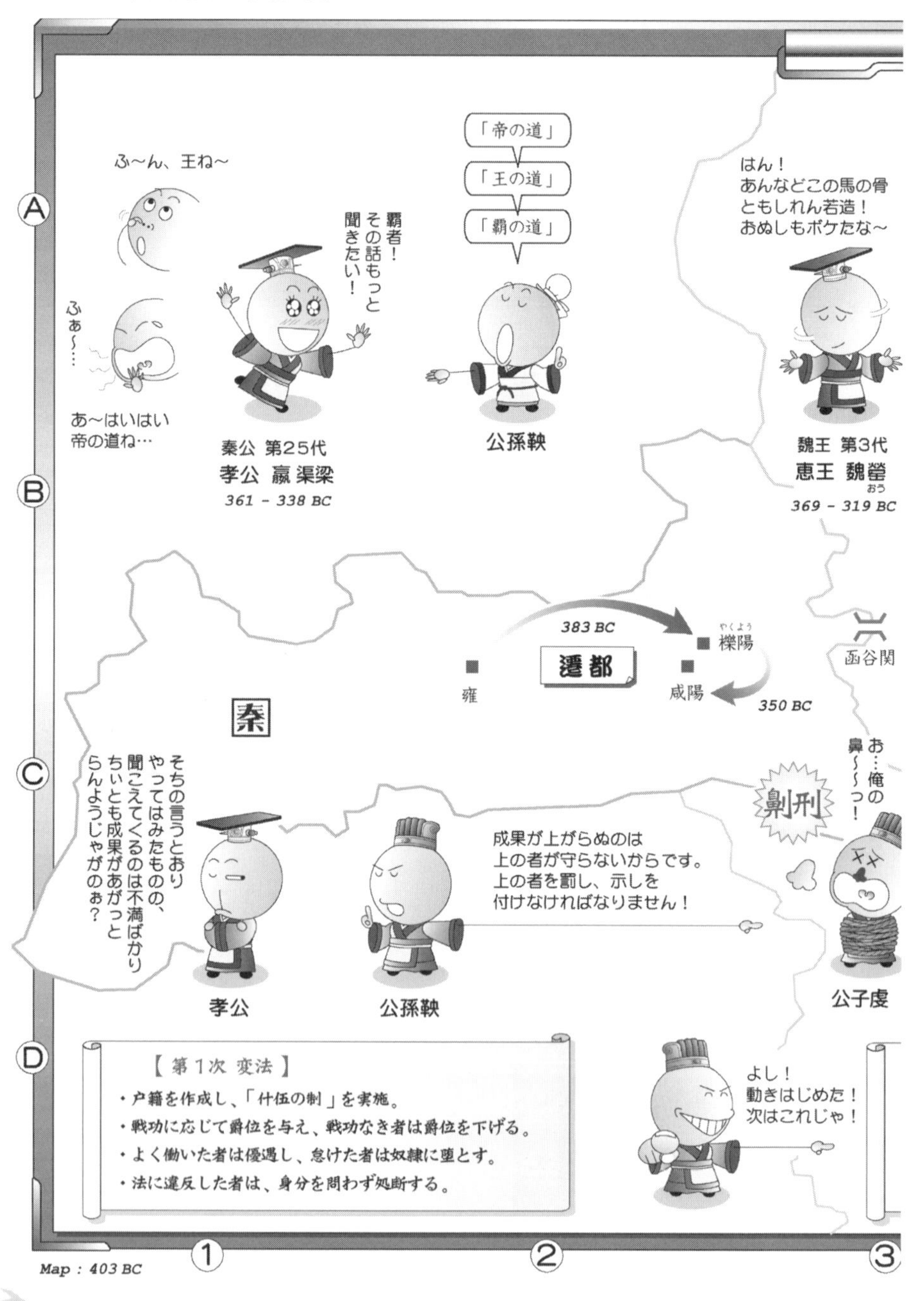

【第1次 変法】

- 戸籍を作成し、「什伍の制」を実施。
- 戦功に応じて爵位を与え、戦功なき者は爵位を下げる。
- よく働いた者は優遇し、怠けた者は奴隷に堕とす。
- 法に違反した者は、身分を問わず処断する。

前４世紀中葉

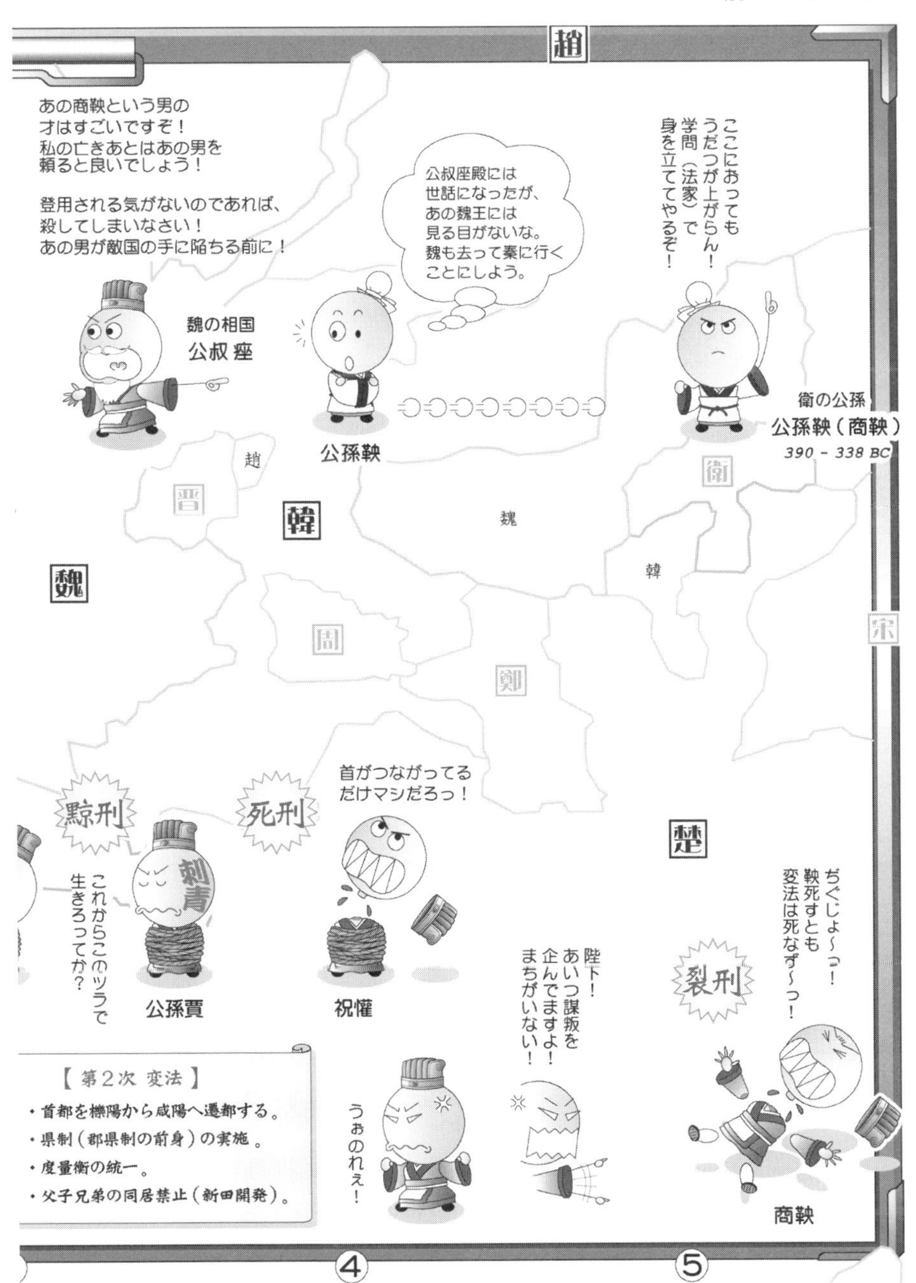
趙
あの商鞅という男の
才はすごいですぞ！
私の亡きあとはあの男を
頼ると良いでしょう！
登用される気がないのであれば、
殺してしまいなさい！
あの男が敵国の手に陥ちる前に！
魏の相国
公叔痤
公叔座殿には
世話になったが、
あの魏王には
見る目がないな。
魏も去って秦に行く
ことにしよう。
公孫鞅
ここにおってもうだつが上がらん！
学問（法家）で身を立ててやるぞ！
衛の公孫
公孫鞅（商鞅）
390 - 338 BC
趙
晋
韓
魏
衛
魏
韓
周
鄭
宋
楚
黥刑
死刑
首がつながってる
だけマシだろっ！
刺青
これからこのツラで生きろってか？
公孫賈
祝懽
陛下！
あいつ謀叛を企んでますよ！
まちがいない！
うぉのれぇ！
裂刑
ぢぐじょ〜っ！
鞅死すとも変法は死なず〜っ！
商鞅
【第２次 変法】
・首都を櫟陽から咸陽へ遷都する。
・県制（郡県制の前身）の実施。
・度量衡の統一。
・父子兄弟の同居禁止（新田開発）。
④
⑤

歴史が動くとき、“新風”はいつも「中央」ではなく「地方（＊01）」から吹きます。

たとえばイギリスでは、長くつづいた「七王国（ヘプターキー）」と呼ばれる動乱時代を制し、イギリス史上初の統一を成し遂げたのは、ブリテン島の最西端にあった田舎の王国ウェセックスでしたし、日本で戦国時代を制したのは、やっぱり当時は片田舎の尾張からでした（＊02）。

これは偶然ではなく、「中央」というのは長い伝統があり、それが社会の隅々にまで浸透しているが故に新時代に対応できず、「地方」は伝統が浸透していないが故に改革が容易であるためです。

このときの中国も例外ではなく、時代が「旧（春秋）」から「新（戦国）」へと動き始めると、やはり中央（中原諸国）は新しい時代に対応できず、改革に成功した辺疆（へんきょう）（秦）に呑み込まれていく —— という歴史の定型（パターン）をたどっていくことになります。

その先陣を切ったのが法家の「商鞅（しょうおう）（＊03）（A/B-5）」という人物でした。

彼は、衛（えい）（B-5）の公子として生を享（う）けましたが、側室の子だったために上がり目がないと考え、学問で身を立てようと考えます。

しかし、衛（えい）は中原にあって周室の末裔としての誇りと伝統と格式にガチガチに縛られており、すべてはこれらによって決定され履行されていたため、新しい学問を受け容（い）れる空気（ニューマ）がなく、身の立てようもありません。

それに比べて隣国の魏（B/C-3）は、同じ中原にありながら実力主義で主君を倒したお国柄でしたから、比較的に実力主義が浸透しています。

そこで商鞅（しょうおう）は、意を決して魏に出奔、幸いにもすぐに魏の相国（しょうこく）（宰相）公叔痤（こうしゅくざ）（A/B-3/4）の知遇を得ることができ、彼はその食客（しょっかく）となることができました。

しかしそれも長くはつづかず、公叔痤（こうしゅくざ）はほどなく病に倒れ、彼は後任を心配

（＊01）とはいえ、あまりにも辺疆すぎてもダメで、中央から「近すぎず、遠すぎず」という“適度な田舎”とでもいうべきところ。

（＊02）（註01）でも述べましたように、越後（上杉）・関東（北条）・奥州（伊達）・薩摩（島津）など、あまりにも中央（京）から離れすぎてしまうと、かえって不利になります。

する恵王（A/B-3）に進言します。

――私の亡きあとの相国は、うちの食客をしております商鞅になさいませ。

　あの者の才はずば抜けております。

　かならずや、この国を発展させてくれましょうぞ。（A-3）

「あんなどこの骨とも知れぬ余所者の若造に？」

――素性はしっかりしております。衛の公孫です。

　しかし、もし我が君があの者を使う気がないのであれば、殺すべきです。

　あの才が他国に行けば、我が国は取り返しのつかぬことになるでしょう。

　しかし魏王が去ったあと、公叔痤はすぐに自分の発言を後悔して商鞅を呼びつけて申し付けました。

――じつは先ほど、つい口が滑って恵王にこんなことを言ってしまったが、

　あの様子ではそなたを採用するつもりがなさそうじゃ。

はん！
あんなどこの馬の骨
ともしれん若造！
おぬしもボケたな～

あの商鞅という男の
才はすごいですぞ！
私の亡きあとはあの男を
頼ると良いでしょう！

登用される気がないのであれば、
殺してしまいなさい！
あの男が敵国の手に落ちる前に！

魏王 第3代
恵王 魏罃

魏の相国
公叔痤

公孫鞅

（＊03）本来の名は、姓が姫、氏が公孫、名は鞅。衛公は周の文王の九男の系なので姓は「姫」ですが、そこから分家して公籍から外された者は「公孫」という氏を名乗ることが多い。彼の死の２年前になって、秦王から食邑として「商」の地が与えられたため、以降「商鞅」と呼ばれるようになります。それまでは「公孫鞅」と呼ぶのが正しいのですが、「商鞅」の方が圧倒的に知られているため、本書でも終始「商鞅」と呼ぶことにします。

さりとてそなたを殺すのは忍びない。今すぐに逃げなさい。

しかし、商鞅(しょうおう)は一笑に付します。

「ご心配には及びますまい。

魏王が相国(しょうこく)の意見を採(と)り入れず私を登用しないというなら、

"殺せ"という意見もまた採用しないでしょうから。」

――なるほどのぉ。

その後まもなく公叔痤(こうしゅくざ)は亡くなりましたが、案の定、恵(けい)王は彼を登用する様子もなかったため、商鞅(しょうおう)はこの国も去ることとし、今度は秦(C-1)を目指すことにしました。

秦と言えば、中原からはるか西にあって「戎(じゅう)(西の野蛮人)」と蔑まれていた国です。

一時、穆(ぼく)公のころに覇を臨んだこともありましたが、それも賢臣に支えられていたからです。

ところが秦では、公が死ぬと家臣一同が殉死するという習慣があったため、穆(ぼく)公のときも177名からの賢臣が一斉に死んでしまいました。

あとに残された家臣団は無能集団と化す――ということを秦は歴代繰り返したために秦の国力は衰亡の一途をたどることになります。

これがようやく禁止されたのは穆(ぼく)公から数えて240年近く(15代)も下った献(けん)公の御世(みよ)(前384年-前361年)になってからのことです。

商鞅(しょうおう)が秦にやってきたころは、その献(けん)公が亡くなった直後の孝(こう)公の御世(みよ)(前361年-前338年)で、即位したばかりの若い秦公は改革に熱心だと聞き及んでいましたから、商鞅(しょうおう)は彼に取り入ろうと考えて秦を目指したのでした。

幸運なことに、彼はここでも秦公お気に入りの宦官(かんがん)・景監(けいらん)の知遇を得(*04)ることに成功し、孝(こう)公に謁見することができました。

ところが、商鞅(しょうおう)が孝公に「帝」の道を説いてみたところ、彼は途中で眠りこけてしまいます(A/B-1)。

(*04)行く先々で、すぐに宰相や宦官の知遇を得ることができたのは、彼の才(&賄賂)もさることながら、やはり「衛の公子」という血筋がモノを言ったのでしょう。この時代は、何よりも"血筋"がモノを言った時代でした。

そこで今度は「王」の道を説いてみましたが、やはり孝公の琴線に触れることはなく（A-1）、最後に「覇者」の道を説くと孝公は身を乗り出し、目を輝かせて彼の口舌に酔いしれました（A/B-1/2）。

この逸話は、まだ孝公の心は「春秋（覇者）」に向いており「戦国（天下統一）」に目覚めていない、という彼の“限界”を示しています。

―― 覇者となるためには如何にすればよいか。

孝公にそう問われた商鞅は「法」を説きます。

しかし、その場では興味津々に商鞅の高説に聞き入っていた孝公でしたが、誰かに入れ知恵された（＊05）か、いざとなるとなかなか実行しようとしません。

―― 我が君。如何なされました？
　　なぜ一向に実行しようとなさいませぬ？

「うむ。そちは簡単に言うがのぉ、この改革は各方面からの反発が強すぎて、
　やはり慎重にせねばと思うてのぉ……」

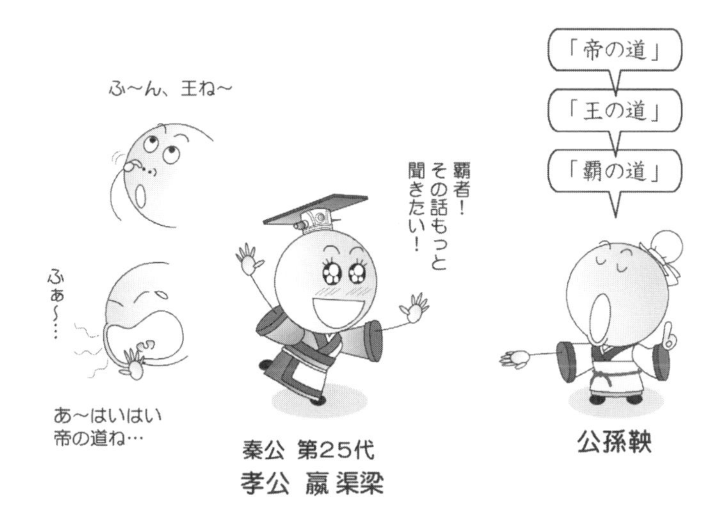

（＊05）直接史書にそう書いてあるわけではありませんが、いつの時代でもどこの国でも、何か事を起こそうとするとかならず「悪弊の中で富を吸っている者（抵抗勢力）」が反対し、改革を潰すために策動するものですので、おそらくこのときの孝公の変心もそうした抵抗勢力にそそのかされたためでしょう。

――我が君。
　疑行は名なく、疑事は功なし！（＊06）ですぞ。
「よし、余も腹を括ったぞ！　そちの思い通りにやるがよい！
　しかし、位が低くては何かと動きにくかろう。
　今日からそちを左庶長（＊07）とする！」
　逡巡していた孝公も商鞅に活を入れられついに決断、彼に改革の実行を命じたのでした。
　孝公の信任を得たそこで商鞅はさっそく、後世「第1次 変法（前356年）」と呼ばれることになる大改革を断行します。

- 戸籍を作成し、「什伍の制（＊08）」を実施。
- 戦功に応じて爵位を与え、戦功なき者は爵位を下げる。
- よく働いた者には優遇を与え、怠けた者は奴隷に堕とす。
- 法に違反した者は、身分を問わず処断する。（D-1/2）

　まさに法家の理念「公正」と「信賞必罰」を具体化したものでした。

（＊06）「行動するのをためらう者に名誉は得られないし、事にあたってためらう者に功はない」という意味。やるならやる、やらないならやらない。中途半端が一番いけないのは千古不易の理です。

（＊07）秦における爵位。20階位のうち、上から11番目。

しかし、すでに述べましたように、改革というものは人々の理解が得られなければうまくいくものではありません。

水は上から下に流れるもの。

海のものとも山のものとも知れぬ改革に皆が戸惑っている中で、上に立つ者が守らなければ下々の者が守るわけがありません。

「そちに改革を任せて10年経つが、改革の評判はすこぶる悪いぞ。

思うような成果も出ておらぬようじゃの？」（C/D-1）

――我が君。それは皆が法を守らないためです。

下々の者に法を守らせるためには、我々が“示し”を付けねばなりませぬ。

「“示し”とは？」

――我が君。

太子(＊09)が軍功も上げてないのに贅沢三昧の日々を送られておるのはご存知ですな？　これは違法です。

「まさか…？」

――法に例外は認められません。

さりとて、さすがに太子を処分するわけにも参りませぬゆえ、太子の傅役(もりやく)

（＊08）日本（江戸時代）の「五人組」のような隣保制度。農家５戸または10戸を最小単位としてグループ分けし、お互いに監視させ、密告した者には功とし恩賞を与え、罪が判明した場合は連座して罰を与える（告座制）もの。

（＊09）孝公の嫡男で、名は嬴駟（えいし）。のちの恵文王。

たちに責任を取ってもらいましょう。(C/D-2)

こうして、公子虔(劓刑)・公孫賈(黥刑)・祝懽(死刑)の3名が刑に処される(*10)(C/D-3/4)(前353年)と、そのことが知れわたったことで上から下まで震えあがり、皆、法に従うようになりました。

これによりようやく「法」が定着し始めたとみた商鞅は、さらに「変法」をもう一段押し進めることにします。

所謂「第2次 変法(前350年)」です。

- 首都を櫟陽から咸陽へ遷都する(前350年)。
- 県制(郡県制の前身)の実施。
- 度量衡の統一。
- 父子兄弟の同居禁止(新田開発の促進)。(D-3/4)

数ある改革の中でももっとも重大なのは、順次、封建制から「県制」に改めていったこと。

「県制」とは、全国を41の「県」に分け、それぞれの県に中央から役人「令(知事)」と「丞(副知事)」を派遣して、これを支配させる —— という中央集権制の実施です。

これは後年、始皇帝が断行した統一政策「郡県制」と本質的には同じもので、始皇帝から遡ること130年も前に、すでに商鞅はこれだけ先進的なことを成し遂げていたのですから驚きです(*11)。

しかし、やはり早すぎたのでしょう。

特権を奪われた者たち、法で裁かれた者たちは商鞅のことを深く恨むようになり(D-4)、復讐の機会を虎視眈々と狙っていました。

二次にわたる「変法」によって秦はめきめきと国力を増し、前341年には商

(*10)「劓刑」とは鼻を削ぐ刑、「黥刑」とは顔に罪人としての入れ墨を施す刑です。
このように、公子虔と公孫賈は公族だったため死を免れましたが、公族ではなかった祝懽は死刑に処されました。生き存えた2人は商鞅を深く恨むことになり、これが伏線となって商鞅に返ってくることになります。

鞅御自ら先陣に立って魏に侵攻、これを散々に討ち破って（呉城の戦）広大な領土を奪い、その功により彼は「商」の地を与えられます。

このころが、彼の人生の絶頂でした。

しかし、まさにそんな中にあって、趙良（＊12）という人物が忠告したものでした。

――秦公も老いて先は短いが、そうなれば、君の命も朝露のごとく殆うい。

秦公が亡くなる前に自ら職を辞し、公から賜った「商」など15邑を返上しなさい。

もし、今すぐにでも田舎に隠遁されないならば、君は上げた足を下ろす隙もなく殺されるでしょう。

しかし、苦節20年かけてようやく食邑を得て、「商君」と呼ばれるまでに昇り詰めながら、それから２年と経たぬうちに「その成果のすべてを棄てよ」というのか？

【第１次 変法】

- 戸籍を作成し、「什伍の制」を実施。
- 戦功に応じて爵位を与え、戦功なき者は爵位を下げる。
- よく働いた者は優遇し、怠けた者は奴隷に堕とす。
- 法に違反した者は、身分を問わず処断する。

【第２次 変法】

- 首都を櫟陽から咸陽へ遷都する。
- 県制（郡県制の前身）の実施。
- 度量衡の統一。
- 父子兄弟の同居禁止（新田開発）。

（＊11）もっといえば、ヨーロッパが封建制を廃して中央集権制になるのは15世紀以降のことですから、そこから遡れば1800年ほど前のことになります。

（＊12）たいへん教養が高く、高潔な人だということだけが伝わる経歴等一切不明の人物。

「そんなことはできぬ！」
―― 君が左様の覚悟であるならば、もはや私も何も申すことはございませぬ。
　　このへんでお暇させていただきます。
　こうして趙良が商鞅の下を去った、そのわずか５ヶ月後、孝公が薨去。
　ここから風雲急を告げます。
　商鞅は強力な後ろ盾を失ったばかりか、新王となった恵文王は太子時代に贅沢な生活を商鞅に咎められ、自分の傅役を片端から断罪（劓刑・黥刑）された苦い経験を持つ、あの人物です。
　鼻を削がれた公子虔の一族がここぞとばかり「商鞅に謀叛の疑い之あり！」と讒訴（D-4/5）すれば、恵文王もはなから「有罪」と決めつけて話は進みますから、商鞅の弁明になど誰も耳を傾けないでしょう。
　報せを受けた商鞅は「もはやこれまで！」とばかりあわてて亡命を図り、国境の函谷関（＊13）（B/C-3）まで落ち延びます。
　ここを抜ければその先は魏。
　追っ手もそれ以上は追ってくることはありません。
　しかしすでに日が落ちて城門が閉じられていたため、ここで一晩すごさなければならなくなります。
　ところが、宿屋に行くと「泊めることはできない」という。
―― なんじゃと！?
　　宿を取らせてくれぬと？　なぜじゃ！
「申し訳ございません。商鞅様の定められた法により、
　手形を持たぬ者を泊めると私が罰せられるもので……」
　商鞅は天を仰ぎます。
―― 法を為すの弊、一にここに至るか！
　（法律を徹底させた弊害が、ついに我が身に降りかかったか！）
　そこで商鞅は函谷関を諦め、間道を通って魏に向かいましたが、積年の怨み募る魏は彼を追い戻してしまったため、切羽詰まった商鞅は自分の食邑「商」

（＊13）咸陽と洛邑の中ほどにある関所。関の西側が函（はこ）型の谷になっていたことからこの名があります。

に戻って兵を掻き集めましたが、結局秦軍に敗れて殺されてしまいました。

それでも飽き足らぬ恵文王は、遺体を股裂刑（D-5）にしたうえ、族滅（一族郎党皆殺し）にしています。

伍子胥を彷彿とさせる「死体に鞭打つ」やり方を見ても、彼の商鞅に対する恨みのほどが伝わってきます。

しかし。

「何者かによって堰が切られ、その濁流が下流の村々に襲いかかろうとする中、あわてて堰を切った犯人を処刑してみたところで、その濁流が止まることはない」ように、ひとたび歴史の流れに沿った改革(＊14)が実行されれば、その改革者を殺したところで改革の流れが止まるものではありません。

封建社会の中で特権を享受し、ぬくぬくと旨い汁を吸いつづけていた卿・大夫らが商鞅の変法で特権を奪われ、恨み骨髄となって商鞅を殺してみたところで、制度が旧に復することなく、商鞅の変法は生きつづけることになったのでした。

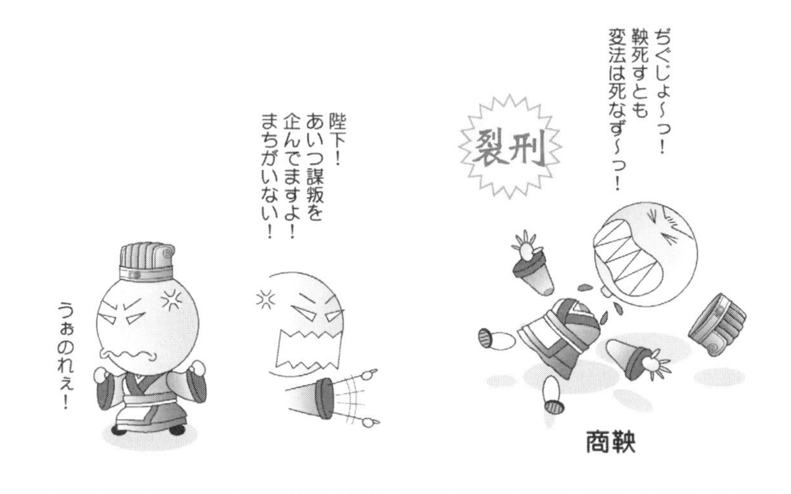

（＊14）「歴史の流れに逆らった改革」はその限りではありません。

Column 公叔痤と公叔

本幕で、無名時代の商鞅を食客として囲い、何かと目をかけてくれた公叔痤。

彼が危篤に陥ると、見ず知らずの商鞅を自分の後任（相国）とするように主君（恵王）に願い出てすらいます。

彼は若いころ、韓・趙連合軍に対して澮北でこれを蹴散らして大戦功を上げたことがありましたが、このときも歓んだ恵王が「賞田百万の褒美を取らす！」というと、これを固辞して言上します。

――こたびの大勝、某の手柄ではございませぬ。

勝因のひとつには、規律ある兵の働きがありますが、これは呉起の調練が成果を上げたからです。

そして、その兵たちを意のままに操ることができたのは巴寧・爨襄両将軍のお力に拠るものです。

恩賞をお与えになるならば、願わくば彼らに賜りますよう。

なんという謙虚な態度！

以上は『戦国策』に拠る逸話ですが、『史記』では公叔痤と思しき人物として「公叔」なる者が登場します。

中国の史書では「同一人物の名が微妙に異なる」ということは珍しくなく、時期・立場・環境は一致していれば「同一人物」と見做すのですが、彼の場合はそのすべてが一致するのに、『史記』の方の公叔は、呉起を毛嫌いして、陰険な裏工作をして彼を魏に居られなくなるよう仕向けており、「ホントに同一人物か？」と史家を混乱させることになります。

しかしながら、筆者はやはり２人は同一人物だと考えます。

同一人物であっても、貧すれば鈍し、衣食足りれば礼節を知るものであり、彼がまだ相国になったばかりで、その地位が不安定なときには、これを危ぶむ存在（呉起）に敵意むき出しになっても、ひとたび安泰となれば仁者となり、死ぬ間際には聖人となる――などということはよくあることです。

第4章 秦の抬頭

第2幕

隗より始めよ

諸子百家（縦横家）

戦国時代に入ると、まもなく秦・斉による「二強」時代となった。「五弱」が生き残る唯一の道は「合従(がっしょう)」以外になく、一時は魏の公孫衍(こうそんえん)がこれを実現しかけたものの、みな目先の利害に心を奪われて空中分解。「弱」同士でいがみ合うばかりで、二強との差は拡がるばかりとなっていく。

〈諸子百家（縦横家）〉

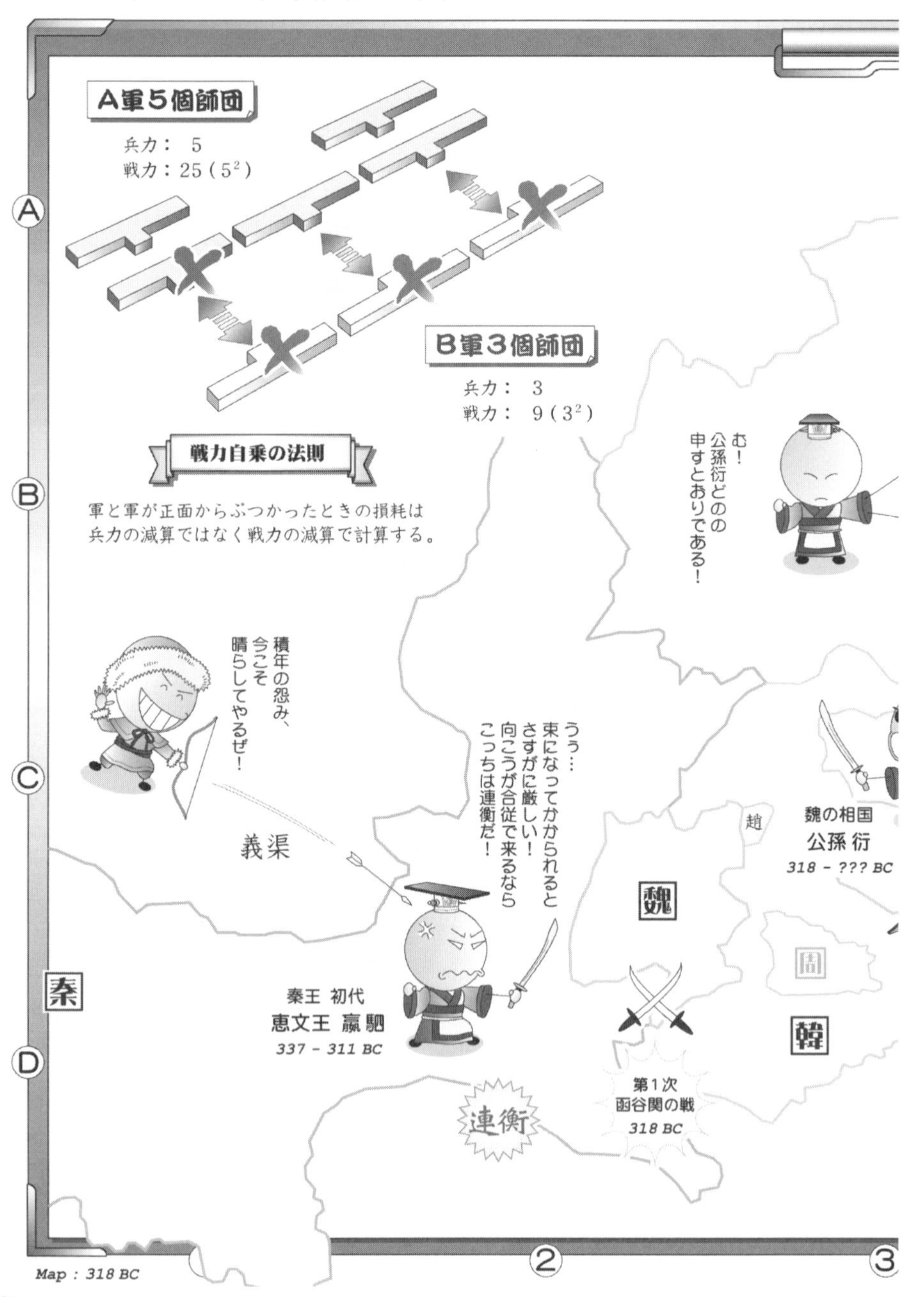

A軍５個師団
兵力： 5
戦力：25（5²）
B軍３個師団
兵力： 3
戦力： 9（3²）
戦力自乗の法則
軍と軍が正面からぶつかったときの損耗は
兵力の減算ではなく戦力の減算で計算する。
む！公孫衍どのの申すとおりである！
積年の怨み、今こそ晴らしてやるぜ！
義渠
うぅ…東になってかかられるとさすがに厳しい！向こうが合従で来るならこっちは連衡だ！
趙
魏の相国
公孫 衍
318 - ??? BC
魏
周
韓
秦
秦王 初代
恵文王 嬴駟
337 - 311 BC
第１次
函谷関の戦
318 BC
連衡
A
B
C
D
2
3
Map : 318 BC

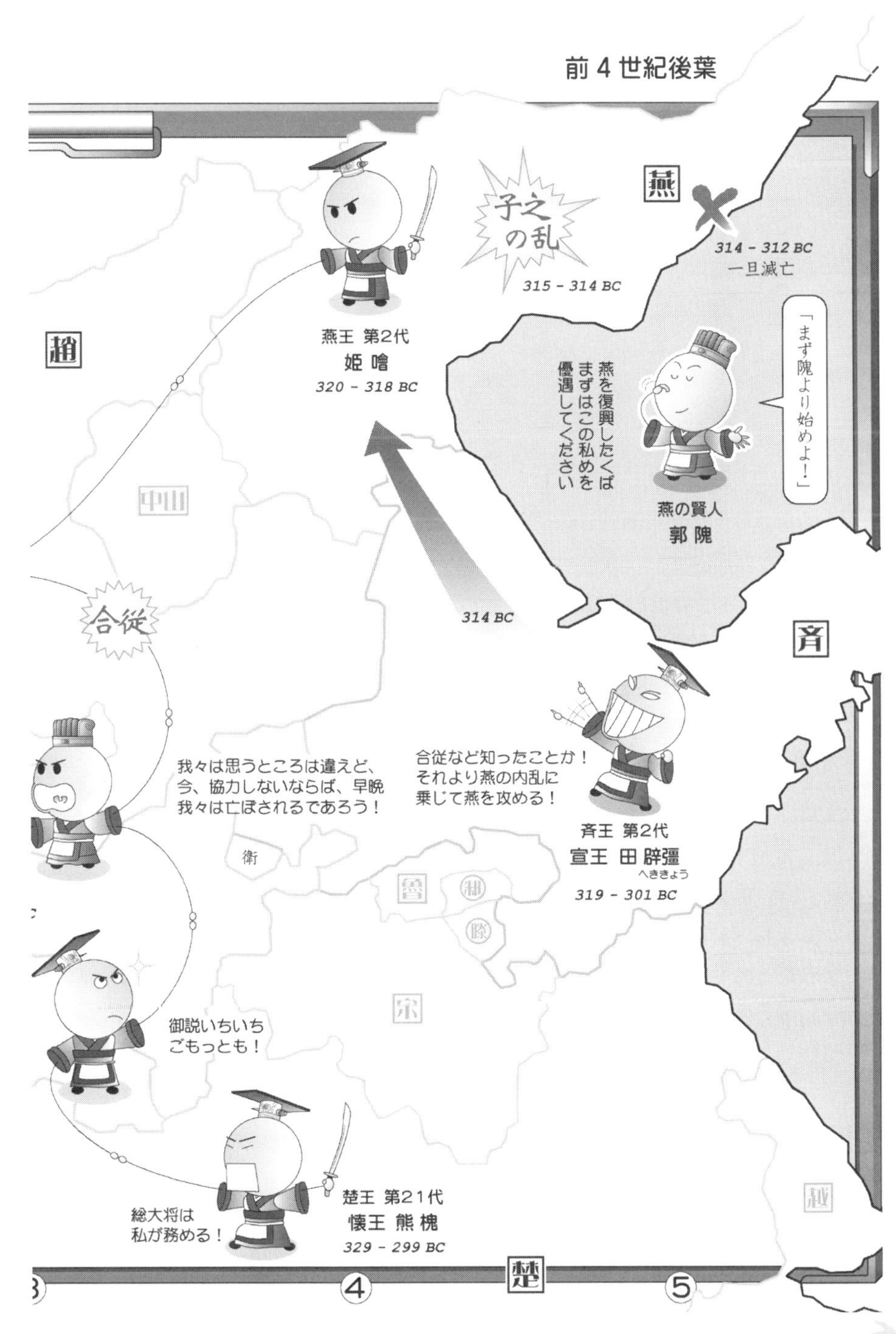
前4世紀後葉
燕
子之の乱
315 - 314 BC
314 - 312 BC
一旦滅亡
燕王 第2代
姫 噲
320 - 318 BC
趙
中山
「まず隗より始めよ！」
燕を復興したくば
まずはこの私めを
優遇してください
燕の賢人
郭 隗
314 BC
斉
合従
我々は思うところは違えど、
今、協力しないならば、早晩
我々は亡ぼされるであろう！
合従など知ったことか！
それより燕の内乱に
乗じて燕を攻める！
斉王 第2代
宣王 田 辟彊
へききょう
319 - 301 BC
衛
魯
宋
越
御説いちいち
ごもっとも！
総大将は
私が務める！
楚王 第21代
懐王 熊 槐
329 - 299 BC
楚
④
⑤

前幕では、戦国時代に入るや、いち早く新時代に合わせた改革（変法）に乗り出して息を吹き返してきた「秦」を見てまいりました。

じつは、これと時を同じうして力を付けてきていたのが田氏に乗っ取られて以降の「斉（B/C-5）」です。

思い返せば、「春秋」においては東から順に ――

- 中原の東（黄河下流域）に斉の桓(かん)公が、
- 中原　　（黄河中流域）に晋の文公が、
- 中原の西（渭水(いすい)　流域）に秦の穆(ぼく)公が、横並びに覇を唱えたものでした。

しかしその後、晋は家臣に国を乗っ取られて韓・魏・趙に分かれ、一時は魏が強勢を誇ったこともありましたが、これもすぐに衰え、中原を挟んで西の秦と東の斉の「二強時代」に突入します。

このような「二強・五弱」の時代となると、「弱者」が生き残るためにはどうすればよいか。

「儒家」のような懐古趣味などに浸っているヒマもなければ、

「道家」のような浮世離れした高論卓説に逃避などしておられず、ましてや、

「墨家」のような綺麗事で塗り固められた理想論に酔っているどころではなくなり、とにかく今は、生き残るための実務的・実際的・実用主義的な外交政策が求められるようになります。

それが「縦横家」です。

すでに見てまいりましたように、「寡強多弱」という情勢が生まれたとき、「弱」が「強」に喰われないためには、好むと好まざるとにかかわらず「合従(がっしょう)策（B-3）」を採(と)る以外に道はありません。

まったくの一択、これ以外の選択肢は存在しませんので、弱者は合従(がっしょう)策が成功すれば生き残る可能性が生まれ（＊01）、失敗すれば亡びるのみです。

逆に、「強」の側から見たとき、多弱を併呑して天下を獲るためには「連衡(れんこう)策（D-2）」しかありません。

大学受験レベルだと、極限まで省筆して「蘇秦(そしん)が合従(がっしょう)を唱え、張儀(ちょうぎ)が連衡(れんこう)を

（＊01）それでも亡びるときは亡びます。しかし、これでダメならもう何をやってもダメということです。「寡強多弱」にあっては、それほど圧倒的に弱者が不利なのです。

説いた」と教えますので、「蘇秦が連衡を否定して合従を推し、張儀がその逆だった」と誤解しがちですが、蘇秦は六国側に登用されたから「合従」を唱えたにすぎず、その前に彼が秦に赴いて自分を売り込んだときには「連衡」を唱えています。

つまり、「合従」と「連衡」は「表裏一体」「２つで１つ」であり（＊02）、その双方とも同じ「戦力自乗の法則（＊03）」という戦略思想から生まれた“双生児”です。

たとえば、将才・士気・兵の練度・武器の優劣・天候・地の利、その他諸々の一切の条件を考慮に入れず、また戦略や戦術も一切用いず、「Ａ軍（５個師団）」（A-1）と「Ｂ軍（３個師団）」（A/B-2）が正々堂々、正面から片方が全滅するまで戦ったならば、勝者の残存兵力は如何ほどになるかと考えたとき、常識的に考えれば、５個師団（Ａ軍）と３個師団（Ｂ軍）が潰し合うのですか

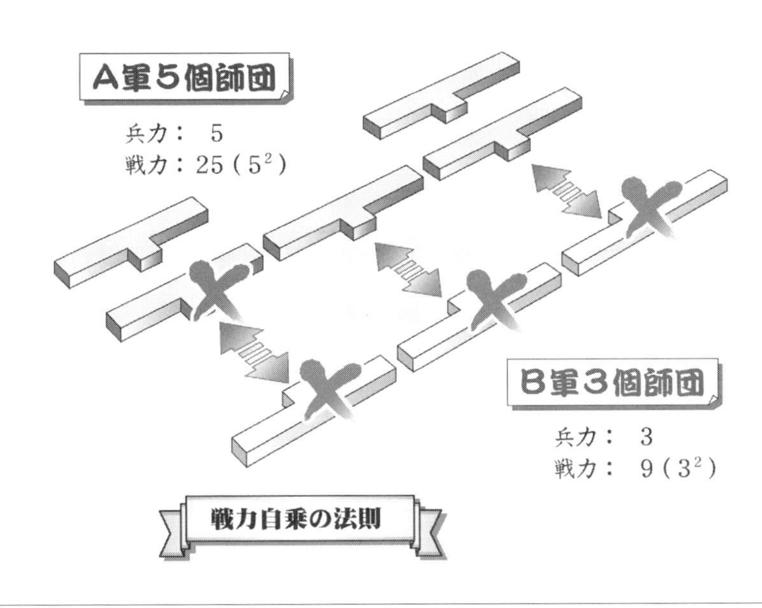

（＊02）したがって、この２つを一括りにして「合従連衡」とか「縦横策」などと呼ばれることもあります

（＊03）「ランチェスター第二法則」ともいいます。

ら、「5 −(マイナス) 2で答えは2個師団！」となりそうなものですが、現実にはそうなりません。

実際には、B軍3個師団が全滅したときA軍の損耗はわずかに1個師団のみ、4個師団が無傷で残ります。

じつは、戦術には「兵力」の他に「戦力」という概念があり、軍と軍とがぶつかり合うときは「兵力」ではなく「戦力」で考えなければなりません。

そして、戦力は「兵力^2」で算出されるため、A軍の戦力は「5^2(25)」、B軍の戦力は「3^2(9)」となります。

これを引き算(25 −(マイナス) 9)すると「戦力16」となり、この戦力を元の兵力に戻せば「4($\sqrt{\text{戦力}16}$)個師団」となって実際の数値と一致します。

つまり、兵力が敵軍の1/2なら戦力は1/4まで落ち込み、兵力が1/3なら戦力は1/9まで落ち込むといった具合に、等差級数的ではなく等比級数的に戦力差は開いていきます。

その事実を心得たうえで戦国時代末期の「一強六弱(＊04)」を例に取り、便宜上それぞれ国力を一強が4、六弱が1(×6)で計算してみます。

すると、もし六弱がそれぞれ1 vs(サシ) 1で一強と戦った場合、戦力差が16(4^2) vs 1(1^2)となってしまい、まるで歯が立ちません。

一強はまさに“虱(しらみ)つぶし”にプチプチと六弱を潰していけば、ほぼ無傷で天下を統一することができます。

これに対して、もし六弱が一致団結して一強と対峙(たいじ)すれば。

兵力差は4 vs 6で、これだけ見ればそれほど大きな差がないように感じますが、戦力差で計算すれば16(4^2) vs 36(6^2)となって六弱がダブルスコアで引き離し、一強が全滅したときの六弱の損耗はわずか1/4に抑えられます。

しかも戦後、一強の領土が手に入るのですから、損耗を補っても余りあるほど。

このように、多弱が一致団結して一強と戦う策を「合従(がっしょう)」といい、一強がその切り崩しを図る策を「連衡(れんこう)」といいます。

(＊04)「一強」が秦、「六弱」が韓・魏・趙・燕・斉・楚です。

つまり、「一強多弱」の戦いは、戦略面から見れば「合従（がっしょう）」と「連衡（れんこう）」の"鍔迫（つばぜ）り合い"ということです。

さて、ここまで聞くと、多弱が生き残る道は「合従（がっしょう）」一択、「連衡（れんこう）」に走れ

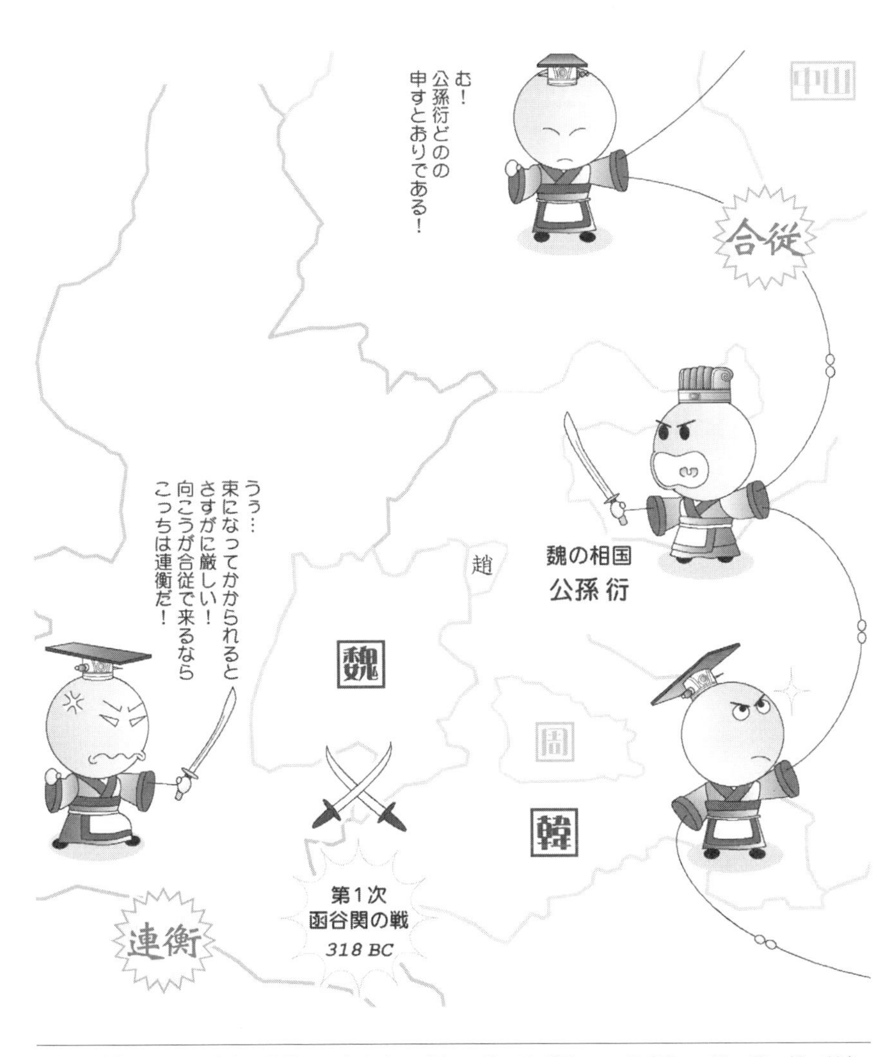

（＊05）「函谷関の戦」は前後３回行われており、第１次が前318年（秦vs韓・魏・趙・楚）、第２次が前298～296年（秦vs斉・韓・魏）、第３次が前241年（秦・斉vs楚・韓・魏・趙・燕）に行われています。別名「合従攻秦の戦」。

ば確実に亡ぼされるのですから、多弱が「連衡」になびくわけもなく、一強に勝ち目はない —— かのように思えます。

しかし現実には、古今東西「合従」が成功した例はほとんどありません。

何故か。

第一に、多弱同士も複雑な利害が絡んでいるため、これを「一致団結」というところにもっていくことが至難の業であること。

第二に、上で説明した「合従」の理を理解できる者がほとんど現れないこと。

現実には、目先の利や保身に心を奪われる佞臣の方が圧倒多数を占め、彼らが国益より自利を重視して「連衡」に走るためです。

たとえば、戦国時代（前318年）、強国・秦（恵文王）に対して魏の相国（宰相）公孫衍が楚・韓・趙・燕、さらには戎の義渠まで説き伏せて、五国（＋α）の合従を以て秦に臨んだことがあります（函谷関の戦（＊05））。

このとき、七雄の中で唯一残った斉はどう立ち回ればよかったでしょうか。

もちろん合従に参加して秦を討つことです。

うまくいけば、二強体制から一強に躍り出ることができたかもしれません。

ところが、実際には斉（宣王）（C-5）はこれを静観（＊06）—— いえ、静観したどころか、燕に内乱（子之の乱（＊07））（A-4/5）ありと見るや、これに乗じて燕に侵寇（前314年）し、これを亡ぼしてしまいます（＊08）（A-5）。

2年後、なんとか燕は「斉の属国として」とはいえ復興が許されましたが、燕王（昭王）は臥薪嘗胆を胸に、人材発掘に熱心になります。

そうして掻き集めた人材のひとりに昭王が師と仰ぐ郭隗（A/B-5）という人物がいました。

「郭隗先生。

（＊06）このとき斉の湣王は妻を秦から迎えていた（秦と斉は親戚）という裏事情もあります。
結局、「函谷関の戦（第1次）」は合従の足並みが揃わず、秦の勝利に終わりました。

（＊07）当時の燕の相国（子之）が王位を簒奪する（前316年）事件をきっかけとして、太子（平）が叛乱を起こし（前345年）て、燕が騒乱状態となった出来事。

（＊08）『史記』には「湣王」の時代とありますが、状況から考えて「宣王」の誤り。

余は懸命に人材発掘に努めておりますが、なかなか思うように集まりません。

どうすればもっと効率よく能臣を集めることができるでしょうか？」

――左様。

まずは、この隗(かい)より始められるがよろしいかろう[＊09]（A/B-5）。

「と申されると？」

――私ごときが陛下から重用されると知れば、私よりもすぐれた人材が千里の道も厭(いと)わず全国から駆けつけてくるでしょう。

果たせる哉(かな)、ぞくぞくと燕に有能の士が集まってまいりましたが、その中にひとり特筆すべき人物がいました。

それが管仲(かんちゅう)と並び称される「楽毅(がくき)（昌国君(しょうこくくん)）[＊10]」です。

楽毅(がくき)を得た昭(しょう)王は光明を見、彼を亜卿(あけい)[＊11]に任じて雪辱を誓います。

こうして「多弱」同士がいがみ合いつづけてくれたおかげで、秦は日々刻々と力を蓄え、その差を広げていくことができたのでした。

（＊09）有名な「まず隗より始めよ」の成句はこの故事から生まれたものです。

（＊10）ちなみに、『三國志』の中で名軍師との呼び声高い諸葛亮は、まだ隆中の草廬に籠もって書生をしていたころ、自らを「管仲・楽毅」に準えていました。

（＊11）副宰相。昭王は上卿（宰相）に任じようとしましたが、まだ実績もないのにいきなり最高位に就くのはよくないと楽毅自らが辞退、その下の「亜卿」ということになりました。

Column 合従理解の困難性

本書でも繰り返し力説していますように、「多弱」が「一強」に立ち向かうためには「合従（がっしょう）」しかありません。

そこに選択の余地はなく、問答無用の一択です。

にもかかわらず、ほとんどの「弱」が我先にと「連衡（れんこう）」に走り、そして自滅していきました。

なぜ皆が皆、亡びへの道を一路邁進する「連衡（れんこう）」を選び、生き残りを賭けた「合従（がっしょう）」への努力をしないのでしょうか。

たとえば「三國志」でいえば、一強（魏）と二弱（呉・蜀）という構図にあって、二弱（呉・蜀）が一強（魏）に亡ぼされないためには、ここでもやはり「合従（がっしょう）」しかあり得ません。

にもかかわらず、呉は周瑜（しゅうゆ）も呂蒙（りょもう）も全霊をかけて「魏との連衡（れんこう）」へとひた走り、自滅していきました。

彼らには諸葛亮（しょかつりょう）や魯粛（ろしゅく）がどれほど「連衡（れんこう）の愚」「合従（がっしょう）の理」を説いたかしれません。

周瑜（しゅうゆ）・呂蒙（りょもう）はけっして愚かではありませんが、その彼らを以（もっ）てしても、万言尽くして説明してあげても死ぬまで理解できなかったのです。

すべてが済んでしまってから、「合従（がっしょう）すればよかったのに」などと言うのは“傍目八目（おかめはちもく）”はたまた“あと出しジャンケン”であって、「その時代に生きた当事者に合従（がっしょう）の理（ことわり）が理解できなかったのは仕方がない」という主張には一理あります。

ところが、それから何千年も経ち、冷静に歴史を学ぶことができるはずの現代人であっても、いまだに「呉の連衡（れんこう）は正しかった！」と的ハズレなご高説を垂れる人が後を絶ちません。

この事実が、「合従（がっしょう）を理解することが如何（いか）に難しいか」ということを示しています。

ましてや当時の人が「連衡（れんこう）」に走ってしまうのは、もはや避けがたかったといえましょう。

第4章 秦の抬頭

第3幕

鶏鳴狗盗

斉の栄枯盛衰（孟嘗君）

「戦国四君」の筆頭に挙げられるのが孟嘗君。
彼が斉の相国となるや、斉は勢いを増し、秦にも比肩する国力を誇示するようになった。
しかし、不幸なことに時の斉王・湣王は暗君。
繁栄に胡座をかき、賢臣・忠臣を遠ざけ、佞臣・奸臣を侍らせるようになってたちまち国を傾けてしまう。

〈斉の栄枯盛衰（孟嘗君）〉

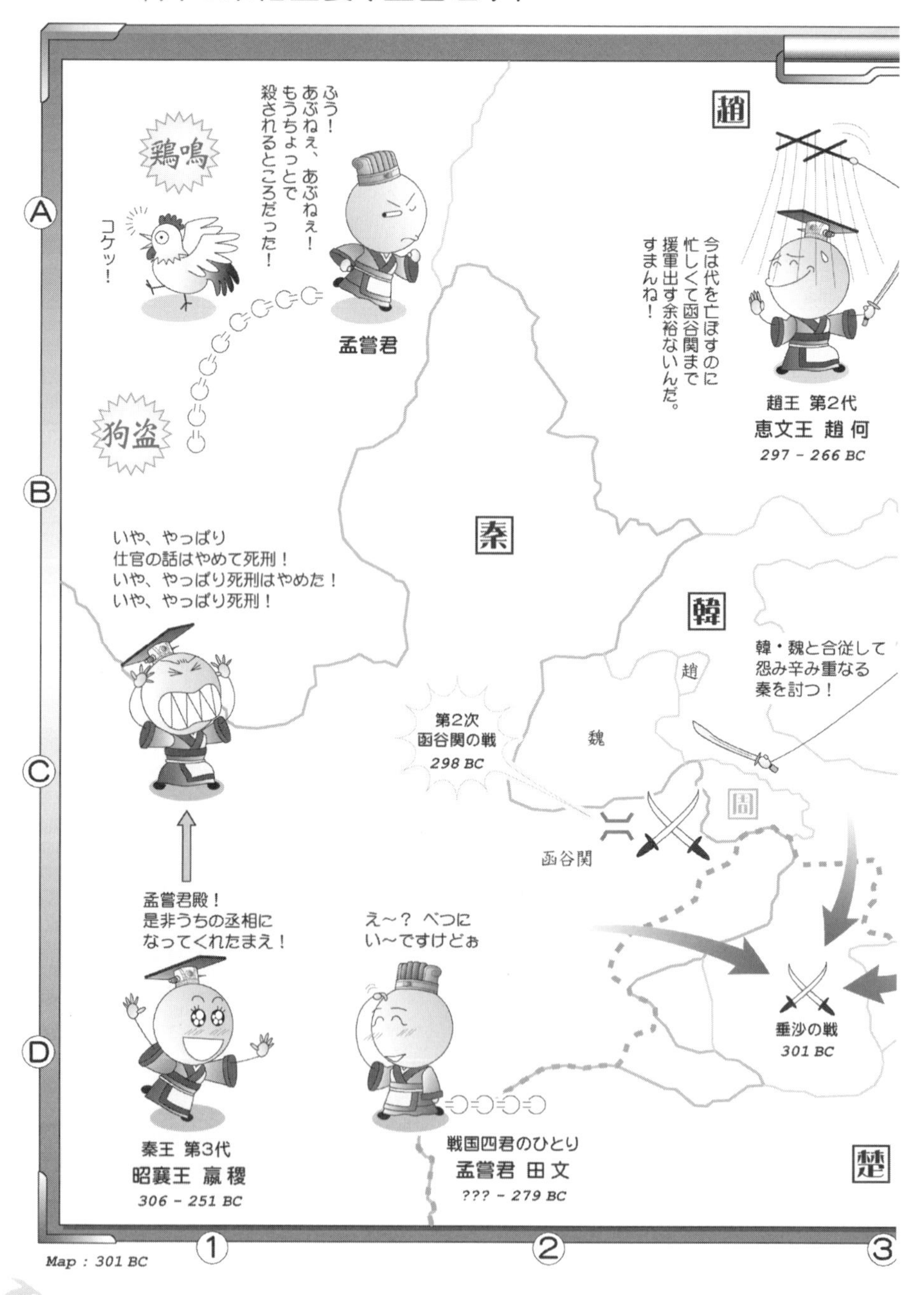
趙
今は代を亡ぼすのに
忙しくて函谷関まで
援軍出す余裕ないんだ。
すまんね！
趙王 第2代
恵文王 趙何
297 – 266 BC
ふう！
あぶねぇ、あぶねぇ！
もうちょっとで
殺されるところだった！
孟嘗君
鶏鳴
コケッ！
狗盗
A
B
秦
いや、やっぱり
仕官の話はやめて死刑！
いや、やっぱり死刑はやめた！
いや、やっぱり死刑！
韓
韓・魏と合従して
怨み辛み重なる
秦を討つ！
趙
魏
第2次
函谷関の戦
298 BC
C
周
函谷関
孟嘗君殿！
是非うちの丞相に
なってくれたまえ！
え～？ べつに
い～ですけどぉ
垂沙の戦
301 BC
D
秦王 第3代
昭襄王 嬴稷
306 – 251 BC
戦国四君のひとり
孟嘗君 田文
??? – 279 BC
楚
1
2
3
Map : 301 BC

前４世紀後葉～前３世紀前葉

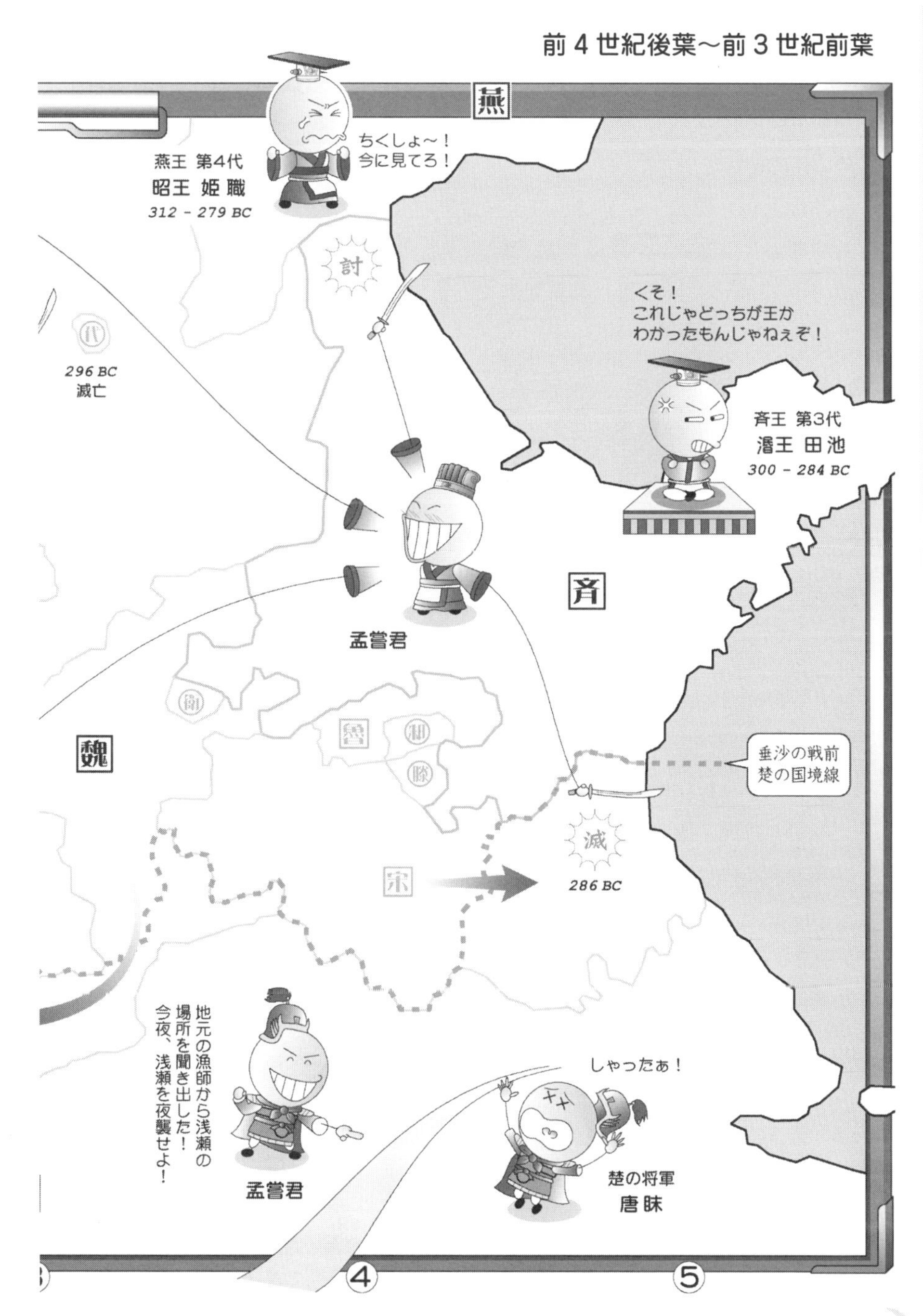

斉は桓公を頂点として、その死後は衰えていましたが、田氏に乗っ取られたあと威王・宣王・湣王（＊01）と３代にわたって国力を蓄え、昔日の勢いを取り戻していました。

その斉の復活を支えていたのが田嬰（靖郭君）です。

彼は威王（or 桓公）の子で、威王・宣王と相（宰相）を務めてその才を如何なく発揮しましたが、「英雄、色を好む」と言われるように、彼もまたご多分に漏れず“お盛ん”で、多くの妾を抱え、子は40人から数えたといわれます。

その40人に余る子の中に、のちに「戦国四君」のひとりに数えられる孟嘗君（田文）（D-2）がいましたが、彼が生まれたとき、それを知った田嬰は「その子を殺せ！」と命じています。

それというのも、当時「5月5日に生まれた子は門の梁に届くまで成長すると親を殺す」という迷信があったためです（＊02）。

しかし、母親は我が子を殺すことが忍びなく、これを隠し育て、その子が成長したのちに父（田嬰）と対面させました。

「こ、この子があのときの子か！
なぜすぐに殺さなかったのじゃ！？」

母をなじる父（田嬰）を前にして、田文は尋ねます。

――父上。
父上はいったい何を懼れておられるのでしょうか。
私の背が門の梁に届くのがそんなに恐ろしいのなら、
梁を高く作り直せばよいだけのことではありませんか。

この田文のトンチに感心した田嬰は、これを許して側に置いてみると、我が子（田文）の非凡さを痛感するようになります。

次第に自分の仕事を任せるようになり、やがて死に臨んでは彼を後継者に指

（＊01）田斉になってから数えて４代・５代・６代。斉は威王から「公」ではなく「王」を自称しはじめたため、王としては初代・２代・３代。

（＊02）同じような話は世界各地にあり、ソフォクレス『オイディプス王』のオイディプス、ヘロドトス『歴史』のキュロス２世も同じような生い立ちです。ただし、ヨーロッパ版はいずれも占い結果が「成就する」、中国版は「成就しない」とオチが異なります。

名するまでになりました。

父の跡を継いだ孟嘗君は、さっそくその財を投じて食客を集め、その数なんと3000人、これを自らの“知恵袋”とします。

ただ、「3000」という数だけ見れば多いですが、孟嘗君は食客の採用に当たって「どんな些細なことでも“一芸に秀で”ていさえいれば片端から採用！」としていたため、ひどい者になると、「盗みが得意」だの「ものまね自慢」といった類の者までおり、いくら数は多くともその“質”には疑問符が付くものでした。

ところで、まだ何の実績のなかった孟嘗君の名が天下に轟く契機となったのが「垂沙の戦（前301年）（C/D-3）」です。

この戦は、もともと楚（D-3）に対して「秦（B-2）を盟主とする韓（B/C-2/3）・魏（C-3）・斉（B-4/5）の4ヶ国連合」で臨んだ戦でしたが、連合軍内で秦に対する不信感もあって足並みが揃わず、敗色が濃厚となってきたため、打開策として連合軍総大将に孟嘗君（D-4）に白羽の矢が立ったのです。

すると、楚将・唐昧（D-4/5）率いる敵軍をアッという間に撃破(＊03)。

こうして孟嘗君の名が全国に轟くと、これを耳にした秦の昭襄王（D-1）

（＊03）唐昧が討死したのは、楊寛『戦国史』に拠れば「斉を盟主とした連合軍が垂沙で」、『史記』に拠れば「秦を盟主とした連合軍が重丘で」となっていて矛盾しています。

が「是非とも孟嘗君を我が国の相国（宰相）に迎えたい！」と彼を招聘します（前299年）。

そこで孟嘗君は秦にやってきた（D-1/2）のですが、永年秦王に仕えてきた古参の者たちにすれば、突然やってきた余所者が自分たちの頭を飛び越えて頂点に立ち、自分たち生え抜きを従えるのはおもしろくありません。

小人というものは、正面から堂々と挑んだのでは才人には勝てませんから、裏工作・陰謀・讒言で才人を陥れようとします。

「我が君。
孟嘗君を登用することはやめておいた方がよいですぞ。」
——何故そう思う？
「確かに孟嘗君殿は当代随一の才人かもしれませぬが、所詮は斉の公子。
ほんとうに秦のために働いてくれるとは思えません。
さりとてこのまま帰せば、それこそ斉を強国にして秦に仇なすでしょうから、殺すしかありません。」

これを察知した孟嘗君は連れてきた食客たちに脱出の策を練らせます。

「秦王には寵妃（幸姫）がおりますので、彼女に助力を願いましょう！」

しかし、幸姫は「狐白裘（＊04）をくれたら」と要求。

孟嘗君殿！
是非うちの丞相に
なってくれたまえ！

秦王 第3代
昭襄王 嬴稷

え～？ べつに
い～ですけどぉ

戦国四君のひとり
孟嘗君 田文

（＊04）狐の脇の下部分で作られた白い毛皮。これを制作するのに狐が1000匹必要な超高級品で、孟嘗君が“手土産”として自讃していたのを知っての要求でした。

いや、やっぱり
仕官の話はやめて死刑！
いや、やっぱり死刑はやめた！
いや、やっぱり死刑！

昭襄王

――まずいぞ。あれはもう秦王に献上してしまった！

そこにひとりの食客が歩み出ました。

「私が秦王の宝物庫から盗んでまいりましょうか？」

――おお、そちは盗みの名人であったな！

こうして見事、宝物庫から狐白裘を盗み出すことに成功し（狗盗）（B-1）、これを幸姫に贈ったことで、幸姫に説得された秦王は、屋敷の包囲を解きます。

――よし、秦王の気が変わらぬうちに脱出だ！

案の定、秦王は屋敷の包囲を解いたことを家臣に諫められてふたたび翻意、追っ手をかけます（B/C-1）。

逃げる孟嘗君は国境の関所・函谷関（C-2）に着いたのはすでに夜半。

ここさえ越えれば安全なのに、門はぴっちり閉められています。

秦には、「陽が落ちてから朝、鶏が鳴くまで（＊05）関門を開けてはならない」という法律があったためです。

――むむぅ、まずいな。

こんなところで悠長に朝まで待っておられぬぞ！

もし追っ手をかけられていたら、追いつかれてしまう。

そこにひとりの食客が歩み出ました。

（＊05）当時は「時計」というものがありませんでしたから、「鶏が鳴く」というのが目覚まし時計代わりにされていました。

「 私が鶏の声マネをいたしましょうか？」
—— おお、そちはものまね名人であったな！
　こうして彼が鶏声(けいせい)を上げると（鶏鳴）（A-1）、すぐに役人が出てきて門を開けました[＊06]。
　追っ手が追いついたときには一行はすでに門を越えたところ。
「おい、門兵！
　まだ夜が明けておらぬのに、なぜ門を開けた！？」
—— へぇ、今しがた鶏が鳴いたもので。
　こうして孟嘗君(もうしょうくん)は九死に一生を得たのでした。
　この逸話は、後世「鶏鳴狗盗(けいめいくとう)」の四字熟語を生み、「どんなにくだらないと思える特技でも、何かしら役に立つことはあるものだ」という教訓[＊07]を残すことになります。
　さて、命からがら帰国を果たした孟嘗君(もうしょうくん)は、帰国後、斉の湣王(びん)（A/B-5）の下で相国（宰相）となるや、水を得た魚、めざましい活躍を見せます。
　まずは、韓・魏を説いて「合従(がっしょう)」を成立させ[＊08]、三国合従軍で秦を討ち（函谷関(かんこくかん)の戦[＊09]）（C-2）、その間、趙に側背を突かれぬよう中山を亡ぼさせしめ（296年）（A/B-3）、合従(がっしょう)に加わらなかった燕を討ち（A-4）、宋を亡ぼし（前286年）（C-4/5）、瞬く間(またた)に周辺諸国に睨み(にら)を利かせて覇を唱えるまでになります。
　しかし。
　組織というものは、このように勢いがあるときこそむしろ殆う(あや)いもの。
　すぐれた人物はこうした組織の脆(ぜい)弱性をよく理解していますからかえって慎重になりますが、凡愚は表面的な栄華に目を奪われて有頂天となり、気が緩んで自制が利かなくなります。
　したがって、こうしたときの対応でその人物の器量を計ることができますが、

（＊06）「門を開かせるために鶏を鳴かせる」なんて、まるで日本神話の「岩戸隠れ」伝説のよう。
（＊07）また「どんなに役立たずに思える人材も、使いどころによっては誰よりもすぐれた働きをする」という教訓もあります。この教訓話としては、日本では「武田信玄と岩間大蔵左衛門」が有名。

このときの湣王は、すぐに驕り昂ぶるようになり、耳の痛い諫言をする賢臣・忠臣を遠ざけ、おべっかばかりの佞臣・奸臣を侍らせるようになりましたから、こうしたところに彼の器の小ささが表れています。

この繁栄を支えた最大の功労者・孟嘗君ですら疎んじられたばかりか、ついにはその命まで狙われるようになったため、身の危険を感じた孟嘗君は魏に亡命せざるを得なくなりました（＊10）。

しかし、この繁栄は湣王の実力・功績ではなく、賢臣・忠臣たちの支えだったのに、それを理解できず、みずからそれを追い出すようでは、湣王の破滅の跫音もすぐそこまでやってきていたといえます。

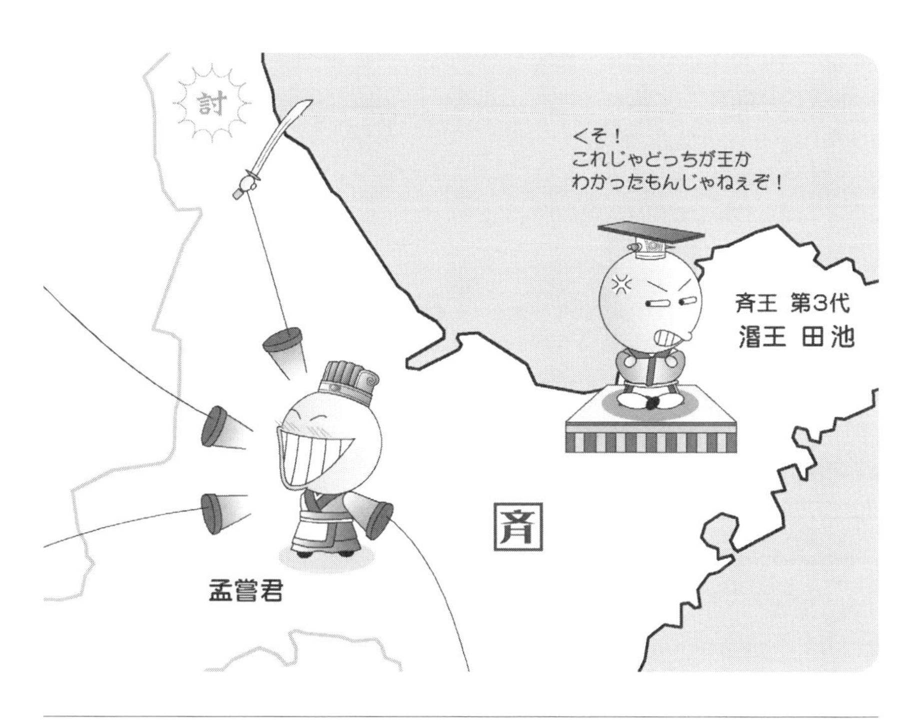

（＊08）趙と宋は秦の盟国であり、燕は斉に国を亡ぼされた恨みがあり、楚は垂沙の戦の恨みがあったため、合従には乗ってきませんでした。

（＊09）第２次。前298～296年。

（＊10）「艱難を共にすべく、安楽を共にすべからず」という范蠡の言葉が思い出されます。

Column 孟嘗君の逆鱗

歴史上の人物というのは、往々にして「一定のイメージ」でステレオタイプ化され、イメージに合わない言動は排除される傾向にありますが、実際には人間というのは多面的性質を持つものであって、完璧な聖人君子などいません。

本幕でも、本文では孟嘗君の活躍ばかりを描きましたが、実際には「それはどうなの？」という言動もたくさんしています。

彼は“鶏鳴狗盗”の末、なんとか脱出を果たすと、斉に戻る前に途中趙に立ち寄っています。

趙の人々の間では「斉の賢人がやってきたそうだ！」と話題となり、興味津々、孟嘗君一行の周りに集まってきました。

すると、彼を見た趙の人々は口々に言い合います。

「な〜んだ、どんなすごい人かと思ったら貧相な顔してやがんな！」

「見ると聞くとでは大違いだ。」

…と散々。

これを聞いた孟嘗君は激怒。

――こやつらを皆殺しにせよ！

こうして、その場にいた庶民を皆殺しにしたばかりか、その場にいなかった者まで含めて老若男女、その町をまるごと皆殺しにして立ち去っています。

いくらなんでもたかが「容姿を嗤った」ごときのことで、命まで取ることはあるまいに、ましてやその場にいた者だけならまだしも、まったく関係のない者まで町ごと皆殺しにするなど、曹操の「徐州大虐殺」もびっくりの悪行。

しかも、曹操のときのきっかけは「父親を殺されたから」。

「容姿を嗤われた」とはだいぶ重みが違う。

しかし、彼にとって容姿コンプレックスは“逆鱗”だったのでしょう。

そうしたこともすべて含めて「孟嘗君」という人物なのです。

第4章 秦の抬頭

第4幕

離間の計に落つ

燕の栄枯盛衰（楽毅）

宋を併合して最大版図となり、飛ぶ鳥を落とす勢いの斉に対して、燕の楽毅は「五国合従軍」を形成して挑む。すると、斉軍は総崩れを起こし、わずか2城を残して全土を奪われ、滅亡寸前に追い込まれた。しかし、燕王が代わるや楽毅は失脚、支えを失った燕軍はたちまち崩壊し、楽毅の成果は水泡と帰したのだった。

〈燕の栄枯盛衰（楽毅）〉

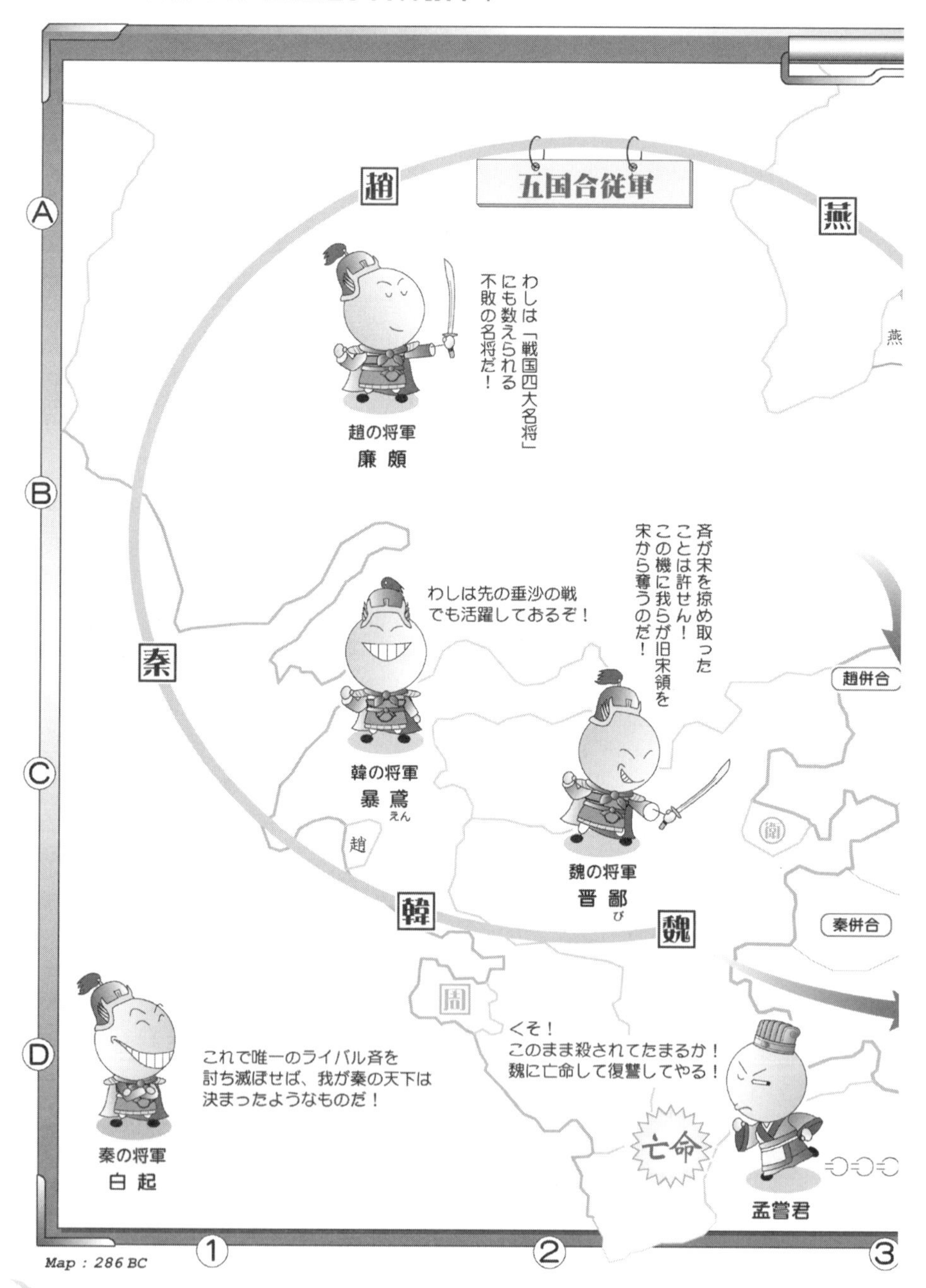
五国合従軍
趙
燕
わしは「戦国四大名将」にも数えられる不敗の名将だ！
趙の将軍
廉頗
斉が宋を掠め取ったことは許せん！この機に我らが旧宋領を宋から奪うのだ！
わしは先の垂沙の戦でも活躍しておるぞ！
秦
趙併合
韓の将軍
暴鳶
えん
趙
魏の将軍
晋鄙
び
韓
魏
秦併合
周
くそ！
このまま殺されてたまるか！
魏に亡命して復讐してやる！
これで唯一のライバル斉を討ち滅ぼせば、我が秦の天下は決まったようなものだ！
亡命
秦の将軍
白起
孟嘗君
Map : 286 BC

前３世紀前葉
いよいよ機は熟した！
五国合従軍を率いて
憎っくき斉を
討ち亡ぼさん！
孟嘗君のいなくなった
斉など恐くもない！
昭王が身罷られた！
これはマズイかも…。
燕 亜卿
楽毅（昌国君）
燕王 第4代
昭王 姫職
312 - 279 BC
うぉのれぇ〜っ！
ワシは絶対に
降伏なんぞせんぞ！
斉
臨淄
斉王 第3代
湣王 田池
300 - 284 BC
莒
済西の戦
284 BC
燕併合
よし！
燕王が死んだか！
これは「離間の計」
発動のチャンスだ！
即墨
楽毅の悪い噂
を流してこい！
魯併合
お任せあれ！
即墨の守将
田単
魏併合
楚併合
楚
④
⑤

こうして斉（B-5）は、優秀な人材をつぎつぎと失い、佞臣・奸臣ばかりが蔓延ることになっていきます。

―― 人は城、人は石垣、人は堀 ――

武田信玄もそう言っているように、組織を支えているのは「人」です。

いま現在どんなに栄華を誇っていようが、それを支える「人」がこの有様では斉の先も見えてきました。

しかし、そうした自覚のない湣王は周辺諸国に威圧的態度を以て臨み、恨みを買い、その増長ぶりはついに「帝」を名乗るまでになります（＊01）。

一方、斉に怨み辛み骨髄の燕（A-3）では、虎視眈々と斉への復讐を狙っていましたが、如何せん国力が違いすぎて単独では不可能。

そこで、あの楽毅（A-3/4）が燕王（昭王）に合従を進言して着々と斉の"濠"を埋めていました。

彼は秘かに韓（C/D-1/2）・魏（C/D-2/3）・趙（A-1/2）・秦（B/C-1）を説得して「五国合従軍（A-2）」を構築し、"時"を待っていたのですが、ここにきて斉王に命まで狙われるようになった孟嘗君が斉を出奔（D-2/3）し、魏で相国（宰相）に就任したと知るや、「機は熟せり！」と自らを総大将とし、魏の孟嘗君の協力を得て合従軍を動員し、前284年、ついに斉へと侵攻を始めました。

これが「済西の戦（B/C-3/4）」です。

燕の楽毅率いる合従軍は、趙からは廉頗将軍（A/B-1/2）、魏からは晋鄙将軍（C-2）、韓からは暴鳶将軍（C-1/2）、そして秦からは白起将軍（D-1）という、それぞれこの時代を代表する錚々たる面々が顔を揃えて規律の取れた軍だったのに対し、湣王と佞臣の統べる斉軍は士気がおしなべて低く、相手にもならずにたちまち総崩れを起こしてしまいます。

大国・斉の主力軍がこれほどまでにあっけなく瓦解したのも、すべてはここ

（＊01）秦王（昭襄王）が「西帝」を、斉王（湣王）が「東帝」を自称しました。もっとも、諸国の反発を怖れて、前288年の年末のほんの1～2ヶ月間（11月前後）だけでしたが。

（＊02）当時すでに燕王には分け与える封土がほとんどなく、家臣は俸禄で召し抱えるのが当たり前でしたから、これは破格の待遇と言ってよく、昭王の喜びようが窺える逸話です。

にいたるまでの湣王の横暴により民心が離れていたため。

燕の昭王の喜びようはたいそうなもので、わざわざ御自ら前線まで出向いて楽毅をねぎらい、これを昌国君に封じた（＊02）ほど。

ところで、この緒戦の戦勝に満足した秦・韓両軍はさっさと兵を退いていきました（＊03）が、燕・趙・魏はひきつづき三方（北・西・南西）から斉を追撃します（＊04）。

合従軍の勢いは止まるところを知らず、ついに湣王はさっさと斉都・臨淄（B/C-4）を棄てて、東方の莒（＊05）（B/C-4/5）へと逃げてしまったため、大将を失った斉軍はぞくぞくと戦わずして投降が始まり、合従軍はアッという間に斉の大半を奪うことに成功します。

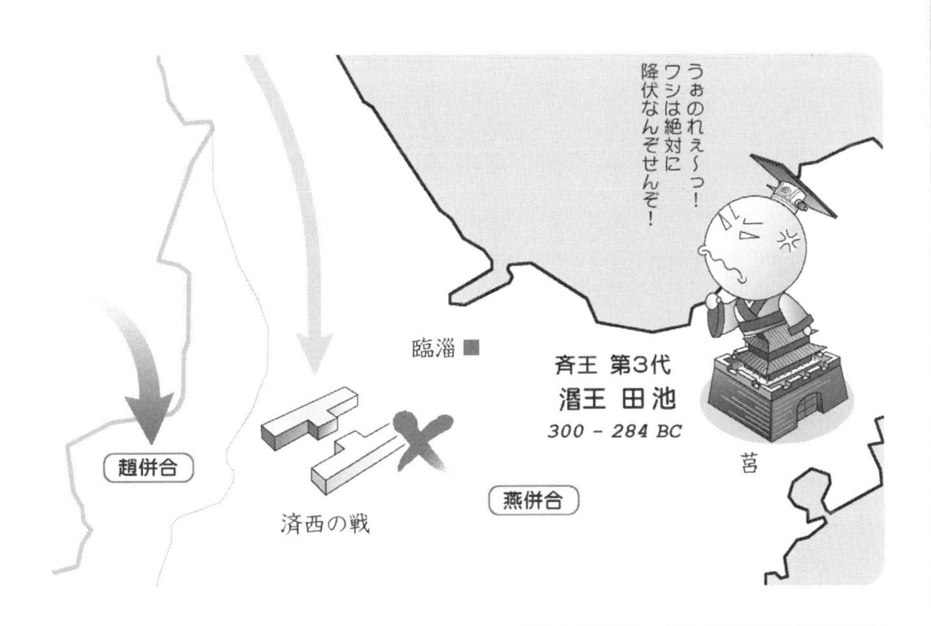

（＊03）秦・韓は、斉と国境を接していないため領土が得にくいし、仮に得たとしても飛び地となって維持が困難で、必要以上に深入りすることは利が少ないため。

（＊04）斉と国境を接していた燕・趙・魏にとっては、領土を勝ち取る千載一遇のチャンスです。

（＊05）斉の桓公（襄公の末子・小白）が若いころ亡命していた地として、すでに本書にも登場している地です。

こんな壊滅的情勢にあって、弱り目に祟り目、それまでこれを静観していた楚（頃襄王）（D-3/4）までもが勝ち馬に乗らんと軍を動員したため、斉の南部（D-4）は楚の手に落ち、斉はついに全国70余城を一瞬で失い、残されたのは莒と即墨（C-4）のたった2城のみとなって、その2城すら包囲され、まさに"風前の灯火"となります。

斉が宋を亡ぼし、建国以来最大版図を形成したのが前285年。

そして今、たった2城にまで零落れたのが前284年。

1年前、絶頂期に入って"我が世の春"を謳歌していた斉が、たった半年後にこの惨状となろうとは、楽毅以外の誰が想像し得たでしょうか。

もはや事ここに至らば、勾践が会稽山に包囲されたときのように、夫差が夫椒山に包囲されたときのように、湣王も潔く白旗を振って命乞いをするより他ありません――と思いきや。

湣王は断固として降伏しようとせず、徹底抗戦を叫び、彼亡きあと(＊06)の襄王の2代にわたって、この莒（斉王籠城）と即墨（守将・田単）というたった2城でなんと5年にもわたって頑強に抵抗をつづける底力を見せつけたのでした。

70余城の強国だった斉が、たった2城にまで減った(＊07)にもかかわらず、その状態で5年もの長きにわたって持ち堪えるというのは尋常ではありませんが、それが可能になったのは、楽毅が無理押しをしなかったためという事情もあります。

楽毅にはわかっていました。

「急速に拡大した組織は、見かけの勢いとは裏腹に殆うい」と。

――今、勢いがあるからこそ、慎重を期さねばならぬ。

もはや相手は2城、敢えて無理押しする必要はない。

決死の覚悟で城に立て籠もった敵を無理押しすれば、こちらにも甚大な被

(＊06) 斉の湣王は、このドサクサの中で楚将・淖歯（しょうし）に謀殺されてしまいます。

(＊07) 斉が失陥した70余城は、その中央部（C-4）を燕、西部（B/C-3）を趙、南西部（C/D-3）を秦、南部西半（D-3/4）を魏、南部東半（D-4）を楚によってそれぞれ分割されました。

害が出るし、“窮鼠猫を噛む”になっては洒落にならぬ。

兵法にもあります。

「囲む師は必ず闕く」（敵を追い詰めすぎてはならない）(＊08)

「逸を以て労を待つ」（敵が堪えきれずに動くのを待て）(＊09)

何と言っても燕は遠征軍の身。

まだ占領したばかりの敵地のド真ん中で長く攻城戦に臨むのは、士気を保つことが困難だし、兵站の確保が厳しく、これらを保つために斉の領民に負担をかければ叛乱が起こる可能性が高く、ヘタをするとそれは一気に戦況をひっくり返すことにもなりかねません。

そこで楽毅は２城は包囲するだけで無理押しせず、それよりも占領した領地の慰撫に力を注ぎました。

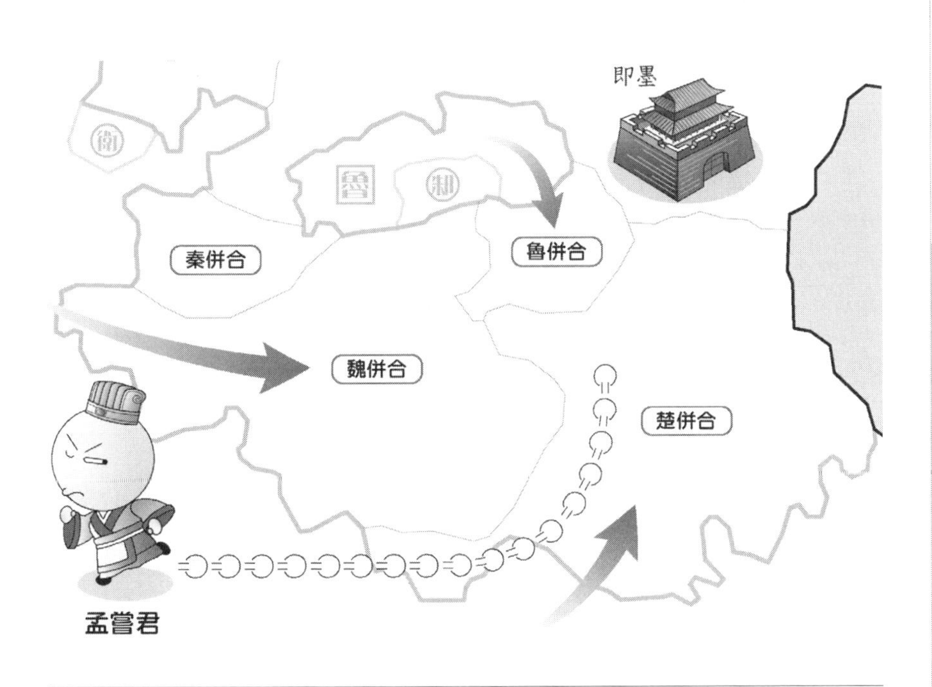

（＊08）『孫子兵法』の「戦争篇」より。

（＊09）『兵法三十六計』の「第４計」より。

兵に領民への掠奪を禁じ、税を軽くし、法を整備して秩序を恢復に努めるなど、善政を布いて占領地領民の歓心を買っておく。

こうしておけば、兵站確保も容易となり、側背を領民に襲われる心配もなくなり、そうなればたかが２城ごとき、象が蟻を踏みつぶすが如し。

こうしてすべては楽毅の思惑通り、事は順調に進んでいました。

ところが、楽毅の計算が狂う出来事が起こります。

本国（燕）で昭王が薨去（前279年）（A-5）してしまったのです。

斉では「桓公と管　仲」がそうであったように、

楚では「荘王と伍　挙」がそうであったように、

呉では「闔閭と伍子胥」がそうであったように、

越では「勾践と范　蠡」がそうであったように、

君臣（昭 王と楽毅）が厚い信頼関係で結ばれていたからこそ、ここまで燕は破竹の勢いで兵を進めることができたのです。

今、その昭王が亡くなり、その跡を継いだ太子（戎 人）は酒色・女色に耽る放蕩三昧のうえ、諫臣たる楽毅を疎んじ、佞臣を寵愛するという、まさに「暗君」を絵に描いたような人物であり、いつの世も、賢臣と暗君は水と油。

そんな彼が即位（恵王（＊10））したことを知った即墨守将の田単（C/D-4/5）は闇夜に灯火を見つけた思いで、ただちに燕に間者（D-5）を放ち、ある噂を流させます。

――たった２城を５年かけても陥とせないのは、
　楽毅将軍はわざと攻撃の手を緩め、斉の領民の慰撫に努めているからだ。
　それもこれも、すべては斉王になるための準備だそうだ。

恵王と楽毅の仲を裂こうという、所謂「離間の計」です。

見え透いた策でしたが、さすが暗君、恵王はこれにまんまと引っかかり、

「たった半年で70余城を陥としておきながら、残りたった２城を５年かけても陥とせないとは、余もつねづねおかしいと思っておった！

（＊10）恵公・恵王・恵帝など、諡号の「恵」はもっぱら暗君に諡られる文字です。
君主の名に「恵」の字を見つけたら「ああ、こいつはバカ（or性悪）だ」と思ってもらってほとんど間違いありません。

これで合点がいったわ！」

…と、ただちに楽毅（がくき）を更迭（こうてつ）して騎劫（ききょう）将軍に替え、楽毅（がくき）には召還命令を出します。

召還命令を受けた楽毅（がくき）でしたが、このままのこのこ帰還すれば無実の罪で処刑されることは目に見えていましたから、そのまま趙へ亡命。

これまで故郷から遠く離れた敵地で文句も言わずに長戦（いくさ）を戦ってきた燕兵も、楽毅（がくき）を慕っていたからこそであって、将の交替を知って燕兵の士気は著しく低下してしまいます。

「しめた！
楽毅（がくき）のいない燕軍など恐るるに足らず！」

田単（でんたん）は手を叩いて喜び、包囲を解くため、次なる手を打ちます。

角に刀剣・尻尾（しっぽ）に松明（たいまつ）をくくりつけた牛1000頭を、夜半に一斉に城から放ったのです（火牛の計(＊11)）。

尻尾に火を付けられて猛（たけ）り狂った牛が、城を包囲する燕軍に突進していくと、

（＊11）日本では、木曽義仲や北条早雲が「火牛の計」を用いたと言われています。
ただ、中国のように「牛を“兵器”として突っ込ませた」のではなく、日本の場合は「松明を牛の尻尾ではなく角にくくりつけて兵の数を多く見せかけた」というもので、その目的が違いましたが。

夜襲だったため何が何だかわからぬうちに斉兵は牛の角剣に刺し殺されるか、踏み殺されるかしたうえ、牛の松明があちこちに火を付け、陣営はアッという間に炎に包まれて燕軍は大混乱。

そこに斉兵が突撃をかけたため、燕軍は為す術なく潰滅してしまいます。

燕軍は総大将・騎劫が着任早々討ち取られ、体勢を立て直すスキも与えられず総崩れを起こし、楽毅が奪った70余城はたちまちのうちに斉に帰してしまったのでした。

―― 名君と賢臣が一枚岩となって発展させた国を、
　暗君と佞臣が蝕んで衰亡していく。

中国史を紐解くと、もう延々とこれの繰り返しだということがわかります。

第4章 秦の抬頭

第5幕

刎頸の交わり

趙の栄枯盛衰（蘭相如）

「秦・斉二強時代」は湣王の無能ゆえに崩れ、時代はほどなく「秦一強時代」に進む。このときの秦王こそ、秦の始皇帝の曾祖父にあたる昭襄王である。
彼はその国力にモノを言わせて、天下の宝玉「和氏の璧」を趙から騙し取ろうと考える。大国に恫喝されて悩んだ趙は蘭相如にすべてを託すことにした。

〈趙の栄枯盛衰（藺相如）〉

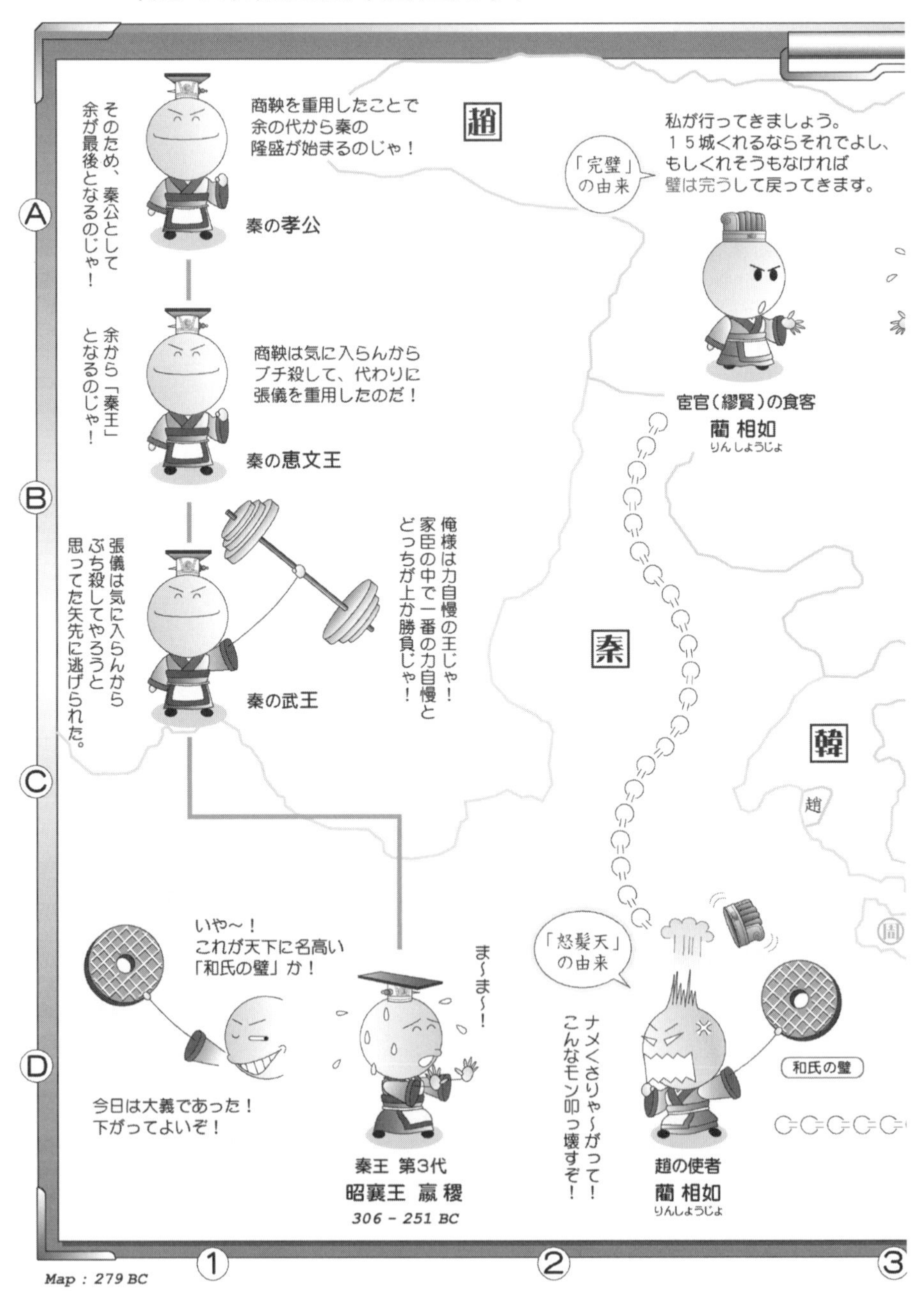

Map : 279 BC

前３世紀中葉

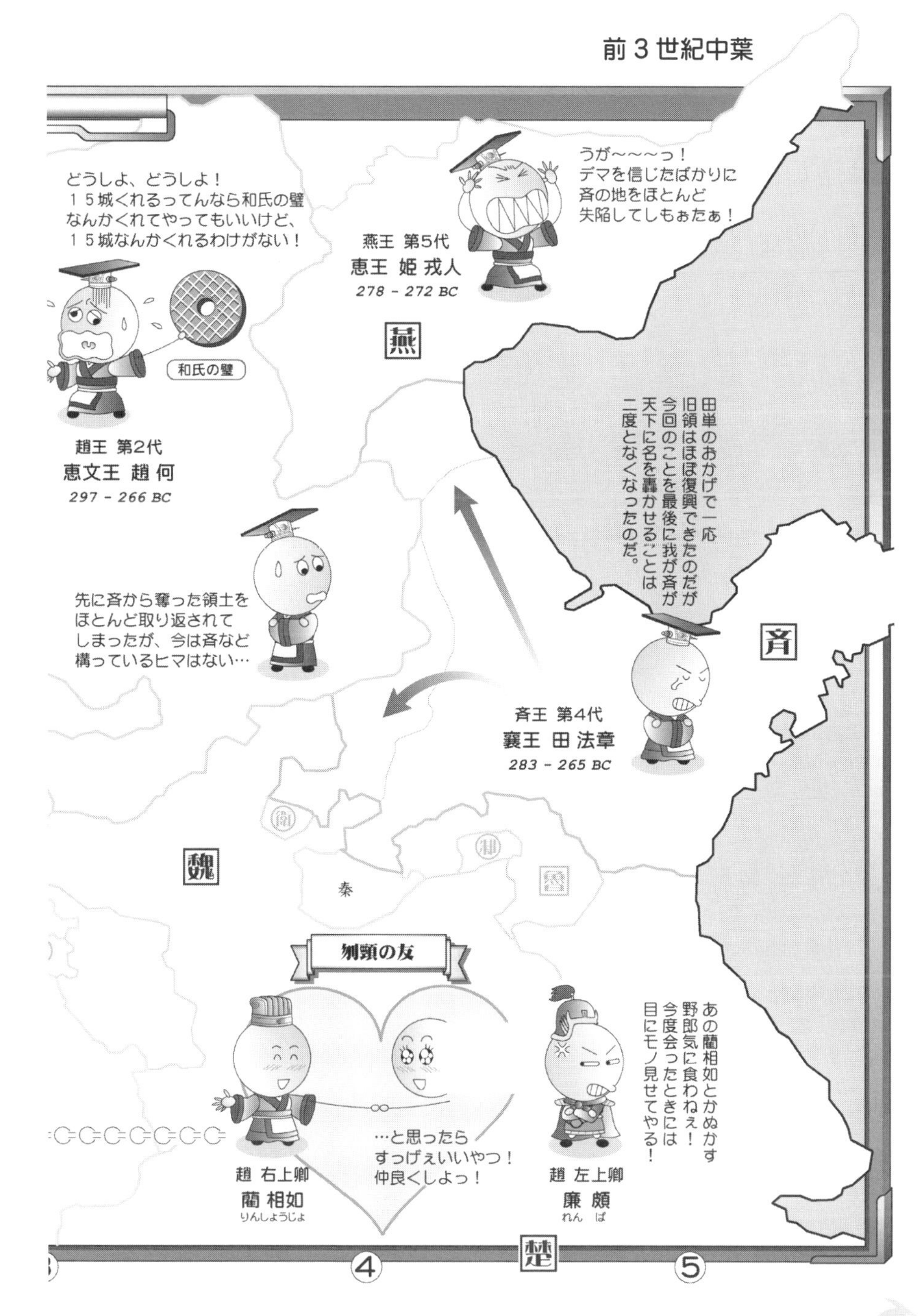

どうしよ、どうしよ！
１５城くれるってんなら和氏の璧
なんかくれてやってもいいけど、
１５城なんかくれるわけがない！
和氏の璧
趙王 第2代
恵文王 趙 何
297 - 266 BC
うが～～～っ！
デマを信じたばかりに
斉の地をほとんど
失陥してしもぉたぁ！
燕王 第5代
恵王 姫 戎人
278 - 272 BC
燕
田単のおかげで一応
旧領はほぼ復興できたのだが
今回のことを最後に我が斉が
天下に名を轟かせることは
二度となくなったのだ。
先に斉から奪った領土を
ほとんど取り返されて
しまったが、今は斉など
構っているヒマはない…
斉
斉王 第4代
襄王 田法章
283 - 265 BC
魏
秦
刎頸の友
…と思ったら
すっげぇいいやつ！
仲良くしよっ！
あの藺相如とかぬかす
野郎気に食わねぇ！
今度会ったときには
目にモノ見せてやる！
趙 右上卿
藺 相如
りんしょうじょ
趙 左上卿
廉 頗
れん ぱ
楚
④
⑤

さて、こうして燕（A-4）や斉（B/C-5）、その他の国々が消耗戦を繰り広げているのを尻目に、どんどん力を蓄えて六国との差を拡げていったのが秦（B/C-2）でした。

すでに述べましたように、六国（りっこく）同士でいがみ合ってくれればくれるほど秦にとって有利になるためです。

これ以降、燕はもちろん、斉が強国に名乗り出ることは二度となくなり、「秦一強時代」へと突入、このまま天下統一まで一直線となりました。

ところで、春秋戦国時代というのは「封建制（地方分権）から郡県制（中央集権）への移行期」に当たり、その意味では欧州（ヨーロッパ）史なら「中世から近世への移行期(＊01)」、日本史なら「幕末維新期」に相当します。

通常、「封建制（フューダリズム）から中央集権制（セントラライズド）への移行」というのは、隔世の歳月と多くの犠牲を必要とするのがあたりまえで、中国なら春秋戦国の550年間、欧州（ヨーロッパ）なら中世末から近世初頭の数世紀もの間、幾星霜の時間と大量の血を流してようやく勝ち取るものです。

日本のように「短期（20年ほど）」「紙切れ１枚(＊02)」でこれを達成するなど世界史上でも他に例のない特殊事例です。

しかし、共通点もあります。

すでに「新風は地方から吹く」と述べましたが、たとえば欧州（ヨーロッパ）においてもっとも早くから中央集権（セントラライズド）に対応したのは「中央からはずれ、山脈（ピレネー）に隔てられた先の最西端にあって、異国情緒たっぷり(＊03)」の西（スペイン）・葡（ポルトガル）でしたし、このときの中国もいち早く郡県制を布（し）いたのは「中央からはずれ、函谷関（かんこくかん）に隔てられた先の最西端にあって異国情緒たっぷり(＊04)」の秦でしたし、日本も維新を牽引したのは「中央から遠くはずれ、海（関門海峡）に隔てられた先の最西端にあって異国情緒たっぷり」の薩摩でした。

（＊01）このとき誕生したヨーロッパの中央集権制は「絶対主義」といって主権国家を伴うもので、中国のそれとは多くの相違点はありますが。

（＊02）「廃藩置県令」のこと。もちろんその前後にもいろいろあったわけですが。

（＊03）スペイン・ポルトガルの地は永らくイスラームの支配下にあったため、イスラーム文化の影響が色濃く残っていました。

「歴史は繰り返す」とはよく言ったものです。

ところで、その秦は孝公（A-1）の御世に商鞅を登用したことで「戦国七雄」の中から頭ひとつ抜け出しましたが、その子・恵文王（A/B-1）は「変法」を憎み、その推進者・商鞅を殺してしまいました。

これでせっかくの改革もフイとなり、ふたたび旧制に引き戻されたかと思いきや、ひとたび動き出した歴史は何人たりとも止めること叶わず、商鞅の死後も変法は実施されつづけ、こうして秦は着実に国力を蓄え、周（C/D-3）ですら秦に貢ぎ物を贈るほどになっていきます。

こうなると、秦の強大化を恐れた諸国は秦に対して「合従」を組むようになりますから、秦はこれに対抗するために「連衡」を採るしかありません。

その連衡の代表的な政治家が「張儀」です。

彼は恵文王の信任を得て、相国（宰相）となって合従の切り崩しに奔走し、成果も出しましたが、例によって例のごとく、恵文王が亡くなり新たに武王（B/C-1）が立つと、これに嫌われた張儀は商鞅の二の舞となることを恐れて魏に亡命してしまいます。

しかし、この武王がその短い治世（＊05）を終えると、つ

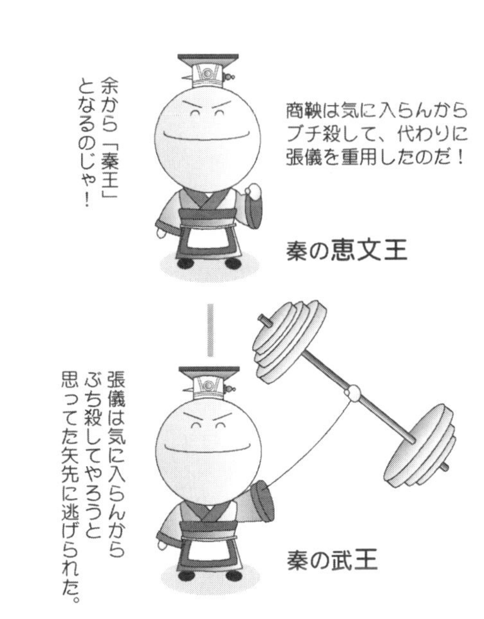

（＊04）秦の辺りは中央アジアの玄関口で、「戎（西方の野蛮人）」の文化が強い土地柄でした。

（＊05）治世３年。『史記』には、「力自慢の将軍（孟説）と力競べをして鼎（バーベル代わり）を持ち上げようとしたら、重すぎて頸骨が折れて死んだ」とギャグのような死に方が載っています。対戦相手だった孟説は責任を取らされて族滅（一族郎党皆殺し）されたとありますが、孟説には何の責任もないような……。

ぎに即位する秦王こそが、始皇帝の曾祖父にあたる「昭襄王（D-1/2）」です。

彼は、その治世前半こそ「秦・斉二強時代」を生きましたが、湣王がその無能さ（＊06）ゆえにコケた（前幕参照）あとの治世後半は「一強六弱」という情勢になっていきます。

もはや秦の勢いは止まるところを知らず、「六弱」は戦々恐々となっているところに、秦から趙（恵文王）（A/B-3）に使者がやってきました。

――趙王の持つ「和氏の璧（＊07）（A-3/4）」と、我が秦の15城とを交換してほしい。

恵文王は頭を抱えます。

「うぅむ、どうしたものか…。
和氏の璧は国宝じゃが、断れば戦争の口実にされかねぬ。
さりとて、交換を了解したとしても、秦はすぐに約束を反故にする虎狼の国

（＊06）そもそも「湣」の字は、国を乱した君主（たいていは性悪か無能）に諡られるもの。

（＊07）「璧」というのは、丸い穴のあいた円盤状の玉（翡翠）製の祭器。祭器というだけでなく、権力の象徴でもあり、宝石でもあり、天子への献上品でもありました。
中でも当時、天下にその名を轟かせる最高級品だったものが「和氏の璧」です。

じゃからなぁ、ほんとうに城をくれるかどうか怪しいものじゃ（＊08）。」
朝議は侃々諤々、結局「交換に応じる」ことになりましたが、では誰が使者として「和氏の璧」を持って秦に行くのかでまた悶着。
もし「和氏の璧」だけ奪われてのこのこ帰ってきたのでは首が飛びかねない役目ですから皆尻込みして当然です。
そこで白羽の矢が立ったのが、宦官・繆賢の食客だった藺相如（A/B-2/3）でした。
―― 適任者がおられぬとのことでしたら私が参りましょう。
　秦王が約束を守られたらよし、もし反故にされたならば、
　かならずや璧を完う（＊09）して趙に帰って参りましょうぞ。
こうして使者として秦にやってきた藺相如は、約束通り秦王（昭襄王）に「璧」を渡します。
すると昭襄王は、手にした「璧」を群臣に見せびらかせて、すでに我が物のように振る舞い、「15城」の話などする気配も見せません。
「いやあ、愉快、愉快。
これはすばらしい宝が手に入ったわ！
そちは藺とか申したか？　こたびは大義であった！
下がってよいぞ！」（D-1）
15城の話どころか、そのまま追い返さんがばかりの態度。
このままおめおめ帰れようか！
さりとて無理に取り返そうとすれば、衛兵に取り押さえられて無礼打ちされることは目に見えています。
そこで藺相如は不満の色ひとつ見せずに秦王に言上します。
―― 陛下。
　たいそうお喜びいただき、こちらとしても祝着至極ではありますが、
　じつはその璧には小さな瑕がございまして…。

（＊08）実際、秦王（昭襄王）は「15城」を与えるつもりはまったくありませんでした。
（＊09）このときの藺相如の言葉が「完璧」の語源となりました（A-2）。

「なんじゃと！?」

顔色を変える秦王。

それもそのはず、璧というのは玉（翡翠）でできていますが、これは少しでも瑕があると値打ちが半減するためです。

あわてた昭襄王は璧を見せて藺相如に尋ねます。

「どこじゃ！?　どこに瑕がある！?」

――はい、ここのところに……

そう言うが早いか、サッと璧を奪い取り、柱の横まで後ずさりして、怒髪天を衝かん（＊10）ばかりの形相（C/D-2）で藺相如は叫びました。

――秦王のあまりに非礼な振る舞い、もはや勘弁ならぬ！
　このまま璧を渡すくらいなら、ここで璧を叩き割ってやるわ！

そんなことで「和氏の璧」を叩き割られてはかなわぬと、昭襄王は藺相如をなだめ、その場は一旦お開きということになりましたが、再度面会したときにはすでに璧は手元にないとのこと。

――秦王がほんとうに15城を渡すのか疑わしかったため、
　璧は本国（趙）へ送り戻しました。

（＊10）このときの藺相如の形相が、「怒髪天を衝く（あまりの怒りのために髪の毛が逆立ち、それは天を衝くほどだ）」の語源となります。

　秦王が１５城を明け渡した暁には、改めて璧を送り届けさせます。

　群臣は「この者を殺せ！」と口々に叫びましたが、昭襄王は彼の剛胆ぶりに感服し、手厚くもてなした上で帰国を許しました。

　趙の面目を守り、かつ「和氏の璧」も完うした藺相如は、その後もさまざまな活躍を見せてついに「上卿（＊11）」にまで出世しましたが、これを快く思わなかったのが趙将・廉頗（D-4/5）でした。

「あんなどこの馬の骨とも知れぬ輩が、舌先三寸でうまく立ち回っただけのことで、今では幾たびも戦場を駆け回ってきた儂より上（＊12）ときたか！
　こんなバカなことがあってたまるか！」（D-5）

　廉頗将軍はそう言って不満を隠さなかったため、その噂はすぐに藺相如の耳にも届きます。

　誰しも「もはや両者の衝突は避けられまい」と思いましたが、藺相如は外出を避け、廉頗将軍を見かければこそこそと隠れる日々を送ったため、なかなか衝突は起こりません。

　しかし、衝突こそ起こらなかったものの、そうした藺相如のあまりの不甲斐なさに、彼の従者たちは彼に愛想を尽かし、一同揃って「お暇をいただきたい」と申し出るに至りました。

　そこで藺相如は従者たちに問いかけます。

――そなたらは廉頗将軍と秦王、どちらが恐ろしいか。

「もちろん秦王にございます。」

――余はその秦王を叱りつけ、居並ぶ群臣たちを辱めたのだ。
　どうして廉頗将軍を恐れることがあろうか。

　従者たちは「なるほど」と思い直します。

――よいか。
　あれほど強大な秦がここのところ我が国に攻めてこないのは何故だ。
　余が政治を取り仕切り、廉頗将軍が軍を率いているからからだ。

（＊11）貴族の中でも最高位の格式。宰相や大臣を出す家柄。

（＊12）廉頗将軍も藺相如と同じ「上卿」でしたが、藺相如が「右」、廉頗は「左」で、「右」の方が格上だったため。「右に出る者がいない」とは、中国のこの格付けより。

我らが争えば、秦に付け入るスキを与え、国が亡びてしまう。

私は何より国益を優先するが故に恥を偲んでおるのだ。

この言葉を聞いて従者らは畏れ入り、事の次第はすぐに噂となって廉頗将軍の耳に届きます。

廉頗将軍は己の不明を羞じ、茨の鞭を携え、上半身裸で藺相如の私邸を訪問し、土下座して謝罪しました。

「あなた様がそこまで深いお考えとは露知らず、私は己の愚かさに羞じ入るばかりです。どうか、この鞭で気の済むまで打ってくだされ！」

――何をおっしゃいますか。

廉将軍あっての趙ではありませんか。

ささ、お立ちください。

これからも２人でこの国を守っていきましょうぞ。

２人は手に手を取り合い、厚い友情で結ばれる（D-4）ことになります。

「拙者、貴公の御為ならばこの頸、いつ刎ねられても悔いはありませんぞ！」

――私とて同じ気持ちです。

この２人の故事から、後世、厚い友情で結ばれた２人を「刎頸の交わり」というようになったのでした。

第4章 秦の抬頭

第6幕

“便所の屈辱”を晴らさん！

秦の隆盛（范雎（はんしょ））

魏の役人をしていた范雎（はんしょ）は、弁が立ったばかりにあらぬ疑いをかけられて〝便所の屈辱〟を受ける。
しかし彼は、さまざまな人に助けられて、なんとか秦に亡命することに成功。
彼はこの秦で丞相にまで出世すると、これまで受けた恩を返し、仇を討つために動きはじめた。

〈秦の隆盛（氾雎）〉

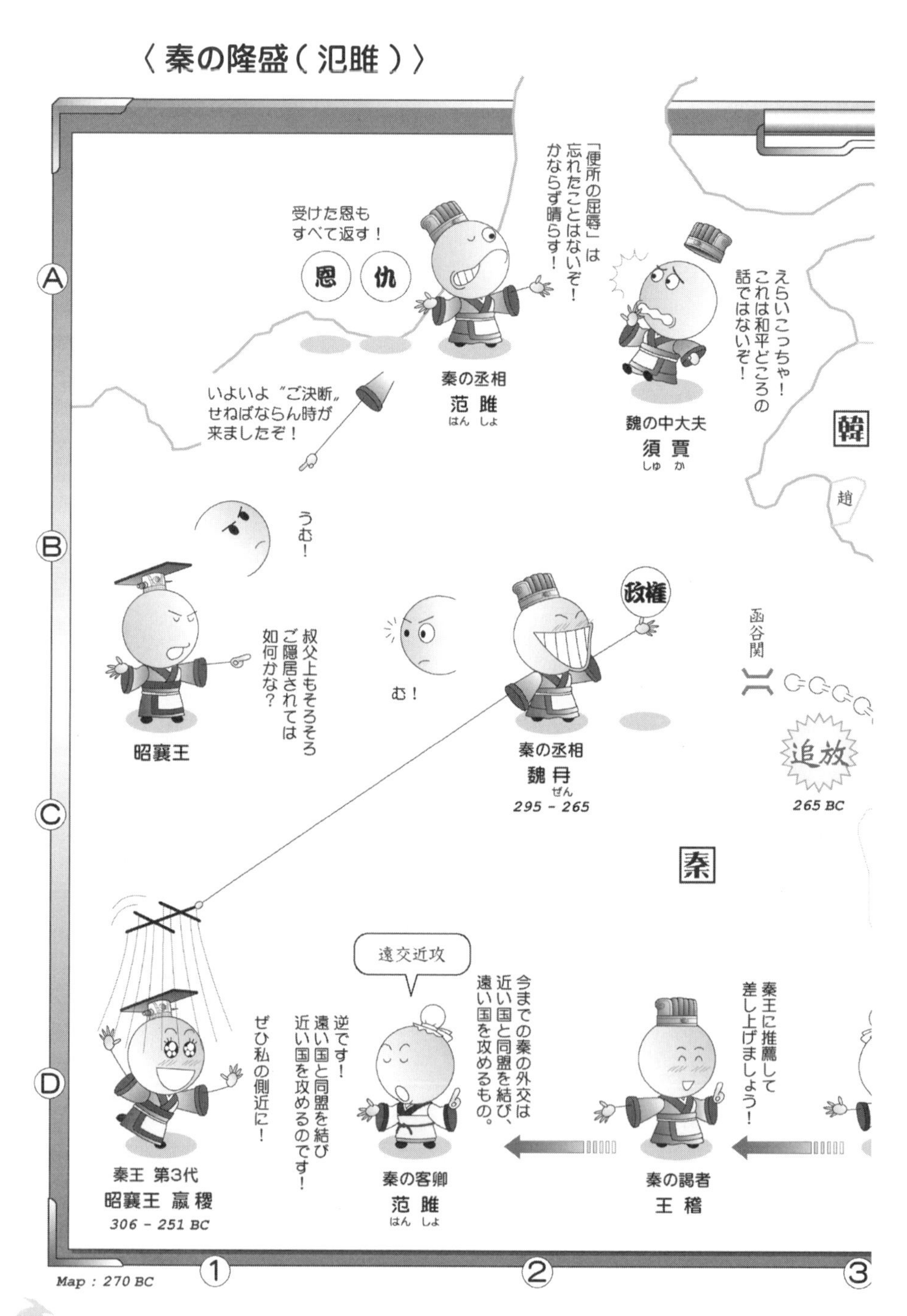

Map : 270 BC

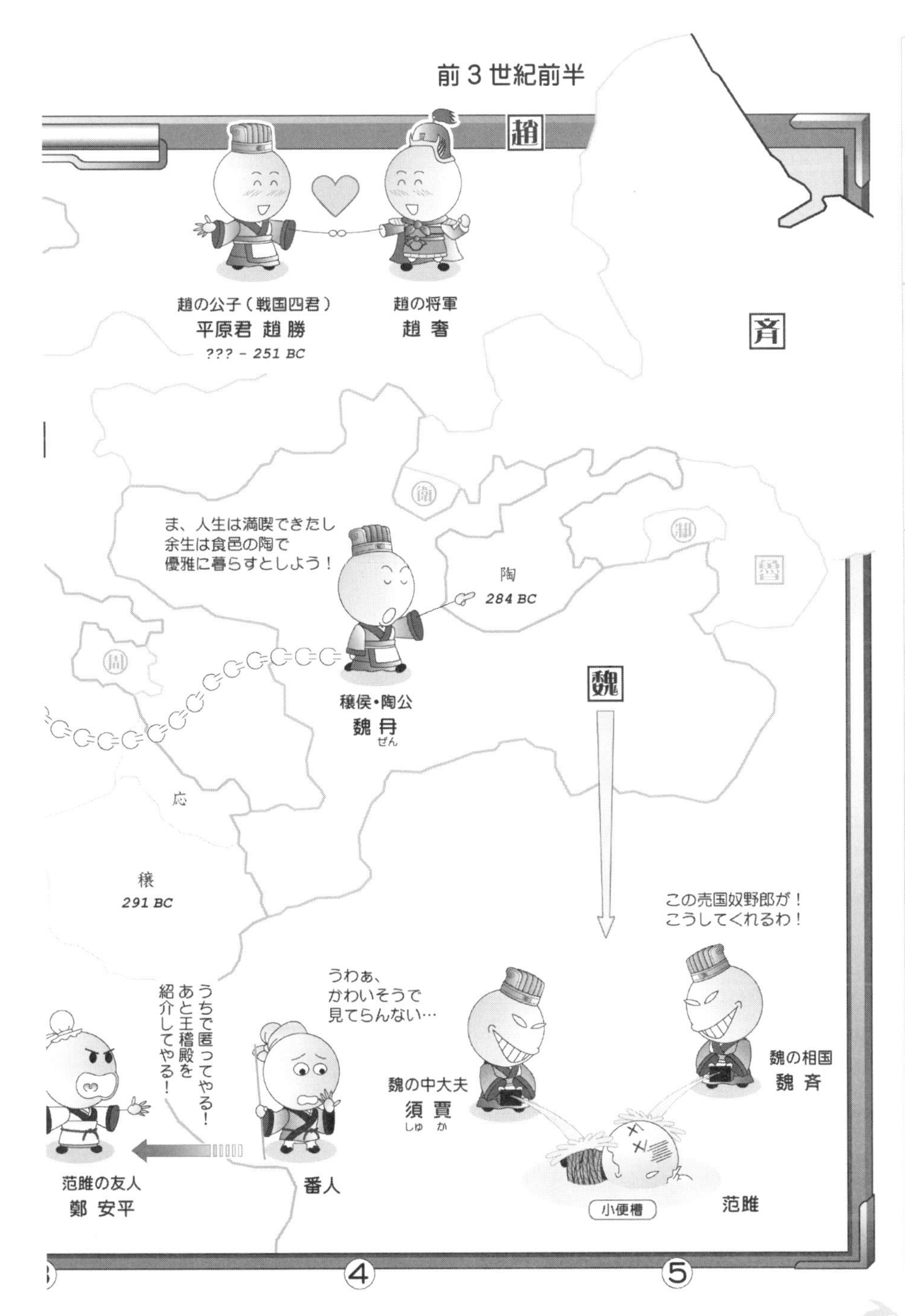

前３世紀前半
趙
趙の公子（戦国四君）
平原君 趙勝
??? – 251 BC
趙の将軍
趙奢
斉
衛
鄒
魯
ま、人生は満喫できたし
余生は食邑の陶で
優雅に暮らすとしよう！
陶
284 BC
周
穰侯・陶公
魏冄
ぜん
魏
応
穰
291 BC
この売国奴野郎が！
こうしてくれるわ！
うわぁ、
かわいそうで
見てらんない…
うちで匿ってやる！
あと王稽殿を
紹介してやる！
魏の相国
魏斉
魏の中大夫
須賈
しゅか
范雎の友人
鄭安平
番人
小便槽
范雎
4
5

「三本の矢」の故事にもあるように、"結束"ほど組織を強力にするものはありません。

しかしながら、文官と武官は役目が違うだけで「主君を支える」という点において異体同心のはずなのに、彼らは「嫁と姑」のように仲が悪いのがあたりまえで、これが国力を弱める大きな理由となります。

逆に、"刎頸の交わり"のように文官と武官が結束したならば、たとえ小国であっても大国ですら手出しができないほどの"国力"となりますから、これまで「和氏の璧」や「黽池の会(*01)」など、さかんに趙に因縁をつけてきていた秦がピタリといやがらせしなくなったほどです。

しかも、このときの趙の場合、"刎頸の交わり"だけでなく、当時の趙の相国(宰相)平原君(*02)(A-3/4)と趙奢将軍(*03)(A-4)の絆が加わって、これらが趙を支える"前輪と後輪"となりましたから尚更です。

そのうえ、そのころの秦(C-2/3)の体制は傍から見るほど盤石でもなく、内にはいろいろと問題を抱えていました。

そもそも昭襄王は、継承序列からいって「秦王」になれるような人物ではあ

(*01)秦王(昭襄王)がわざわざ趙王(恵文王)を自領(黽池)まで呼び付けて、自分の長寿を祝わせ、趙王を家臣扱いしようとした事件。

(*02)「戦国四君」のひとりに数えられる人物。

(*03)廉頗将軍ですら出撃をためらった戦(前269年 閼与の戦)で軍功を上げました。

(*04)享年23。詳しくは、前幕(註05)を参照のこと。

りませんでした。

しかし、先王（武王）が子を儲けぬまま若くして急死（＊04）してしまったことで相続争いが勃発、その混乱の中で外戚（＊05）だった魏冄（ぎぜん）（B/C-2）が強引に自分の姉（恵文王妃（けいぶんおうひ））の子（武王の腹違いの弟）を王位につけてしまったのですが、これが「昭襄王（しょうじょうおう）（D-1）」です。

このとき彼はまだ年少（＊06）で、本人のまったく与（あずか）り知らぬところで事が進み、気がついたら玉座に座らされただけでしたから、その後は母（宣太后）が摂政（せっしょう）、叔父（魏冄（ぎぜん））が丞相（じょうしょう）（宰相）となって政治を意のままに動かすこととなり（C/D-1）、昭襄王（しょうじょうおう）はまったくの“お飾り（＊07）”にすぎませんでした。

そして、このころの魏冄（ぎぜん）が引き上げたのが、あの「白起（はくき）」将軍です。

「白起（はくき）なくして始皇帝なし！」と言っても過言ではないほど、白起（はくき）将軍の活躍はめざましく、秦の領地は増える一方。

とはいえ、穣（じょう）（C-3/4）や陶（とう）（B-4/5）など、こうして得た新しい領地は片端から魏冄（ぎぜん）が自分の領地としてしまっていたため、「秦領」が増えてもぶくぶくと太るのは外戚ばかり。

秦領は年々大きくなっていっていくのに、王権は弱体化する一方で、このままでは晋や斉の二の舞（下剋上）となりかねない様相を呈していました。

こうした情勢にあって、魏（B/C-4/5）からひとりの人物が秦に亡命してきたことで歴史が動きはじめます。

それが本幕の主人公「范雎（はんしょ）」です。

彼はもともと魏で木っ端役人をしてたのですが、有能の士であったことが災いし、当時の彼の上司（中大夫）の須賈（しゅか）（D-4/5）がひょんなことから「范雎（はんしょ）は斉の間諜（スパイ）なのではないのか？」と疑い、相国（宰相）の魏斉（ぎせい）（D-5）に事の次第を報告したことがありました。

報告を受けた魏斉（ぎせい）は当然取り調べを行うことになりますが、当時の取り調べ

（＊05）君主の妻の親戚のこと。魏冄は恵文王の妃（宣太后）の弟。

（＊06）当時の昭襄王の年齢はよくわかっていませんが、彼が前304年に冠礼（成人式）を行っているところから、即位時は今でいう中学生くらい（13～15歳）かと思われます。

（＊07）『三國志』で喩えれば、董卓（宰相）と献帝（年少皇帝）の関係に似ています。

はふつうに「拷問」を伴うもの。

范雎は鞭打ちの刑を受け、歯や肋骨を折られたばかりか、簀巻きにされて厠（小便槽）に放り込まれ、皆から小便をかけられる（D-5）というこれ以上ない屈辱を味わわされます。

もはや小便の中で溺れ死ぬのを待つだけとなったところを、番人（D-4）を味方に取り込んでなんとか命からがら逃げ出すことに成功すると、友人（鄭安平）（D-3）宅を訪ねていったんそこに匿ってもらい、さらに彼の口利きで秦の謁者（＊08）（王稽）（D-2/3）の従者となって秦へ亡命することに成功したのでした。

秦への入国を果たした彼の大願は、この地で出世してかならずや魏斉と須賈に復讐を果たすこと！

――歴史は繰り返す。

そうした意味では、彼は楚から呉に亡命した伍子胥と同じ境遇です。

そしてついに、范雎は王稽の口利きで昭襄王との謁見が叶いました。

厠の中で小便まみれとなって死ぬところであった彼が、番人→鄭安平→王稽ときて、ついに昭襄王までたどりついたのですから、「わらしべ長者」をもし

（＊08）使者と秦の昭襄王の間を取り次ぐ係。

（＊09）本書「第４章 第４幕」の「五国合従軍による済西の戦」のことを言っています。

のぐ強運に加え、すぐれた才に恵まれていなければ不可能なことだったでしょう。

しかし、范睢はこんなことで満足していられません。

目の前に鎮座するこの男（昭襄王）を魅了させ、秦の丞相となり、秦の軍事力を利用して復讐を果たさねば！

こうして范睢は秦王に進言します。

――陛下。

　今、秦は、近き韓（A/B-3）や魏と結んで、遠き斉（A-5）を討たんとしています（＊09）が、これは誤りです。

　それではどうしても遠征軍になって負担が大きいうえ、よしんば領地を得たところで飛び地となってしまい（＊10）、結局は維持できません。

　逆です。「遠きに交わり近きを攻むる（＊11）（C/D-1/2）」のです。

　さすれば、軍の動員に負担が少なく、新たに得た領地は地つづきとなって維持も容易です。

「なるほど！」

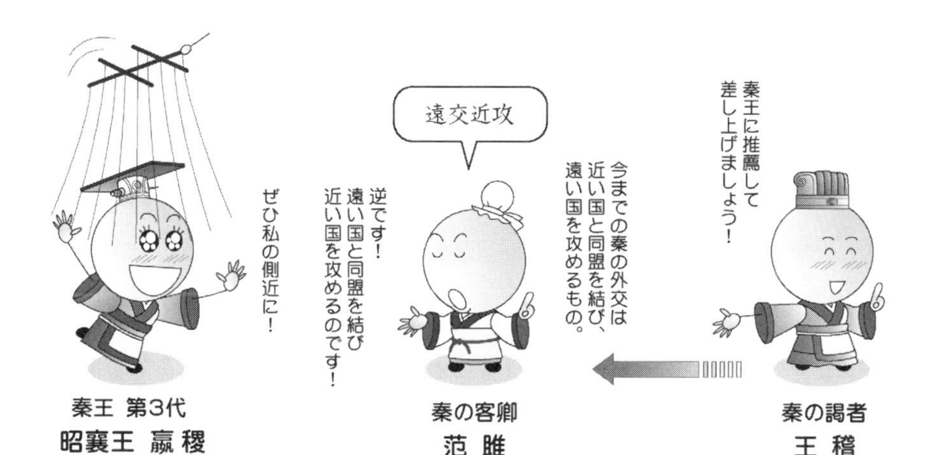

（＊10）秦は「済西の戦」で領地を手に入れていますが、確かに飛び地です。

（＊11）「遠交近攻」の語源。この兵法は、のちに『兵法三十六計』の第23計に収録されます。

いたく感銘を受けた昭襄王はこれに従い、以降、「遠交近攻」は秦の国是となります。

昭襄王はさっそく范雎を「客卿[（＊12）]」として迎え入れると、范雎はつぎつぎと功を上げて王の信頼を勝ち得ていき、ついに虎視眈々と狙っていた「一手」を打つことにします。

それが外戚（魏冄一族）の一掃です。

昭襄王が、范雎の言うとおりに魏冄に追放を命じる（B/C-1）と、彼は思いの外あっさりとこれを受け容れ、函谷関（B/C-2/3）を出て自分の食邑（陶）へ向かいました[（＊13）]（B-4）。

血で血を洗う泥沼の政争の幕開けかと思いきや、意外にもすんなりと追放劇は幕を閉じ、魏冄はそのまま反旗を翻すこともなく陶の地で大往生したため、それを機にその領地も没収。

こうして王権は“あるべきところ”に戻ってきたのでした。

この功により、范雎は食邑として「応（C-3/4）」の地を与えられ[（＊14）]、丞相の地位に昇り詰めます。

こうして昭襄王と范雎は「君臣水魚」となって国を盛り立てていったため、

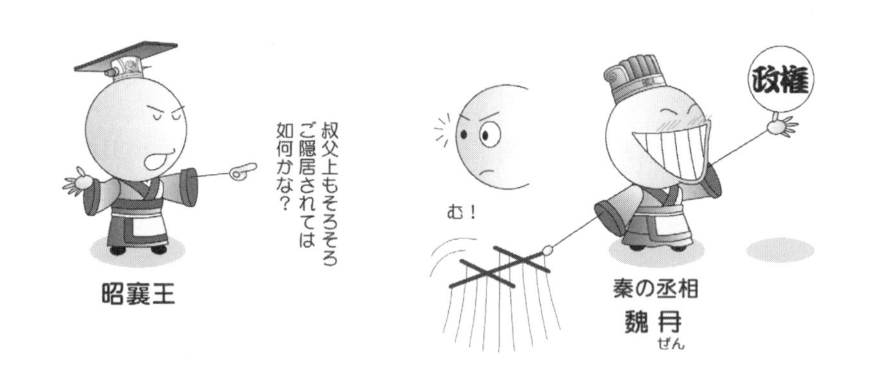

（＊12）他国からやってきてその国の君主に仕えるようになった者に与えられる貴族の地位。

（＊13）なぜ魏冄はこうもあっさり従ったのか。このときの彼の心情については伝わっていませんが、権力に執着するとその末路はロクな末路は待っていませんので、この身の引き際の潔さは「正解」だったと言えましょう。おかげで彼は大往生できました。

秦はいよいよ近隣諸国に圧力を強めていくことになりました。

そうした情勢を受けて、狼狽した隣国の魏が友好の使者を遣わします。

しかもその使者が、なんの巡り合わせか、かの須賈(しゅか)でした。

そもそもこの男が自分にあらぬ疑いをかけたせいで、范雎(はんしょ)は“便所の屈辱”という死ぬより辛い屈辱を受ける羽目になったのです。

その怨み辛み重なる須賈(しゅか)が“友好の使者”として秦にやってくるというのですから滑稽の極み。

そこで范雎(はんしょ)は一計を案じ、自らの素性を隠し、みすぼらしい服を着て須賈(しゅか)に会いにいきます。

「范雎(はんしょ)！　范雎ではないか！　おぬし生きておったのか！（＊15）」

――はい。墓に埋められる直前に息を吹き返しまして（嘘）。

「今は何をしておる？」

――日雇いでなんとかその日その日を凌いでおります（嘘）。

「そうか、それはたいへんじゃのぉ。

お前のような頭の切れる男がその零落(おちぶ)れよう、気の毒に。

そのような薄い生地の服では寒かろう。

これ、絹の綿入れを持ってまいれ。これをそちに授けよう。」

まるで“他人事(ひとごと)”のように同情してみせる須賈(しゅか)に拍子抜けする范雎(はんしょ)。

こうしたことがあったのち、須賈(しゅか)は丞相(じょうしょう)にお目通りが叶いましたが、会ってみれば、目の前に鎮座する丞相(じょうしょう)が范雎(はんしょ)ではありませんか！

（これは友好どころの話ではないぞ！）

平伏して狼狽する須賈(しゅか)（A-2/3）に、范雎(はんしょ)は告げます。

――あの日以来、余はずっと仇を討とうと考えておったのだが、

昨日、おまえは私を憐れんで絹の綿入れをくれた。

そのことに免じてそなたは許そう。

なんという懐の深さ！

（＊14）これにより、以降の范雎は「応侯」と呼ばれるようになります。

（＊15）じつは、范雎は秦に入国する際、「張禄」という偽名を使っていたため、須賈はこの時点では秦の丞相「張禄」が范雎だとは知りませんでした。

あの“便所の屈辱”をたった一枚の肌着で許してしまうとは。
――ただし、魏斉(ぎせい)は許さん。魏王(安釐王(あんき))に伝えよ。
　やつの首を持ってこない限り友好などあり得ぬ。
　これに応じぬとあらば、これより大梁(だいりょう)(魏都)に攻め入り、
　これを皆殺しにしてくれる、とな!(A-2)

事の次第を知らされた魏斉(ぎせい)は、趙の平原君のもとに亡命してしまったため、この范雎(はんしょ)と魏斉(ぎせい)の因縁はもう少し先まで引きずることになります。

ところで、范雎(はんしょ)の「今」があるは、番人が自分を助けてくれ、鄭安平(ていあんぺい)が匿ってくれ、王稽(おうけい)が自分を推挙してくれたおかげです。

その他、一宿一飯程度の恩義も含め、范雎(はんしょ)は今まで自分への恩義を返礼して回るという律儀なところを見せたと同時に、睚眦(がいさい)の恨み(＊16)すらも残らず晴らして歩いたといいます(A-1/2)。

しかし、そのことがのちに彼に引導を渡すことになってしまうのでした。

(＊16)「ちょっと睨まれたことがある程度の些細な恨み」という意味。
「睚眦(がいさい)」というのは、もともと龍が生んだ9頭の兄弟(龍生九子)の七男のことで、他にも有名どころでは、長男「贔屓(ひいきの語源)」、次男「螭吻(りち)(鯱の語源)」、五男「饕餮(とうてつ)」などがいます。

第4章 秦の抬頭

第7幕

破滅の跫音

白起（はくき）将軍の活躍

魏冄（ぎぜん）に推挙された白起（はくき）将軍は、以来、連戦連勝の不敗将軍として、後世「彼なくして秦の統一はなかった」と囁かれるほどの大活躍を見せる。こうしてついに「戦国時代最大の合戦」と謳（うた）われる長平の戦が始まる。
しかし、百戦百勝の先に待っているものは破滅。
それは彼にとって〝破滅の跫音（あしおと）〟であった。

秦王 第3代
昭襄王 嬴稷

〈白起将軍の活躍〉

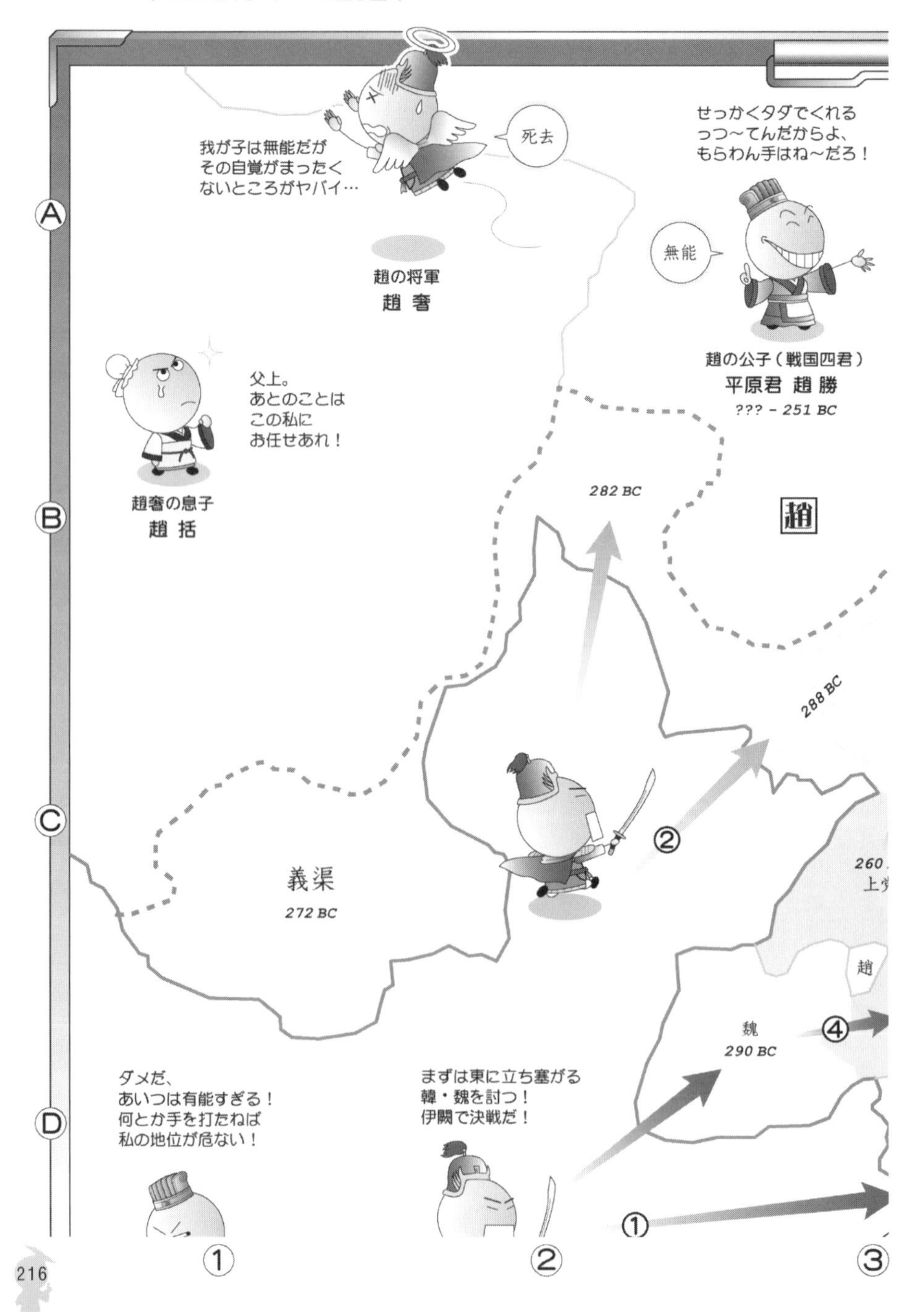

死去
我が子は無能だが
その自覚がまったく
ないところがヤバイ…
趙の将軍
趙 奢
せっかくタダでくれる
っつ〜てんだからよ、
もらわん手はね〜だろ！
無能
趙の公子（戦国四君）
平原君 趙 勝
??? – 251 BC
父上。
あとのことは
この私に
お任せあれ！
趙奢の息子
趙 括
282 BC
趙
288 BC
②
義渠
272 BC
趙
魏
290 BC
④
ダメだ、
あいつは有能すぎる！
何とか手を打たねば
私の地位が危ない！
まずは東に立ち塞がる
韓・魏を討つ！
伊闕で決戦だ！
①
A
B
C
D
①
②
③

前３世紀前半

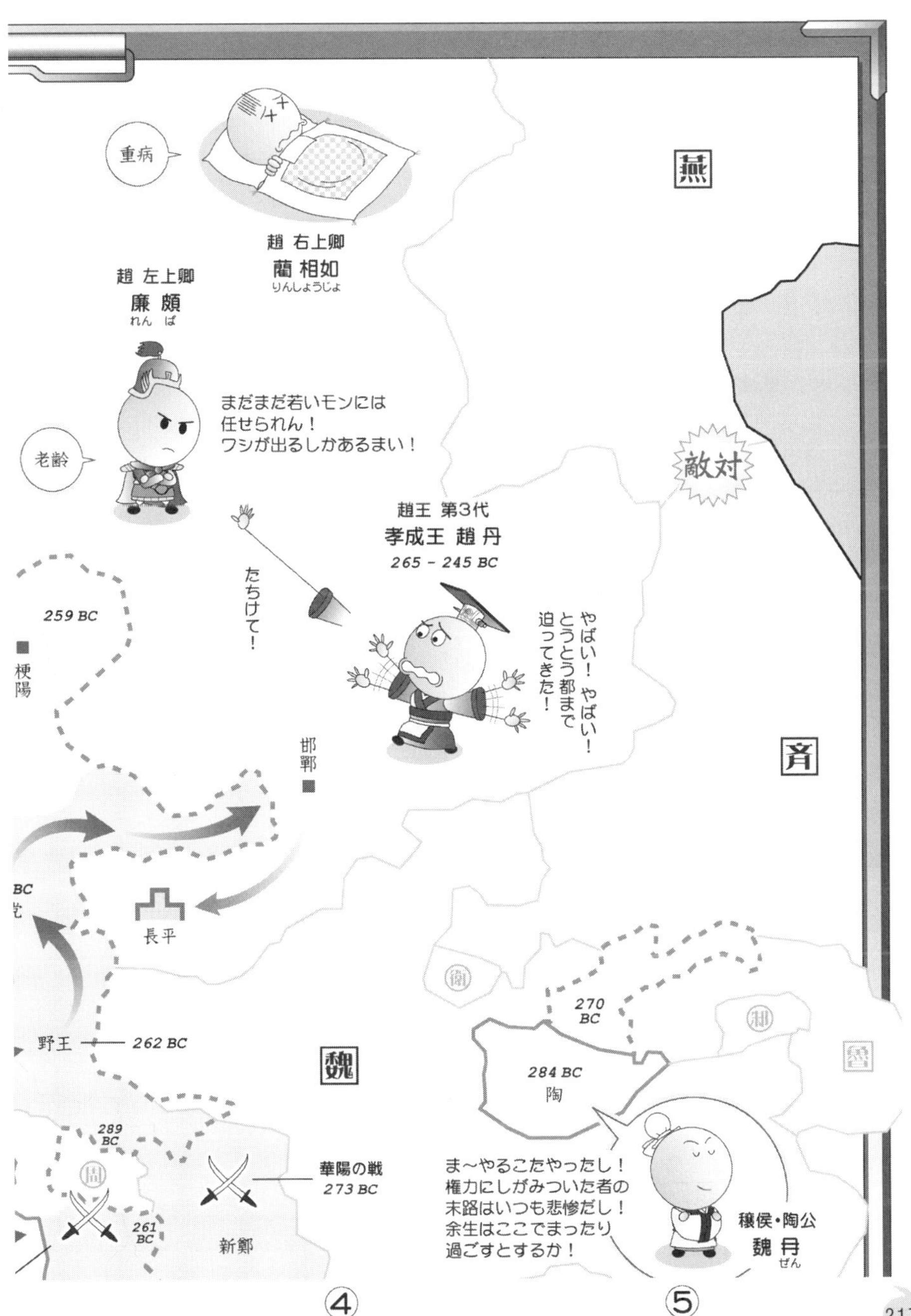
重病
趙 右上卿
藺 相如
りんしょうじょ
趙 左上卿
廉 頗
れん ぱ
燕
老齢
まだまだ若いモンには
任せられん！
ワシが出るしかあるまい！
敵対
趙王 第3代
孝成王 趙 丹
265 - 245 BC
たちけて！
やばい！やばい！
とうとう都まで
迫ってきた！
259 BC
梗陽
邯鄲
斉
長平
270
BC
野王
262 BC
魏
284 BC
陶
289
BC
華陽の戦
273 BC
261
BC
新鄭
ま～やるこたやったし！
権力にしがみついた者の
末路はいつも悲惨だし！
余生はここでまったり
過ごすとするか！
穣侯・陶公
魏 冄
ぜん
④
⑤

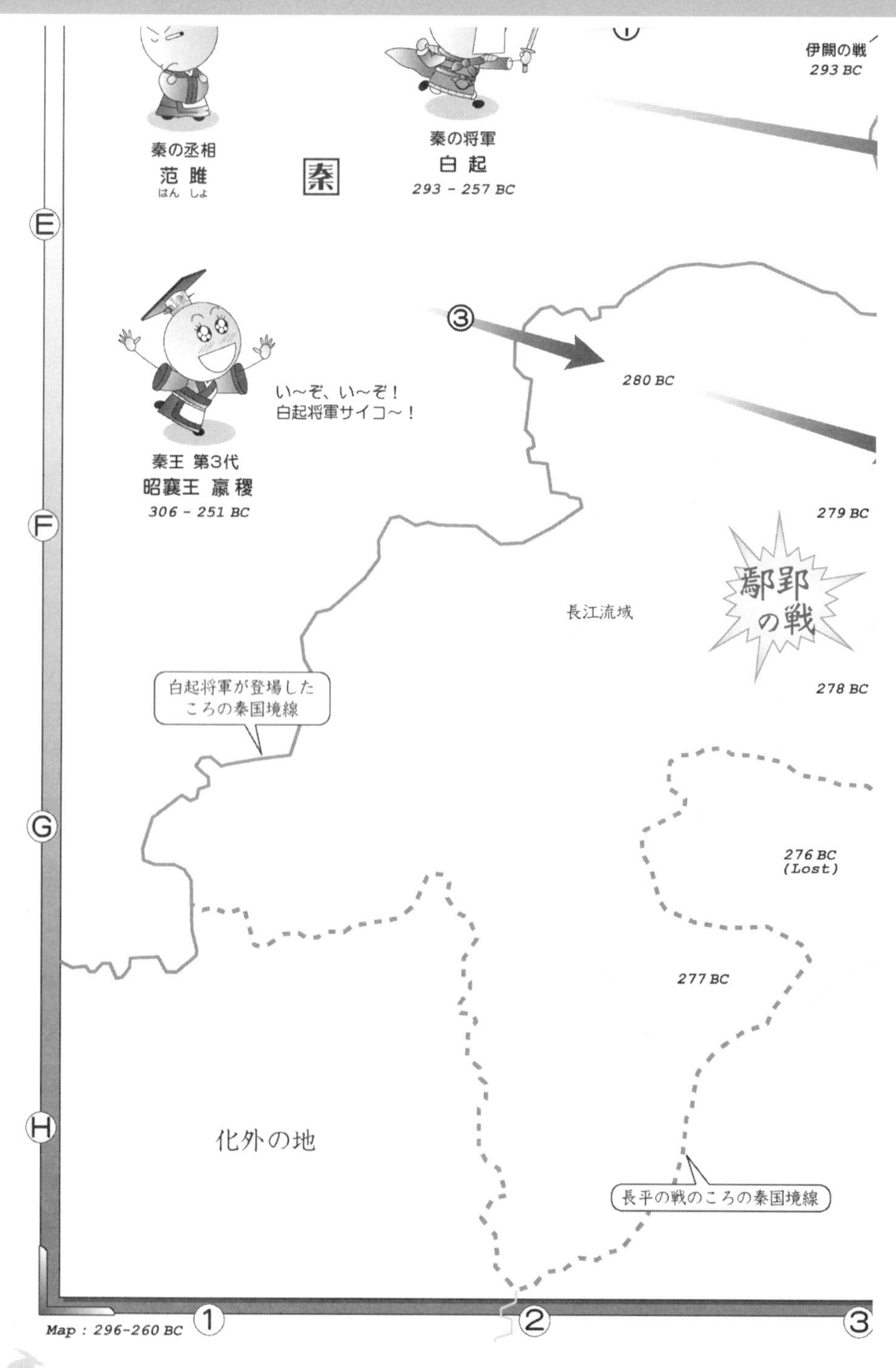
伊闕の戦
293 BC
秦の丞相
范 雎
はん しょ
秦
秦の将軍
白 起
293 - 257 BC
E
③
280 BC
い～ぞ、い～ぞ！
白起将軍サイコ～！
秦王 第3代
昭襄王 嬴稷
306 - 251 BC
F
279 BC
鄢郢の戦
長江流域
白起将軍が登場したころの秦国境線
278 BC
G
276 BC
(Lost)
277 BC
H
化外の地
長平の戦のころの秦国境線
Map : 296-260 BC
①
②
③

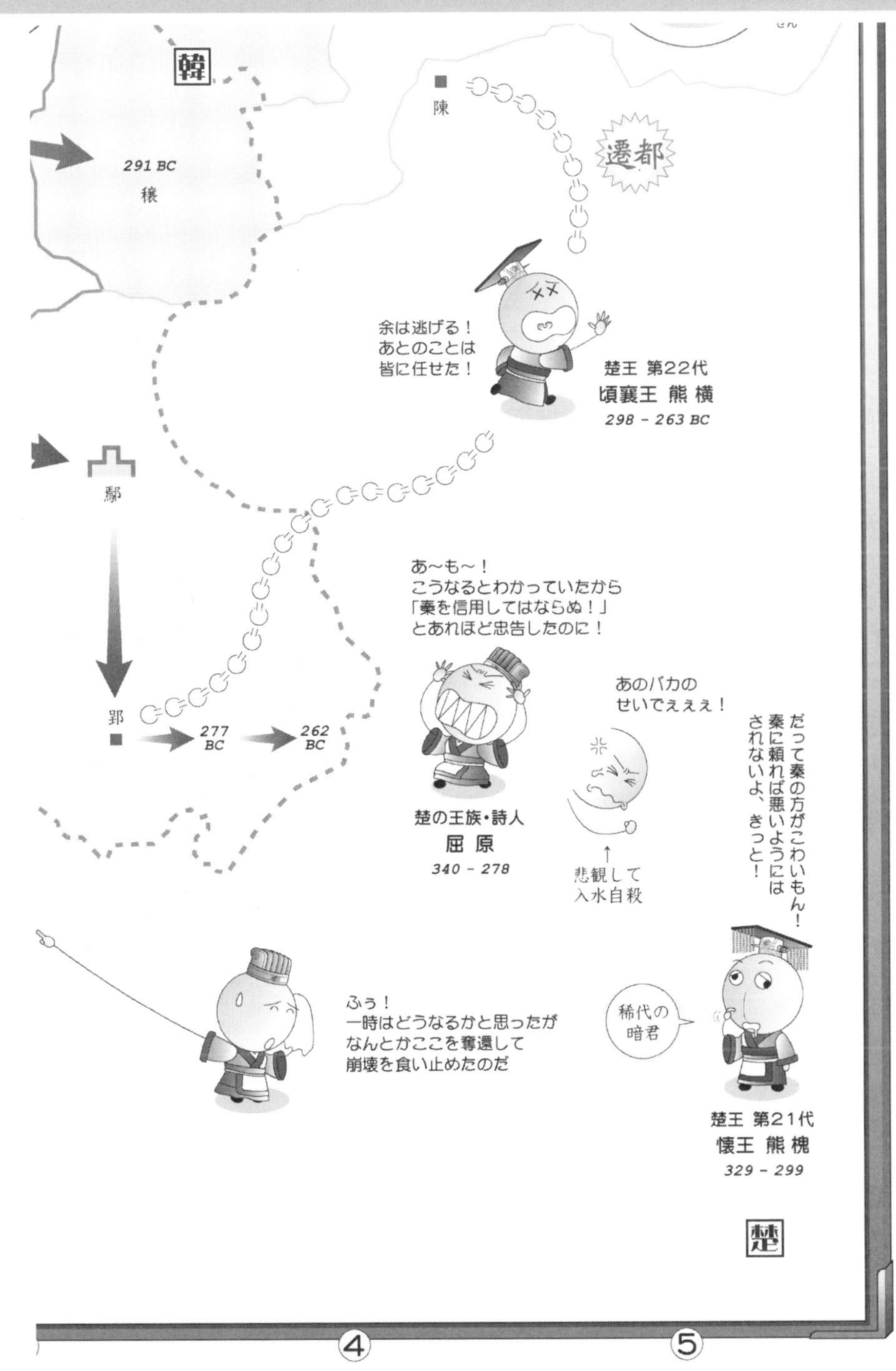
韓
陳
遷都
291 BC
穣
余は逃げる！
あとのことは
皆に任せた！
楚王 第22代
頃襄王 熊横
298 – 263 BC
鄢
あ～も～！
こうなるとわかっていたから
「秦を信用してはならぬ！」
とあれほど忠告したのに！
あのバカの
せいでぇぇぇ！
だって秦の方がこわいもん！
秦に頼れば悪いようには
されないよ、きっと！
郢
277 BC
262 BC
楚の王族・詩人
屈原
340 – 278
悲観して
入水自殺
ふぅ！
一時はどうなるかと思ったが
なんとかここを奪還して
崩壊を食い止めたのだ
稀代の
暗君
楚王 第21代
懐王 熊槐
329 – 299
楚
④
⑤

魏冄（D-5）を追放に追い込んだ范睢（D/E-1）が、つぎに警戒したのが白起将軍（D/E-2）でした。

白起将軍は、魏冄がまだ丞相になった（前295年）ばかりのころに彼に推挙されて以来、このころまで文字通りの「無敵」を誇っていました。

彼は、将軍に取り立てられて早々、八面六臂の活躍を見せますが、その活躍を秦（E-1/2）の対外膨張戦争の動きとともに見ていくと、大きく4段階に分かれていることがわかります。

◯第1段階（前290年前後）：東征（対韓・魏戦）　伊闕の戦など
◯第2段階（前280年前後）：北伐（対　趙　戦）　梗陽の戦など
◯第3段階（前270年前後）：南靖（対　楚　戦）　鄢郢の戦など
◯第4段階（前260年前後）：東征（対韓・趙戦）　長平の戦など

【第1段階】　東征

まず、韓（D/E-3/4）・魏（C/D-4）と戦ってわずか12万の兵力で24万もの首級を上げ、総大将（公孫喜）を捕らえ、5城を奪う（前293年 伊闕の戦）（D/E-3）──という大戦果を挙げ、さらにそのまま進撃をつづけて、前289年までに韓・魏領の西半61城を奪取。

以降の韓・魏は弱小国となり果てます。

【第2段階】　北伐

東征が一段落すると、つぎに三晋最後の大国・趙（B-3）に攻めかかり、梗陽（B/C-3）を奪取（前288年）したのを皮切りに、秦・趙の国境地帯をつぎつぎと併呑していきます（前282年）（B-2）。

【第3段階】　南靖（＊01）

（＊01）四方に軍を出すとき、中国では「東征」「西討」「南靖」「北伐」といいます。

（＊02）攻城戦は難しく、孫子も「城攻めは下策」「10倍する兵力が必要」としていますが、その有効策のひとつが水攻めです。中国では下邳の戦（曹操vs呂布）、日本では備中高松の戦（秀吉vs毛利）などが有名ですが、近世に入って大砲が生まれると、苦労して造った水攻め用の堰を大砲で簡単に破壊されてしまうようになって廃れました。

ところが、そうこうしているうちに今度は楚（H-5）が背いたため、前279年、白起将軍が軍を率いて南下すると、楚はこれを鄢城（F-3/4）で迎え討たんと待ち構えていました（鄢郢の戦）（F-3）。

――鄢城は難攻不落！

　城壁は厚く、数十万の軍民を擁しており、滅多なことでは陥ちぬ！

　しばらく耐えれば、遠征軍の身の秦軍は兵糧が保つまい！

ところが、その思惑は外れ、白起将軍はこれを「水攻め（＊02）」で鄢城に立て籠もる数十万の将兵（＊03）を溺死させて、たちまちこれを陥としてしまいます。

鄢城が陥ちれば、そこから楚都（郢）（F/G-3/4）まで遮るものとてなく、しかも目と鼻の先でしたから楚の頃襄王（E/F-4/5）は狼狽、都を棄ててさっさと陳まで遁走してしまいました。

戦況が劣勢にあるとき、ここで踏ん張れるかどうかは主君の態度にかかって

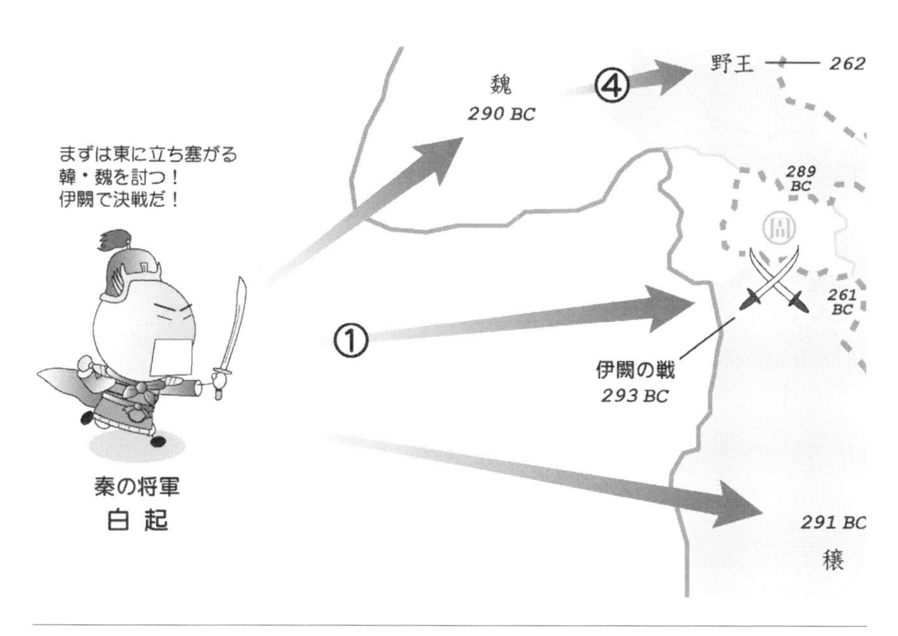

（＊03）城ごとなので民間人も含んだ数字。

います。

そこで主君が狼狽したり逃げ出せば軍は崩壊、ここで泰然自若としていれば逆転のチャンスも生まれます。

1868年の鳥羽・伏見の戦では、緒戦に敗れただけで幕府軍にはまだ戦える戦力は充分残っていたのに、その統領たる慶喜がさっさと江戸までトンズラしてしまったため、幕府軍は総崩れを起こしたものです。

1866年のケーニヒグレーツの戦(＊04)においても、普軍は一時崩壊寸前に陥り、観戦していた普王も宰相も動揺しはじめたことがありましたが、ただひとり参謀総長のモルトケだけが泰然自若としていたため、指揮系統が乱れることなく逆転を果たしています。(＊05)

楚も、イの一番に楚王が逃げ出したことで首都(郢)は苦もなくあっさりと陥ちてしまうことになりました。

こうして、伊闕・梗陽・鄢・郢とたてつづけの戦によって韓・魏・趙・楚は兵と領土をごっそりと失って、著しく弱体化してしまったのに、前273年、今度は魏・趙が韓の華陽(D-3/4)に侵攻しはじめます。

何度も強調しておりますように、「一強多弱」の状態にあって「多弱」が生き残る唯一の道は「合従」しかないにもかかわらず。

まさに『戦国策』の中でその愚を訴える「鷸(魏・趙)と蚌(韓)の争いを横目にこれを横取りする漁夫(秦)(＊06)」の構図です。

華陽を包囲された韓は、秦と連衡するべく救援要請。

秦にとって「連衡」は願ったり叶ったり、ただちに援軍を発し、華陽を囲む魏・趙軍を背後から急襲したため、突如大挙して背後から現れた秦軍に、魏・趙軍は壊滅的敗北を喫し、魏軍13万・趙軍2万の損害を出して敗走していきました(華陽の戦)。

(＊04)プロイセンとオーストリアが戦った普墺戦争の決戦。

(＊05)ちなみに徳川家康は、戦況がちょっと悪化しただけですぐに取り乱します。
戦況がちょっと悪化してくると血が出るほど爪を噛み、さらに厳しくなってくると鞍をボコボコ殴って当たり散らし、いよいよ危なくなるとウンチを漏らす。家康の小人ぶりを表す逸話は枚挙にいとまありませんが、こうした態度にもそれが現れています。

ここまで白起将軍は、左庶長（爵位 10 位（＊07））から始まって、戦のたびに左更（爵位 12 位）、国尉（官名）、大良造（爵位 16 位）とトントン拍子に出世していき、ついには「武安君」に封じられるまでになりました。

こうした情勢の中で秦に亡命してきたのが、范雎だったのです。

【第４段階】　東征

范雎は、まず政敵・魏冄を追い落とし（前 265 年）ましたが、それが一段落ついたところで范雎は考えます。

―― 武安君（白起）は勝ちすぎだ。

本書「第２章 第３幕」でも触れましたが、「百戦百勝」「連戦連勝」「全勝無敗」といった輝かしい戦績の先に待っているものは、かならず「破滅」です。

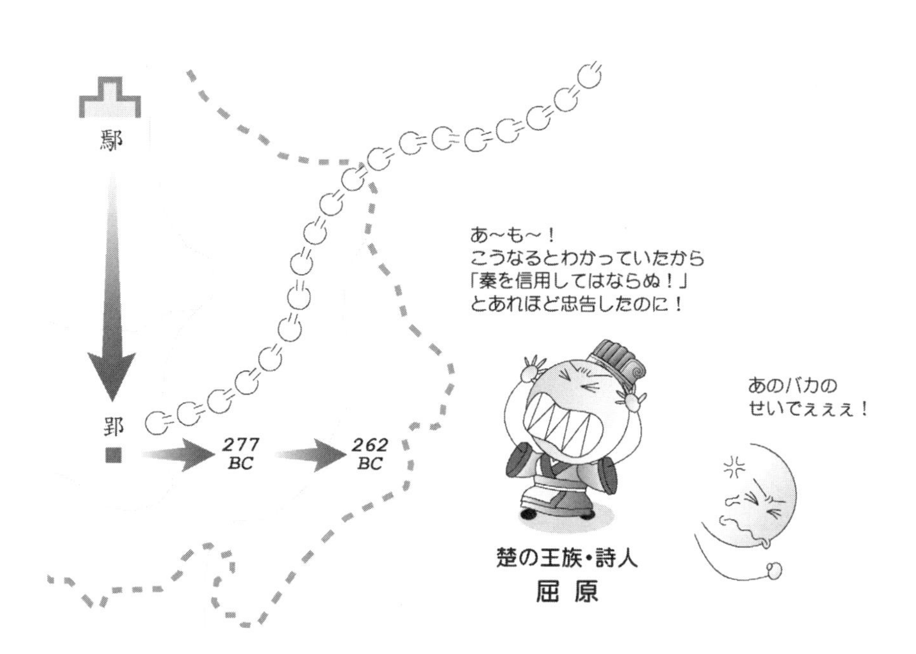

（＊06）「漁夫の利」という諺の出典は『戦国策』で、趙（恵文王）が燕（昭王）を攻めようとするのを、縦横家の蘇代（蘇秦の弟）が鷸（趙）・蛤（燕）・漁夫（秦）の三者に喩えて諫めたものです。

（＊07）秦の爵位は、１位（最下位）から 20 位（最高位）まで 20 段階に分かれていました（二十等爵）。数字が大きい方が位が上であることに注意。

勝ちすぎてはなりません。

しかしながら、白起将軍は無骨な軍人タイプ、目の前の戦に全力投球して遮二無二勝ちつづけてしまいます。

では逆に、「図らずも連戦連勝してしまった場合はどうすれば難を避けられるか？」といえば、功は政敵に譲り、褒賞は周りの者に還元することです。

これしかありません。

たとえば、秀吉の「三日普請」。

秀吉の出世譚のひとつで、彼がまだ「木下藤吉郎」と名乗っていたころ、遅々として進まない普請（暴風雨で崩れた清洲城石垣の修復作業）を３日で完成させた —— という逸話があります。

巷間、このときの彼の奇抜なアイディア・手際のよさにばかり焦点を当てて語られていますが、彼のすごさはそこではありません。

普請の出来映えに満足してねぎらいの言葉をかける信長に、藤吉郎は敢えて上役の丹羽長秀を立て、もらった褒美はすべて職人にバラまき、手柄をすべて周りに還元しています。

足軽風情が出しゃばったマネをして信長公から直接お褒めの言葉を賜ったとなれば、それは各方面からの嫉妬や僻みを受けるに決まっており、これを避けるためです。

その後、出世頭となって「羽柴秀吉」と名乗るようになっても、備中高松城攻めでは城の陥落は時間の問題という段階になってから、わざわざ信長に救援要請の手紙を出し、信長に手柄を譲ろうとしています。

こうした秀吉の細心の気遣いが、彼を足軽から天下人に押し上げた原動力となったことは疑いありません。

閑話休題。

しかし、白起将軍はそうした如才ない行動もできないタイプ（＊08）でした。

前幕でも触れましたように、ただでさえ文官と武官は“嫁姑関係”にあるの

（＊08）「戦術」と「戦略」はまったく違い、白起将軍はあくまで「戦術にすぐれた将」であって「戦略にすぐれた軍師」ではありませんので。
詳しくは本幕コラム『戦略と戦術の違い』を参照のこと。

に、白起将軍の実績たるや、後世に語り継がれるほどの大活躍でしたから、范雎がこれを嫉視するのも当然といえます。

　さて。

　その白起将軍は各地を転戦、韓を攻めていたときついに野王（C/D-3）を陥とします（前262年）。

　当時の韓は、北部（上党）（C-3）と南部（新鄭）（D/E-3/4）を峡部（野王）でつなぐ瓢箪のような形をしていましたが、今回、その峡部（野王）を抜かれてしまったことで北部（上党）が飛び地となってしまい、これを維持することが困難となります。

「どうせ秦に取られるくらいなら！」

　そう思った韓は、趙の恵文王（B/C-4/5）に上党を献上する旨の使者を出しました。

　これに対し、趙の朝議は侃々諤々。

「こんなものを受け取れば、秦と戦になることは明白。
　韓は上党を差し出すことで秦の矛先を我が国に向けさせようとしている魂胆がみえみえである！（＊09）」

　こうした反対意見が強かったにもかかわらず、相国（宰相）の平原君（A/B-2/3）は「ただで領土が手に入る、こんな旨い話を蹴る手はない」と反対の声を押し切って併合してしまいます。

　当然上党も手に入ると思っていた秦の昭襄王（E/F-1）は、突然しゃしゃり出てきてこれを掠め取った趙に怒り心頭。

　前260年、王齕将軍に出撃を命じるや、アッという間に上党を占領したばかりか、そのまま趙都・邯鄲（C-4）近郊まで軍を動員してきます。

――そらみたことか！

　じつは、当時の趙は大きく揺らいでいました。

　これまで趙を支えてきた“前輪と後輪”も今は昔。

　名将・趙奢将軍（A-1/2）はすでに亡く、賢臣・藺相如（A-4）は明日をも

（＊09）平原君の弟・平陽君の発言。実際、そのとおりでした。

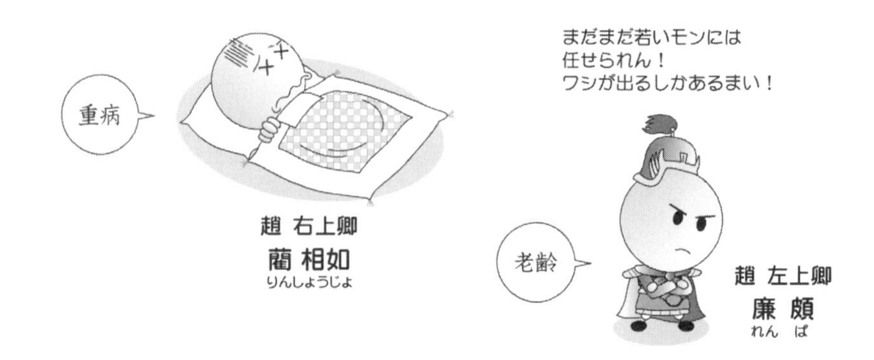

知れぬ病床にあって政務などできる状態になく、平原君はそもそもこの国難を招いた張本人[＊10]―― という惨状。

唯一、廉頗（れんぱ）将軍（A/B-3/4）だけが、老いたりとはいえ歳に似合わず矍鑠（かくしゃく）としていましたが、この少し前（前266年）に趙王が恵文王（けいぶんおう）から孝成王（こうせいおう）（B/C-4/5）に代わったことで、ご多分に漏れず、君臣の信頼関係が揺らいでいました[＊11]。

こたびの危機に、孝成王（こうせいおう）は自分の子飼将軍に出陣して欲しいところでしたが後進が育ってきておらず、誰もが廉頗（れんぱ）将軍を推すため、彼が出陣ということになります。

じつは、すぐれた人材が組織の中枢を占めるのも善し悪しで、そのときには一時的に“組織が活性化”しますが、若手が彼らに頼り切ってしまうため「後進が育たない」という致命的欠点があります[＊12]。

そのため、その「優秀な世代」が老齢化したとき、組織が一気に無能集団化して、短期のうちに弱体化してしまうという危険性を孕（はら）むのです。

（＊10）「戦国四君」のひとりに数えられる平原君ですが、彼にまつわる逸話を紐解くと、賞賛すべき活躍を見せるのはほとんど彼が抱えていた食客ばかりで、特に彼自身がすぐれた才を発揮した逸話はほぼ見つからず、見つかるのは彼の「無能」を示す逸話ばかりです。

（＊11）これまでさんざん見てまいりましたように、君主が代わると、新君主は先代の老臣を煙たがり、子飼いの若い家臣団に総入替を行おうとするのが世の常でした。

このときの趙も、いつまで経っても老将（廉頗）に頼らなければならないところに、趙の“組織疲労”が読み取れます。

さて、こうして迎えた決戦こそ、“戦国時代最大の合戦”と言われる「長平の戦（C-3/4）」です。

しかしながら、如何な廉頗将軍と雖も、このたびの戦は厳しい。

兵数だけで見れば秦軍は趙軍より少なかった(＊13)とはいえ、秦兵は「商鞅の変法」以来、兵の練度は高い。

これに対して趙兵は旧態依然とした一領具足(＊14)であり、練度がまったく違います。

実際、廉頗将軍も小手調べとして、その緒戦で正面から戦ってみましたが、三度戦って三度敗れ、兵の質の差を再確認させられました。

しかし、これまでどれだけの死線をくぐり抜けてきたか知れない百戦錬磨の廉頗将軍、その辺りは心得たもの。

何事も臨機応変、まともに戦って勝てぬとあらば、まともに戦わねばよい。

敵が大軍であるならば、大軍であるが故の“弱点”を突けばよい。

秦軍は遠征の身の上なのですから、こうしたときは籠城して敵の兵站に楔を打ち込むのが兵法の基本です。

秦将王齕はなんとか趙軍を城から引きずり出そうと、兵を使って罵倒させ、これを煽りましたが、廉頗将軍ほどの者がそんな見え透いた挑発に乗るはずもなく。

そうこうするうち、籠城はなんと２年におよび、じわじわと秦軍の兵站は悲鳴を上げはじめ、秦に焦りの色が濃くなっていきます。

すべては廉頗将軍の目論見通り。

事は順調に進んでいます。

（＊12）たとえば「三國志」で例を上げると、蜀は関羽・張飛・馬超・黄忠・趙雲ら（五虎将）すぐれた武将に恵まれて国勢を高めましたが、にもかかわらず、彼らが老い死んでいったあと、これといった目をみはる武将が現れていないのはそのためです。

（＊13）趙軍は「40万」と書かれていますが、秦軍の具体的数字は不明です。

（＊14）平時には農民として田を耕し、戦時には兵士として剣を手に戦う階級のこと。半農半兵。

第1章　春秋時代（前期）
第2章　春秋時代（後期）
第3章　戦国の幕開け
第4章　秦の台頭
最終章　天下布武

ところが、「戦術」というものがまるで理解できない趙王（孝成王）にはこれがおもしろくない。

「廉頗め、何をいつまでも亀のように閉じ籠もっておる！？

さっさと討って出ぬか！」

焦れる趙王の耳に“ある噂”が入ってきます。

――秦将王齕は老将の廉頗など歯牙にもかけておらぬが、「趙括将軍に出張ってこられたら太刀打ちできない」とそれだけを怯えているそうだ。

「これはいい情報を手に入れた！」

孝成王は手を打ち、ただちに趙括（B-1）を召し出します。

じつは彼こそ、後世、事あるごとに取り上げられ、脈々と語り継がれることのなる“その筋”では有名な将軍となる人物です。

彼は、藺相如・廉頗とともに趙を支えた名将・趙奢の子で、父の背中を見て育ち、幼少より兵学書を読み漁って若くしてあらゆる兵学書を諳んじ、兵学論議をすれば父（趙奢）すら太刀打ちできないほどで、将来を嘱望されていた新進気鋭の若者です。

平素より廉頗将軍を疎んじていた孝成王はここぞとばかり、廉頗を更迭し、若手に手柄を立てさせ、自分の手駒とする絶好の好機と考えたのでした。

第8幕

青二才の大失態

長平の戦

趙の孝成王は、各方面の反対を押し切って趙括を総大将として長平に送り込むことにしたが、その失態により、趙は軍が消滅してしまうほどの大敗北を喫してしまう。このまま秦軍が雪崩を打って攻め寄せれば、もはや趙には抗うすべもなく。ところが意外や意外、ここにきて和を請うてきたのは秦の方であった。

〈長平の戦〉

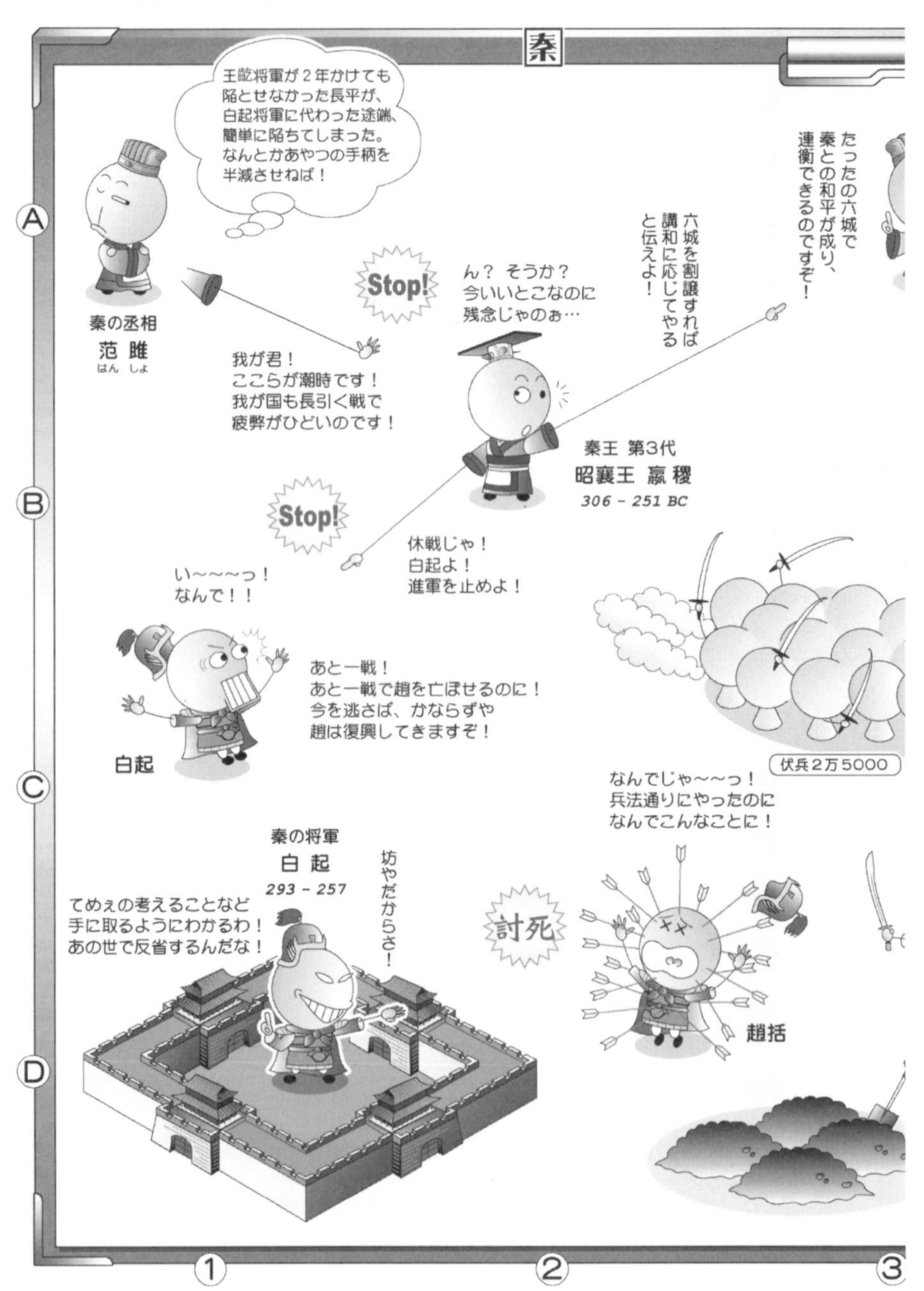

秦
王齕将軍が２年かけても
陥とせなかった長平が、
白起将軍に代わった途端、
簡単に陥ちてしまった。
なんとかあやつの手柄を
半減させねば！
秦の丞相
范 雎
はん しょ
我が君！
ここらが潮時です！
我が国も長引く戦で
疲弊がひどいのです！
Stop!
ん？ そうか？
今いいとこなのに
残念じゃのぉ…
六城を割譲すれば
講和に応じてやる
と伝えよ！
たったの六城で
秦との和平が成り、
連衡できるのですぞ！
秦王 第3代
昭襄王 嬴稷
306 – 251 BC
Stop!
休戦じゃ！
白起よ！
進軍を止めよ！
い〜〜〜っ！
なんで！！
あと一戦！
あと一戦で趙を亡ぼせるのに！
今を逃さば、かならずや
趙は復興してきますぞ！
白起
伏兵２万5000
なんでじゃ〜〜っ！
兵法通りにやったのに
なんでこんなことに！
秦の将軍
白 起
293 – 257
坊やだからさ！
てめぇの考えることなど
手に取るようにわかるわ！
あの世で反省するんだな！
討死
趙括
A
B
C
D
1
2
3

前260年

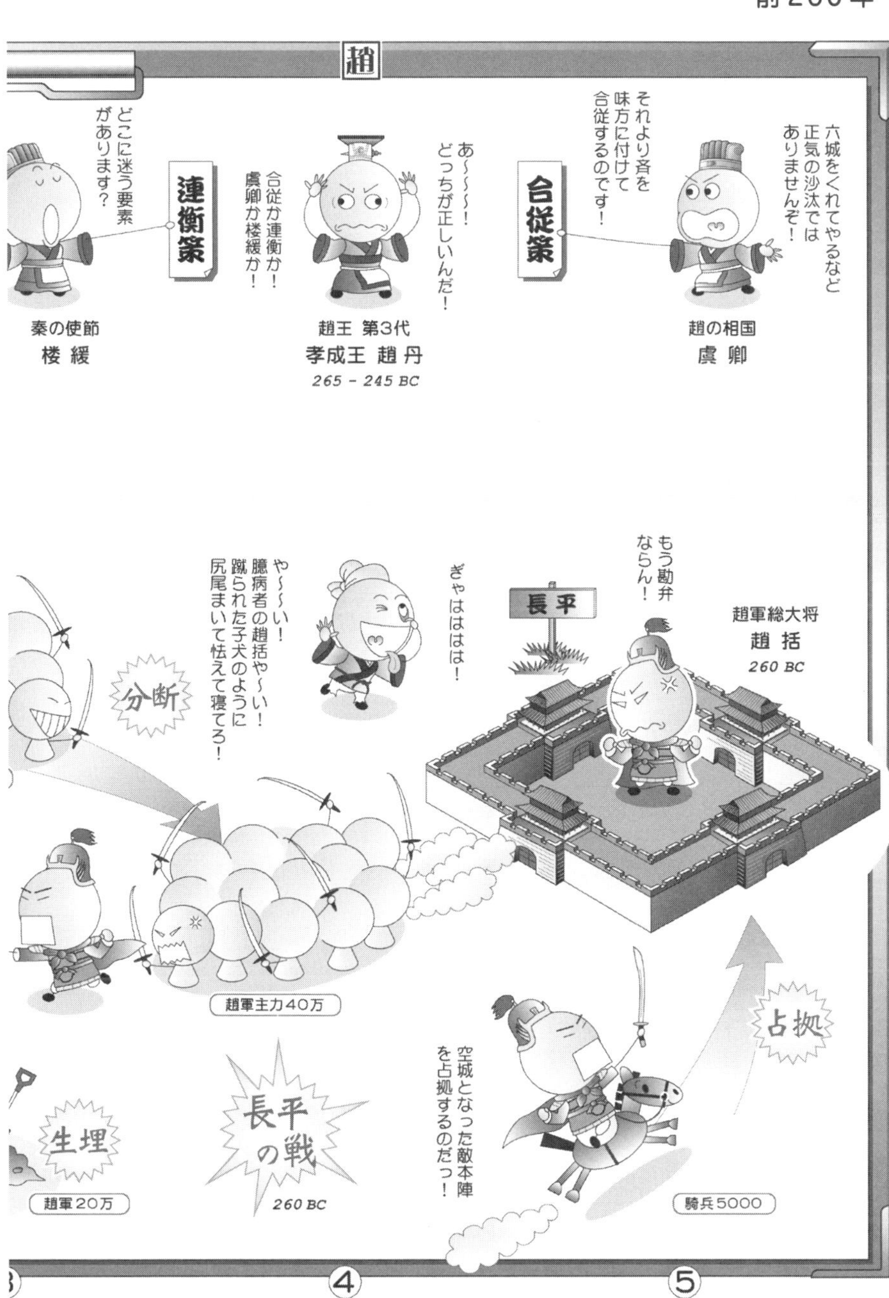
趙
六城をくれてやるなど正気の沙汰ではありませんぞ！
それより斉を味方に付けて合従するのです！
合従策
趙の相国
虞卿
あ〜〜〜！どっちが正しいんだ！
合従か連衡か！虞卿か楼緩か！
趙王 第3代
孝成王 趙丹
265 - 245 BC
どこに迷う要素がありますか？
連衡策
秦の使節
楼緩
もう勘弁ならん！
趙軍総大将
趙括
260 BC
長平
ぎゃははは！
や〜〜い！臆病者の趙括や〜い！蹴られた子犬のように尻尾まいて怯えて寝てろ！
分断
趙軍主力40万
占拠
空城となった敵本陣を占拠するのだっ！
騎兵5000
長平の戦
260 BC
生埋
趙軍20万
④
⑤

こうして趙（A-4）では廉頗将軍に代えて趙括（B/C-5）を総大将に据えるということが決まりましたが、これを聞きつけた藺相如が、死期の迫った病を押して参内してきました。
――我が君。趙括を任じてはなりませぬ。
　彼は兵法書を死記硬背（＊01）しているだけの未熟者。
　とてもこたびのような大任は背負いきれません！
　まずは小さな戦で経験を積ませてから……
　しかし、趙王は「こいつ（藺相如）は廉頗の“刎頸の友”だから将軍を庇っておるのだろう」と邪推して相手にしてくれません。
　藺相如が落胆して帰る、これと入れ違いに今度は趙括の母親がやってきました。
――何卒、我が子・括を総大将にすることをお止め下さいますよう。
　我が子を大将軍にしてもらって礼のひとつも言いにきたのかと思いきや、藺相如につづいてその母親までも！？
　意外な申し出に驚いた孝成王（A-4）は下問します。
「なぜじゃ！？
　どこの世に我が子の栄達を喜ばぬ母親がおる！？」
――我が夫・奢は生前、妾につねづねこう申しておりました。
　「あれ（趙括）はダメだ。知識はある。口も達者だ。だがそれだけだ。
　実戦ではああいう“紙上に兵を談ず（＊02）”者が将となれば、
　その軍はかならず潰滅する。
　そうなれば、その責は括だけではない、我が一族郎党にも及ぶ。
　よいか。万一あやつが総大将にでも任じられるようなことがあらば、
　そなたはこれを全力で阻止せよ！」
　しかし、それでも孝成王は頑として首を縦に振らず、これら反対を押し切って、結局趙括を総大将として長平（B/C-4/5）に送り込んでしまいました。
　この動きを知った秦（A-2）の丞相・范睢（A-1）は大喜び。

（＊01）中国語で「言葉の真意も理解せずに言葉だけを機械的に丸暗記すること」という意。

―― してやったり！
　すべては我が掌（たなごころ）の中（うち）！
　じつは、「秦軍、趙括（ちょうかつ）を恐る！」の噂を流したのは范雎（はんしょ）その人だったのです。
　この２年間、巣穴（城）から狐（趙兵）を燻（いぶ）り出そうと、あの手この手と策を講じてきましたが、相手が海千山千の老獪（ろうかい）な廉頗（れんぱ）将軍には通じず、お手上げ状態だったために取った策でした。
―― 敵将が廉頗（れんぱ）であるかぎり埒（らち）が明かぬ！
　なんとか愚将に代わってもらいたい。
　できれば、頭でっかちで経験不足ゆえに自分を過信し自尊心（プライド）だけは高い青二才ならなおよい。
　そして、その“お誂（あつら）え向き”の人物が趙にはいました。
　それが趙括（ちょうかつ）だったのです。
　敵将が趙括（ちょうかつ）がごとき青二才ならなんとでもなる。
　そのうえ、万全には万全を期し、趙には悟られぬよう極秘裏に王齕（おうこつ）（＊03）に代わって白起（はくき）（C/D-1/2）を総大将に据えます。
　さあ、これで細工は流々。あとは仕上げを御覧（ろう）じろ。
　そんなこととは露知らぬ趙側では、自信満々で長平に乗り込んできた趙括（ちょうかつ）がいきなり失態をやらかします。
　着任早々、これまで廉頗（れんぱ）将軍が定めてきた陣形や命令体系を一掃し、“教科書（兵法書）通り”に変更させてしまったのです。
　これには、この２年間ずっと廉頗（れんぱ）将軍とともに戦ってきた諸将は猛反発。
　それもそのはず。
　自分たちが信頼していた廉頗（れんぱ）将軍がなんの落ち度もなく突然更迭（こうてつ）されただけでも不信感が高まっているのに、代わってやってきた新任が自分たちよりもずっ

（＊02）この故事から、「ただ知識を丸暗記しているだけで、その言葉の真意を悟ることもできず、したがって状況に応じて臨機応変に対処することもできない」ことを、後世「紙上に兵を談ず」と言うようになりました。
詳しくは、次ページのコラム『丸暗記の功罪』を参照のこと。

（＊03）このとき王齕将軍は更迭されたわけではなく、副将となりました。

Column 丸暗記の功罪

学生時代の試験（ペーパーテスト）というのは、教科書に書かれていることしか出題されないため、あれやこれやと思考を巡らせて“理解”しながら学び進めるより、何も考えず“死記硬背（しきこうはい）（丸暗記）”してしまった方がラクに高得点が取れてしまいます。

そのうえ周りも、その“点数”だけを見て「優秀」と評価するため、学生本人も「勉強＝（イコール）丸暗記」と勘違いしてしまいます。

それどころか、本来であれば「丸暗記の愚」を厳に諭してあげなければならない教師自身がその愚を知らぬ者ばかりで、「丸暗記ノウハウ」を得意げに教え、率先して丸暗記学習を推奨するという惨状にあります。

しかしながら、ひとたび社会に出れば“丸暗記した教科書の知識”などひとつたりとも役に立ちません。

社会で要求される能力は「学生時代に得た基礎知識をどれだけ実社会に“応用”できるか」ですが、丸暗記で得た知識はまったく“応用”が利かないためです。

昔から「十（とお）で神童、二十（はたち）歳過ぎればただの人」という金言があるように、学生時代は「優秀」だった者が、社会人になった途端「凡愚」と化すのはそのためです。

本幕の「趙括（ちょうかつ）」こそがまさにそうした凡愚の典型で、父親の趙奢（ちょうしゃ）も藺相如（りんしょうじょ）も彼のそうした愚かさを看破していたからこそ、彼が将軍になることに反対したのでした。

趙括（ちょうかつ）本人にその自覚があればよかったのですが、ご多分に漏れず、自らを「優秀」だと勘違いしてしまったところに不幸があります。

もっとも、こうした“趙括（ちょうかつ）”は古今東西いつの世にもどこの国にもたくさん現れ、自覚なく世を引っ掻き回しています。

知識というものは「理解」して初めて活きるのであって、「丸暗記で得た知識」など、試験（ペーパーテスト）の点数を上げること以外何の役にも立たない、ということを歴史から学ばなければいけません。

と年下の、しかも何の実戦経験もない青二才で、これまで廉頗将軍とともに戦況を見極めながら臨機応変に築きあげてきた軍事方針をいきなり全否定してきたのですから（＊04）。

しかし、趙括は自分に反発する諸将をことごとく更迭して改革を断行したため、指揮系統に混乱が生じます。

片や、趙の陣営が“教科書通り”に配置替えされているのを見た白起将軍は嘲笑しました。

――皆の者、見てみよ。あの陣営を！
　まるっきり“教科書通り”ではないか！
　兵法というものは戦況・戦局に応じて臨機応変に変えてゆかねばならぬ。
　そこが将の腕の見せ所というに、そんなことすら知らぬ小童が！
　この戦、勝ったな！

教科書通りに動くとわかっている相手なら、相手の次の行動が読めるため、これほどやりやすい相手はいません。

それにしてもまず、“狐を巣穴から燻り出”さぬことにはどうしようもありませんが、そこは実戦経験の乏しい趙括が相手ですから、その点も扱いやすい。

そこで、兵を使って趙括を嘲り、囃し立てさせます。

「廉頗は亀のように身をすくめて我らに怯え隠れておったが、
　代わりにやってきた若造（趙括）も蹴られた子犬が如き臆病者っぷりよ！
　趙にはどいつもこいつも腰抜けしかおらぬと見える！」（B/C-4）

廉頗将軍はこうした見え透いた挑発には一切乗りませんでしたが、若気の至り、趙括はいともたやすく乗せられます。

――おのれ！　雑兵どもにこれほどコケにされて黙っておれるか！（B/C-5）
　そもそも我が軍の方が数に勝るのだ！
　孫子も「十なれば即ちこれを囲み、五なれば即ちこれを攻めよ（＊05）」と

（＊04）現代社会で喩えるなら、「信頼関係で結ばれていた上司がなんの落ち度もないのに突然左遷され、新しく本社から赴任してきた上司が「一流大学を出ていることだけが自慢」の何の実績もない世間知らずの新卒で、いきなり社内規則を一言一句文言どおりに実行させようとして、これまでの現状に合わせた慣例をめちゃくちゃにした」ようなものです。

　言っている！　銅鑼を鳴らせ！（＊06）
　こうして２年ぶりに城門が開き、趙括将軍が御自ら先頭に立って出撃してきました（C/D-3/4）。
　さきほどまで囃し立てていた秦兵は最初こそ抵抗を示したものの、ほどなく敗走が始まります。
――そら見たことか！
　秦軍などまったく恐るるに足らず！　進め！
　このまま一気にやつらを叩くのだ！
　勢いづいた趙軍は敗走する秦軍を全力で追いましたが、そのため後衛が付い

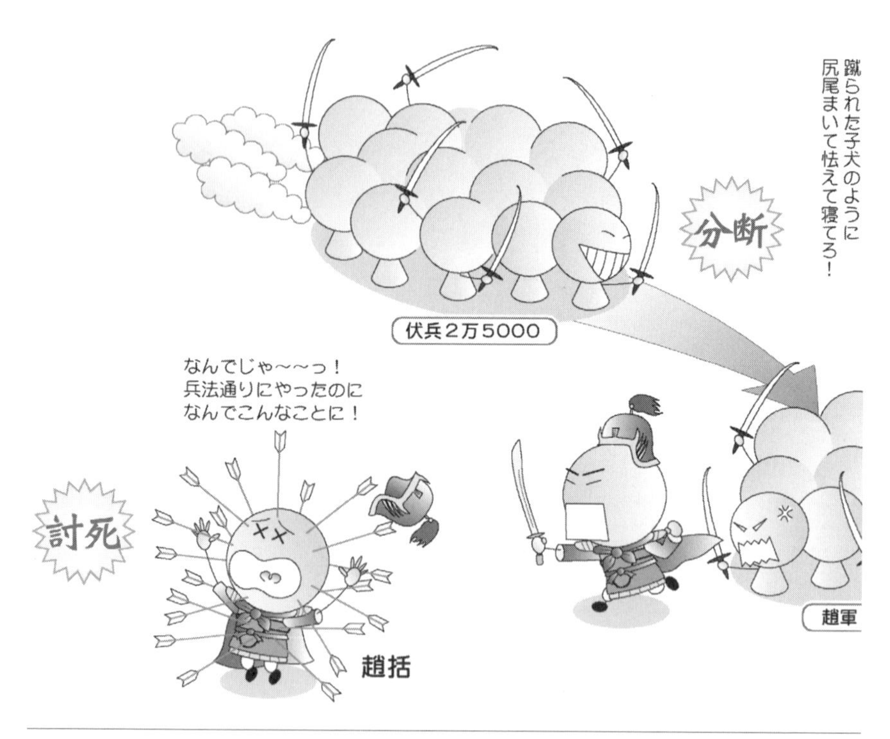

（＊05）「敵に10倍する兵力があれば敵を包囲し、5倍の兵力があれば攻めよ」という意。
そのあと「敵の倍であれば挟撃し、互角であれば工夫して戦い、少なければ退却せよ」とつづく。

てこれず、趙の陣形は蛇のように細長く延びてしまいます。
　すると、ここぞとばかり、その横腹を秦軍（２万5000）が急襲！（B/C-3）
「将軍！　我が軍は側背を伏兵に襲われ、分断された模様！」
　分断された後軍は、頭を断ち落とされた蛇の胴体同様、頭（趙括）を失ってたちまち散り散りばらばらに。
　すでに触れました（＊07）ように「戦力自乗の法則」により、兵力が半分に落ちたということは、戦力は一気に1/4に落ちたということです。
――ふん、猪口才な！　伏兵を配しておったか！
　なんの！　それでもまだ我が軍の方が多い！

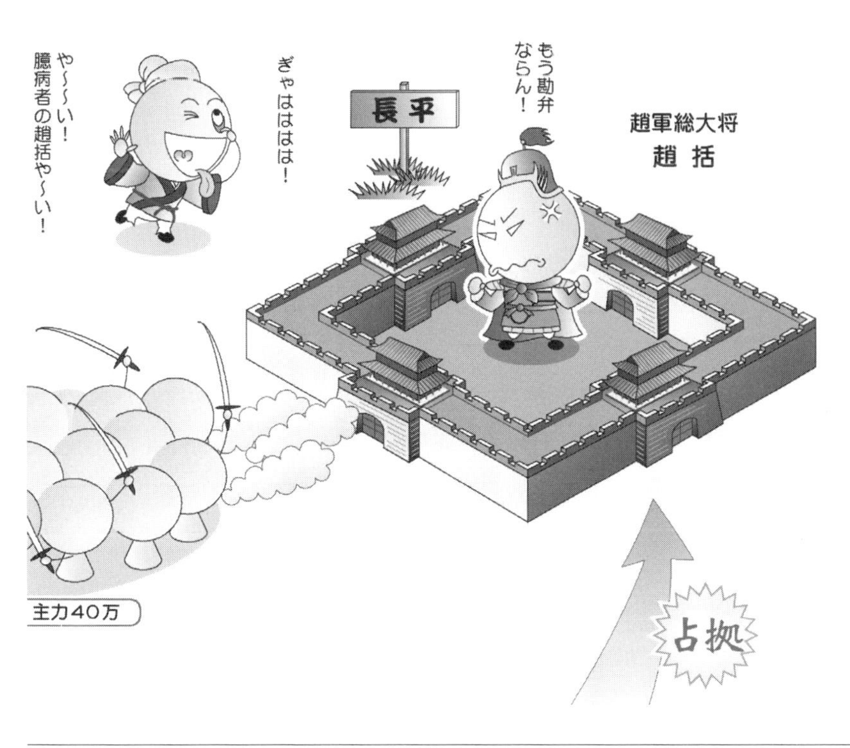

（＊06）旧日本軍の進撃ラッパに相当。出撃の合図とともに兵を鼓舞するために敲かれました。
（＊07）本書「第４章 第２幕」。

怯むな、このまま一気に敵本陣（D-1/2）を陥としてしまえばよいのだ！
しかし、敵陣にたどりついてみると、ついこの間まではなかった深い壕と高い土塁が張り巡らされた砦が現れ、攻める趙軍は死屍累々。
「趙将軍！　このままでは我が軍は全滅ですぞ！」
――むむぅ！　ここはいったん退くか……。
「報告！　我が本陣が騎兵部隊に急襲され、すでに陥落した模様！」
――なにっ！?
じつは白起将軍は、あらかじめ右に2万5000兵、左に5000騎の伏兵を配し、右伏兵には趙軍の側背を突かせ、左騎兵には空砦となっていた敵本陣を陥とさせていた（D-5）のでした。
――おのれ、白起！
こうして趙括はまんまと"巣穴"から誘き出されたうえ、その"巣穴"まで奪

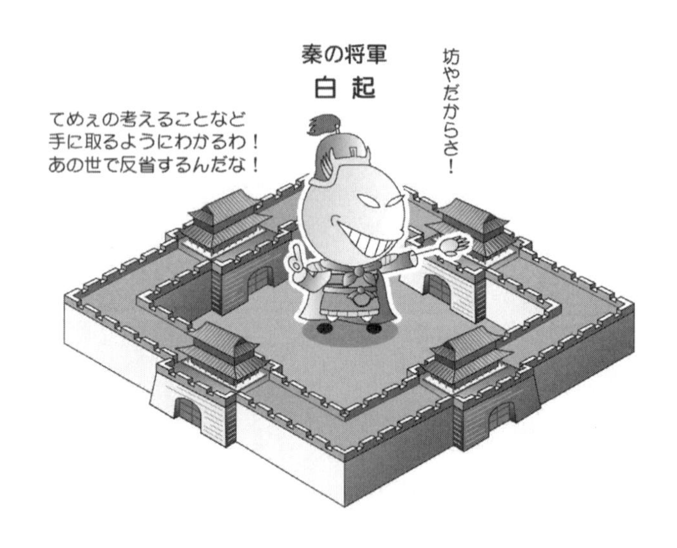

（＊08）補給路。兵站線。

（＊09）もっとも、当時の中国では戦時でも飢餓でもなんでもない、平時においても「食人」が習慣的に行われており、ましてや戦時ともなれば、兵糧が尽きたらまっ先に「食人」に走るというのは中国では"日常的風景"であって、日本人が想像するほどには"地獄絵図"でもないのですが。

われて寄る辺を失い、孤立してしまいます。

包囲され、糧道(＊08)を断たれた趙軍はたちまち兵糧が尽き、ほどなく人を喰いあう地獄絵図と化した(＊09)ため、ついに討って出たところを、趙括は矢で撃たれハリネズミのようになって討死（C/D-2/3）。

総大将の戦死を知った、残る趙兵20万は武器を棄て投降しました。

白起将軍の完勝です。

しかし白起将軍は、この投降した20万の趙捕虜の処遇に頭を抱えました。

勝ったとはいえ、秦とてこたびの趙との長戦に疲弊しきっており、兵糧はぎりぎり、とても20万もの捕虜をまかなう余裕などありません。

食事を与えなければ、彼らはかならず叛乱を起こすでしょう。

かといって、釈放を許せば、祖国で鋭気を養ったあと、ふたたび自分たちに牙を剥いてくることは必定。

八方塞がりです。

―― やむを得ん。

白起はひとつの決断をします。

趙の捕虜に深い壕を掘らせ、その数20万(＊10)ともいわれる趙兵をそのまま壕に生き埋め(＊11)としてしまった（D-3）のです。

後世、白起将軍の名はこれまでの数々の戦功より、この残忍な行為によって有名になりました。

趙はこたびの戦にほぼ全軍に近い兵を投入していたため、ほとんど軍部が消滅したも同然となって周章狼狽。

―― よし！　ようやく“固く閉じられた門（長平）”は開かれた！
　あとは趙都・邯鄲まで何もなき野を往くが如し！
　このまま一気呵成に趙を亡ぼすぞ！

（＊10）『史記』では、この数を「40万」としていますが、これは如何にも不自然な数字です。まず、趙括が城を出撃した時点での兵力が「40万」。それが白起将軍の戦術で分断され、各個撃破され、砦攻めで大損害を被り、糧道を断たれて死屍累々。そうして最後の決戦に討って出て壊滅状態に陥った趙軍の敗残兵の数が「40万」では計算が合いません。

（＊11）まだ年端もいかぬ少年兵（240名）だけには恩情がかけられ、帰国を許されました。

気炎を吐く白起将軍に、中央から伝令がやってきます。
「ただちに軍を退け！（B-1/2）」
――なに！？　軍を退けだと？　我が君は何を考えておられる？
　あと一押しで趙は亡びるのだぞ？（B/C-1）
しかし、秦王（昭襄王）（B-2）は頑として撤退命令を譲りません。
「そうは申すが、長引く戦に我が国も苦しいのじゃ。わかってくれ。」
憤懣やるかたない白起将軍でしたが、王のご下命とあらば従わぬわけにもいきません。
しかし、じつは昭襄王を後ろから糸を操っていたのは范雎（A-1）でした。
范雎は、白起将軍のあまりの大戦果に自分の地位が殆うくなることを危惧し、これ以上白起に手柄を立てさせまいと陰謀を巡らせ、昭襄王に軍を撤退させるよう入れ智慧していたのでした。
何度も触れておりますように、勝ちすぎてはなりません。

（＊12）当時の趙王（第８代 孝成王）の２代前の武霊王（孝成王の祖父）によって秦に送り込まれ、一時は秦の丞相（樗里疾→孟嘗君→楼緩→魏冄→范雎）にまで出世していましたが、このころは失脚して趙に帰国していました。そのため「秦の内情にもっとも詳しい者」として、孝成王から相談を受けることに。

勝てば勝つほど、敵はどんどん強くなり、味方の嫉妬まで喰らって足を引っぱられ、破滅へと転げ落ちていくことになります。

白起将軍ですら、その例外ではありませんでした。

さて、こうして秦の撤退は決まったものの、講和交渉の際にはそれをおくびにも出さずに有利に講和条件を進めなければなりません。

そこで、秦は使者を派遣し、条件を出しました。

――このまま貴国を亡ぼすこともできるが、我が君（昭襄王）は殊の外慈愛深きお方であらせられ、こたび趙が６つの城を明け渡さば、講和してやってもよいと申されております。

この機を逃さば、貴国に後日はありません（戦争再開）ぞ。

丁寧な言葉の裏に「これを拒まば再戦だ！」という恫喝が見え隠れ。

この提案に如何に対処すべきか。

そこで趙王（孝成王）は、楼緩[＊12]（A-3）に意見を求めます。

楼緩「我が君。いまや我が国に戦う力は残っておりませぬ。
もはや滅亡すら覚悟していたところを、たった６つの城で和睦できるなら安いものです！
こんな好条件を蹴って再戦となれば、我が国はほんとうに亡びてしまいます。この申し出を受諾し、秦と連衡すべきです！」

思案した孝成王が事の次第を相国（宰相）の虞卿[＊13]（A-5）に伝えると、彼は驚いて答えます。

虞卿「とんでもないことです！
我が国がすでに戦う力を失っていることは秦も重々承知のこと。
そのうえでたった６城で軍を退くなどと甘い条件を出してくるとは、
秦もすでに継戦できない深刻な事態に陥っていると見るべきです。
断じて和睦に応じるべきではございませぬ！
秦にくれてやるくらいなら、斉に５城を与えてこれと合従すべきです！」

こうして、楼緩が「連衡策（A-3/4）」、虞卿が「合従策（A-4/5）」を唱

（＊13）趙の相国（宰相）。「上卿」の地位にあったことから「虞卿」と呼ばれ、名は不明。

えて激論となり、孝成王はいったいどちらの意見が正しいのか、両論の板挟みにあってさんざん逡巡しました（＊14）が、ついに虞卿の案が採用されることになります。

すると、それを知った秦の使者はさっさと帰国し、「六城割譲案」はあっさりウヤムヤ（＊15）。

秦としては、ダメ元でこの講和案を出しただけで、断られようが断られまいが、最初から継戦の意志などなかったためです。

己の目論見（＊16）が露見したことを知った楼緩はただちに亡命していきました。

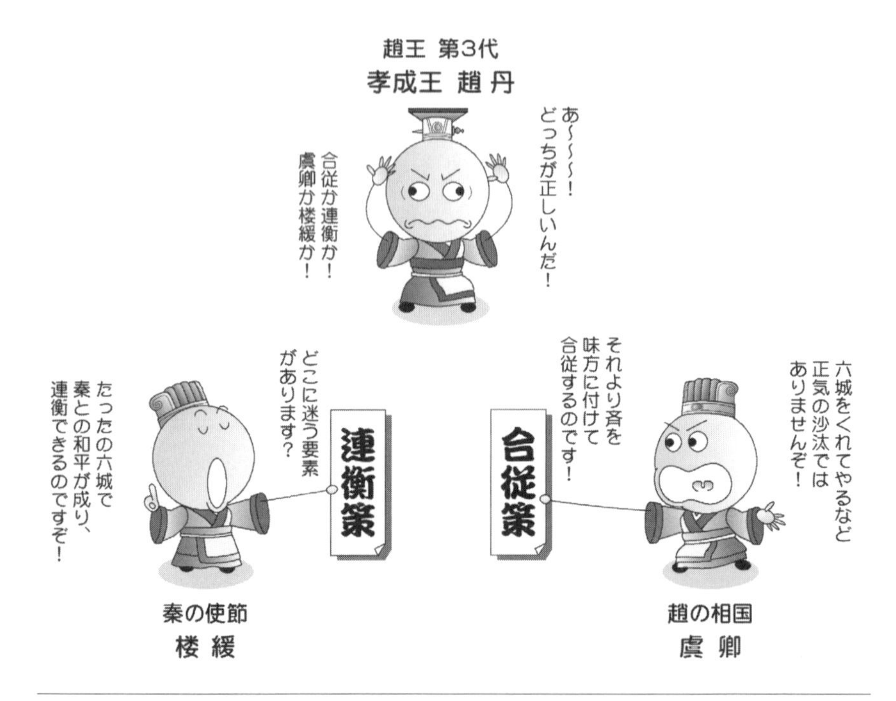

（＊14）ここまで本書を読み進めてきた諸兄なら、楼緩の「連衡」と虞卿の「合従」のどちらが正しいかは、このとき秦の内情を知らなかったとしても即断できることでしょう。

（＊15）『戦国策』に拠る。『史記』では要求のまま六城を割譲したことになっています。

（＊16）「趙のための助言」に見せかけながら、そのじつ「秦のための策謀」であったこと。

第4章 秦の抬頭

第9幕

一振りの剣

白起将軍の死

英気を養った秦はただちに邯鄲に軍を送り込もうとしたものの、肝心の白起将軍が病を理由にこれを拒否。仕方なく昭襄王は王陵を総大将に送り込むも邯鄲を陥とせず、総大将を王齕に替えるも敗走寸前。昭襄王御自ら出向いて白起将軍に出陣を要請するも、将軍は断固拒否。怒り心頭の昭襄王はついに……。

〈白起将軍の死〉

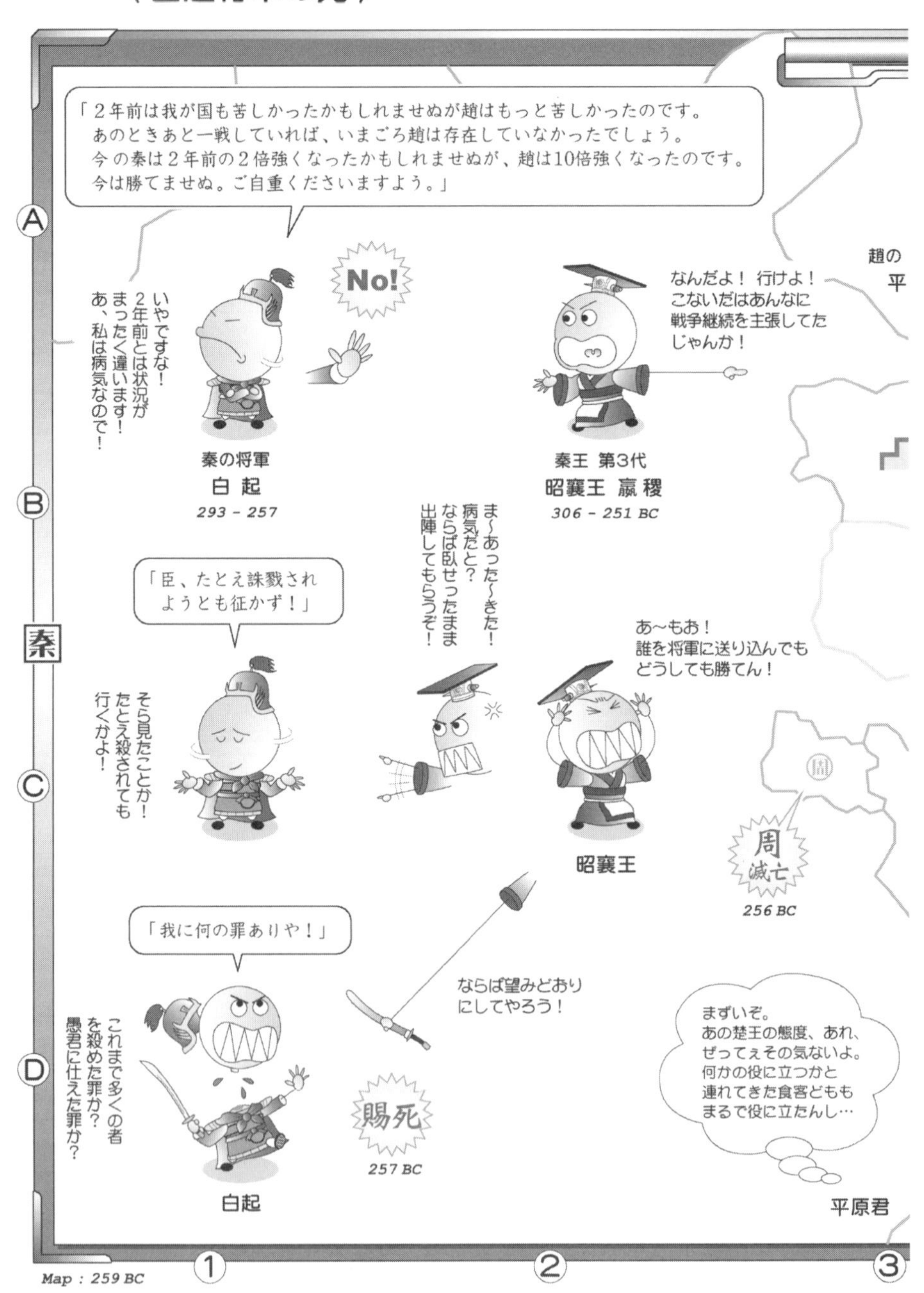

「２年前は我が国も苦しかったかもしれませぬが趙はもっと苦しかったのです。
あのときあと一戦していれば、いまごろ趙は存在していなかったでしょう。
今の秦は２年前の２倍強くなったかもしれませぬが、趙は10倍強くなったのです。
今は勝てませぬ。ご自重くださいますよう。」
No!
なんだよ！ 行けよ！
こないだはあんなに
戦争継続を主張してた
じゃんか！
いやですな！
２年前とは状況が
まったく違います！
あ、私は病気なので！
秦の将軍
白 起
293 - 257
秦王 第3代
昭襄王 嬴稷
306 - 251 BC
趙の
平
秦
ま～あった～きた！
病気だと？
ならば臥せったまま
出陣してもらうぞ！
「臣、たとえ誅戮され
ようとも征かず！」
あ～もお！
誰を将軍に送り込んでも
どうしても勝てん！
そら見たことか！
たとえ殺されても
行くかよ！
昭襄王
周
周
滅亡
256 BC
「我に何の罪ありや！」
ならば望みどおり
にしてやろう！
まずいぞ。
あの楚王の態度、あれ、
ぜってぇその気ないよ。
何かの役に立つかと
連れてきた食客どもも
まるで役に立たんし…
これまで多くの者
を殺めた罪か？
愚君に仕えた罪か？
賜死
257 BC
白起
平原君
A
B
C
D
1
2
3
Map : 259 BC

前259～前257年

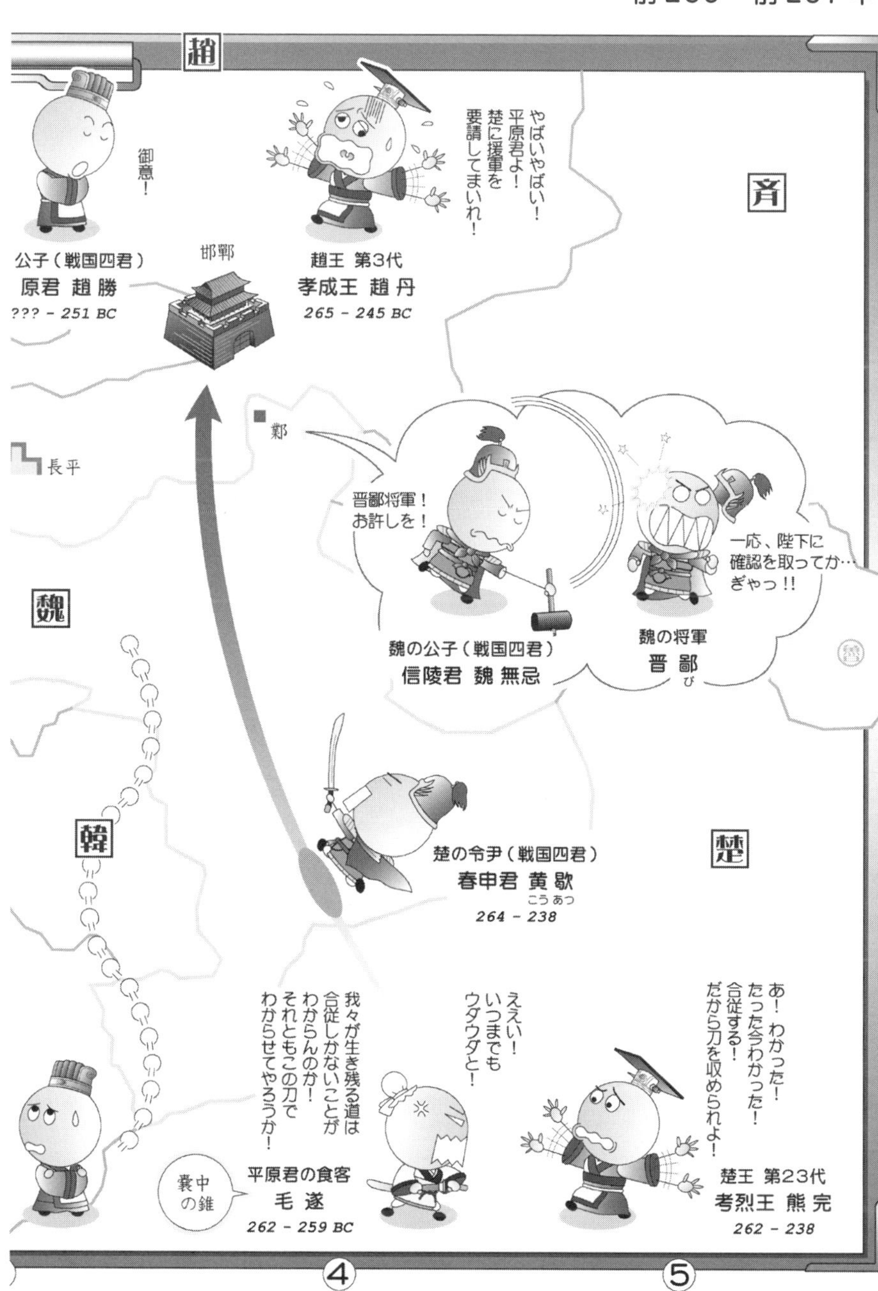
趙
斉
魏
韓
楚
邯鄲
鄴
長平
御意！
公子（戦国四君）
原君 趙勝
??? - 251 BC
やばいやばい！
平原君よ！
楚に援軍を
要請してまいれ！
趙王 第3代
孝成王 趙丹
265 - 245 BC
晋鄙将軍！
お許しを！
一応、陛下に
確認を取ってか…
ぎゃっ!!
魏の公子（戦国四君）
信陵君 魏無忌
魏の将軍
晋鄙
楚の令尹（戦国四君）
春申君 黄歇
264 - 238
我々が生き残る道は
合従しかないことが
わからんのか！
それともこの刀で
わからせてやろうか！
ええい！
いつまでも
ウダウダと！
あ！わかった！
たった今わかった！
合従する！
だから刀を収められよ！
嚢中の錐
平原君の食客
毛遂
262 - 259 BC
楚王 第23代
考烈王 熊完
262 - 238
④
⑤

長平の戦（B-3）では、"あと一戦"で趙を亡ぼすことができたのに、丞相・范雎の陰謀によって停戦・撤退を余儀なくされ、ここに范雎と白起（A/B-1）の確執は決定的（＊01）となりました。

——陛下はいつも范雎の言うがまま！
　わしの言葉になどいっさい耳を傾けてくださらぬ！

ふて腐れた白起はそのまま病と称して自邸に籠もり、出仕しなくなってしまいます。

ところで、昭襄王（A/B-2）が長平から兵を退かせたのは、趙（A-3/4）を亡ぼすことを諦めたからではありません。

范雎に唆されて、あくまで「疲弊した国力を恢復してから」と思っただけですから、つぎの1年間はゆっくりと民を休ませ、兵に英気を養わせ、糧秣を蓄え、武器を調えたうえで、さらに翌年（前258年）、軍を再編成してふたたび趙を攻めることになりました。

当然、その総大将として白起将軍に命が下りましたが、将軍は答えます。

——おやめなさるがよいでしょう。

「何故じゃ!?
　先だって長平にてそちは、兵も民も疲弊しきった状態であるにもかかわらず、強行に継戦を主張したではないか！
　今は、1年以上かけて兵と民を憩わせ、糧秣も武器も万全だ。
　それなのに開戦に反対するとは如何なる訳じゃ!?」（A/B-2/3）

——陛下。長平では確かに我が秦は苦しかったかもしれませんが、
　趙はもっと苦しかったのです（A-1/2）。
　あのときあと一戦！
　ただの一戦だけしていれば、今日、趙は存在しなかったでしょう。
　今、秦は国力は充実し、あのときの2倍強くなったかもしれません。

（＊01）どの国でも文官と武官の対立は避けがたいものがあることは、すでに「第4章 第6幕」でも触れましたが、この両者が固く結ばれていれば国は栄え、反目しあえば衰えます。
昭襄王のころの秦はすでに天下を狙えるほどの国力を誇り、范雎・白起などのようなすぐれた人材に恵まれながら、結局これを成し得なかったのは、その両者の仲を取り持つことができなかった昭襄王の器量の小ささに拠るところが大だったと言えます。

しかし趙は、滅亡寸前まで追い込まれたことで、君臣・官民が一体となって国力恢復(かいふく)・臥薪嘗胆(がしんしょうたん)に励み、あのときの10倍強くなったのです。

今、無理押ししても甚大な被害を出すだけです。

趙攻略に手間取れば、それを見た諸国が合従(がっしょう)してくるでしょうから、

そうなれば、いよいよ勝機はなくなります。

しかし、昭襄王(しょうじょうおう)の頭(オツム)ではこの理屈が理解できません。

理解できぬならできぬで黙っておればよいものを、毎度毎度しゃしゃり出てきては政治を引っ掻(か)き回します。

「もうすでに軍を招集してしまったのだ！

いまさら引けぬわ！　もうよい、そちには頼まぬ！」

昭襄王(しょうじょうおう)は白起(はくき)を諦めて王陵(おうりょう)（＊02）を召し、これを総大将として趙都（邯鄲(かんたん)）（A/B-3/4）を攻めさせることにしました。

地を埋めつくす秦軍を前にして趙は籠城戦で臨みます。

「２年前は我が国も苦しかったかもしれませぬが
趙はもっと苦しかったのです。
今は秦は２年前の２倍強くなったかもしれませぬが、
趙は10倍強くなったのです。」

なんだよ！　行けよ！
こないだはあんなに
戦争継続を主張してた
じゃんか！

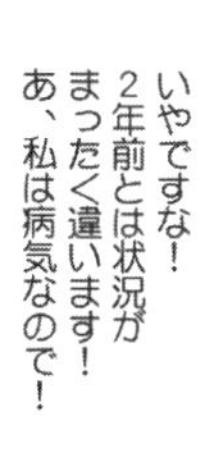

秦の将軍
白起

秦王 第3代
昭襄王 嬴稷

（＊02）ここで登場するだけの秦の武将で、詳細は一切不明。楚漢戦争のころの王陵とは別人。

孫子に曰く、

- 軍事に疎い君主は、軍事に口を挟んではならない。
- 城攻めは敵に 10 倍する兵力が必要。
- たとえ城を陥とせたとしても戦は長引き、自軍の疲弊も著しい下策。

こうしてみると、昭襄王の政治は「愚策」「拙策」「下策」の見本市のようなものです。

案の定、城を攻めあぐね、もたもたしているうち楚（C-5）・魏（B/C-3）から合従軍が駆けつけてきたため、大敗を喫してしまいました。

すべては白起将軍の諫言どおり。

とはいえ、城を死守した趙の側も“楽勝”ということはなく、まさにぎりぎりの駆引と攻防が繰り広げられており、このときの楚・魏の援軍を取り付けるにも以下のような逸話があります。

じつは、邯鄲をめぐる激しい攻防戦が繰り広げられる中、趙の孝成王（A-4）も指を銜えていたわけではなく、楚（C-5）や魏（B/C-3）に援軍を頼むべく平原君（＊03）（A-3）を楚に向かわせていました。

ところが楚は、先代（頃襄王）のときに「鄢郢の戦（＊04）」に大敗して以来すっかり臆病風に吹かれ、「寄らば大樹の陰」、大国・秦におもねり、歓心を買う連衡策（亡びの道）を採っていたため、趙との合従に及び腰。

平原君の必死の説得も虚しく交渉は暗礁に乗り上げ、邯鄲は明日にも陥ちそうな情勢（＊05）になってきているのに時間だけが無為に過ぎ、いよいよ破談もやむなしという雰囲気になってきました（D-3）。

すると、平原君が連れてきていた供の者（食客）20 名のうちのひとり、毛遂（＊06）（D-4）が突然つかつかと楚王（考烈王）の前に歩み出るや、刀に手をかけて一喝します。

（＊03）このページに登場する平原君・春申君・信陵君はすべて「戦国四君」に数えられる人物。

（＊04）本書「第 4 章 第 7 幕」参照。

（＊05）趙軍は士気も高く、秦の大軍を前にしてよく戦ったとはいえ、城を包囲され、糧道を断たれてしまったことで、ついに城内では我が子を殺して喰らいはじめるまでに追い詰められており、落城も時間の問題となっていました。

「楚が合従すれば利！　連衡すれば害！

そんな稚児でもわかることを何をいつまでうだうだと迷っておられますか！

楚は先君（頃襄王）の御世、秦に都（郢）を陥とされ、祖廟を焼かれる恥を受けたにもかかわらず、今、その恥を晴らす機会を果たそうともしない！」

彼のこの一喝で考烈王は気圧され、一気に合従を承諾（D-5）。

この逆転劇でそれまでまったく無名だった毛遂は一躍“時の人”となりました。

さらに、魏もすんなりと援軍を出してくれたわけではありません。

趙からの合従要請にいったんは同意した魏（安釐王）でしたが、晋鄙将軍に出兵させたあとになって突然翻意し、連衡に走って邯鄲の目前（鄴）（A/B-4）まで来ていた軍を止めてしまいます。

「まずい！」

魏の公子・信陵君（＊07）（B-4/5）はなんとしても王の意思を合従に引き戻そうと、「合従の利と連衡の愚」を説きますが、秦に怯えきっている安釐王は頑として首を縦に振りません。

（＊06）自分を売り込もうとする毛遂に「才覚ある者は、袋の中の錐と同じで突き出るものです。それに比べ、先生の名はとんと聞きませんな」と見下す平原君。しかし毛遂は「これまで袋に入れてもらえてませんでしたからな」と切り返したという故事（嚢中の錐）で有名。

（＊07）「戦国四君」のひとりで、魏の公子（安釐王の異母弟）。本名は「魏 無忌」。

（＊08）軍権を持つ者に与えられる証明書。半分は君主が持っていました。

切羽詰まった信陵君は、なんと割符（＊08）を王の寝所から盗み出し、これを使って晋鄙将軍から軍権を奪って援軍に駆けつけようとします。

もちろんこれは国家反逆罪であって、露見すれば死刑です。

晋鄙将軍は確かに割符を確認したものの不審に思い、「念のために本国に確認する」と踵を返すと、信陵君の供の者（朱亥）が襲いかかり、鎚を振り下ろして彼を殺害（B-5）。

どよめく幕府（＊09）をすぐさま信陵君は一喝します。

「うろたえるな！　この割符を見よ！

晋鄙将軍は君命に従わなかったゆえに処刑した！

これより、本軍は余の軍権下に入る！」

こうして苦心惨憺・艱難辛苦・難産に難産の末、ようやく魏は信陵君、楚は春申君（＊10）（C-4/5）という錚々たる顔ぶれで、数十万の軍勢に膨れあがって邯鄲に向かうことになったのですが、ここに至るまでにあまりにも手間取りすぎたため、すでに邯鄲は陥落寸前。

（＊09）「幕府」というのは、もともと「前線の将軍が指揮を取る陣地」の意味します。

（＊10）本名は「黄歇（こうあつ）」。楚の公子（熊完）を秦の人質から楚王（考烈王）に押し上げ、鄢郢の戦ののち傾いていた楚の国勢を建て直した人物。

（＊11）役場役人の子で、名は「李同」。このあと決死隊を率いて討死しています。

せっかくの援軍も「邯鄲に着いてみたらすでに陥ちていた」では今までの苦労もすべて水の泡。

すでに城内は食糧も武器も、そして燃料すら尽き、死体を燃料として子を煮て喰らい、そこらの木を削って槍を作る有様。

しかしそんな情勢にもかかわらず、当の平原君はなんら手を打つことなく、その蔵の中は財宝と食糧にあふれ、本人は屋敷の中に籠もって数多くの愛妾をはべらせ、絢爛たる絹の衣裳をまとい、高価な銅器に載せられたおいしい料理をたらふく食べ、ただ援軍の到達を今か今かと待っているだけ。

これでは、一線で戦う兵士の士気にも障るというもの。

憤懣やるかたない一介の兵士(＊11)が打ち首覚悟で平原君に直訴します。

――あなたはどうしてそうも他人事なのか！？
　領民は骨と皮となって戦いながら、邯鄲は今日明日にも陥ちそうなのに、あなたは今日も今日とて贅沢三昧。
　今日邯鄲が陥ちたとき、あなたは明日からもその優雅な生活がつづけられるとお思いか！？
　どうか、あなたの妾どもも働かせ、蔵のものを放出してください！

これには平原君も自分の愚かさに恐縮し、自分の蔵の中にあるもの、食糧・物資を放出して刻を稼いたことで、なんとか援軍到着まで持ち堪えることができたのでした(＊12)。

こうして、開戦前の白起将軍の言葉はそのまま現実となり、邯鄲の窮状を知った昭襄王は「はやり白起将軍でなければダメだ！（B/C-2/3）」と范雎を遣わし、彼に出陣を命じましたが、白起はあくまでこれを固辞。

――趙は朝野を越えて結束し、そのうえ趙・魏・楚の合従まで成立した今、
　我が国は、北は平原君・東は信陵君・南は春申君を敵に回して戦わなければならなくなりました。

（＊12）というか、領民が子を喰らい、妻を喰らって骨と皮だけになって必死に戦っている惨状、今日明日にも陥落しかねない窮境にあっても、この男はこの瞬間まで蔵にはたんまり食糧を蓄え、日々女をはべらせて腹いっぱい飯を食らい、我が身に破滅の跫音が迫っていることすら気づかず、のうのうと優雅な生活をつづけていたのかと思うと、これほどの頭の悪い人物が「戦国四君」に加えられているのが不思議でなりません。

事ここに至っては、潔く退くのが賢明かと。
こうして白起が理を以て諭しても、昭襄王にはこれが理解できません。
「ええい、もうよいわ！」
そこで昭襄王は王陵将軍を更迭し、先の「長平の戦」で副将を務めた王齕将軍に代えて増援を出しましたが、やはり形勢は逆転できない。
この動静を伝え聞いた白起は、よほど胸のすく思いだったのでしょう、つい口が滑ってしまいました。
「それ見たことか！
わしの忠言を聞かなかった結果がこのザマだ！」
人の口に戸は立てられず、それが秦王の耳に入るや、王は激怒、御自ら白起の邸宅を訪れて恫喝。
「病だと!?　ならば臥ったままでも出陣してもらうぞ！」（B/C-1/2）

昭襄王

（＊13）罪を犯した家臣を処刑すること。
ここでは、昭襄王の出陣命令に従わない罪に対する処分を指します。

（＊14）呉の伍子胥や越の文種に送られたものと同じで、「自決せよ」の意。

（＊15）歴史を紐解くと、“一時代を築きあげた人物の死”を境として、歴史が急速に動きはじめることがよくあります。

――我が君。

　王陵・王齕両将軍が無能というわけではありませぬ。

　事ここに至っては、臣が出陣しても結果は同じです。

　今、臣が出陣すれば臣は誅戮[*13]を逃れることができるかもしれません

　が、その代わり臣は“敗軍の将”となります。

　出陣せねば、“敗軍の将”の汚名から逃れることができるかもしれません

　が、その代わり臣は誅戮されるでしょう。

　臣はたとえ誅戮されようとも“敗軍の将”にはなりたくありませぬ。

　（Ｂ/Ｃ-１）

　昭襄王は黙ってその場を去り、「ならば望みどおりにしてやろう」と言わんばかりに、白起に一振りの剣を送りました[*14]（Ｄ-1/2）。

　剣を受け取った白起は天を仰ぎ、叫びます。

――我に何の罪ありや！（Ｃ/Ｄ-１）

　さきほど「たとえ誅戮されても…」と大見得を切ったのに、いざとなったらこんな泣き言を吐くとは、「なんだかんだ言っても、大功ある自分が誅戮されるはずがない」とタカを括っていたのでしょう。

　しかし、しばし茫然自失したあと、彼は嘆息します。

――思い返せば。

　わしは長平をはじめとして、これまでどれほどの者を殺してきたことか。

　それが死に値する罪ということか……。

　こうして前257年、白起自決（Ｄ-１）。

　彼の死は、“ひとつの時代の終わり”を象徴していました[*15]。

　まず、彼の死の翌年（前256年）には、ついに東周王朝が滅亡（Ｃ-３）。

　周は、日本で喩えれば「戦国時代における室町幕府」のような存在で、とう

（＊16）『史記』の記述では「致仕（隠居）し天寿を全うした」とあるため、永らくそう語られてきましたが、『史記』のこのあたりの動きにはいろいろと不自然な点がありました。ところが最近（1975年）になって、この当時に執筆された一次史料『編年紀』が発見され、そこには「王稽（范雎を昭襄王に推薦した人物）に連座して、この年（前255年）処刑された」とあります。史料価値的にも歴史の流れ的にもおそらくこちらが史実でしょう。

の昔に実権を失っていたとはいえ、依然として“精神的支柱”的存在であった周（室町幕府）の滅亡は“ひとつの時代の終わり”と、そしてそれを亡ぼした“秦（織田政権）時代の幕開け”を象徴するものとなります。

さらにその翌年（前255年）には、白起（はくき）将軍を陥れた丞相・范雎（はんしょ）も処刑され（＊16）、その4年後（前251年）には半世紀以上（前301～251年）にわたって秦王として君臨してきた昭襄（しょうじょう）王も亡くなります。

こうして前250年代は、この時代を支えた重要人物・王朝が一斉に姿を消していくことになりましたが、その起点となったのが「白起（はくき）の死」でした。

ところで昭襄（しょうじょう）王の治世の間に、秦は国力を急速に強め、領土を拡大し、のちの始皇帝による天下統一の足掛かりを創った王ということで、ドラマや漫画などで描かれる彼は殊更に「名君」として描かれることが多く、それゆえに勘違いしている人も多いですが、史実の彼はお世辞にも「名君」ではなく、どう贔屓（ひいき）目に見ても「凡君」、どちらかといえば「暗君」です。

その治世前半は母（宣太后）と叔父（魏冄（ぎぜん））の“操り人形”にすぎず、治世半（なか）

（＊17）たとえば、「鶏鳴狗盗」の故事（本書「第4章 第3幕」参照）でも見てまいりましたように、昭襄王は孟嘗君を自ら招いておきながら、奸臣から讒言されるとすぐにこれを殺そうとし、寵姫に諫められるとすぐにこれを撤回し、撤回を知った奸臣に説得されるとふたたび誅殺しようとしています。驚くほどの朝令暮改で、ここに彼の優柔不断ぶり・無能ぶりが表れています。

ばに実権を取り戻すことができたのも范雎のおかげ、その後も政治はほとんど范雎に任せっきりで、たまに口を挟んだと思えば、毎度毎度、奸臣・佞臣の讒言を毎回毎回いちいちマに受け、これに振り回されて朝令暮改（＊17）し、政治を混乱させては後悔ばかり（＊18）。

そこに「名君」の片鱗も見受けられません。

昭襄王の御世に政治が安定したのは「彼自身が名君だったから」ではなく、「家臣団が優秀だったおかげ」であり、軍事的成功は白起らの名将の活躍に拠るものであって彼の功ではありません。

たとえ政治は文官に、軍事は武官に任せっきりだったにせよ、彼らをうまく取りまとめて意のままに操っていたのなら、そこに「名君」と呼ぶに相応しい要素もありますが、それすらできず、武官に白起・文官に孟嘗君という伏竜・鳳雛を手に入れながら、いちいち讒言をマに受けて彼らを殺す・殺そうとして逃げられるという愚を犯して国家に仇なしました。

彼はあとになって「白起が死んでしまい、我が国は名将を失った。余はそれが残念でならない…」などとまるで他人事のように嘆いていますが、いったいどこの誰が彼を殺したのかはすっかりお忘れのようで……。

もし彼がこの２人（白起・孟嘗君）を手に入れ、彼らの才を如何なく発揮できる場を与えることができたなら、彼の代で天下は統一され、彼が「始皇帝」となっていた可能性すらあります。

確かに彼は家臣の言葉によく耳を傾けたかもしれません。

しかし、彼は「忠言」と「讒言」の区別がまったく付かない暗君であったため、秦は今しばらく天下を“おあずけ”されてしまうことになったのでした。

（＊18）あるとき、昭襄王が「講和すべきか否か」で悩んでいたとき、公子他から「どちらを選んでも後悔されるでしょう」と言われ、「何故だ？」と問うと、「講和したらしたでどうせ『やっぱり講和しなければよかった』と言うでしょうし、講和しなければしないで『やっぱり講和すればよかった』と言うでしょうからね」と言われています。この故事から、昭襄王が日頃から後悔の言葉ばかりボヤいていた辛気くさい人物だということがわかります。

Column

忠言と讒言の区別

本幕では、昭襄王のよいところは「家臣の言葉によく耳を傾けたこと」であり、致命的欠点は「忠言と讒言の区別がまったく付かなかったこと」と申し上げましたが、じつのところ、この２つの区別は昭襄王でなくともなかなかむずかしいものがあります。

人の上に立つようになれば、さまざまな立場の者からいろいろな助言を受けるようになりますが、それがたとえ讒言であっても、いえ、そうであるがゆえに、もっともらしい理屈で理論武装しているためです。

しかしながら、これを区別する簡単な方法があります。

その助言をしている者の「立場」「利害」「人間関係」とその「内容」をよく照らし合わせて判断することです。

それが自分の立場を擁護する類のもの、他人を貶めるもの、聞いていて耳に心地の良いものであれば、それはたいてい「讒言」であり、その逆であればたいてい「忠言」です。

前幕での楼緩にしても、彼は長らく「秦王の直臣」という立場でしたから、秦の利を諭そうとするのは自然なことですし、孟嘗君を「殺せ」と讒言した家臣らは、自分たちの地位が余所者に奪われたことを恨んでのことにすぎません。

「昭襄王は家臣の言葉によく耳を傾けた」という理由を以て、彼を「名君」と断ずる人は多いのですが、名君とは「賢臣の忠言に耳を傾ける者」をいうのであって、主体性もなく何でもかんでも家臣のいうがままに「善きに計らえ」というだけの主君を「バカ殿」といいます。

バカ殿を賢臣が支えれば国は栄えますし、佞臣が付けば傾くだけであって、国が栄えたことはその時代の君主が「名君」だった証拠にはなりません。

由是観之。

昭襄王の御世に秦が発展したのは、単に家臣に恵まれていたからであって、断じて彼が「名君」だったからではありません。

最終章 天下布武

第1幕

奇貨居くべし

呂不韋の計画

昭襄王がまだ健在だったころ、趙に人質に出されていた子楚が商人呂不韋に見出された。

「これ奇貨なり。居くべし！」

こうして歴史の歯車は動きはじめ、やがて子楚は呂不韋の働きにより秦王にまで昇り詰め、彼自身も秦の丞相となる。しかし、彼には不安材料があった。

まずいなぁ…
子楚様が私の妾を所望だ。
しかもすでに私の子を
懐妊してる…

〈 呂不韋の計画 〉

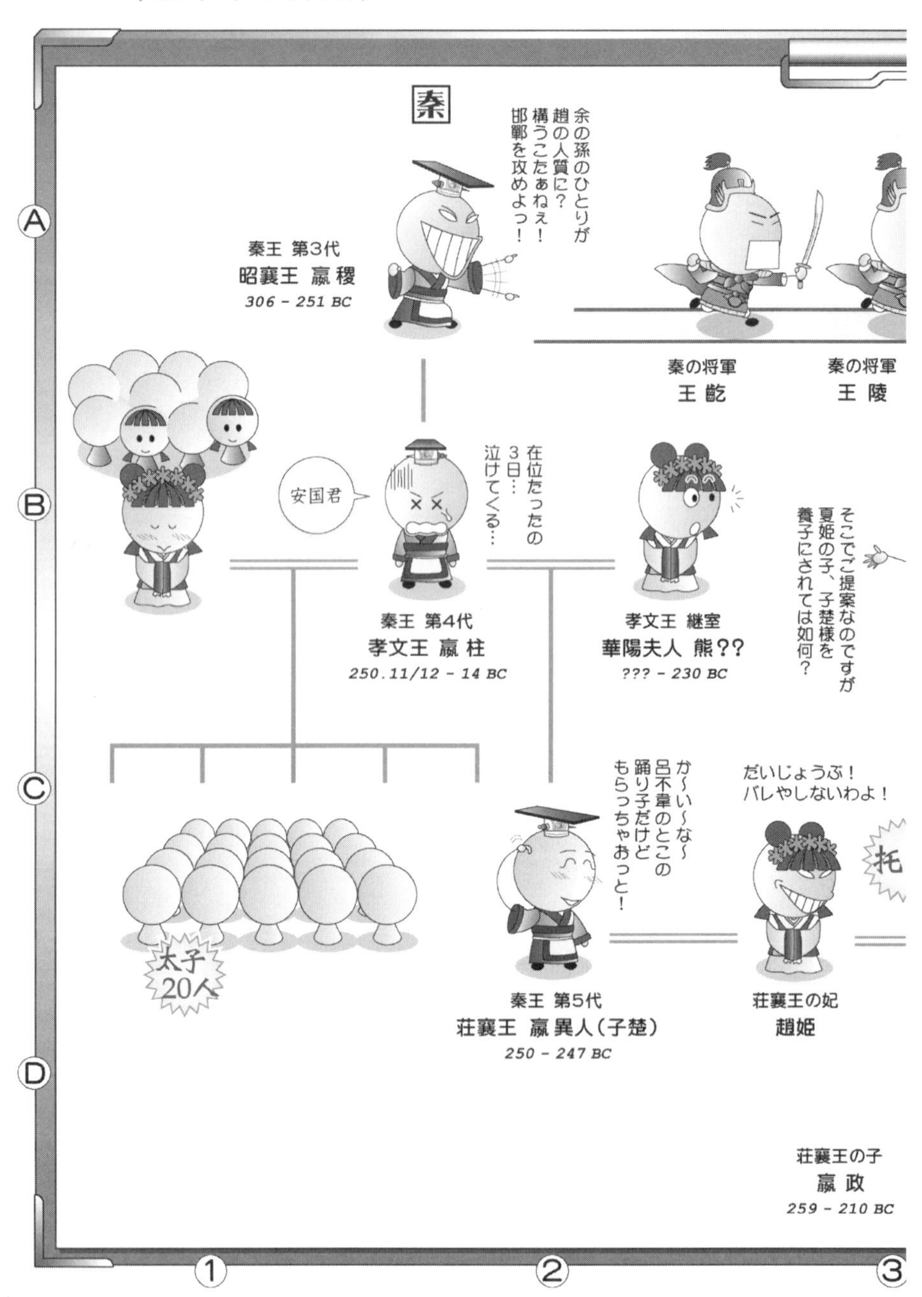
秦
余の孫のひとりが趙の人質に？構うこたぁねぇ！邯鄲を攻めよっ！
秦王 第3代
昭襄王 嬴稷
306 - 251 BC
秦の将軍
王齕
秦の将軍
王陵
安国君
在位だったの3日…泣けてくる…
秦王 第4代
孝文王 嬴柱
250.11/12 - 14 BC
孝文王 継室
華陽夫人 熊??
??? - 230 BC
そこでご提案なのですが夏姫の子、子楚様を養子にされては如何？
太子20人
か〜い〜な〜呂不韋のとこの踊り子だけどもらっちゃおっと！
だいじょうぶ！
バレやしないわよ！
托
秦王 第5代
荘襄王 嬴異人（子楚）
250 - 247 BC
荘襄王の妃
趙姫
荘襄王の子
嬴政
259 - 210 BC
A
B
C
D
1
2
3

前３世紀中葉

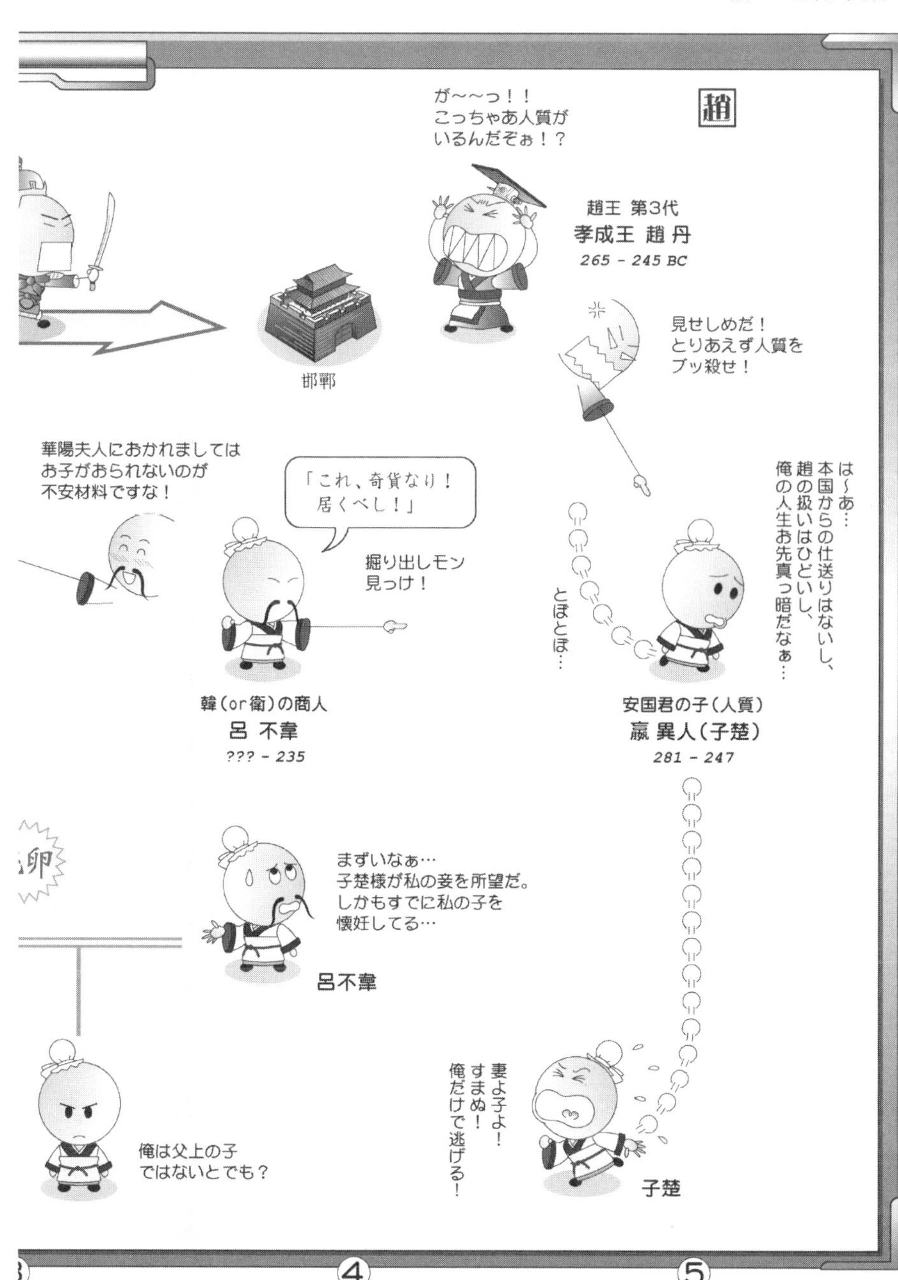
趙
が～～っ！！
こっちゃあ人質が
いるんだぞぉ！？
趙王 第3代
孝成王 趙丹
265 - 245 BC
見せしめだ！
とりあえず人質を
ブッ殺せ！
邯鄲
華陽夫人におかれましては
お子がおられないのが
不安材料ですな！
「これ、奇貨なり！
居くべし！」
掘り出しモン
見っけ！
韓（or衛）の商人
呂 不韋
??? - 235
とぼとぼ…
は～あ…
本国からの仕送りはないし、
趙の扱いはひどいし、
俺の人生お先真っ暗だなぁ…
安国君の子（人質）
嬴 異人（子楚）
281 - 247
まずいなぁ…
子楚様が私の妾を所望だ。
しかもすでに私の子を
懐妊してる…
呂不韋
俺は父上の子
ではないとでも？
妻よ子よ！
すまぬ！
俺だけで逃げる！
子楚
④
⑤

秦の昭襄王（A-1/2）が亡くなり、その後を継いだ孝文王（B-1/2）でしたが、彼は即位後わずか３日（＊01）で亡くなってしまったため、矢継ぎ早にその子・子楚が即位することになりました。

これが始皇帝の父（？）荘襄王（C/D-2）です。

しかし、荘襄王はもともと秦王となれるような立場の人物ではありませんでした。

彼が秦王に即位することができたのは、"とある人物"の尽力があってのことで、それなくして彼の即位はあり得ませんでしたから、少し時間を遡って、そのことについて敷衍することに致しましょう。

この時代の中国は、"昨日の友は今日の敵"という生き馬の目を抜く世でしたから、国と国が友好を結ぶのに"口約束"などアテにならず、したがってその保証として常態的に政略結婚や人質が交わされていました。

子楚（＊02）（B/C-5）もまた例外ではなく、彼も若いころより趙に「人質」として送られていました。

よりによって、あの趙に。

人質というのは、国家間の友好が保たれている限りは大切に扱われますが、拗れれば殆うくなり、戦となれば殺される、たいへん不安定な立場です。

昨日まで大切に扱われていたと思ったら、今日は空気が一変して、明日には処刑されるかもしれない。

しかも子楚の場合、彼には20人以上の兄弟（C/D-1）がおり、さらに彼の生母（夏姫）は父からの寵愛を失って久しく、子楚の公孫としての立場はとても弱いものでした。

その彼が、秦との関係が芳しくない趙に人質として送られたということは、彼は「いつ殺されても構わない"捨て駒"として扱われた」ということで、人質

（＊01）先代昭襄王が亡くなったのが前251年秋。そこから１年間喪に服し、即位したのが前250年11月12日。亡くなったのがその２日後の14日でした。

（＊02）当時太子であった安国君（B-1/2）の子。

（＊03）『史記』では「韓の陽翟出身」となっていますが、『戦国策』では「衛の濮陽出身」となっており、どちらが正しいのかわかっていません。

になったあとも祖国（くに）からの支援もなく、日に日に悪化する秦・趙関係により趙の待遇も悪化する一方で、子楚（しそ）は日々の食事にも事欠くほどとなり、秦の公孫でありながら着た切り雀のくたびれた服をまとわなければならないほど経済的に逼迫（ひっぱく）していきます（B/C-5）。

そのアンバランスな出で立ちが目立ったのでしょう、たまたま商（あきない）で韓（＊03）から邯鄲（かんたん）の町に来ていた呂不韋（りょふい）という商人の目に留まります。

——あの若者は服装こそ立派だが、やけにくたびれていてみすぼらしいな。
　あれは誰じゃ？

「旦那様。あれは秦から送られてきた人質の子楚（しそ）（＊04）様ですよ。」

これを聞いた呂不韋（りょふい）は叫んだと言います。

——これ奇貨なり。居（お）くべし！（B-4）

商人というものは“目利き”が利かなければいけません。

ほんとうは価値があるのに、誰もその価値に気づかず二束三文で売られている掘り出し物を「奇貨」といい、如何（いか）に「奇貨」を見つけ出すかが商人の腕の見せ所です。

韓（or衛）の商人
呂 不韋

安国君の子（人質）
嬴 異人（子楚）

（＊04）人質時代の彼の名は「異人」です。したがって、ここは正しくは「異人様ですよ」というべきところですが、これだと日本語では「外国人ですよ」と言っているようで違和感を覚えますし、立太子されて以降に改名した「子楚」の名の方が広く知られているため、混乱を避けるため、本書ではすべて「子楚」で統一して呼ぶことにします。

呂不韋は目ざとい商人、このとき誰も一瞥だにしない不遇の身の子楚に目をつけたというわけです。
―― 子楚は、20人以上いる公孫の中でも末席。
　彼が立太子されるなど誰も考えてはおらぬ。
　だからこそ、こやつを私の力で秦王に仕立て上げてやれば、
　私は地位も名誉も富貴は思いのままじゃ！
呂不韋には勝算がありました。
じつは当時、子楚の父・安国君（B-1/2）が寵愛していたのが華陽夫人（B/C-2/3）という継室[＊05]でしたが、彼女には子がなかったことに目を付け、子楚を彼女の養子にしようと目論んだのです。
彼女の養子となれば、華陽夫人の口利きで子楚が太子となる可能性は高い。
そのために呂不韋は私財を投じて子楚に立派な服を着せ、有力者との交遊を深めさせ、さらに巷に子楚のよい噂を流して彼の評判を高めさせます。
その一方で、呂不韋自身は秦に向かい、華陽夫人に接近して高価な宝物を贈り、彼女の歓心を買うと同時に、如何に子楚が聡明であるか、如何に華陽夫人を実の母のように慕っているかを折に触れて説き、いよいよ親しくなったところで、次の一手を打ちます。
―― 私はつねづね華陽様に御子がないことを案じております。（B-3）
中国ではたとえ正室であっても、主君から一身に寵愛を受けていたとしても、子なくば、その地位はたいへん殆うい。
後宮では立太子された子を持つ母が権勢を誇るためで、ましてやその子が即位でもしようものなら尚更。
そんなことは華陽夫人も周りの従者も重々承知していましたが、こればっかりは如何ともし難く、禁忌として誰も口にしなかったことを呂不韋はズバリ彼女にぶつけたのでした。
「そなた、それを敢えて口にすると言うことは、何か策でも？」
―― お畏れながら。

（＊05）君主の後妻のこと。ただし、側室（妾）ではなく正室（妻）扱いの妃のこと。

安国君（あんこく）様には公子が 20 人以上もおられるのですから、
そのうちのひとりを養子にもらっては如何（いかが）でしょう？
安国君（あんこく）様にご寵愛を受けている今のうちにその養子を太子に立ててもらうようお願いするのです。
さすれば、華陽（かよう）様は寵姫にして“世継ぎの母”としていつまでも安泰であらせられるでしょう。（B/C-3）

「なるほど。
それは妙案ですが、適当な子はいるかしら？」

――左様ですな。なかなか条件は厳しいかと思いますが、
安国君（あんこく）様も納得していただけるほど聡明な子であるにもかかわらず、
世継ぎ候補にはほど遠い存在で（＊06）、
何より、華陽（かよう）様を実の母のごとく慕う子といえば……。

「子楚（しそ）！」

――ご明察にございます。

こうして話はトントン拍子に進み、晴れて子楚（しそ）は華陽（かよう）夫人の養子となって立太子されることになったのでした。

これで華陽（かよう）夫人も安泰、子楚（しそ）は立太子され（C/D-2）、呂不韋（りょふい）はその後見人となり、すべては順調に呂不韋（りょふい）の思惑通りに進みます。

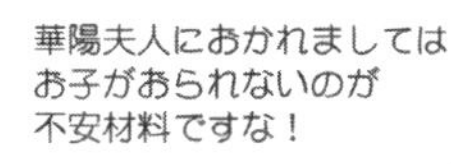

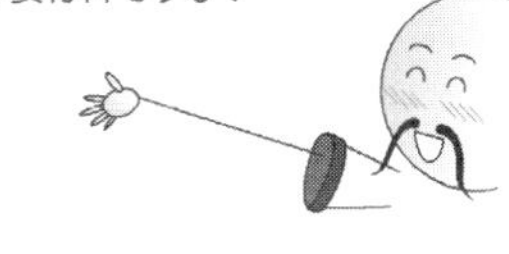

秦王 第4代
孝文王 嬴 柱

孝文王 継室
華陽夫人 熊??

（＊06）世継ぎ候補に近い子であれば、母親がこれを手放すはずがありませんので。

しかし、ここにきて呂不韋の想定外の事態が起こりました。

めでたく立太子されたことを祝うため宴の席を設けたのですが、このとき呂不韋の用意した踊り子(＊07)(C/D-2/3)を子楚が気に入ってしまい、これを譲って欲しいと請われたのです。

しかし、じつはこの踊り子は呂不韋のお手付き(＊08)で、しかもこの直前に懐妊を知らされていたのでした(C/D-4)。

(まずい！　この女はすでに私の子を孕んでおるが、
　今、それを言えば子楚様の不興を買ってしまうだろう。
　ようやくここまで来たのに、子楚との関係にヒビを入れたくない。)

呂不韋は仕方なくこれを承諾、その踊り子(＊09)を子楚に献上します。

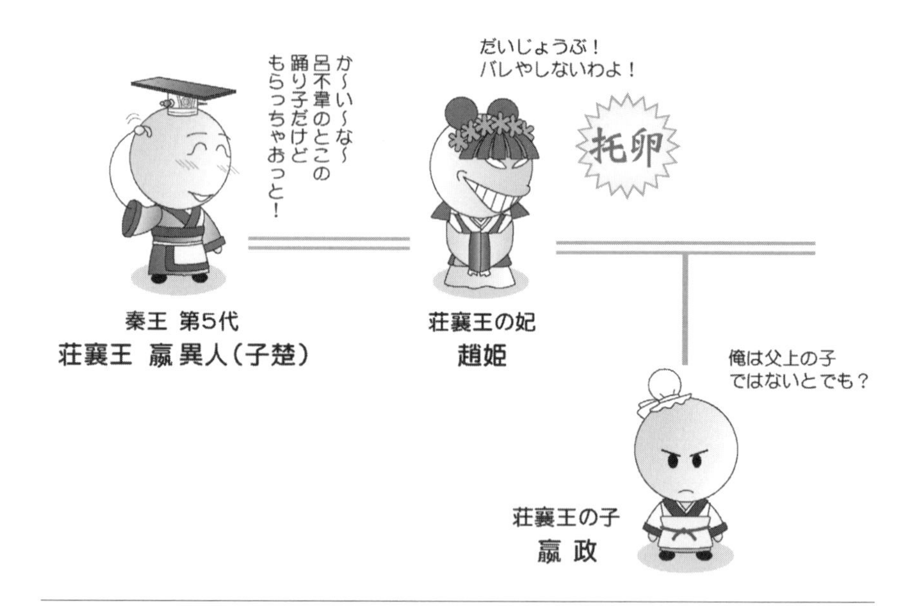

(＊07)当時、踊り子はたいてい娼婦でしたから、彼女は娼婦だったとも言われています。

(＊08)主人が侍女や女中などと肉体関係を結ぶこと。またはその女性。

(＊09)姓も名も不明。趙の出身だったため「趙姫」と呼ばれています。

(＊10)『史記』(呂不韋列伝)でも『漢書』(五行志)でも「呂不韋の子」としていますのでそれに準じましたが、これには反論も多い。

こうして生まれたのが「嬴政（D-3）」、のちの始皇帝です。

もしこれが事実だとすれば、始皇帝は「商人と娼婦の子」であり、秦王室の血など一滴も混じっていないということになり、これが表沙汰になろうものなら大スキャンダル[(＊10)]ですから、呂不韋は大きな爆弾を抱えることになりました。

さらに一難去ってまた一難。

前幕で見てまいりましたように、今度は王陵（A-3）・王齕（A-2/3）らを総大将として、秦軍が邯鄲（A/B-4）に攻め寄せてきたのです。

こうなれば、人質（子楚とその妻子）は殺されます[(＊11)]。

しかしこのときも呂不韋は東奔西走、大枚はたいて門番を買収[(＊12)]して子楚を脱出させ（D-4/5）、妻子は豪家に匿わせ、危機一髪、難を逃れることができました。

こうして子楚が秦に帰国してまもなく昭襄王が亡くなり、安国君が秦王（孝文王）に即位しましたが、その孝文王は即位３日で亡くなったため、ついに子楚が秦王（荘襄王）となったのでした。

呂不韋は、ついに永年の宿願が叶って感無量。

彼は丞相に任じられ、「さあ、これから！」と思った矢先、呂不韋とともに歩んできた荘襄王はわずか在位３年で亡くなってしまいます。

これまでさんざん見てまいりましたように、君臣が厚い信頼関係で結ばれていれば、その間、家臣は安泰ですが、ひとたび君主が代替わりするとたちまち旧臣の命は殆うくなるものです。

秦の商鞅、呉の伍子胥、越の文種、楚の呉起、その他諸々、いづれも主君のために忠を尽くし、偉大な功を上げながら、君主が代替わりした途端に新君主によって殺されてしまいました。

（＊11）邯鄲を攻めれば太子（子楚）が殺されることなど昭襄王とて百も承知で、そのうえで彼は何のためらいもなく邯鄲へ侵攻させているのですから、ひょっとしたら昭襄王は、子楚が王太孫になったことが不満だったのかもしれません。

（＊12）このときに使った金額は「600金」とあり、当時の趙では「1金＝金250g」なので、これで現在の金価格で換算すると10億円相当。そりゃあ、門番も目をつぶる。

どんな名臣も忠臣も功臣も、主君の代替わりを生き延びることは至難の業ですから、賢い者は王が代わると誅殺される前に自ら致仕（隠居）を願い出て、災いを避けてきました。

しかし呂不韋の場合、丞相の位に就いてまだ３年。

彼を秦王にするまでに散財した投資を回収しきれていない。

まだまだ栄耀を貪りたい。

これまで何もかもうまく進んでいた呂不韋の人生プランが狂いはじめた瞬間でした。

最終章 天下布武

第2幕

完全なる粛清

呂不韋摂政期

位人臣を極め、得意の絶頂にあった呂不韋にも不安材料があった。太后との不義密通である。
呂不韋は太后と距離を置こうと、巨根で鳴らした嫪毐なる人物を太后にあてがったが、この男が思慮浅いことこの上なく、暴走しはじめ、ついには謀叛まで企てることに。事は露見し、粛清が始まる。

〈呂不韋摂政期〉

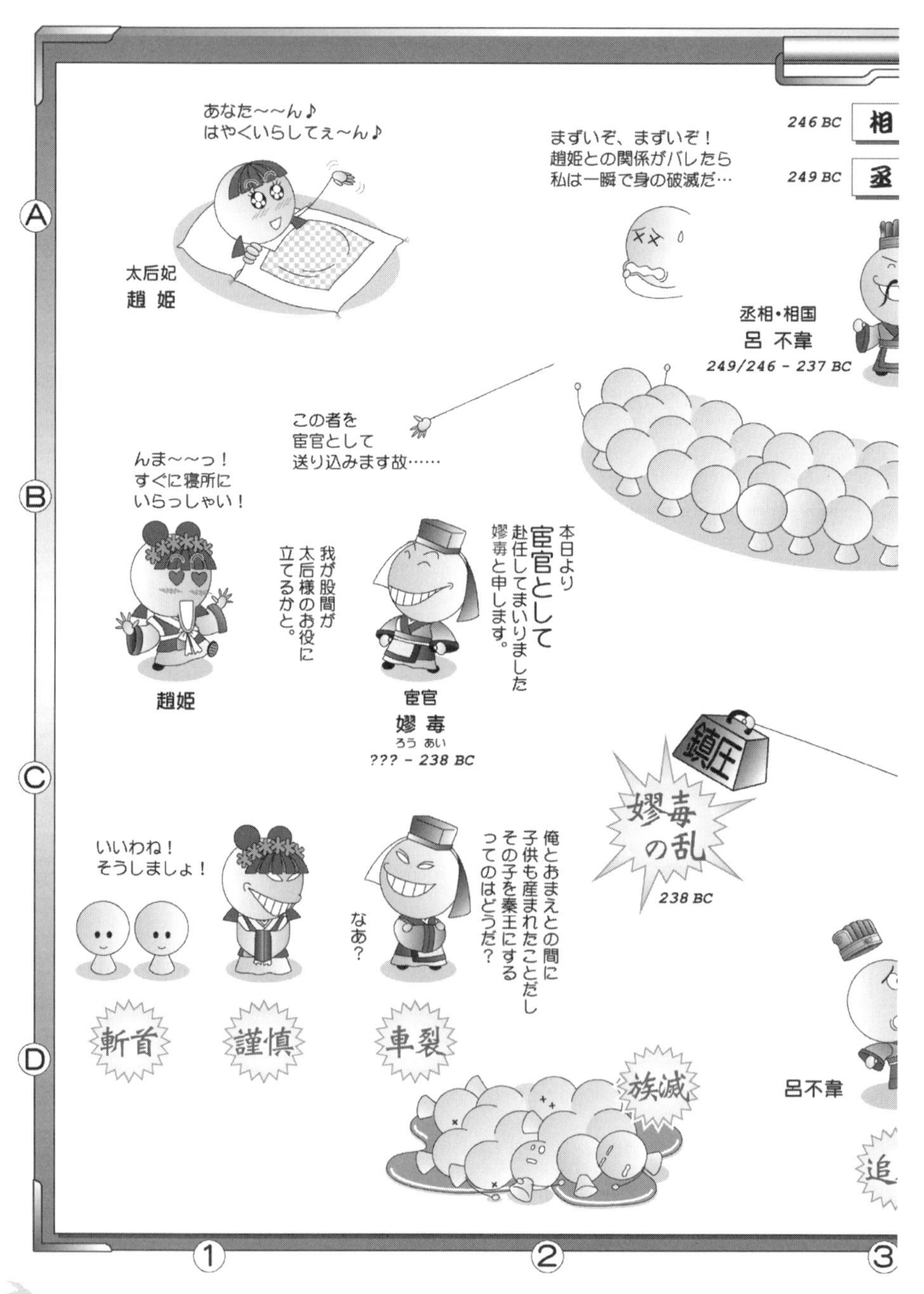

246 BC 相
249 BC 丞
あなた～～ん♪
はやくいらしてぇ～ん♪
太后妃
趙 姫
まずいぞ、まずいぞ！
趙姫との関係がバレたら
私は一瞬で身の破滅だ…
丞相・相国
呂 不韋
249/246 - 237 BC
この者を
宦官として
送り込みます故……
んま～～っ！
すぐに寝所に
いらっしゃい！
趙姫
我が股間が
太后様のお役に
立てるかと。
本日より
宦官として
赴任してまいりました
嫪毐と申します。
宦官
嫪 毐
ろう あい
??? - 238 BC
鎮圧
嫪毐の乱
238 BC
いいわね！
そうしましょ！
なあ？
俺とおまえとの間に
子供も産まれたことだし
その子を秦王にする
ってのはどうだ？
斬首
謹慎
車裂
族滅
呂不韋
追
A
B
C
D
1
2
3

前３世紀中葉

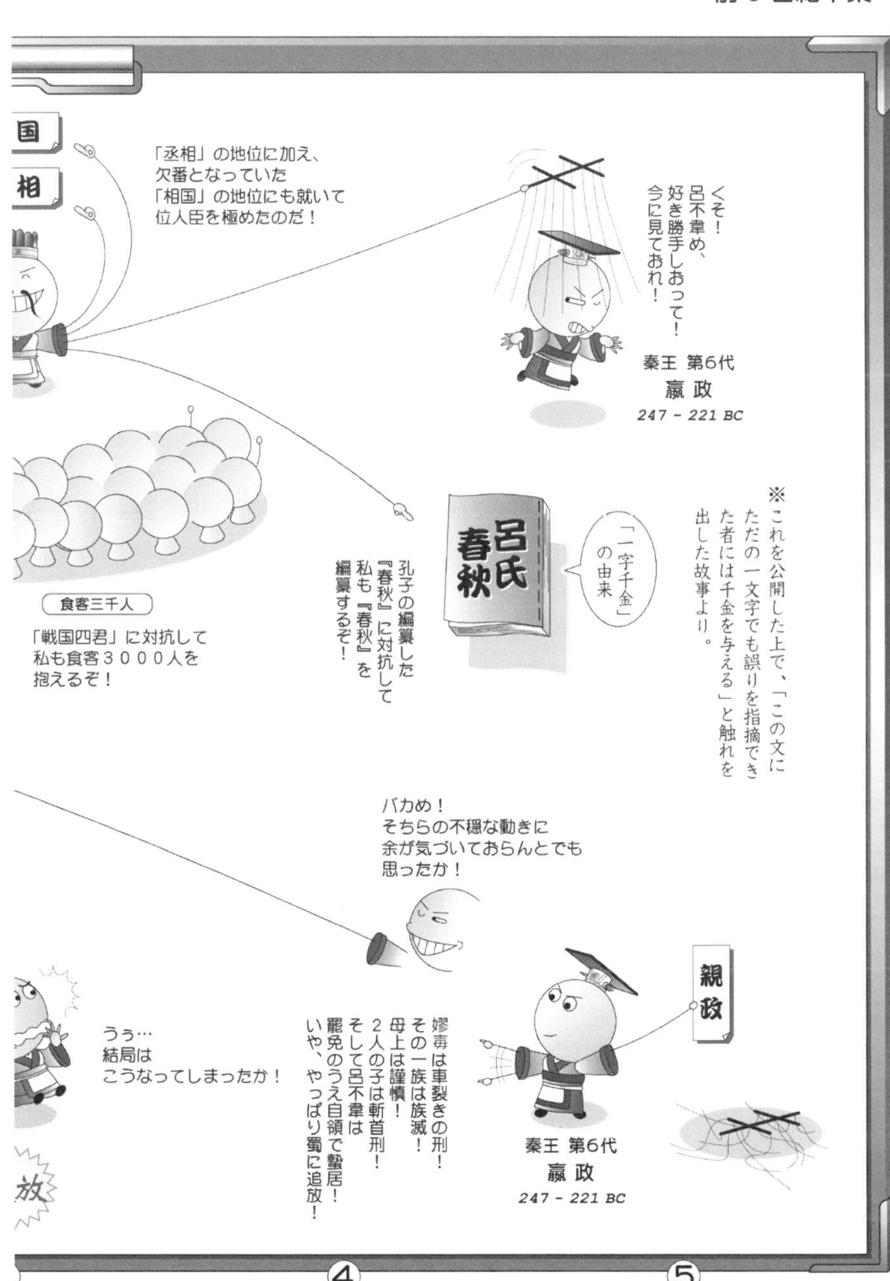
国
相
「丞相」の地位に加え、
欠番となっていた
「相国」の地位にも就いて
位人臣を極めたのだ！
くそ！
呂不韋め、
好き勝手しおって！
今に見ておれ！
秦王 第6代
嬴 政
247 - 221 BC
食客三千人
「戦国四君」に対抗して
私も食客３０００人を
抱えるぞ！
孔子の編纂した
『春秋』に対抗して
私も『春秋』を
編纂するぞ！
呂氏
春秋
「一字千金」
の由来
※これを公開した上で、「この文に
ただの一文字でも誤りを指摘でき
た者には千金を与える」と触れを
出した故事より。
バカめ！
そちらの不穏な動きに
余が気づいておらんとでも
思ったか！
親
政
うぅ…
結局は
こうなってしまったか！
嫪毐は車裂きの刑！
その一族は族滅！
母上は謹慎！
2人の子は斬首刑！
そして呂不韋は
罷免のうえ自領で蟄居！
いや、やっぱり蜀に追放！
秦王 第6代
嬴 政
247 - 221 BC
放
④
⑤

荘襄王がまだ若くして亡くなり、太子政（A/B-4/5）が即位したとき、彼はまだ13歳でした（＊01）。

13歳ではまだ政治は無理ですから、先王（荘襄王）からの丞相であった呂不韋（A/B-3）がそのまま摂政を始めます。

呂不韋はさらに「相国（＊02）（A-3）」となって位人臣を極め、戦国七雄の中でも最強の秦における最高権力者として比類なき権勢を恣としました。

最高権力が我が物となれば、つぎは栄誉が欲しい。

彼は、「戦国四君」に負けじと食客三千人（B-3）を抱え、孔子に倣って『呂氏春秋（B-4/5）』を編纂し、その名声は天下に轟き、秦王すらも押さえて、もはや呂不韋に恐いモノは何もない――かに見えましたが、じつは彼は「露見すればたちまち身の破滅！」という“爆弾”を抱え、どんなに富貴を楽しもうと、権勢を誇ろうと、つねにその心中は穏やかではありませんでした。

それは、彼が政の母・太后（趙姫）（A-1）と不義密通をしていたことです。

呂不韋はこの関係を一刻も早く精算したかったのですが、趙姫とは彼女が荘襄王に嫁ぐ前からの関係で、ひとときたりとも男日照りではおれぬ太后がなかなか離してくれず、ずるずると関係がつづいていたのでした。

――このままではまずい。

事が表沙汰になれば、わしは身の破滅だ。

弱り果てた呂不韋は、当時巨根で有名だった嫪毐（＊03）（B/C-1/2）なる人物を太后に宛がうことにします。

――これで、私のことなど忘れてくれればよいが。

呂不韋の目論見は見事に当たり、太后は嫪毐の巨根に狂って（B/C-1）呂不韋のことになど目もくれなくなりましたが、事は彼の想定せぬ、あらぬ方向へ向かっていくことになります。

（＊01）父（子楚）が妻子を置いて単身邯鄲を脱出したときが3歳、父が即位（荘襄王）したときが10歳、親政を開始したのが22歳、天下を統一したのが38歳、死んだのが49歳。

（＊02）丞相と相国（相邦）の関係性はよくわかっていませんが、もともと「相国」が宰相の地位だったのが、その権力が強くなりすぎたためこれを欠番として、ひとつ下の「丞相」を宰相扱いとしていたのに、呂不韋が慣例を破ってふたたびその地位に就いた……らしい。

２人の夜の営みは歯止めが効かなくなり、後宮で毎晩のように事に耽り、やがて２人の間に子まで儲け、ついには秦王政を廃して自分たちの子を秦王に就ける野心(＊04)まで抱く（C-1/2）ようになったのです。

これでは密通どころの話ではない、呂不韋はおのれの不義密通を隠そうとし、そのことが族滅(＊05)級の反逆罪に発展してしまう結果となったのでした。

それならばそれで、事は慎重にも慎重を期さねばならぬものを、この巨根のみでのし上がった嫪毐という男は、自分の野心を不特定多数の集まる晩餐の席でペラペラとしゃべってしまうような愚か者。

告発があり、事が秦王政に露見したのは当然だったと言えましょう。

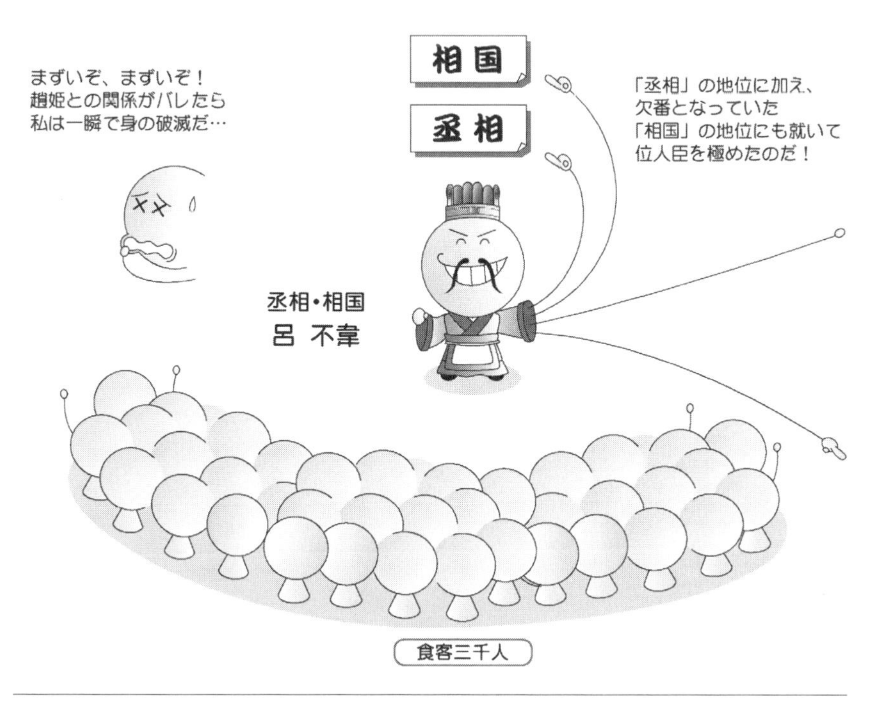

（＊03）呂不韋は、嫪毐に宮刑（去勢）を施さず、表向き「宦官」という肩書で後宮に潜りこませました。

（＊04）一説では、嫪毐ではなく呂不韋の発案とも言われます。

（＊05）一族郎党皆殺し。

　このとき政22歳、元服式を控え、そろそろ親政を考えていたころでした。
　事は重大、まずは言い逃れのできぬ証拠集めをしなければいけません。
　己の身辺が検められていることを察知した嫪毐は、「もはやこれまで！」と金銀財宝を手に他国へと亡命するのかと思いきや、政の元服式を狙って蜂起してしまいます（嫪毐の乱）（C-2/3）。
　しかし、叛乱計画があることを知っていた秦王政が何の対策も立てていないはずもなく、周到に準備していた軍を繰り出して叛乱軍をたちまち制圧。
　嫪毐およびその側近20名は車裂きの刑のうえ晒し首、嫪家は族滅、太后との間に生まれた2人の子も斬首、その他の者は蜀（＊06）へ流罪となりました。
　今回の叛逆に呂不韋がどこまで加担していたのかはわかっていませんが、嫪毐を紹介したというだけでも連座で処刑されてもおかしくない重罪。
　結局はこれまでの勲功に免じて、相国を罷免し、自領にて蟄居することで許されます。
　このとき呂不韋もしばらくおとなしくしていればよかったものを、いっこうに派手な交遊をやめず、諸侯とも密に交流を深めたため、政の逆鱗に嬰れ、ついに蜀への流刑を命じられました。
　絶望した呂不韋はそのまま毒を仰いで自殺。
　ここにおいて完全に憂いを去った政は、ようやく親政（C/D-5）を始めることになったのでした。

（＊06）現在の四川省のあたり。当時の蜀は、まさに“万丈の山がそびえ、千仞の谷が支える”険峻な土地柄で、ひとたび入蜀したら滅多なことでは戻れない秘境中の秘境だったため、罪人を送り込む流罪の地となっていました。

最終章 天下布武

第3幕

“才ある者”の獄死

李斯と韓非

田舎の小役人をしていたある人物が、立身出世を夢見て一念発起、学を志し、秦で呂不韋の食客となった。これが「李斯」である。彼はすぐに呂不韋に認められ、秦王政の側近となったが、そんな順風満帆の彼の人生を脅かす存在が現れる。それが「韓非」であった。
李斯は彼を陥れるべく策動する。

〈李斯と韓非〉

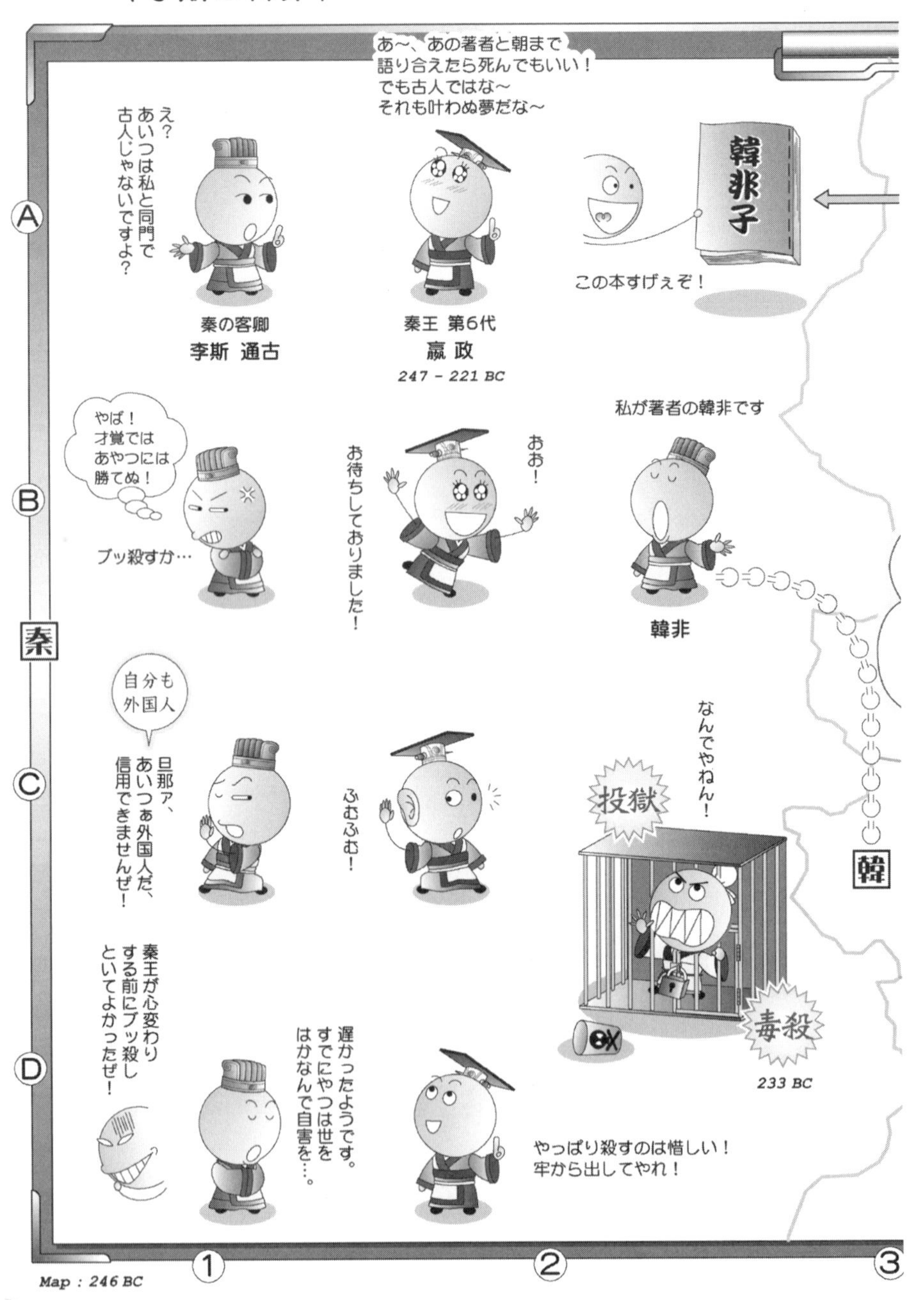

あ～、あの著者と朝まで
語り合えたら死んでもいい！
でも古人ではな～
それも叶わぬ夢だな～
え？
あいつは私と同門で
古人じゃないですよ？
韓非子
この本すげぇぞ！
秦の客卿
李斯 通古
秦王 第6代
嬴 政
247 - 221 BC
私が著者の韓非です
おお！
お待ちしておりました！
やば！
才覚では
あやつには
勝てぬ！
ブッ殺すか…
韓非
秦
自分も
外国人
旦那ァ、
あいつぁ外国人だ、
信用できませんぜ！
ふむふむ！
なんでやねん！
投獄
毒殺
233 BC
韓
やっぱり殺すのは惜しい！
牢から出してやれ！
遅かったようです。
すでにやつは世を
はかなんで自害を…。
秦王が心変わり
する前にブッ殺し
といてよかったぜ！
A
B
C
D
1
2
3
Map : 246 BC

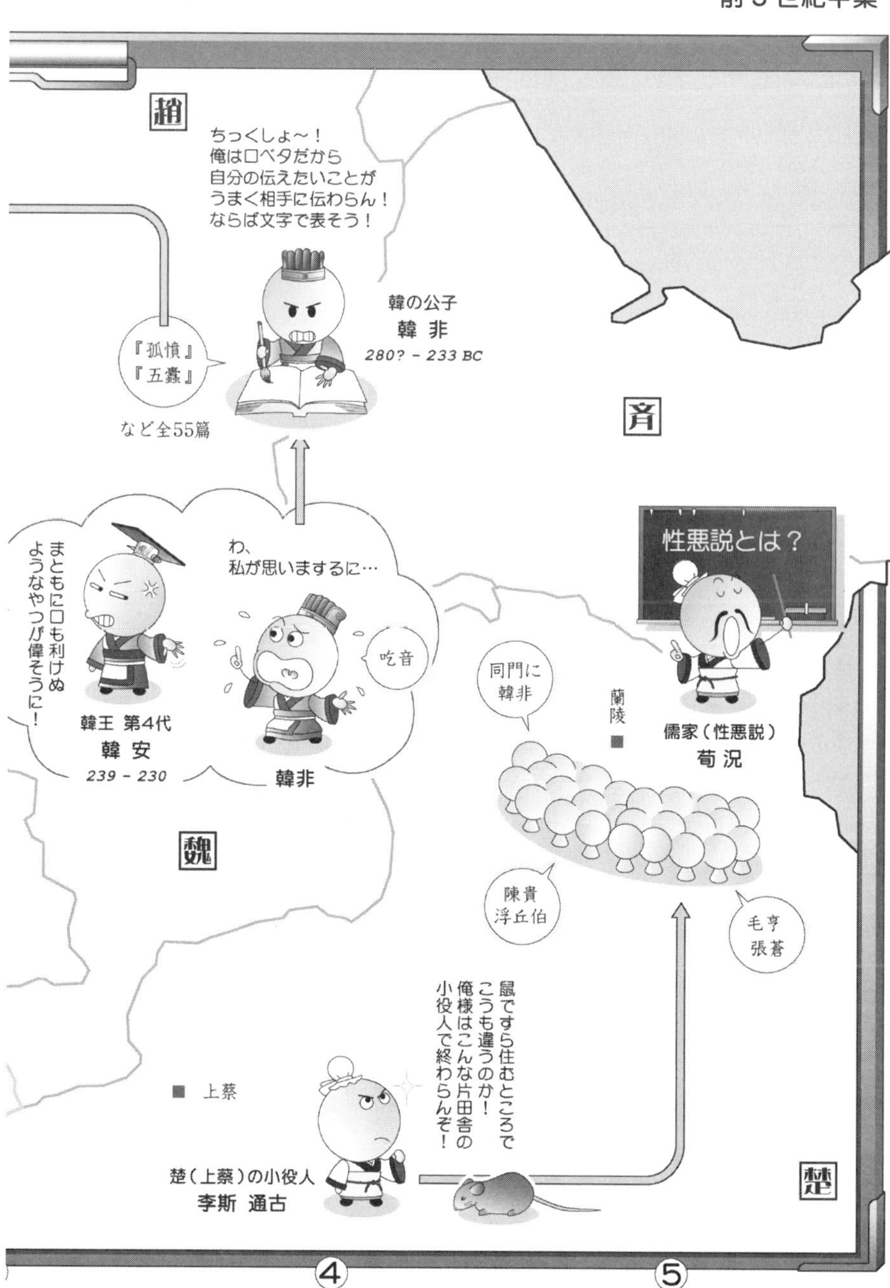
前３世紀中葉
趙
ちっくしょ～！
俺は口ベタだから
自分の伝えたいことが
うまく相手に伝わらん！
ならば文字で表そう！
韓の公子
韓 非
280? - 233 BC
『孤憤』
『五蠹』
など全55篇
斉
まともに口も利けぬ
ようなやつが偉そうに！
わ、
私が思いまするに…
吃音
韓王 第4代
韓 安
239 - 230
韓非
性悪説とは？
同門に
韓非
蘭陵
儒家（性悪説）
荀 況
魏
陳貴
浮丘伯
毛亨
張蒼
鼠ですら住むところで
こうも違うのか！
俺様はこんな片田舎の
小役人で終わらんぞ！
上蔡
楚（上蔡）の小役人
李斯 通古
楚
④
⑤

呂不韋が「戦国四君」に倣って食客を集めていたころ、その3000人の食客の中に歴史を動かすことになる重要人物がまぎれていました。

その人物こそ、李斯［通古］（D-4）です。

彼はもともと楚（D-5）の田舎・上蔡（D-3/4）で小役人をしていましたが、あるとき、便所でつねに人影に怯えながら汚物を喰らって生きている鼠を見かけたかと思ったら、今度は兵糧庫で、悠々と粟をたらふく食う鼠を見て嘆息します。

――おなじ鼠でも、棲む所でかくも違うものか。

人もおなじだ。

同じ人間でも居場所が悪ければ才はあっても芽が出ぬ。

俺は“便所の鼠”なんぞで終わらんぞ！

そこで彼は、せっかく手にした役人の地位を惜しげもなく捨て、一念発起して儒学者荀子（B/C-5）の学舎の門を叩きました。

当時の荀子は、斉（A/B-5）との国境に近い楚の蘭陵（C-5）というところで後進育成に尽力しており、ここから巣立った人物には、陳貴・浮丘伯（C/D-4/5）・毛亨・張蒼（C/D-5）といった、後世に影響を与えることになる錚々たる面々が名を連ねていました。

李斯はここで学を修めたのち、当時人材を集めていた呂不韋の噂を聞きつけ秦（B/C-1）に向かい、蘭稜で得た学問を武器にその食客となります。

さすがに「嚢中の錐（＊01）」というべきか、3000人もの食客の中から呂不韋の目に留まり、秦王政に推挙されて政の近侍（側近）となることに成功。

ひとたび“拠って立つ場”を得た彼は、その後はめきめきと頭角を現し、時を経ずして客卿（＊02）にまで出世していきます。

あのまま楚にいたならば、一生“名もなき木っ端役人”で終わっていたであろうに、秦という“居場所”を得たことで、見事、彼は“便所の鼠（楚の小役人）”から“食糧庫の鼠（秦王の側近）”へと生まれ変わることができたのでした。

（＊01）平原君が毛遂に対して言った言葉。本書「第4章 第9幕」の（註06）を参照のこと。

（＊02）范雎も就任した役職。本書「第4章 第6幕」の（註11）を参照のこと。

しかし、そんな順調な人生を歩んできた彼の地位を殆うくする事態が生まれます。

じつは、彼がまだ荀子の下で学んでいたとき、同門に「韓非（B/C-4）」なる人物がいました。

彼は韓の公子で、吃音がありましたが同門の中でもその才はズバ抜けており、李斯が唯一「こいつには敵わぬ」と思った人物です。

韓非は、学を修めたあと祖国（韓）（C/D-3）に戻り、公子として韓王（安）（B/C-3/4）に数々の助言を致しましたが、吃音のせいもあってか口ベタで、すべて却下されてしまいます。

――まともに口も利けぬ(＊03)くせに、偉そうなことを吐かすな！（B/C-3）

そこで彼は、その悔しさ・無念を筆に込め、自分の知識・見解・思いの丈を『孤憤』『五蠹』（A/B-3/4）など55篇10余万字に込め、つぎつぎと書を認めていきました（A/B-4）。

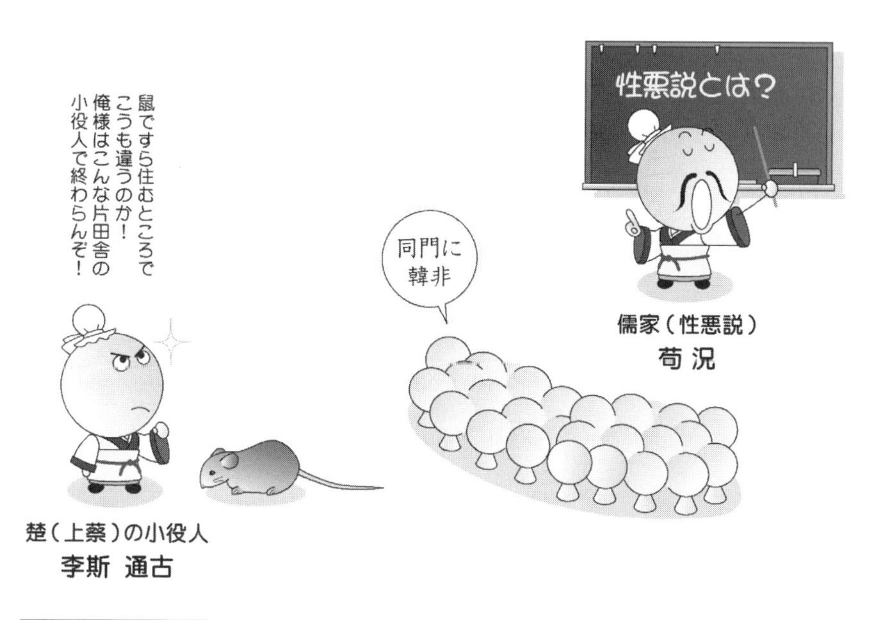

（＊03）韓非が吃音であったことを指しています。

これらを総称したものが『韓非子』(A-2/3)です(*04)。

そして、この書こそが彼の運命を変えていくことになります。

『韓非子』は巡り巡って秦王政の手に届き、これを読んだ政は感銘を受けます(A-2)。

「この韓非という先生はすばらしい見識の持ち主だ!

おそらく古人であろうが、この方が生きておられるうちに実際に会って親しく話ができるのなら、明日死んでも悔いはない。」(A-1/2)

すると、李斯が答えます。

—— 我が君。

この韓非という男は私の同門にて、古人ではございませぬ。(A-1)

「なに!? それは誠か!

ならば是非、直接会って語り明かしたいものだ!」

こうして秦王政は、彼と会う機会を模索するようになりましたが、それは意外に早くやってきました。

ほどなく韓非が韓の外交官として秦を訪れることになった(B-2/3)のです。

「先生、ようこそおいでくださいました。

先生の書はすべて拝読させていただいております。

是非、先生の教えを請いたい。」(B-1/2)

秦王政は、韓非と熱く語らいあい、手放しで絶賛する歓びように、李斯は不安を覚えます(B-1)。

—— このままではあやつが登用され、私への陛下の寵愛は失われてしまう。

ヘタすれば、私はふたたび"便所の鼠"に逆戻りだ。

そこで李斯は、秦王政の耳元で囁きました。

—— 我が君。

韓非は確かに優秀な男ですが、韓の公子です。

秦のために自分の祖国(韓)を犠牲にするとは思えませぬ。(C-1)

(*04)これは、彼が吃音であったが故に生まれたといってよく、もし彼が吃音でなかったら彼の名は後世に残らなかったかもしれません。災い転じて何とやら、ハンディキャップをバネに飛躍を果たした偉人は多い。

じつはこのころ、秦国では六国からの間者が跋扈しており、外国人（六国出身者）への反発が強くなっていました。

つい先日も、まさに韓からやってきた「鄭国」なる人物が「秦の農業生産力を高めるため」と称して秦王政に取り入り、渠（用水路）の建設を進言してこれが採用されたことがありました。

ところが、渠の建設に入ってほどなく、じつは彼が韓の間者でほんとうの目的は「渠を建設させることで秦を疲弊させるため」だったことが判明しています（＊05）。

こうした背景もあって、政はこの讒言をマに受け、問います。

「なるほど。では任用が叶わぬとならば、韓に帰すか？」

――それはなりませぬ。

彼をこのまま帰し、あやつの才が韓のために発揮されたならば、

かならずや我が国の災いとなりましょう。

「では、どうすればよい？」

秦の客卿
李斯 通古

秦王 第6代
嬴 政

（＊05）どうして「韓の陰謀」だとバレてしまったのか、その理由についてはどの史書にも触れられていませんが、筆者が推察するところ、「韓からのリーク」ではないかと推察しています。散財させるためといっても渠が完成してしまえば秦がさらに強くなってしまうので、途中まで造らせておいたところで陰謀をリークすることで工事をやめさせようとしたのではないか。もっとも事実が判明したのちも、政は工事をやめず渠を完成させていますが。

――任用もならぬ、帰すもならぬとなれば……。

どこかで聞いたような会話です。

そう、孟嘗君(もうしょうくん)も同じ目に遭わされています。

あのときは「鶏鳴狗盗(けいめいくとう)」で切り抜けた孟嘗君(もうしょうくん)でしたが、こたびは政(せい)自身が否定します。

「いやいや、殺すには惜しい。

やつの処分をどうするかは少し考えたい。

追って沙汰を出すまで牢にでも入れておけ。」

こうして韓非(かんぴ)は投獄されましたが、李斯(りし)は独断で彼に毒を与えて自殺を強要します(C/D-2/3)。

――嗚呼！

私の人生はつねに思うに任せず、

今日また無実の罪で死なねばならぬとは！

すぐれた才を持ちあわせながら、それ故に凡愚から嫉視され、煙たがられ、足を引っぱられ、最期は讒言(ざんげん)されて死を賜ることになったのでした(＊06)。

享年53(前233年)。

そんなことになっているとは露知らぬ政(せい)は、やはり韓非(かんぴ)を赦免することにしました。

「やはりどう考えても、あれほどの才を持つ人材を殺すのは惜しい。

牢から出してやれ。」(D-2)

――我が君、少し遅うございました。

韓非(かんぴ)めは、自らの境遇を悲観して自ら毒を仰いでしまいました。(D-1)

「なんと！　惜しい。じつに惜しいことをした。

あれほどの人材、二度とは得らるまいに。」

こうして李斯(りし)は、陰謀によってライバルを追い落とし、自分の地位(ポスト)を守ったのでした。

(＊06)『史記』ではこういう経緯になっているのですが、『戦国策』では「韓非が政の寵愛していた家臣を罵ったために秦王の逆鱗に嬰れて誅殺された」と、あくまで秦王政の意志で殺したということになっています。

古今東西、"才ある者"はその才を以(もっ)て正々堂々と戦おうとしますが、"才なき者"は正面から才をぶつけあったのでは勝ち目がないため、裏工作・陰謀・讒言(ざんげん)を駆使してこれを陥れようとします。

そして歴史を紐解(ひもと)けば、勝つのはいつも「正々堂々」ではなく「陰謀」の方です。

もっとも、今回は李斯(りし)が陰謀をめぐらせて生き残りましたが、その李斯(りし)もまた、李斯(りし)など遠く及ばぬ陰険な人物の陰謀によって命を落とすことになるのですが。

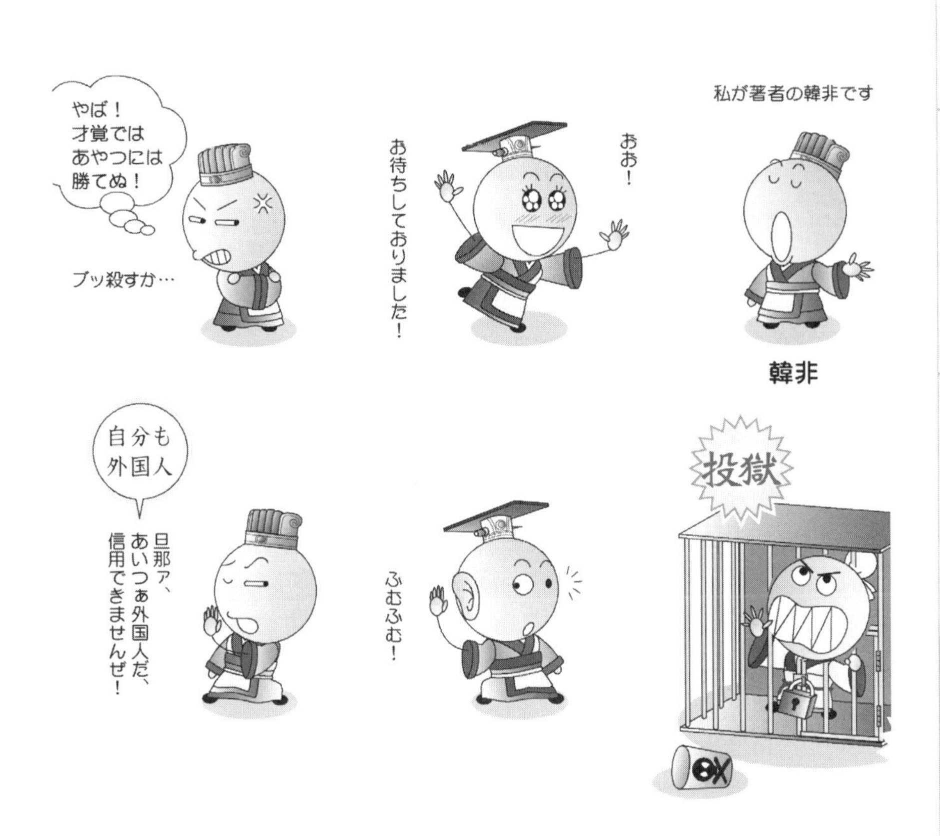

Column 言行不一致の愚

李斯は韓非を謀殺するために、秦王政に「あいつは外国人（六国出身）だから信用できませんぞ！」と耳打ちして彼を謀殺しましたが、それをいうなら、李斯本人だって楚からやってきた“外国人”です。

それに、秦王政が生え抜き（秦出身）家臣らに唆されて「逐客令（外国人追放令）」を出したときには、李斯は嘆願書を提出して、「外国人だからという理由で追放することの愚」を諫めています。

たしかに、秦による天下統一の礎を築いた穆公・孝公・恵文王・昭襄王の四君は、すべて“外国人”の臣下に支えられてのものでした。

秦の穆公が覇を唱えることができたのも、百里奚（宛）・蹇叔（宋）・丕豹（晋）ら賢臣に支えられたからでしたが、彼らは全員“外国人”です。

孝公に仕え、秦による統一の礎を切り拓いた商鞅は衛出身ですし、恵文王を支えた張儀、昭襄王を支えた范雎はともに魏出身です。

そして、今また嘆願書を出した李斯もまた。

しかもこの嘆願書は名文で、後世『諫逐客書』として語り継がれ、のちに『文選』にも収録されたほどです。

しかしながら、言っていること自体がどんなに正しくとも、その発言者の行動が伴っていなければ説得力はありません。

連続殺人犯に「人の命の重さ」「他人を思いやる気持ち」を訴えられても鼻白むだけですし、Ｊ．Ｊ．ルソーが発表した教育論『エミール』が各方面から非難囂々を受けたのも、書の内容にではなく、彼自身が５人もの子供をつぎつぎと儲けながらこれをすべて棄てていたからです。

『エミール』同様、『諫逐客書』だけを読めば、内容的には正しいことが書かれているかもしれませんが、その彼が韓非を「外国人だから」という理由で死に追いやったことと照らし合わせたとき、その内容は「単なる自己弁護で固められた薄っぺらなもの」という本質が透けて見えてしまうことになります。

最終章 天下布武

第４幕

牛は牛連れ、馬は馬連れ

六国の併呑（vs韓・趙）

国を亡ぼすのは「敵国」ではなく「暗君と佞臣」。六国（りっこく）中最初に亡びた韓も、つぎに亡びた趙も暗君と佞臣（ねい）の伏魔殿であった。韓には韓非（かんぴ）という賢臣が、趙には李（り）牧（ぼく）がいたが、そうした賢臣・名将は無能の巣窟においては生き延びることができない。そして、彼らが死に絶えたとき、その国も亡びることになる。

〈六国の併呑（vs 韓・趙）〉

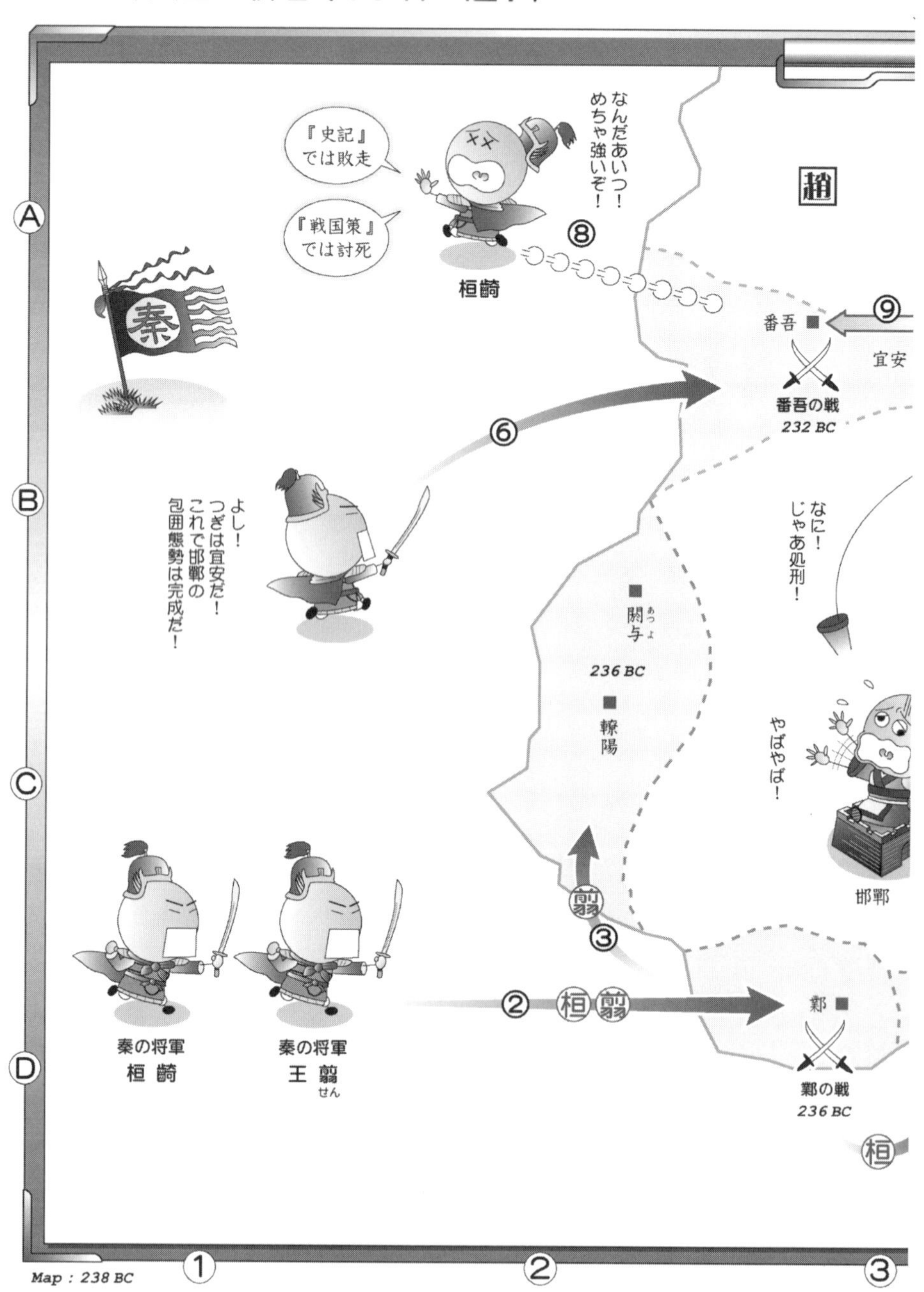

趙
秦
なんだあいつ！めちゃ強いぞ！
『史記』では敗走
『戦国策』では討死
⑧
桓齮
⑨
番吾
宜安
番吾の戦
232 BC
⑥
よし！つぎは宜安だ！これで邯鄲の包囲態勢は完成だ！
なに！じゃあ処刑！
閼与
236 BC
轑陽
やばやば！
邯鄲
翦
③
②
桓
翦
鄴
鄴の戦
236 BC
桓
秦の将軍
桓 齮
秦の将軍
王 翦
せん
A
B
C
D
①
②
③
Map : 238 BC

前236～前228年

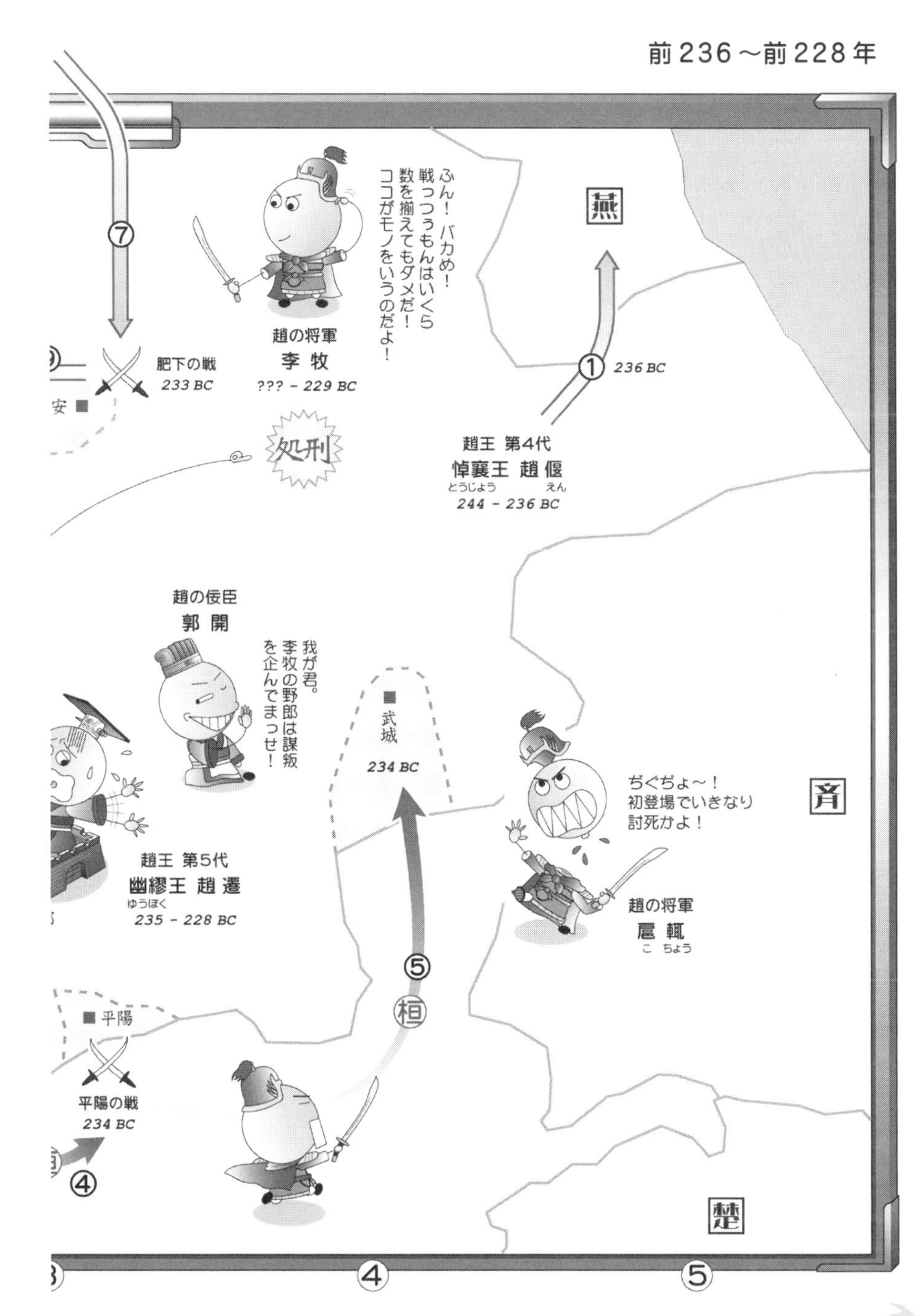

第1章 春秋時代（前期）
第2章 春秋時代（後期）
第3章 戦国の幕開け
第4章 秦の抬頭
最終章 天下布武

繰り返しになりますが、武田信玄の名言「人は城、人は石垣、人は堀」にもありますように、国を支えているのは「城」ではなく「人」です。

たとえどんなに強固な城塞を構えようとも、どんなに強大な軍事力を誇ろうとも、それらを支える「人」が無能ならその国は遠からず崩壊しますし、逆に、たとえどんな小国であろうとも、人材さえ粒ぞろいであれば相手が大国でもおいそれと手出しができなくなります。

すでに我々は、本書の中だけでもそうした事例をいくつも見てきました。

見方を変えれば、国が亡びる原因は「君主も大臣も隅から隅まで首脳部に無能と腐敗が蔓延しているから」であって、たとえ直接的には外国軍の侵攻によって亡ぼされたのだとしても、すでに侵攻される前から首脳部の無能と腐敗が膏肓(こうこう)に入り、とっくに“死に体（＊01）”となっており、外圧など単なる“きっかけ”にすぎません（＊02）。

当時、六国(りっこく)の中でも最初に亡ぼされた韓も、つぎに亡ぼされた趙も、その例外ではありませんでした。

韓は、せっかく「韓非(かんぴ)」というすぐれた人材を得ながら、時の韓王（安）は暗君にして韓非(かんぴ)の献策をことごとく握りつぶし、最後はむざむざ秦に韓非(かんぴ)を殺されてしまいます（＊03）。

すぐれた人材（韓非(かんぴ)）を失った韓は佞臣(ねい)の“伏魔殿”と化し、彼の死からわずか3年であっけなく亡ぼされることになりました（前230年）。

ところで、限界まで高く積んだ積木の塔がたったひとつの牌(ピース)を取ってやるだけで一気に崩れ落ちることがあるように、それまで崩れないように踏ん張っていたものは、その一角がすこし綻(ほころ)びただけで全体が一気に雲散霧消してしまう——ということはよくあることです。

こたびの「韓滅亡」もその“綻(ほころ)び”の典型で、これまでどれほど秦が攻勢に出ようと、白起(はくき)将軍が八面六臂(び)の活躍をしようと、「六国(りっこく)体制」は維持されてきたのに、その一角であった韓が亡びるや、残った“六国(りっこく)”も雪崩(なだれ)を打ってつぎつぎ

（＊01）もともとは相撲用語で「もはや体勢を立て直すことが不可能なほどバランスが崩れた状態」のこと。たとえ土俵を割っていなくても「死に体」となった時点で「負け」となります。将棋でいえば「詰み」、ボクシングでいえば「ＴＫＯ」に相当します。

と亡ぼされていくことになります。

残りの五国すべてが亡び去ったのは、最初に韓が滅ぼされてからわずか９年後のことです。

「ほとんど２年に１ヶ国ペースで国が亡んでいった春秋期（約350年間）」から「七雄体制が維持された戦国期（約200年間）」を経て、最後の約10年間はふたたび「２年に１ヶ国ペース」で統一に向かう時代となります。

韓を亡ぼした秦がつぎに狙いしは、因縁浅からぬ趙でした。

このことを理解するために、秦王政が呂不韋を追放して親政を開始したころ（前237年）までいったん時間を巻き戻します。

すでにそのころ、六国は覆しがたいほど秦に大きく水をあけられ、絶望的状況になっていましたが、それでも六国が生き残りを賭けるなら「合従」にすがるしかありません。

にもかかわらず、この期におよんで六国同士でいがみ合うばかり。

趙（悼襄王）などは、虎視眈々と趙を狙っている秦に背中を向けて、燕を攻める（前236年）という愚を犯す有様(＊04)（A/B-4/5）。

これでは“蛇（秦）に睨まれた蛙（趙）”が後ろを向いたようなもので、後ろ

（＊02）これは「国」に限ったことではなく、「企業」やその他の組織も例外ではありません。
組織が亡びるときというのは、ほぼ例外なく無能と不敗が蔓延っているためです。
たとえどんな強力な外圧があろうとも、有能・健全な組織が崩壊することはありません。

（＊03）韓非が韓王に重用されていれば、おそらく彼が秦で殺されることもなかったでしょう。

（＊04）この愚挙ひとつ見るだけでもすでに趙にはろくな人材が残っていないことがわかります。

を向いた瞬間、蛇に飛びかかられるに決まっています。

当然、秦王政もこの機を逃さずただちに趙を攻めました。

総大将はここで初登場の王翦(C/D-1/2)、副将に桓齮(C/D-1)。

後ろを向いた状態でおもいっきり尻を咬まれる形となった趙は、鄴の戦(前236年)(D-3)で閼与・轑陽(B/C-2)・鄴(C/D-3)を、平陽の戦(前234年)(D-3)で平陽(C/D-3)・宜安(A/B-3)・武城(B/C-4)をつぎつぎと陥とされ、秦軍は戦勝に次ぐ戦勝に湧き、いよいよ勢い盛ん、もはや何もなき野を往くが如し。

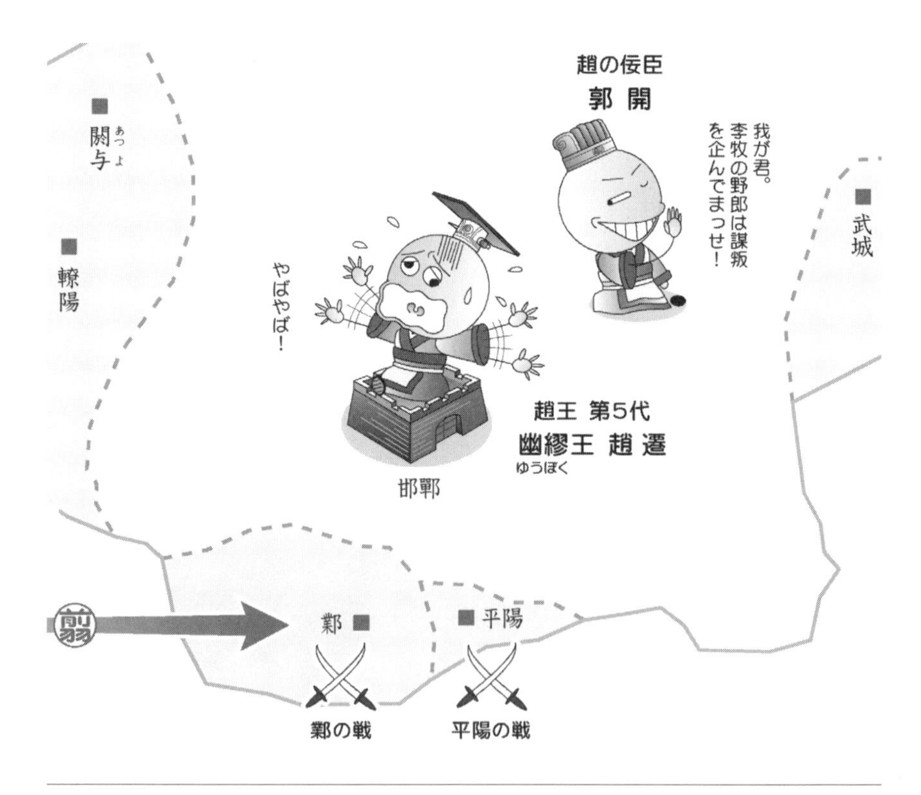

(＊05)廉頗・白起・王翦に並び称される「戦国四大名将」のひとり。

(＊06)ただ、彼については『史記』や『戦国策』をはじめ、どの史書を紐解いてもこのときの「平陽の戦で大敗して討死した総大将」として登場するのみで、その出自・経歴等は一切不明ですから、ひょっとしたら愚将だったのかもしれませんが。

これに対して趙は、このたったの２戦で広大な国土を失陥し、10万もの兵を失ったばかりか、総大将（扈輒）（C/D-4/5）まで討ち取られて総崩れを起こしつつありました。

そればかりか、地図を見れば一目瞭然、これまで秦が陥としてきた城は、趙都・邯鄲（C-3）を中心として南は鄴・平陽、西は閼与・轑陽、東は武城、北は宜安――と都をぐるりと取り囲む要衝ばかり。

これはまさに、邯鄲が「堀を埋められて丸裸になった大坂城」状態となって、もはや趙の滅亡も時間の問題となったことを意味します。

狼狽した趙王（幽繆王）（C-3）は、討死した扈輒に代わって李牧（＊05）（A-4）を総大将に据え、もう後がない最後の抵抗を試みました。

戦死した扈輒将軍とて、秦の大軍と戦うために総大将に任命されたほどの人物ですから、一廉の将軍だったのでしょう（＊06）。

その扈輒将軍ですら、抵抗らしい抵抗もできないまま潰滅したのですから、もはや誰が後任だろうが、地を埋めつくす秦軍を前にして、この劣勢を覆すことは不可能……かと思われました。

ところが。

李牧将軍が指揮を執るや、たちまち秦軍を撃破（肥下の戦）（A/B-3/4）し、秦軍は10万もの大軍がほぼ全滅という大敗を喫し、桓齮将軍も討死（＊07）（A-2）という大惨事となります（前233年）。

今度は秦が狼狽する番でした。

楽勝ムードが漂っていたところに飛び込んできた唐突の敗報に驚いた秦は、さらに30万もの大軍を注ぎ込んで挽回を図りましたが、またしても李牧将軍の前に大敗（番吾の戦）（A/B-2/3）し、韓・魏の国境まで領土を押し返されてしまいます（前232年）。

ところで、このように失敗・失態・敗北がつづくときというのは、何かしら

（＊07）『戦国策』に拠る。『史記』では「命からがら落ち延びた」ことになっていますが、この敗戦を境に桓齮将軍は『史記』にもまったく登場しなくなるため、やはり討死したと考えた方が自然かと思われます。あるいは落ち延びたものの、敗戦責任を取らされて死を賜ったのかもしれません。はたまた、「桓齮将軍は秦に帰国することなくそのまま燕に亡命し、燕では“樊於期”と名乗った（桓齮・樊於期 同一人物説）」と考える人も。

“歯車”が狂っているときなので、何度も同じ挑戦をつづけるより、いったん他のことに視線を向けた方が事態が改善することが多いものです。

このときの秦も、李牧(りぼく)将軍に2連敗したことでいったんその矛先(ほこ)を韓に向けることにしました。

すでにこの2年ほど前(前234年)に韓非(かんぴ)はすでに獄死していましたから、韓の宮廷に残っているのは暗君(韓王安(あん))と奸(かん)臣ばかりで、これを亡ぼすなど造作もないこと。

こうして韓を亡ぼす(前230年)と、秦はふたたび矛先を趙に戻し、懐刀の王翦(おうせん)将軍を総大将としてこれに大軍を与え、趙に向かわせます(前229年)。

その陣容たるや、秦王政(せい)の「今度こそ趙を亡ぼさん!」とする意気込みが顕(あらわ)れているかのよう。

ところが蓋(ふた)を開けてみれば、李牧(りぼく)を前にしてさしもの王翦(おうせん)将軍ですら苦戦。

――くそ! またしても李牧(りぼく)か!

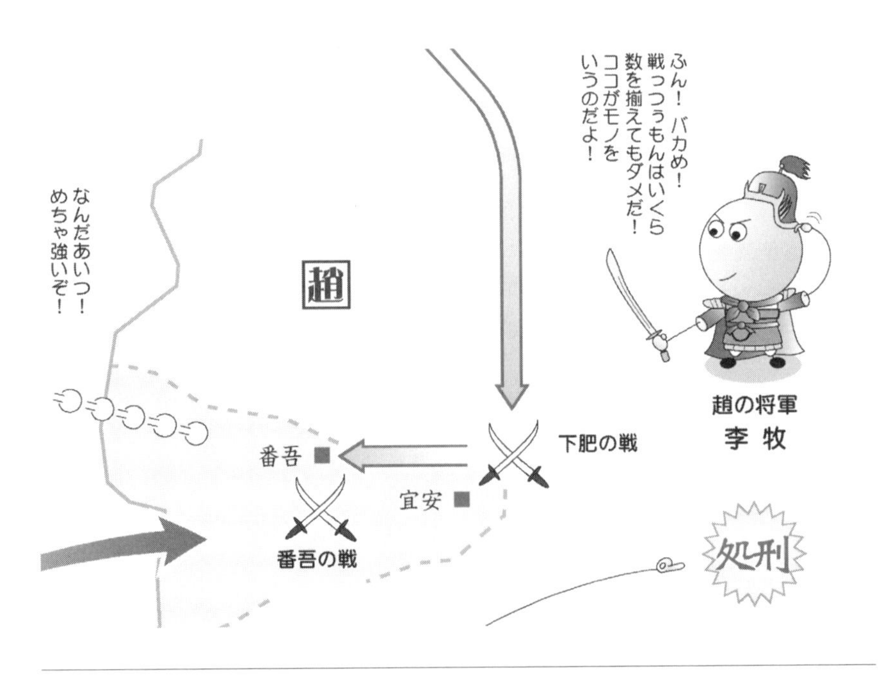

(＊08)つまり、秀吉は「戦術では敗れたが、戦略で勝った」ということになります。

こいつを何とかしない限り趙は倒せんぞ！

すでに秦は肥下・番吾で大敗し、今回、切り札（王翦）まで投入して大軍で攻めて敗れたとなれば、六国が秦を見くびり、ヘタをすれば“対秦包囲網（合従）”すら生まれかねません。

たとえば日本でも、羽柴秀吉が徳川家康を力づくでねじ伏せんと圧倒的兵力差（10万 vs 2万前後）で小牧・長久手で戦ったにもかかわらず、これに少々苦戦しただけで、たちまち雑賀衆・根来衆・長宗我部らが家康陣営に付いて“秀吉包囲網”が形成されてしまいました。

そうしたときはどうすればよいか。

正攻法で勝てぬなら裏工作。

そこで秀吉が採ったのが「離間策」でした。

秀吉は裏から手を回して、舌先三寸で徳川家康と組んでいた織田信雄を籠絡し、彼と家康を離間させ、これを撤退させることに成功します。

こうして大義名分を失った家康は矛を収めざるを得なくなりました(＊08)。

―― 歴史は繰り返す。

同じような状況にあった秦が採った策も、やはり秀吉同様、裏から手を回しての「離間策」でした。

幸い、趙には御しやすい人物がいます。

カネを与えれば平気で人も売る、国も売る、後世に「奸臣たればこの人あり！」とその名を轟かせる、奸臣中の奸臣・郭開（B/C-3/4）です。

そこで、彼に莫大な賄賂を贈って趙王に讒言させました。

「我が君。
李牧将軍は謀叛を企んでおりますぞ！」

当時の李牧はまだ前線で秦軍と必死に戦っているまっただ中であって、謀叛

（＊09）廉頗将軍のときには、「将軍は耄碌（もうろく）がひどく、会談のわずかな時間に３度も“遺矢（おもらし）”した」と虚偽報告をしています。
この“遺矢”は「厠に立った」という意味だとする説もありますが、「頻尿になった」程度のことで将軍を更迭する理由にはなりませんから、筆者は「おもらし」が正しいと思っています。

もへったくれもなく、まともな知能があればこんなものはすぐに讒言だとわかりそうなものですが、これを聞いた幽繆王はすぐにマに受け、李牧を捕らえて処刑してしまいました（前228年）（A/B-4）。

牛は牛連れ、馬は馬連れ。

名君は賢臣・諫臣を側に置き、暗君は奸臣・佞臣に寵愛するもの。

趙の最後の2人の王（悼襄王・幽繆王）が父子揃って郭開がごとき奸臣を寵愛したこと自体が両君の暗愚ぶりを証明しています。

趙といえば、戦国時代を代表する4人の名将「戦国四大名将」のうち2人（廉頗・李牧）までを輩出したお国柄なのに、悼襄王のころに廉頗を、幽繆王のころに李牧を、自らの手で葬り去っていますが、この両名を讒言により陥れた奸臣こそ、郭開(＊09)だったのです。

李牧が誅殺されたことを知った秦は「筋書き通り！」とこれを歓び、ただちに大攻勢に入ります。

“国家の大黒柱”を自ら斧で切り倒した趙は為す術なく敗走を重ね、あれよあれよという間に趙都（邯鄲）は陥ち、幽繆王は捕らえられ、趙はついに滅亡。

それは李牧の死からたった3ヶ月後のことでした。

ただ、幽繆王の兄（代王嘉(＊10)）がこの包囲を逃れて代まで落ち延び、ここで亡命政権を建国しています。

亡命政権とは「内乱や侵掠などで国家が崩壊したあと、これを逃れた王族が別の場所で国家を再建し、その正統なる継承国であることを主張している政権」のこと(＊11)で、「趙」そのものは亡んだものの、この亡命政権によって「趙の王統」はほんの少しだけ延命することになりました。

（＊10）悼襄王の長男で、もともとは嫡子でしたが悼襄王が寵愛する妾の子（遷）を跡継ぎとするため廃嫡されていました。古今東西、こういうことをすると傾国の原因となります。

（＊11）「亡命政権」の定義は曖昧で、広義から狭義までいろいろな考え方がありますが、ここでは広義。世界史上で亡命政権を探すと、現在の台湾は中華民国の、南宋は北宋の、南明は明の、ニカイア帝国はビザンツ帝国の、後ウマイヤ朝はウマイヤ朝の亡命政権です。

最終章 天下布武

第5幕

届かぬ匕首(あいくち)

六国の併呑（vs 燕・魏）

趙を亡ぼした秦がつぎに狙いを定めたのが燕であった。国家存亡の機に陥った燕の太子丹(たん)は起死回生を狙い、秦王政(せい)の暗殺を計画する。暗殺者・荊軻(けいか)は慎重を期したかったが太子丹(たん)がそれを許さず、結果、暗殺は失敗に。怒り心頭の秦王政(せい)は、王翦・李信らに燕を亡ぼすことを命じた。

秦王政

〈六国の併呑（vs 燕・魏）〉

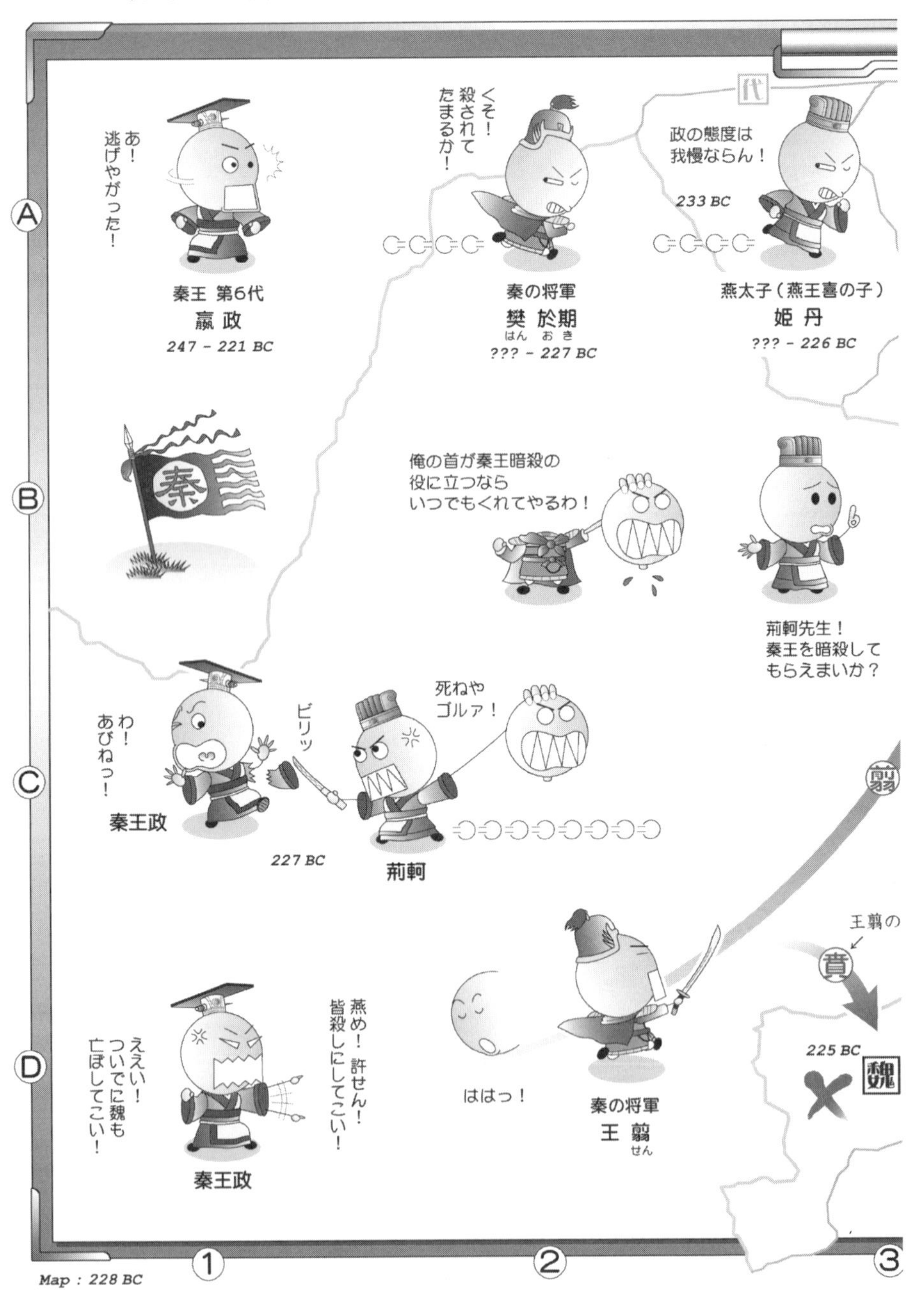

あ！逃げやがった！
秦王 第6代
嬴政
247 - 221 BC
くそ！殺されてたまるか！
秦の将軍
樊於期
はん おき
??? - 227 BC
代
政の態度は我慢ならん！
233 BC
燕太子（燕王喜の子）
姫丹
??? - 226 BC
秦
俺の首が秦王暗殺の役に立つならいつでもくれてやるわ！
荊軻先生！秦王を暗殺してもらえまいか？
わ！あびねっ！
ビリッ
死ねやゴルァ！
秦王政
227 BC
荊軻
翦
王翦の
賁
225 BC
魏
燕め！許せん！皆殺しにしてこい！
ええい！ついでに魏も亡ぼしてこい！
秦王政
ははっ！
秦の将軍
王翦
せん
A
B
C
D
1
2
3
Map : 228 BC

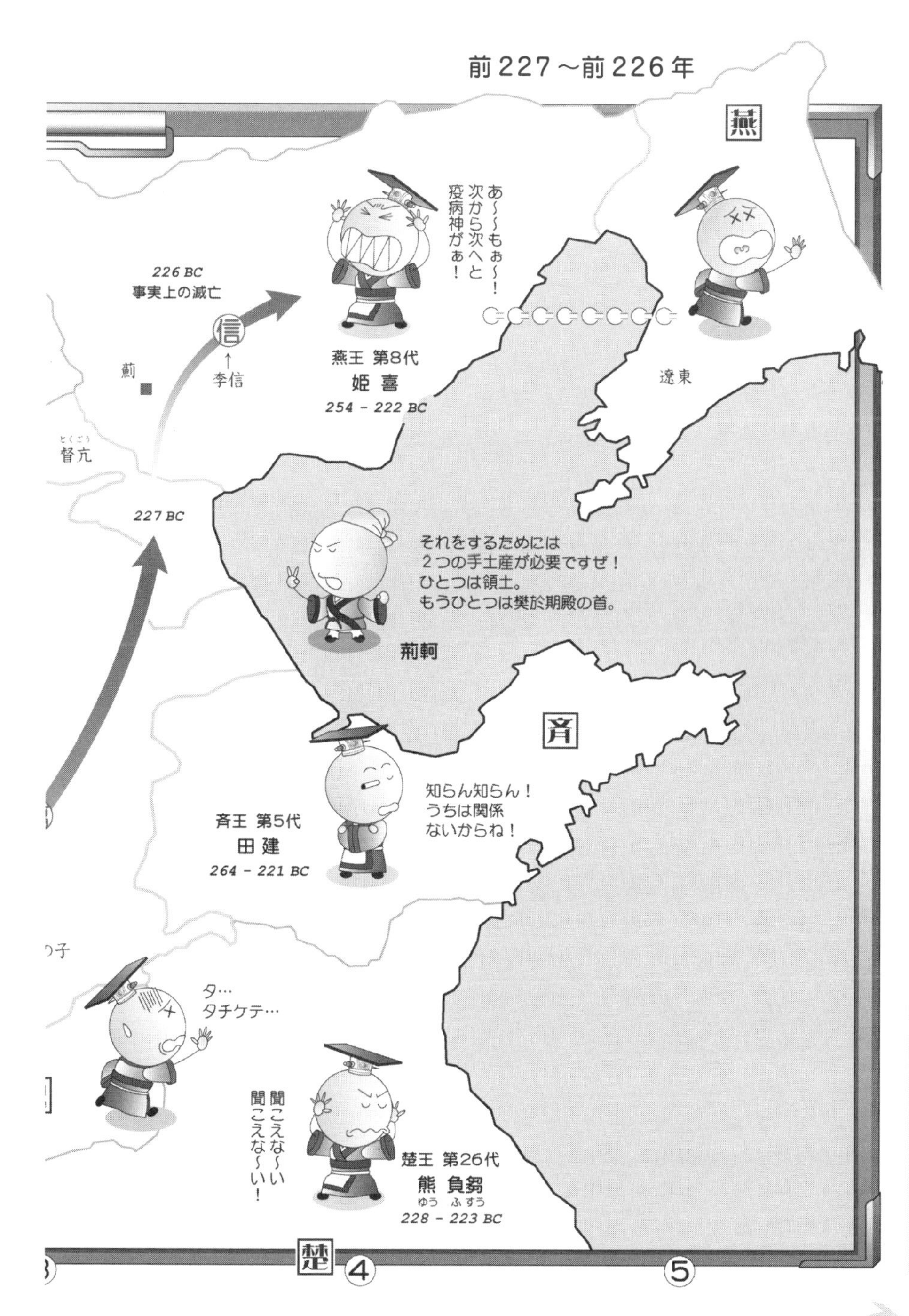

前227～前226年
燕
あ～～もぉ～～！
次から次へと
疫病神がぁ！
226 BC
事実上の滅亡
信
李信
薊
燕王 第8代
姫 喜
254 － 222 BC
遼東
とくこう
督亢
227 BC
それをするためには
２つの手土産が必要ですぜ！
ひとつは領土。
もうひとつは樊於期殿の首。
荊軻
斉
知らん知らん！
うちは関係
ないからね！
斉王 第5代
田 建
264 － 221 BC
タ…
タチケテ…
聞こえな～い
聞こえな～い！
楚王 第26代
ゆう ふすう
熊 負芻
228 － 223 BC
楚
④
⑤

前228年、ついに趙を亡ぼした秦（B-1）が、つぎに狙ったのがその先にあった燕（A-5）でした。

そして、当時の燕王（喜）（A-4）もまた「末代王(＊01)」としてご多分に漏れず暗君。

繰り返し繰り返し述べておりますように、秦がさかんに趙を攻めていたときの燕が生き延びる“唯一の道”は好むと好まざるとにかかわらず“合従”しかないのに、逆に太子（丹）を人質に出してまで秦に尻尾を振って“連衡”し、「溺るる犬は棒で叩け！」とばかり、逆に趙を攻め立てる——と、君臣もろとも暗愚ばかり。

そんなことをして趙が亡んだら、つぎに秦の矛先が向くのは自分（燕）だということすらまったく理解できない。

そのうえ、「長平の戦(＊02)」で軍が潰滅状態にあった趙に攻め込んでこれに大敗するという為体。

そこまでして秦に媚びへつらってきたのに、趙の滅亡も秒読み段階で、燕は“いつ秦との友好関係が破綻してもおかしくない爆弾”を2つも抱え込んでしまいました。

そのひとつが、秦への“友好の証”であった人質（太子丹）が、勝手に秦から出奔してしまったこと（A-2/3）（前233年）。

もうひとつが、ほとんど時を経ずして秦王政の怒りを買ってしまった秦将・樊於期(＊03)が燕に亡命し、太子丹を頼ってきたこと（A-2）です。

燕王はこの2つの“爆弾”が秦との連衡にヒビを入れまいかと狼狽しましたが、ちょうどそのころは秦も肥下の戦（前233年）・番吾の戦（前232年）で趙（李牧）に連敗していたころで、とても丹や樊於期ごときに構っている余裕はなく、またそれを問題視することで趙・燕に合従されても困るため、とりあえずこれを見て見ぬふりをしていました。

（＊01）末代王（末代皇帝）とは「その国が亡びたときの最後の王（皇帝）」のこと。古今と洋の東西を問わず、末代王（末代皇帝）はほぼ例外なく暗君です。もっとも「末代王は暗君」というより「国を亡ぼすほどの暗君が末代王になる」と表現する方が正確かもしれませんが。

（＊02）本書「第4章 第8幕」参照。

しかし、それも趙が亡びるまでのこと。

趙が滅亡してしまえば、秦はもう燕に遠慮する理由はなくなります。

戦争を始めるにはかならず“口実”が必要になりますが、燕は秦に与える口実を「２つ（太子丹・樊於期）」も抱えており戦々恐々。

この２人の首を差し出せば秦も矛を収めてくれるかもしれず、燕においてこの２人は身の置きどころもない“針のむしろ”。

太子丹は考えます。

――今、秦と正面から戦っても勝ち目はない。

そこで今さらながら六国に「合従」を呼びかけてみたものの、笛吹けど踊らず、鼓叩けど謡わず。

つい先ほどまで秦に対して千切れんばかりに尾を振っていた燕が、自分が苦境に陥った途端に「合従！」を叫んでみたところで説得力の欠片もなく、また、もはやここまで国力差が開いてしまうと、どこも秦を怖れて応じてこないのも宜なる哉。

戦もダメ、合従もダメとなれば！

太子丹は「秦王暗殺」を計画します。

ひとりの傑物によって構築・建設された組織（国家・企業など）は、そのカリ

秦王 第6代
嬴 政

秦の将軍
樊 於期

燕太子（燕王喜の子）
姫 丹

（＊03）樊於期将軍がなぜ秦王の怒りを買ったのかはよくわかっていません。
一説には、秦王政の政策（軍の少数精鋭化）に反対したことで不興を買ったため、
一説には、肥下の戦いで趙（李牧）に敗れたため（前幕参照）とも。

スマを失った瞬間から崩壊が始まるものです（＊04）。

今の秦の勢いは、秦王政のカリスマに拠るところ大ですから、これを暗殺すれば、秦は一気に弱体化する可能性は高い。

そこで、丹がすぐれた暗殺者を探していたところ、当時、遊侠として傍若無人（＊05）な生活を送っていた荊軻（B-4）なる人物を紹介され（＊06）、彼に「秦王暗殺」を依頼（B-2/3）します。

しかし、荊軻はこれを受けるにあたって２つの条件を提示しました。

それが「燕の領土（督亢（＊07））」と「樊於期の首（B-2）」。

暗殺を成功させるためには、どうしても秦王政の目の前まで接近しなければなりませんが、それを許すにはそれ相応の“手土産”が必要なためです。

しかし荊軻は、この２つが揃ったにもかかわらず、一向に秦に向かおうとしません。

焦れた丹が荊軻にせっつきます。

「先生、何をぐずぐずされておられるのですか！
一刻も早くご出立を！」

（＊04）例を挙げれば枚挙に遑がありませんが、日本人なら知らぬ者とていない「信長というカリスマが本能寺に斃れた途端、織田政権も崩壊した」というのはその好例です。

（＊05）「傍若無人（傍らに人なきがごとし）」というこの四字熟語は、このころの荊軻の生活態度に由来しています。

（＊06）太子丹の傅（教育係）だった鞠武が田光（詳細不詳）なる人物を紹介し、田光が荊軻を推挙するという流れで紹介されました。

──殿下。こたびの計画に“二度目”はありませぬ。
　絶対を期すため、今、信頼のおける相棒（＊08）を呼び寄せております。
　その者が到着するまで、今しばらくお待ちください。
「供の者でしたら、秦舞陽（しんぶよう）という荒くれ者をこちらで用意しております。」
──あんなただ乱暴なだけの小物、役には立ちませぬ。
　しかし荊軻（けいか）は、丹（たん）が「こやつ、臆したのでは？」と疑っていることが透けて見え、仕方なく秦舞陽（しんぶよう）を伴って秦に向かうことにします。
　こうして前227年、秦に着くとこの“2つの手土産”は効果覿面（てきめん）で、荊軻（けいか）の計算通り、彼は秦王政（せい）と直接謁見することを許されました。
　ところが、丹（たん）に押し付けられた“荒くれ者”の秦舞陽（しんぶよう）は秦王を御前にしただけでガタガタと震えだし、体が硬直して口も利けない有様。
（それ見たことか！　俺の思った通り、こいつは使い物にならん。
　こいつにも加勢してもらうために連れてきたのだが、
　こうなれば、俺ひとりでやるしかあるまい。）
　荊軻（けいか）はうやうやしく秦王に拝謁し、樊於期（はんおき）の首を差し出します。
「うむ！　確かに樊於期（はんおき）の首じゃ！
　よし、それではつぎに督亢（とくごう）の地図を見せよ！」
──ははっ！
　荊軻（けいか）は巻物を紐解（ひもと）き（＊09）、するすると広げていきます。
　前のめりになって地図を覗き込む政（せい）の目に飛び込んできたものは、巻物の奥に仕込まれていた匕首（あいくち）（＊10）でした。
　ぎょっとする政（せい）の袖（そで）を掴んだかと思ったら、「ご覚悟！」と匕首（あいくち）を突き立てる荊軻（けいか）！（C-1/2）
　その匕首（あいくち）にはかするだけで絶命たらしめる猛毒が練り込んであり、まさに一

（＊07）燕都（薊）のすぐ南西にあった地域（A/B-3）。

（＊08）一説に「薄索」という人物だとも言われますが、誰なのかよくわかっていません。

（＊09）現在では「（特に古い本を）読む」「（文献をあさって）真実を明らかにする」などの意味で使われますが、もともとはここで使用されているような「巻物を縛ってある紐（ひも）をほどいて巻物が読める状態にする」という意味です。

撃必殺――のはずでしたが、「わっ！」とのけぞる政の袖が破れ（C-1）て逃げられてしまいます。

群臣らは秦王を助けようにも、秦の法では帯剣して殿上に上がってはならない（犯せば死刑）ため何もできず、秦王の腰にあった剣は観賞用の見た目ばかりが立派で実用性に欠ける長剣でとっさに抜けず、柱を中心に追いかけ合いが始まりました。

しかし、もたもたしているうちに典医（夏無且）が荊軻に薬嚢を投げつけたことで、この隙にようやく政は剣を抜くことができました。

ひとたび抜刀できてしまえば、長剣と匕首では勝負にならず、深手を負った荊軻は、最後の望みをかけて秦王に匕首を投げつけましたが、これも柱に当たって叶わず、怒り狂った秦王自身にズタズタに惨殺されることに。

その間、"片腕"として連れてきた秦舞陽は終始ガタガタと震えてうずくまっていただけでした（＊11）。

彼が荊軻とともに秦王に飛びかかり、彼の動きを封じていれば、確実に暗殺は成功していたでしょうから、こたびの失敗の原因は直接的には「太子丹が事を急いたこと」に求められます。

（＊10）よく日本の「合口」と混同されていますが、中国の「匕首」はそれとは別物です。
中国の「匕首」は、日本の忍者が使っていた手裏剣「苦無（くない）」に似た短刀です。

（＊11）このあと秦舞陽がどうなったのかは史書は明らかにしていません。
とはいえ、その後の秦王政の怒りの様子からして目こぼしされたとは考えられず、おぞましき拷問刑がなされたことはまちがいないでしょう。秦舞陽は何しに来たのやら。

ただし、もっと歴史を俯瞰的・大略的に把えれば、別の見方もできます。

歴史には“流れ”というものがあり、この“流れ”に逆らう者は例外なく歴史によって抹殺され、その流れに乗る者は繁栄を約束されます。

このころの中国の歴史は、明らかに「天下統一」へと流れていました。

その歴史の流れを押し止めようとしたのが、荊軻による「秦王暗殺」です。

そうした観点から考えれば、荊軻の相棒が間に合わなかったのも、政の袖が破れたのも、最後に投げた匕首が当たらなかったのも、秦王政の“運がよかった”というより、すべては「歴史の流れに乗る政は歴史によって護られ、歴史の流れに逆らおうとした荊軻は歴史によって抹殺された」という解釈もできます。

閑話休題。

九死に一生を得た秦王政は怒り心頭、前226年、ただちに王翦（D-2）に燕討伐を命じました（D-1）。

大挙して押し寄せる秦の大軍を前にして、督亢はたちまち陥落、その翌年には燕都・薊（現・北京）（A/B-3）も陥として、その民を皆殺しにしても政の怒りは収まらず、さらに李信［有成］(＊12)（A-3/4）に命じて東奔する燕王を追撃。

もはやあとがないところまで追い詰められた燕王（喜）は、すべての元凶である我が子・丹を殺し、その首を差し出すことで秦王の赦しを請います(＊13)。

憎っくき丹の首を見た政は溜飲を下げ、いったん燕と和睦して、その矛先を魏に向け、王翦の子・王賁［典］(＊14)（C/D-3）を総大将に据え、大軍を魏に向かわせました。

事ここに至らば、魏が独力で生き残る道はなく、できることといえば合従を呼びかけて（D-3）六国の援軍に期待することくらいしかありません。

（＊12）出自等、詳しい経歴は一切不明の秦の将軍。
漫画『キングダム』の主人公のモデルとなったことで一躍有名となりました。

（＊13）『史記』の「刺客列伝」に拠る。おなじ『史記』でも「秦始皇本紀」では「薊（北京）が陥落したときに討たれた」とあり相互に矛盾していますが、歴史の流れから「刺客列伝」の方が自然であるため、本文ではこちらを採用しました。

しかし、もはや何もかもが遅すぎました。

「六国(りっこく)」とはいってもすでに韓・趙は亡く、燕は青息吐息。

肝心の斉(C-4)・楚(D-4)は秦を怖れて子犬のように小さくなって動かず。

そもそも魏自体がこれまで韓・趙・燕を見殺しにしてきた立場ですから、今さら合従(がっしょう)を叫んでみたところで……。

こうして抗戦むなしく、前225年、魏も滅亡。

しかし、魏が亡べば、つぎに秦の矛先が向くのは自分たちだということすら理解できない楚・斉。

こうして、もはや秦の統一は時間の問題となったのでした。

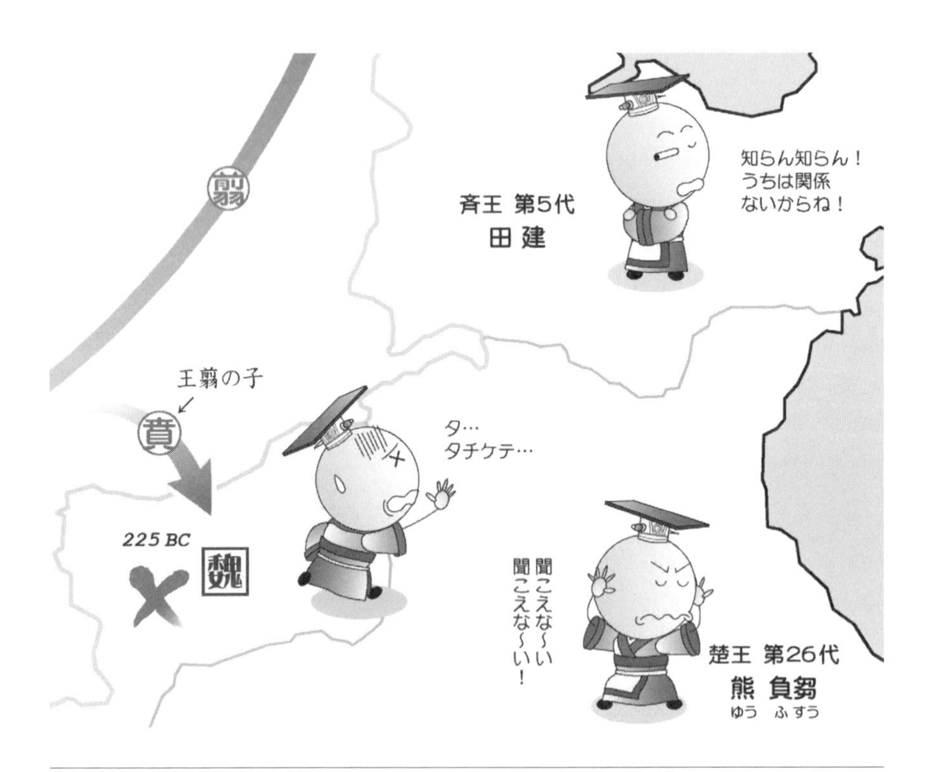

(＊14) 王翦の子。王翦とともに燕遠征に出陣していましたが、燕との講和が成ったことで、そのまま魏攻略戦に転戦しました。

最終章 天下布武

第６幕

逸を以て労を待ち、飽を以て饑を待つ

六国の併呑（vs 楚）

燕を遼東に追い込んだ秦は、その矛先を楚に向けた。しかし、楚は衰えたりと雖も大国、これまでのようにはいかぬだろう。秦王政が問えば、若将の李信が「20万で楚を亡ぼしてみせましょう！」と気炎を吐いたの対し、老将の王翦は秦の全軍に近い「60万」という。政は王翦への失望の色を隠さなかった。

〈六国の併呑（vs 楚）〉

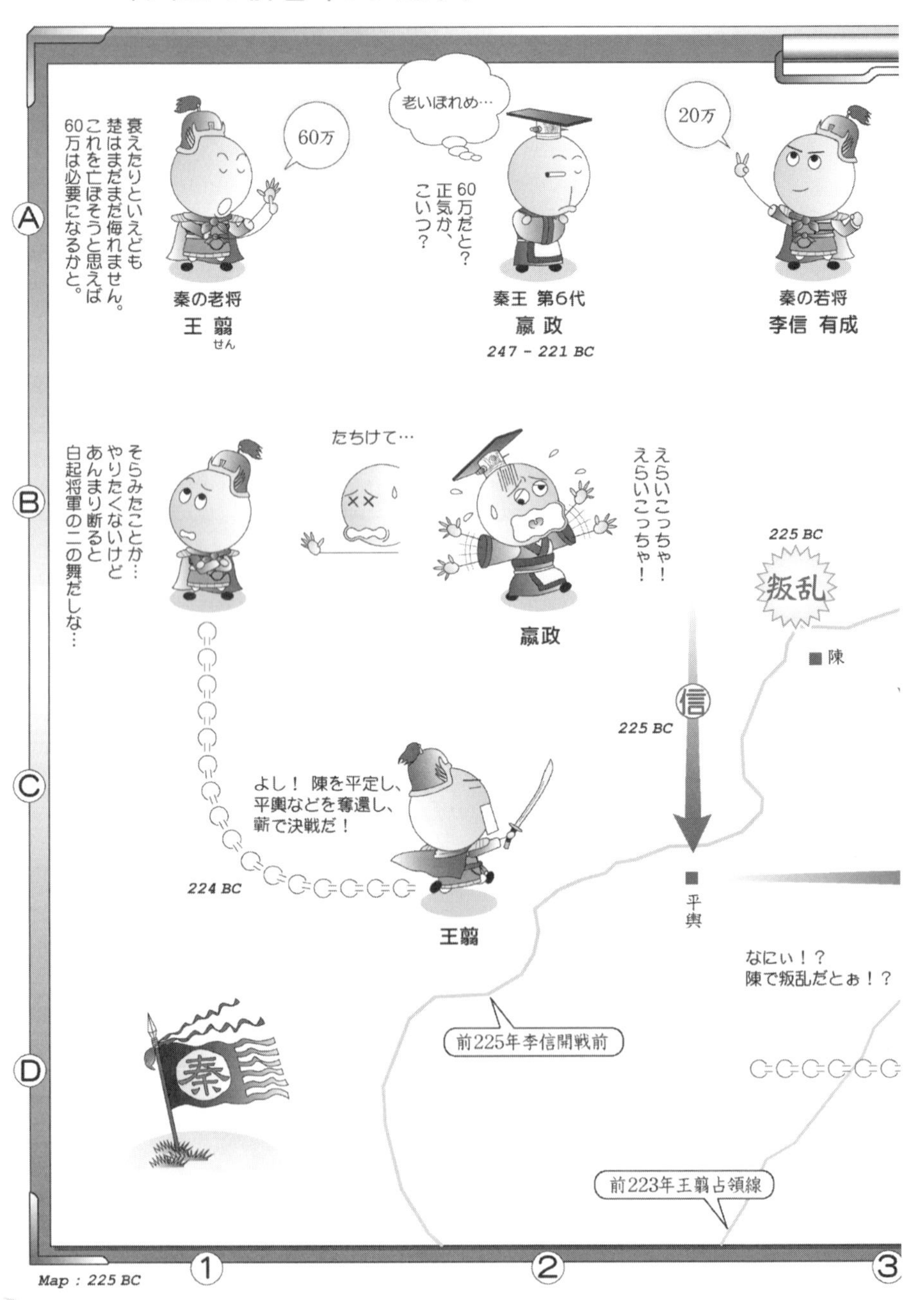

衰えたりといえども
楚はまだまだ侮れません。
これを亡ぼそうと思えば
60万は必要になるかと。
60万
秦の老将
王 翦
せん
老いぼれめ…
60万だと？
正気か、
こいつ？
秦王 第6代
嬴 政
247 – 221 BC
20万
秦の若将
李信 有成
そらみたことか…
やりたくないけど
あんまり断ると
白起将軍の二の舞だしな…
たちけて…
えらいこっちゃ！
えらいこっちゃ！
嬴政
225 BC
叛乱
陳
信
225 BC
よし！ 陳を平定し、
平輿などを奪還し、
蘄で決戦だ！
224 BC
王翦
平輿
なにぃ！？
陳で叛乱だとぉ！？
前225年李信開戦前
秦
前223年王翦占領線
A
B
C
D
1
2
3
Map : 225 BC

前225～前223年

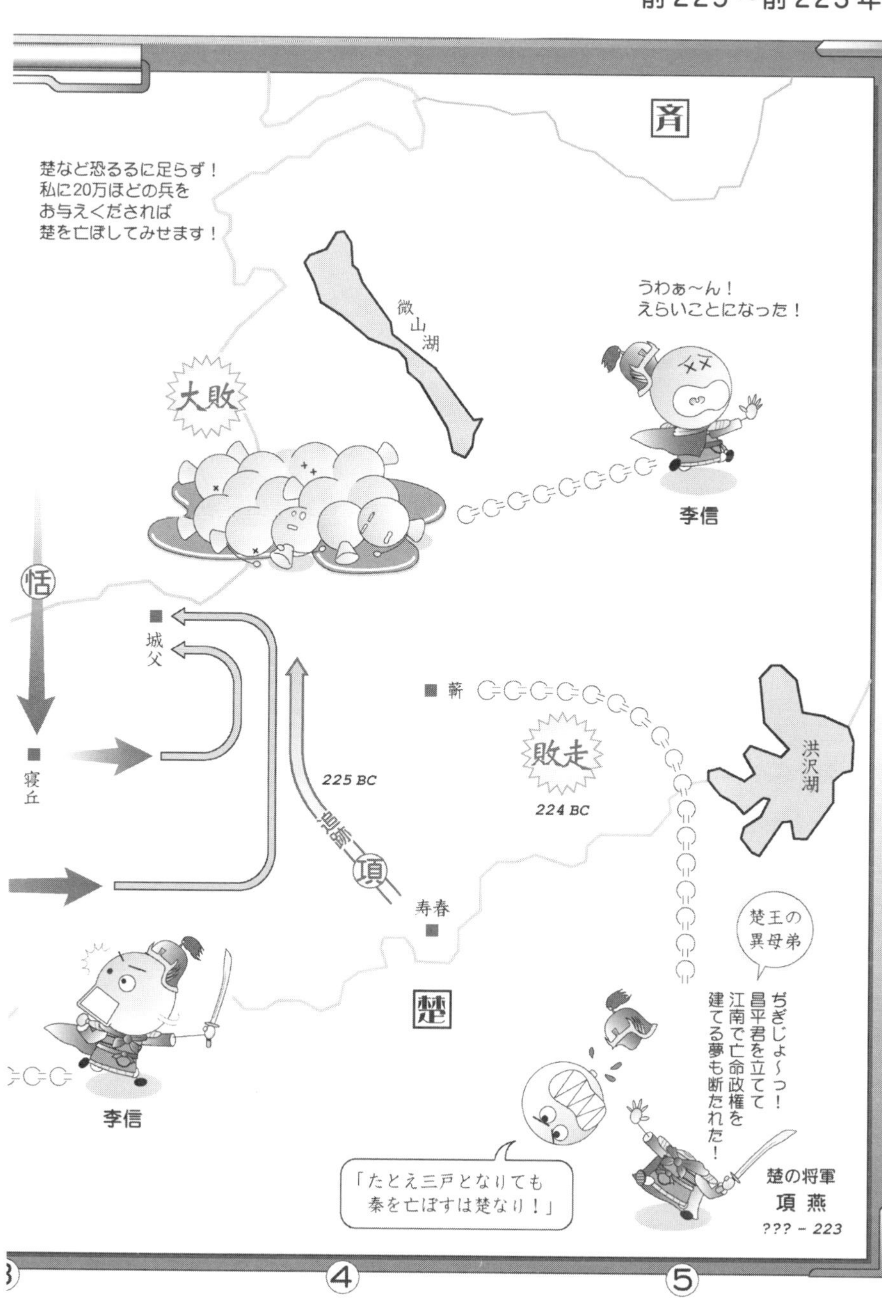
斉
楚など恐るるに足らず！
私に20万ほどの兵を
お与えくだされば
楚を亡ぼしてみせます！
微山湖
うわぁ～ん！
えらいことになった！
大敗
李信
恬
城父
蘄
敗走
寝丘
225 BC
224 BC
項
洪沢湖
寿春
楚王の
異母弟
ぢぎじょ～っ！
昌平君を立てて
江南で亡命政権を
建てる夢も断たれた！
楚
李信
「たとえ三戸となりても
秦を亡ぼすは楚なり！」
楚の将軍
項燕
??? – 223
④
⑤

趙はすでに亡び（前228年）、いまやその亡命政権「代」が細々とその命脈を保つのみ。

韓など、趙攻略の“片手間”に亡ぼしておいた（前230年）。

つぎに、燕の領土の大半を奪い（前226年）、燕は滅亡こそ免れたものの、いまや辺疆（遼東）を押さえるだけの“亡命政権”に近い存在となって、もはや風前の……否、“嵐前の灯（＊01）”か。

魏は、燕攻略の“帰りがけの駄賃”として亡ぼした（前225年）。

残るは斉と楚のみとなりましたが、斉は弱体化して久しくモノの数ではなく、あとは楚さえ倒せば、天下統一はなったも同然というところまで来ます。

戦国時代の日本で喩えれば、「本能寺の変」直前の織田政権のようなもので、あとは秀吉が毛利（楚）を押さえれば、天下も見えてくる（＊02）、そんな情勢です。

そこで秦王政（A-2）は、こたびの燕遠征で大将を務めた王翦（A-1）・李信（A-2/3）を呼びつけて彼らをねぎらいました。

―― 王翦将軍、李信将軍。こたびの燕征伐、大義であった。
　もはや燕は“まな板の鯉”、余の心はすでに楚に移っておる。
　李信よ、そちは楚を制圧するのに如何ほどの兵力を必要と考えておる？

「ははっ！
　楚は大国なれど、今の秦の精鋭軍であれば20万もあれば事足りるかと。」

―― ふむ。
　李信はああ申しておるが、王翦将軍、そちなら如何ほどで楚を平らげることができるかな？

臣下というものは「主君が望んでいる答え」を察してやり、その“正解”を答える者が寵愛されるものです。

少壮気鋭の若将（李信）が「20万」と答えたそのあとで、老将（王翦）に同じ問いを振ってきたということは、秦王政は「20万以下」の答えを望んでおら

（＊01）燕の滅亡は、一般的には最後の領土（遼東）を完全に失った「前222年」とされますが、遼東に追われて以降は“亡命政権”に近い存在（趙と代の関係に近い）となったため、この前226年を以て「燕滅亡」と解釈する史家もいます。

れることになります。

「20万」に満足したのであれば、わざわざ同じ質問を王翦（おうせん）に振る必要などないからです。

海千山千・飽経風霜（ほうけいふうそう）（＊03）の王翦（おうせん）ともあろう者が、その政（せい）の心に気がつかないわけがありません。

ところが王翦（おうせん）は答えました。

「楚は土地は豊かで兵も多く、大国にて懐も深い。
鄢郢（えんえい）の戦より衰えたりと雖（いえど）もいまだ侮りがたく、60万は必要になるかと。」

――60万！！

政（せい）は王翦（おうせん）の回答にひどく失望します。

「60万」といえば、当時の秦のほぼ全軍に近い数字でしたから、もしほんとうに王翦（おうせん）に60万の軍勢を与えたとなれば、中央（咸陽（かんよう））はほとんどからっぽになってしまいます。

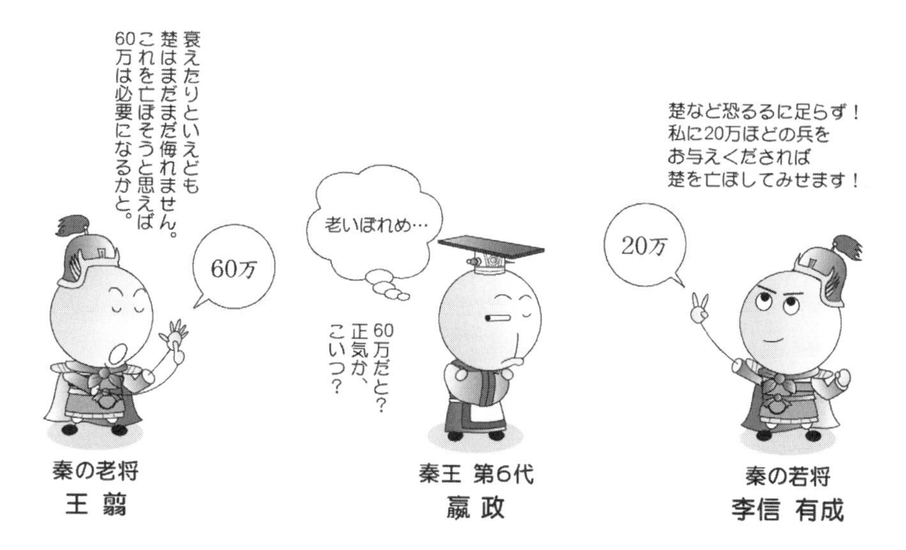

（＊02）まだ毛利以外にも、長宗我部（四国）・島津（九州）・上杉（越後）・北条（関東）・伊達（奥州）などが残っていましたが、このときの斉・代・燕のようなものでした。

（＊03）世の中の辛酸と艱苦（風霜）を飽きるほど経験（飽経）してきたことでしたたかな様。

先の織田政権で喩えれば、ちょうど信長が各地に方面軍を派遣(＊04)して、中央（京）を“からっぽ”にしたのと同じ状況です。

その結果、信長は明智光秀率いるわずか1万3000ぽっちの手勢に討ち取られてしまうという無念の最期を遂げました。

このときの秦も、王翦将軍が反旗を翻したときはもちろん、たとえ王翦自身にその気がなくとも、他の将軍が異心を抱いた場合、わずかな手勢で咸陽を急襲すれば、政はなんら抵抗できずに討たれてしまいます。

あの用心深くて人をまったく信用しない政が認めるはずのない数字でした。

それを敢えて答えた王翦の返答はひじょうに興味深い。

李信が「20万」と言ったあとで自分が「60万」といえば、政が失望することは目に見えているのに、それを承知で「60万」と言い切った王翦将軍の心理や如何に。

その点については史書には書かれていませんので、自分なりの思いをめぐらせて想像してみるしかありません。

それはさておき、秦王政にしてみれば、「20万」と「60万」を秤にかければ、彼が「20万」に軍配を上げたのは自然なことでした。

――よし、李信将軍！　汝に命ず！

兵20万を与える故、ただちに楚に向かい、これを討て！

蒙恬(＊05)将軍！　そちは副将として従え！

「御意！」

こうして朝議が終わると、そのあとすぐに王翦は「病を得た」と称して致仕（隠居）を願い出ます。

これは、白起将軍が「長平の戦」で自分の意見が採り上げられなかったことで機嫌を損ね、「病を得た」と称して致仕を願い出てきた出来事を彷彿とさせます。

王翦将軍も、今朝、自分の意見が採り上げられなかったことでフテ腐れてし

（＊04）羽柴秀吉が中国方面軍（vs 毛利）、丹羽長秀が四国方面軍（vs 長宗我部）、柴田勝家が北陸方面軍（vs 上杉）、滝川一益が関東方面軍（vs 北条）。

（＊05）祖父・蒙驁（もうごう）、父・蒙武と昭襄王のころから代々仕えてきた武将。

まったのでしょうか。

しかし、ここにこそ王翦将軍の「60万」の数字の意図が見え隠れします。

政は、昨日まで寵愛していた家臣であっても、今日気に入らないことがあれば、明日これを誅殺するような冷徹な君主です。

王翦はこれまで、そうした者の末路を何人も見てきました。

こんな逸話もあります。

政がまだ親政を開始したばかりのころ、魏都・大梁から尉繚（＊06）なる縦横家がやってきて、政に「天下」を説きました。

すると政は彼をたいそう気に入り、下にも置かぬ扱いで彼をもてなし、国尉（軍事長官）に大抜擢してくれたのですが、尉繚はほどなく逃げるようにして秦王の下を去ってしまいます。

彼を知る者が「自分から秦王に売り込んで、彼に気に入られて、念願かなって大出世できたのに、なぜ出奔してしまったのか？」と問うと、彼は答えます。

――私も仕えてみてわかったのだが、あの男は自分が困っているときには
私のような“どこの馬の骨とも知れぬ”者にも平気で頭を下げる。
だが、どんなに大功を立てようと、あやつはそれを恩義に思わないし、
用済みとなれば、どんな功臣でも躊躇いなく殺す。
あんなやつに仕えていたら、命がいくつあっても足らぬわ！

こうした尉繚の言葉を借りるまでもなく、そうしたことは王翦もひしひしと感じており、最近の秦王の自分に対する扱いが日に日に冷たくなっていくのを感じ、敢えて「60万」という数字を出して、秦王の“心”を試したのかもしれません。

――もし秦王が臣の意見を採用してくれたなら、秦王の臣に対する信頼は絶大
であるから、これからも安心して仕えることができる。
だが逆に、もし採用されなければ……。

それはすでに「秦王の気持ちが王翦から離れている」ことを意味し、そうなればもはやいつ何時“理不尽な理由”で誅殺されてしまうかもしれず、そうなる

（＊06）その素性が現在までよくわかっていない人物。『孫子』『呉子』などの兵法書と並び称される『尉繚子』という兵法書の執筆者とも言われます。

前に隠居した方が身のためと考えた――のかもしれません。
致仕を願い出た王翦に対し、秦王は慰留するでもなく、ねぎらいの言葉をかけるでもなく、ただ一言「許す」。
どれほどの戦功を立てたか知れぬ、この老将に対してこの冷淡な態度。
尉繚の言葉がたいそう的を射ていることを示し、また、こうした政の態度から、彼は自分の決断が正しかったことを再確認させられました。
ところで、20万の軍を率いて楚に向かった李信（B/C-2/3）と蒙恬（B-3）は、手勢を2つに分け、李信が平輿（C/D-2/3）を、蒙恬が寝丘（C-3）を攻めてともに大勝利を収めると、さらに戦勝を重ねながら楚都・寿春（C/D-4）に向かって何もなき野を往くが如き快進撃（前225年）。
「そら見たことか！　やはり私の思ったとおり、20万で充分だ！
兵は数が多ければいいというものではないわ！」
しかしながら、このころの李信は、将軍としてはまだまだ経験不足（＊07）の駆け出し、「兵法」というものをまるで理解できていなかったのは李信の方でした。
兵法の大家・孫子は繰り返し繰り返し、「戦力集中の利」「戦力分散の愚」を説き、「如何にして敵戦力を分散させるか」「如何にして味方戦力を集中させるか」の術策を多く語っています。
これは洋の東西を越え、“欧州の孫子”ともいうべきK.クラウゼヴィッツも「戦力分散」を厳に戒めています。
ナポレオンが連戦連勝を誇り、皇帝にまでのし上がることができたのも彼が巧みに「戦力集中」を操ることができたからであり、彼が失脚したのも「戦力分散」の愚を犯したから（＊08）です。
李信は20万の兵力をいきなり2つに分けていますが、これは如何にもまずい。

（＊07）たとえその人にどんな才覚があったとしても、またたいへん知識が豊富だったとしても、そうした才や知識が「教養」「洞察眼」「達観力」に昇華するためには膨大な「経験」と「時間」が必要となります。例外はありません。「経験に裏付けされていない知識」が教養に昇華することはあり得ず、また、これほど殆ういものはないのですが、若輩者はその若輩ゆえにその事実にどうしても気づくことができません。しかし、やがて歳を食み、↗

さらに、そもそも李信は、兵法の基本中の基本「小出し遅出しは兵法の愚」の禁を犯しています。

この言葉は、戦力の「逐次投入」「出し惜しみ」の愚かさを説いた言葉ですが、たとえばこちらに「60」の物量・実力があったとして、敵を倒すのに 1/3 ほどの「20」も投入すれば事足りそうだと思ったとき、その「20」だけを投入することを諌めたものです。

これは軍事に限らず万事にあてはまる箴言で、何かしら事に当たるとき、すべてが想定内・計算通り・順調にいくならそれで問題ないのですが、事に当たればかならずさまざまな“不測の事態”に見舞われるもの。

そうしたときに、「20」に対して「20」しか投入していないのでは、その“不測の事態に対応する手駒”がないため、それが起こるまでは「勝利は確

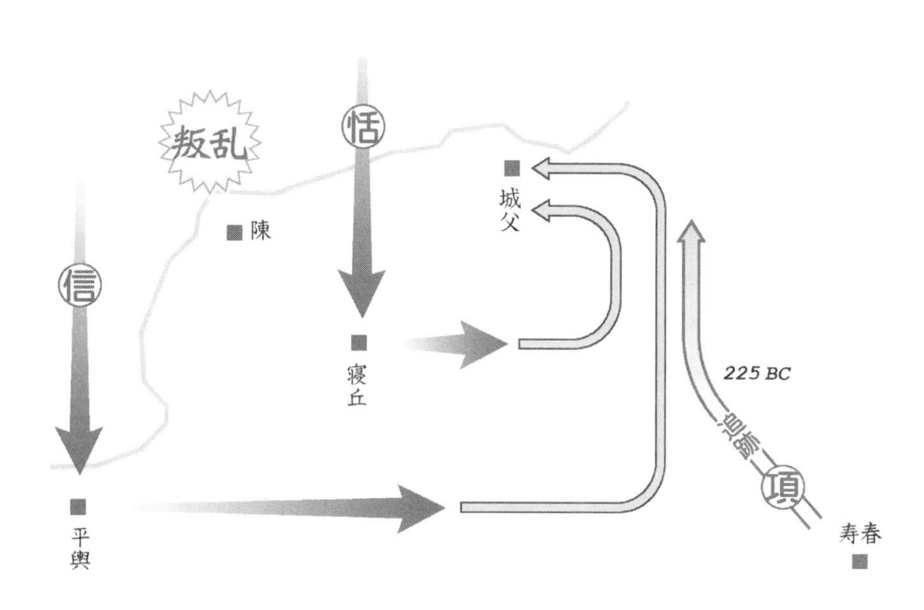

↗ 多くの経験を積み、失敗を繰り返して初めて、自分の“思い上がり”を悟り、これを羞じるようになりますが、そのとき振り返って若輩を見れば、若いころの自分と同じ過ち“世間知らず、経験不足ゆえの過信”をしています。それが歯痒くて、若者にその過ちを説きますが、若者は「老人の小言」「老害」とせせら笑うのみです。そして、自分も歳を取ったとき、このときの老人の言葉の意味を悟るのです。歴史とはその繰り返しです。

実！」と確信していた絶対的優勢が、“不測の事態”が起こった瞬間、たちまち形勢逆転、覆しがたい劣勢に陥ってしまうことがあるためです。

「20」で倒せそうな敵に「20」の戦力を投入するのは、つねにそうした殆うさを孕み（もちろん“不測の事態”が一切起こらなければ勝てます）、これを避けるために“保険”として「30」「40」、場合によっては惜しげもなく「60」を投入し、つねに余裕を以て当たるのが兵法の基本なのです。

つまり、李信は兵法における2つの禁「小出し」と「戦力分散」を犯していたことになり、これでは「勝って偶然、敗れて当然」。

話を元に戻しましょう。

平輿・寝丘の戦以来、ここまで連戦連勝で駒を進めていた李信・蒙恬でしたが、楚都（寿春）に向かっている途中で、案の定というべきか、“不測の事態”が飛び込んできました。

「伝令！
　陳（B/C-3）で叛乱が発生、手が付けられない由にございます！」

――なに！？　まずいな…。（D-3/4）

今、秦軍は寿春に向かって進撃中なのに、背後が楚の勢力域に陥ちれば、李信・蒙恬は包囲・孤立することになります。

――よし、寿春はいったん後回しにして、このまま転進、
　城父（B/C-3/4）で蒙恬軍と合流して叛乱軍を制圧しよう！

こうして城父で合流を果たした秦軍は、相次ぐ転戦で疲弊していたため、兵をここでしばし休ませることにしました。

そして、その夜。

もし楚にすぐれた将がいれば、ここを狙うでしょう[*09]。

そして果たせる哉、この夜、秦軍は夜襲を受けます。

じつは、楚将・項燕[*10]が三日三晩にわたって李信軍を追跡（C-4）して

（＊08）彼とて人の子、連戦連勝の中にあっても戦術的失敗は犯していますが、ことごとく「戦力分散」の愚を犯したためです。マレンゴでは「戦力分散」の愚を犯した結果、信頼していたドゼー将軍を失い、アウエルシュテットでもタブー将軍を失うところでした。
そして彼の最終決戦「ワーテルローの戦」では戦力分散の愚を犯した結果、ついに大敗を喫し、彼はセントヘレナに流されることになります。

おり、秦軍に隙ができるのを虎視眈々と狙っていたのです。

この夜襲も読めなかった李信はやはり将軍としてまだまだ蒼い。

大混乱に陥った秦軍はアッという間に総崩れを起こして七将を討ち取られ（B-4）、李信・蒙恬は大混乱の中、ただただ敗走するのみ（A/B-5）。

項燕は追撃の手を緩めず、ここぞとばかり秦の領土まで侵攻しはじめ、楚軍の勢いは止まるところを知らず。

ここで対応を誤れば、秦は「天下統一」どころか、このまま一気に「滅亡」の二文字が急浮上してきました。

「本能寺」を例に出すまでもなく、歴史ではよくあることです。

狼狽した秦王政は、すぐに隠居中の王翦の邸宅に駆けつけました（B-2）。

―― 王翦将軍、余が間違っておった！
　将軍の言葉を聞かなかったばかりにこんなことになってしまった！
　是非、将軍にもう一度出馬願いたい。

しかし、王翦（B-1）はこの要請を拒否。

「臣はすでに病を得て隠居の身、どうか他の者に。

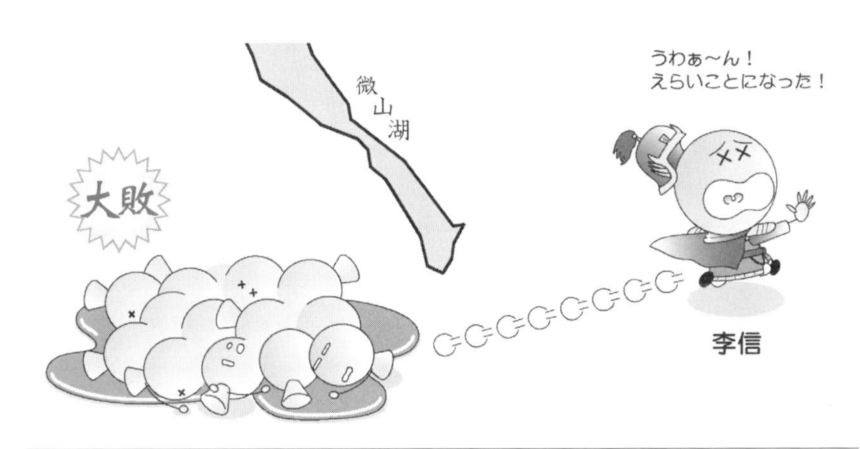

（＊09）「連戦連勝している軍は殆うい」ということはすでに何度も触れてきましたが、このときの秦軍も戦勝ムードに浮かれて緊張感を失っていました。

（＊10）代々楚の将軍の家柄。劉邦と「楚漢戦争」を戦った“覇王”項羽の祖父。項梁・項伯の父。

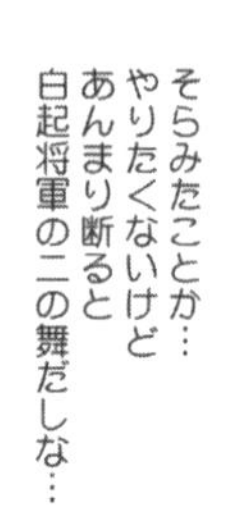

　それに、臣（わたし）は60万でなければ自信がございませぬ故。」

──わかっておる、わかっておる。

　60万の兵を与える故、よしなに頼む。この通りじゃ！

　尉繚（うつりょう）の言葉どおり、「用済みと見れば冷遇、切羽詰まれば平身低頭」。

　政（せい）の掌（てのひら）返しを目の前にして王翦（おうせん）は気乗りしませんでしたが、とはいえ、秦王の強い出馬要請に対し、これ以上固辞しつづれば、それこそ白起（はくき）将軍の二の舞となって「刀」を贈られかねません（＊11）。

「かしこまりました。

　されど、ひとつだけ条件がございます。」

──なんじゃ？　なんでも申せ。

「臣（わたし）も寄る年波には勝てず、これが最後の奉公になるかと思います。

　そこで、こたび楚軍を蹴散らして凱旋した暁には、

　褒美として立派な屋敷とよく肥えた田畑が欲しゅうございます。」

──なんだ、何を言うかと思えばそんなことか。

　よいよい、認めよう。

　まだ戦功をあげる前から「恩賞の要求」とは感心しない話ですが、それどころか、王翦（おうせん）は楚へ進軍中もたびたび秦王の下（もと）にわざわざ使者を走らせ、「恩賞の

（＊11）本書「第4章 第9幕」参照。

（＊12）あっさりとしていて、名誉や金銭など、物事に執着しない淡泊な様。

件、くれぐれもお忘れなく」との念の入れよう。

「将軍はもっと無欲で恬淡（＊12）な方かと思っておりましたのに…」

彼の部下が失望したように漏らすと、王翦は答えます。

―― おぬしはあのお方（秦王政）のことが何にもわかっておらぬな。

あのお方はおそろしく猜疑心が強いお方。

「あやつに謀反を起こされたら…」と内心は気が気でなかろう。

そんなとき誰かがわしを讒言でもしてみろ、そのとき私の命はないのだ。

わしがひっきりなしに美田と屋敷を要求するのは「その程度の欲しかない男」と秦王に思わせるためなのだ。

さて、そうこうするうちいよいよ王翦は、李信を完膚なきまでに討ち破り気炎を上げる楚将・項燕と蘄（B/C-4）で対峙することになりました。

前224年、「蘄の戦」の幕開けです。

しかし王翦は、60万という圧倒的大軍でここまで来ながら力押しせず、砦を設けて防禦を固め、戦おうとしません。

遠征軍の身の上の項燕は短期決戦を望み、秦軍を囃し立て挑発を繰り返しますが、王翦は砦の内に縮こまるのみ。

李信が大々的に討って出たのとは大違いです。

「名将だか何だか知らぬが、王翦も老いぼれたものよ。

連戦連勝の我が軍を前にして臆病風に吹かれたか！

決戦となれば、頭数が多いだけの秦軍など蹴散らしてやるものを、

戦う意志なく殻に閉じ籠もられては、さすがのわしもどうしようもない。」

こうして兵糧も尽きた楚軍は踵を返して撤退することになりました。

じつは、王翦はこのときを待っていたのでした。

―― 敵は戦勝につぐ戦勝で士気が上がって勢いがある。

戦とは「逸を以て労を待ち、飽を以て饑を待つ（＊13）」ものじゃ。

（＊13）「自軍に英気を養わせて敵軍が疲弊するのを待ち、自軍に充分な食事を与えて敵軍が飢えるのを待つ」という意味。要するに、「自軍がもっとも強く、敵軍がもっとも弱くなる状況を作ってから戦いに挑め」ということで、『孫子兵法（軍争篇）』『兵法三十六計（第四計）』『後漢記』など多くの書に収録されている有名な兵法。

敵の調子のいいときに正面から戦いを挑むなど、愚将のすること。

一方で、敵は遠征軍のために兵站が厳しいうえ、転戦がつづいて兵は疲弊しておる。

ここで戦線を膠着させてやれば、敵の兵站はすぐに悲鳴を上げ、兵は飢え、士気は落ち、戦が長引けば雑兵どもは望郷の念にも駆られよう。

さすがは海千山千の王翦、楚軍が戦意を失って後ろを向いた瞬間、大挙してこれを攻め立てたのでした。

ひとたび「撤退」となって兵の間で緊張感の糸が切れ、後ろを向いた軍ほど弱いものはありません。

秦軍は、蟻の行列を踏みつけるが如く楚軍を蹴散らし、総崩れを起こした楚軍を追い立てながら、楚都（寿春[(＊14)]）まで一直線。

こうして、楚王（負芻）はあっけなく捕縛され、敗将となった項燕は負芻の異母弟（昌平君）を担ぎ出して江南にて亡命政権を築こうと試みましたが、それもうまくいかず、翌年（前223年）までに昌平君とともに討死（追い詰められての自殺）[(＊15)]（D-5）。

このようにして、“秦に対抗しうる六国最後の大国”たる楚もここに滅亡するになりました。

しかし、このとき項燕が死に臨んでこう叫んだといいます。

――たとえ三戸となりても、秦を亡ぼすは楚なり！（D-4/5）[(＊16)]

この予言は、のちに彼の孫・項羽[(＊17)]によって実現されることになりました。

（＊14）楚は、前279～278年の「鄢郢の戦」で敗れて以降、郢から陳に遷都し、前241年の「第３次 函谷関の戦」に敗れて以降、寿春に遷都していました。

（＊15）『史記（秦始皇本紀）』に拠る。おなじ『史記』でも「楚世家」に拠ると、項燕は負芻を擁立する前の蕲で戦死しており、矛盾しています。

（＊16）ただし、『史記（項羽本紀）』では楚の卜占家・南公という人物の言葉だということになっており、実際のところは民間から自然発生的に生まれた“詠み人知らず”と思われます。

（＊17）彼の活躍については次巻『世界史劇場』で詳説することになります。

最終章 天下布武

最終幕

天下統一

六国の併呑（vs 斉）

楚を亡ぼした秦にとって、残りの代・燕・斉を亡ぼすことは〝消化試合〟のようなものであった。まずは代を亡ぼし、つぎに燕を亡ぼし、そして最後に斉に向かう。これに立ち向かわなければならない斉は、王が無能、宰相は秦から賄賂を受け取って王に連衡を取らせるような売国奴。もはや天下統一は必然であった。

〈六国の併呑（vs 斉）〉

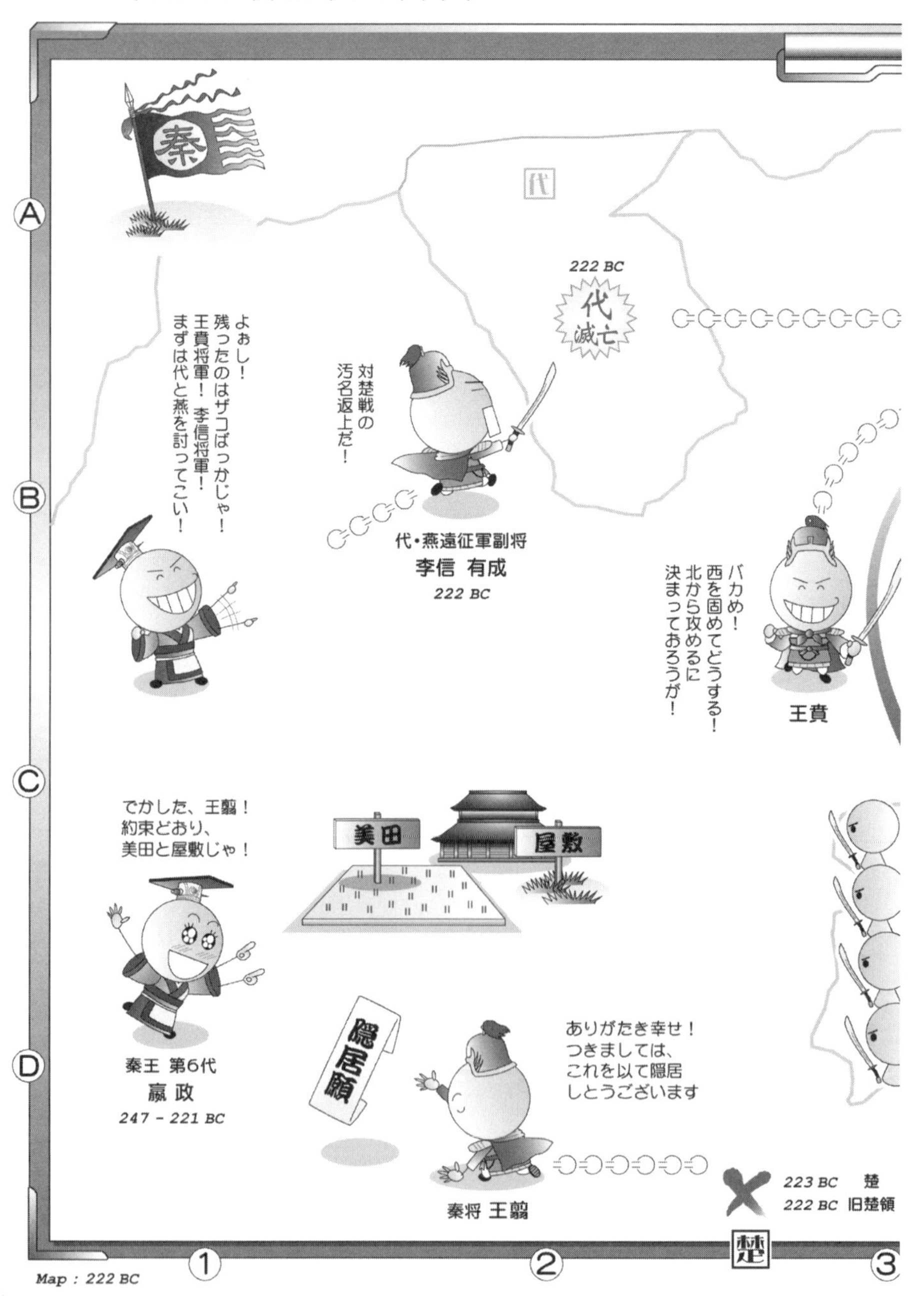

Map : 222 BC

前222年

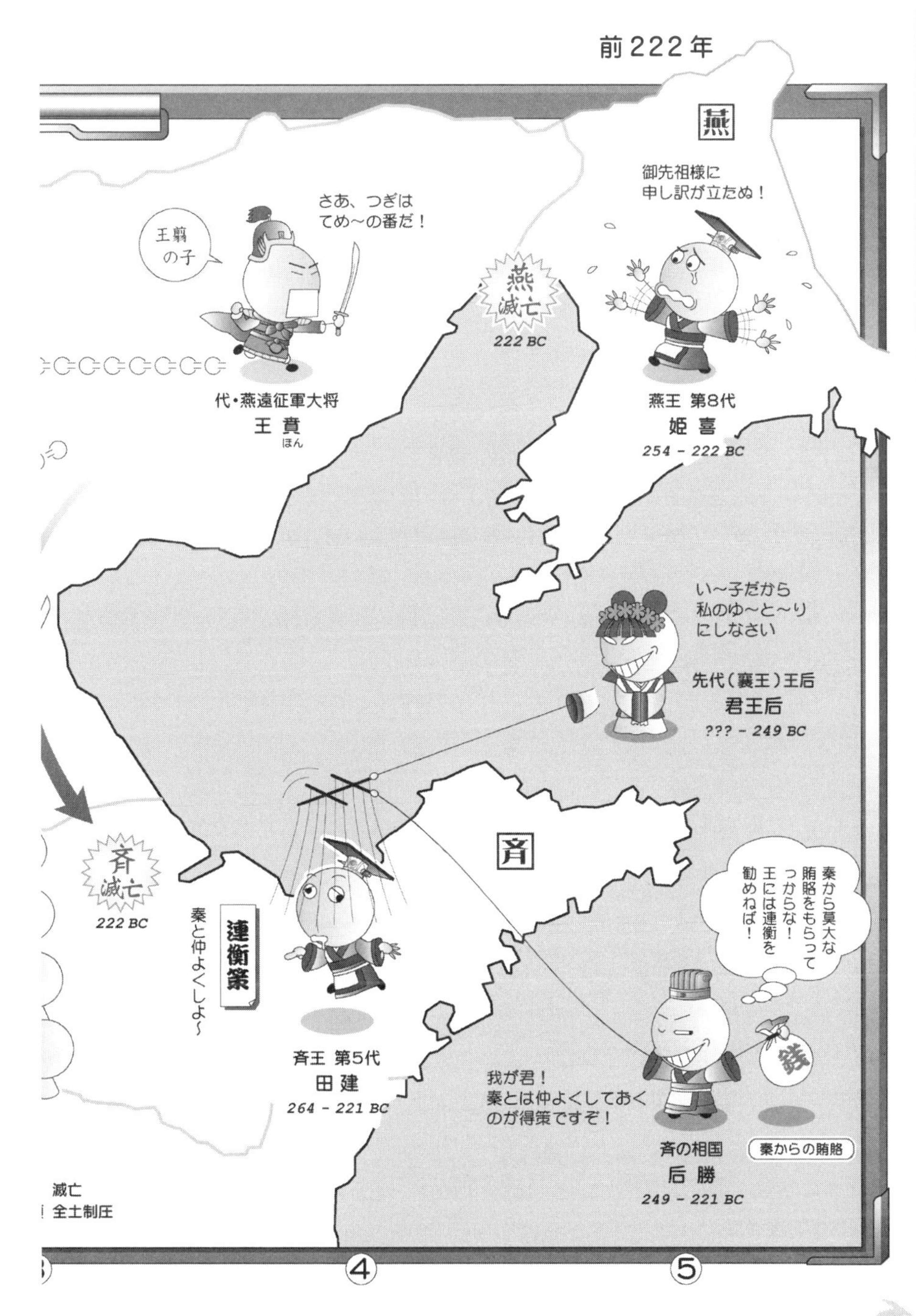

燕
王翦の子
さあ、つぎは
てめ～の番だ！
燕滅亡
222 BC
御先祖様に
申し訳が立たぬ！
代・燕遠征軍大将
王賁
ほん
燕王 第8代
姫喜
254 - 222 BC
い～子だから
私のゆ～と～り
にしなさい
先代（襄王）王后
君王后
??? - 249 BC
斉
斉滅亡
222 BC
連衡策
秦と仲よくしよ～
秦から莫大な
賄賂をもらって
っからな！
王には連衡を
勧めねば！
銭
斉王 第5代
田建
264 - 221 BC
我が君！
秦とは仲よくしておく
のが得策ですぞ！
斉の相国
后勝
249 - 221 BC
秦からの賄賂
滅亡
全土制圧
④
⑤

どんな大木も、幹が腐っていればいとも簡単に倒れます。
楚もあれだけの大国を誇りながら、王翦の采配を前にかくもあっけなく亡び去ったことが、楚もまた威容を誇るのは図体ばかりで、ひとたびその蓋を開けてみれば、中身は“朽木糞牆(＊01)”の類だったということを示しています。

直接的には王翦が亡ぼしたかもしれませんが、実質的には「組織が隅から隅まで腐敗していたことによる自滅」といっても過言ではないでしょう。

もっとも楚の領土は広大で、王翦が最後の楚王(負芻)も項燕も討ち取った(前223年)とはいえ、いまだ楚の南半の広大な土地(江南)が残っていたため、王翦将軍は蒙武(＊02)とともにこれを掃討、楚の全土を制圧するのに翌年(前222年)まで待たなければならないほどでした(D-3)が。

その後、凱旋を果たした王翦(D-2)は、約束通り秦王(D-1)より美田と屋敷(C/D-1/2)を賜り、この戦を最後にまもなく致仕して隠居(D-1/2)生活に入ります。

そのため王翦は、あの猜疑心の塊のような政にも疑われることなく、天寿を全うすることができたのでした(＊03)。

- 白起将軍を“反面教師”として秦王の出馬要請を頑なに固辞することなく、
- 樊於期将軍を“他山の石”として秦王に口応えをせず、
- 商鞅を“前車の轍”として潔く身を退く。

まさに「殷鑑遠からず(＊04)」、彼は身近な先人の失敗から多くを学んで自己の戒めとして難を逃れることができたのでした。

閑話休題。

残るは、趙の亡命政権・代(A-2)と地方政権化した燕(A-5)、そして弱体化した斉(C-4/5)のみ。

(＊01)「朽木」は腐った木、「糞牆」はぼろぼろに朽ち果てた土塀のこと。

(＊02)蒙驁(もうごう)将軍の子、蒙恬(もうてん)将軍の父。

(＊03)『史記』にそう明記されているわけではありませんが、その後、王翦に関する記述はなくなりますので(王翦将軍ほどの人物なら、誅殺されていればその経緯が記述されるはず)、おそらく天寿を全うしたものと考えられています。

そのどれもが今や“風前の灯”で、日本の戦国時代で喩（たと）えるなら、豊臣が北条を倒したあと、奥州小藩を残すのみとなった時期を思い浮かべてもらえばわかりやすいかもしれません。

まだ形式的には統一は成っていませんが、もはや北条（楚）を倒した時点で残すは掃討戦（モッピングアップ）にすぎず、実質的には統一は成ったようなもの。

そこで秦王政（せい）は、隠居した王翦（おうせん）の跡を継いだ子の王賁（おうほん）（＊05）（A/B-4）を大将として燕・代遠征に討って出ることにしましたが、『史記』に拠（よ）ると、ここで先の「城父（じょうほ）の戦」で大失態を演じた李信（りしん）（B-2）が副将に任ぜられています。

通常なら、城父（じょうほ）の敗戦責任を取らされて死罪（ヘタをすれば族滅）されていてもおかしくない大失態であったにもかかわらず、なんのお咎（とが）めもなく、その

(＊04)「殷王朝が手本（鑑）を求めるのに遠い太古に頼らずとも、目の前の夏王朝の滅亡を以て戒めとすればよい」、すなわち「戒めは身近にある」という意味。

(＊05) ちなみに名の発音は「ふん」ではなく「ほん」と読みます。
これは、『史記』にわざわざ「賁の読みは“ほん”である」との書いてあるため。

直後の燕・代遠征軍の副将に任ぜられているのは違和感があります。

李信はそれほどの政の“お気に入り”だったのか、それとも……(＊06)。

さて、この王賁・李信軍を前にして、代・燕ともにもはや抵抗する力すらなく、その年(前222年)のうちにあっけなく滅亡(A/B-2)(A-4/5)。

こうしていよいよ、六国の中で残されたのは斉のみとなり、王賁・李信はそのまま転戦して斉を目指すことになりました。

ところでその斉では、秦において荘襄王(政の父)が即位した年(前249年)に襄王の子・田建(＊07)(C/D-4)が跡を継いだため、時の秦王(＊08)は新しい斉王およびその群臣たちの器量を計ろうと、使者に玉連環(知恵の輪)を持たせて挨拶に向かわせたことがあります。

即位祝賀の挨拶を済ませた使者は“手土産”代わりに玉連環を贈り、「斉には知恵者が多いとのこと、ぜひこれを解いてみてほしい」と伝えましたが、並みいる群臣たちは誰ひとりとしてこれを解くことができない。

赤っ恥を掻きそうになっている家臣団にイラついた母后(君王后)がつかつかと歩み寄り、これを槌で叩き壊して「謹んで解かせていただきました」と言い放った——という逸話があります。

そもそも中国には「女性が政治に口を挟むのは禁忌」という価値観があり、このように女性が政治に口を挟むときというのは、ほとんどの場合、君主に実権なく妃か母后が専横しているときです。

つまりこの逸話は、「このとき斉王建には実権なく、母后(君王后)が専横していた(B/C-5)」ことを示しています。

さらに母后が亡くなったあとも、母后の族弟(＊09)だった后勝(D-5)が相国(宰相)として実権を握ったため、斉王建は43年もの長き治世にわたり外戚の傀儡だったことになります。

(＊06)じつは、この「李信も燕・斉遠征に従軍した」という記述は、同時代の史書にはまったく見られず、唯一の典拠が李信の時代から130年ものちに書かれた『史記』のみです。しかもこれを最後に、まだ若い李信の名はどの史書にもまったく登場しなくなるため、やはり李信は、城父の敗戦責任を取らされて賜死されたと考える方が自然かもしれません。

国が傾いているのにこのザマでは斉も先が見えてきましたが、そのうえ相国（后勝）は秦から賄賂を受け取って斉王建に「連衡」を勧める（C/D-5）という売国奴。

これで「亡びるな」という方が無理な相談で、「残る“獲物”は斉のみ」となって初めて自分が“まな板の鯉”となっていることに気づき、軍を西の国境に集結（C/D-3）させていますが、この動きすら意味不明です。

そもそも斉は、東は海に面し、ついこの間まで北は趙・南は楚・西は秦と国境を接していましたから、そのころであれば西の国境に防備を固めればよかったでしょうが、されど今や、北も西も南も丸裸の状態なのに、どうしてこの状況で「西」を押さえれば済むと思ったのか。

しかも、斉の討伐を命じられた秦将王賁は、名将王翦を父に持ち、幼きころよりその手解きを受けていましたから、兵法も知り尽くしています。

「善く戦う者は勝ち易きに勝つ者なり。」　　　　　　（『孫子』軍形篇）
「その不備を攻め、その不意に出づ。」　　　　　　　（『孫子』始計篇）
「攻めて必ず取る者はその守らざる所を攻むればなり。」（『孫子』虚実篇）

『孫子』でも言葉を変え、表現を変えて、繰り返し繰り返し「敵の弱点を突け！」と言っています。

斉の西が防禦体制万全、南北がスカスカとなれば、王賁はどうしてわざわざ西から侵寇するでしょう。

それに王賁はついさきほどまで燕・代討伐に従事しており、斉から見て“北”に軍を展開していたのですから、素直に考えて最短距離の北から攻めてくるに決まっています。

案の定、秦軍が北から侵攻（B/C-3）すると、虚を突かれた斉軍は戦う前に総崩れを起こしてしまい、秦はまさに象が卵を踏みつぶすが如くこれを亡ぼし

（＊07）諡号（湣王・襄王など）は「新王が先王に諡る名」なので、末代王には諡る者がおらず諡号がないことが多い。したがって彼もご多分に漏れず諡号がなく、本名の「田建」または「斉王建」などと呼ばれることになります。

（＊08）このときの秦王を「荘襄王」とする説と「秦王政」とする説があり、わかっていません。

（＊09）おなじ宗族や氏族の中で同世代の年下の者のこと。

てしまいました。

こうして前221年、中国は史上初めて「統一」されることになりました。

政(せい)、御歳38。

秦王に即位してから26年目、親政を開始してから18年目にして、ついに中国史は「始皇帝の誕生」を迎えたのでした。

思い返せば。

西周が東遷(前770年)した「春秋」の初めごろには200余国も濫立(らんりつ)していた諸侯が、350年ほどの時を経て、その終わりごろまでにたった7つの有力諸侯「七雄(+α)(*10)」に絞られたものでした。

それから200年ほどはこの「七雄体制」ともいうべき時代がつづきましたが、ついにそれも秦に帰したのでした。

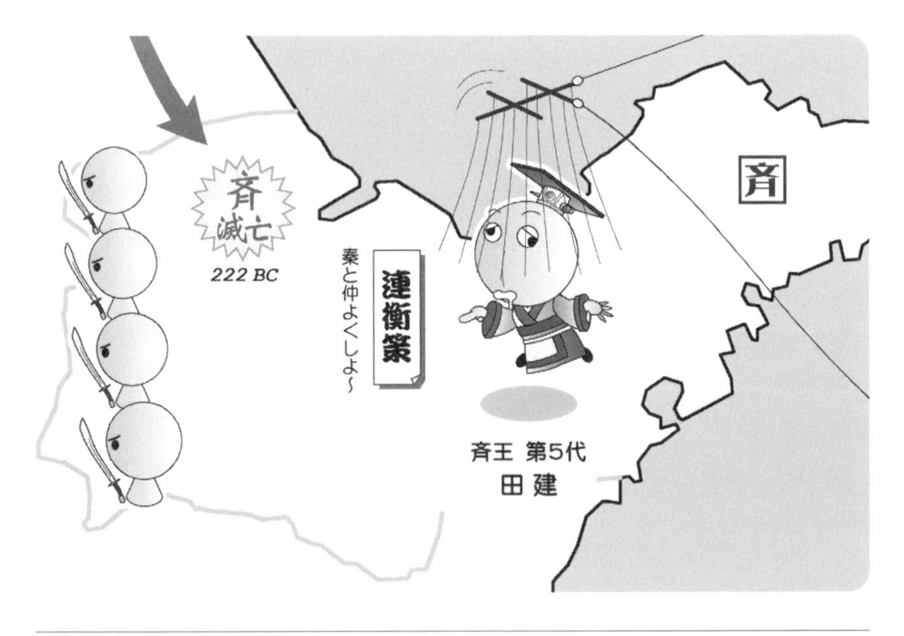

(*10)「春秋時代を生き残ったのは七雄のみ」と勘違いしている人は多いですが、厳密には、戦国初期には七雄の他にまだ「11の小国」も生き残っていました。
とはいえ、これら小国はたいてい七雄のどれかの属国でしたし、そのまま順次併呑されていきましたから、実質的には「7つ」と考えても差し支えありません。

(*11)考古学的な実在証明が確立していない伝説の夏王朝まで遡って数えた場合。

　こうして「戦国時代」というひとつの時代が終わり、新しい「統一時代」の幕が開くことになりました。

　ここまで中国史は、「夏から殷」「殷から周」そして「春秋から戦国」と時代を経てきましたが、今回の「戦国から統一秦」はその延長線上にあるのではありません。

　今回は、これまでの時代変遷とは一線を画すもので、もし「中国四千年の歴史(＊11)」を大きくふたつに分けるとしたら、ここがその分水嶺にあたり、「過去2000年におよぶ王政時代」から「以降2000年にわたる帝政時代」へと大きく舵を切ったのであり、現代中国の源泉を遡ればここに辿りつきます。

　たとえば――

• 皇帝を頂点とした階層的統治システム（帝政）
• 中央集権的行政システム（郡県制）
• 法を公開して、これをすべての人民に適用する法治システム（法家思想）
• 華北（黄河流域）・華中（長江流域）・華南（珠江流域）を“不可分の中国”と見做し、ここに統一的な貨幣・度量衡・文字・インフラ(＊12)などを施行することで政治・経済・文化・社会を一体化させる固定理念

…などなど、秦の時代に構築・成立したこれらの制度・理念はその後、幾たび王朝交代を繰り返そうと継承され、現代中国まで脈々とつづけられているためです(＊13)。

　その間、「楚漢戦争」「三国時代」「南北朝」「五代十国」「宋金時代」「中華民国時代」などなど、どれほどの動乱・分裂・内乱があったかしれませんが、その中で群雄らが目指すのはつねにこのとき秦が打ち建てた「天下統一」であり、それが実現されるまで彼らは戦をやめないため、かならず統一へと向かっていくことになります。

（＊12）道路・鉄道・橋・トンネル（交通インフラ）、上水道・下水道（水道インフラ）、電信・電話網（情報インフラ）など、人々の生活や経済活動を円滑にするための公共施設のこと。

（＊13）「現代中国は共和国では？」という反論が聞こえてきそうですが、中国における「共和国」など単なる“名目”にすぎず、その本質は「帝政」そのものです。ただこのことについて論じようとするとそれだけで膨大な紙数になってしまうため詳しくは別の機会に。

まさに羅貫中(らかんちゅう)『三國志演義』の冒頭の言葉、

――そもそも天下の大勢は、
分かれて久しければかならず合し、
合して久しければかならず分かる。

…という公理(アクシオーマ)は、この「秦」から始まったといってよいもので、このことだけを見ても、始皇帝の歴史的意義はとてつもなく大きいものだということがわかります。

これより前(さき)となると、春秋時代には「天下統一」を掲げる者が現れなかったどころか、中原には周室と同格の「王」を称する者すら現れず(＊14)、せいぜい周室をお支えする「覇者」を目指す者が現れる程度。

戦国時代に入ってさえ、それは変わっていません。

一見すると、七雄が「天下」を争ってお互いに激しい戦(いくさ)を繰り返したかのような印象(イメージ)で捉(とら)えられがちですが、実際にはせいぜい隣国の城をいくつか奪い合う程度で、けっして相手を亡ぼそうとしていません。

せっかく亡ぼす好機(チャンス)に恵まれても、そのたびに「七雄の均衡(きんこう)が破れることは自国の不利益」と王を説き伏せる者が現れるなど、かならずこれを引き戻そうとする政治力学(ベクトル)が働き、結局「七雄体制」が維持されています。

この事実こそ、当時の中国が「統一を理想」としておらず、「七雄体制が理想」という理念が支配的だったことを示しています。

こうした民族全体を覆う“固定理念(イデアフィッサ)”を打ち破るのはきわめて困難で、凡君では到底不可能です。

“新時代を切り拓く資格を与えられた者”とは、唯一「固定理念(イデアフィッサ)に一切縛られず、型破りで自由な発想を思い描くことができ、それを何者にも屈しない強固な意志を以(もっ)て、情に絆(ほだ)されることなく、己(おの)が信念のまま突き進む並外れた行動力がある人物」です。

そうした“歴史的役割”を担って登場したのが「嬴政(えいせい)」だったのです。

彼に対する人物評は、当時から散々でした。

(＊14)楚だけは「王」を自称しましたが、彼らは中原からはるか南方の、当時はまだ「蛮族」の立場にあって中華文明に染まり切れていなかったため。

- 「冷酷」「強情」　…… 盧生の評
- 「残忍」「忘恩」　…… 尉繚の評
- 「粗暴」　　　　　…… 王翦の評
- 「奢淫暴虐」　　　…… 班固の評

しかし、これらの評がたとえ正しかったとしても、そんな彼でなければ「新しい時代」は切り拓けなかったのです。

彼は、邑制・封建制・宗族制・礼制・井田制・五爵制などといった旧制（周制）をつぎつぎと破壊して「新制（秦制）」へと移行していきましたが、彼が何かひとつ改革に着手するたびに「旧制の中でしか生きていけない者たち（旧支配者階級など）」「旧制を理想化する者ら（儒者など）」が命懸けで抵抗してきます。

もし嬴政が孝公のようにこうした者たちの意見をいちいち聞いていたのでは、改革など土台不可能なのであって、新しい時代を切り拓く自覚と覚悟を持った者ならば、彼ら“抵抗勢力”を片端からねじ伏せていくしかありません。

それは、ときに「焚書」「坑儒」などのような後世にその悪名を轟かせるような暴走も生んだため、そうした姿が旧時代の固定観念に縛られている者たちからみれば「冷酷」「強情」「残忍」「粗暴」と映ったにすぎません。

日本でいえば、まさに織田信長が始皇帝とおなじ“歴史的役割”を担って歴史舞台に躍り出ており、彼もまた旧い権威（朝廷・幕府・仏門など）を否定（or 軽視）して朝廷からの官位に興味を示さず（＊15）、幕府を亡ぼし、比叡山延暦寺を焼討にし、石山本願寺を更地にし、さらには旧い制度や方法論（荘園・惣村・戦術など）も否定（or 改革）し、荘園制を破壊し、一向一揆を鏖殺（皆殺し）し、鉄砲を戦術兵器として導入（＊16）しています。

信長が始皇帝とよく似た誹りを受けているのは、こうした「破壊神」がごと

（＊15）信長が「必要」と思えば朝廷の許しも得ずとも勝手に名乗りました（上総介・尾張守）し、逆に必要と思わなければ、たとえ推任されても辞職（右大臣）または固辞（征夷大将軍・太政大臣・関白）したものでした。

（＊16）それまでの鉄砲は“戦端が開かれたときの挨拶”程度の役回りでしたが、これを“戦術兵器”にまで昇華させたのが信長でした。

き徹底した“吐故納新（＊17）”のやり方が、始皇帝同様、“旧套墨守”を旨とする勢力から忌み嫌われたからにすぎません。

しかし。

歴史を紐解けば、洋の東西を問わず古今を問わず、“歴史の神（＊18）”が加護するのはつねにかならず「擁護神（旧時代の擁護者）」ではなく「破壊神（新時代の開拓者）」の方です。

したがって、旧時代の抵抗勢力が束になってこの「破壊者」を葬り去ろうとしても、奇蹟と偶然とまぐれと幸運と神助と天祐と僥倖と天啓が重なり、何人たりともこの「破壊者」に指一本触れることはできません。

嬴政も、これまで見てきたようにどれほど命を落としかけたか知れませんが、そのことごとくを切り抜けることができたのもそのためです。

歴史を紐解けば、このときだけでなく、古今東西いつでもどこでもかならず“幸運の女神”は「破壊者」に微笑み、これに抗う「擁護者」はかならず“歴史の神”によって抹殺されてます。

先の例で言えば、信長も稲生で、桶狭間で、金ヶ崎で、石山（大坂）で、いくたび絶体絶命の危機が襲いかかろうとも、名だたる戦国大名が何度「信長包囲網」を築こうとも、どうしても彼を討ち取ることができなかったのもそのためです（＊19）。

しかし、この“歴史の神”はまだ満足していなかったようで、名もなき亭長につぎの“歴史的役割”を与え、もうひと波乱引き起こさせます。

それが劉邦です。

しかし、紙幅も尽きたため、つづきは次巻にて。

最後に。

「過去は現在の鑑」であり、過去を学ぶことで、現在の自分が置かれた状況を客観的・本質的に理解することができるようになります。

（＊17）「古いものを吐き棄てて、新しいものを採り入れる」こと。『荘子』より。

（＊18）「クレイオ」とは、ギリシア神話の主神ゼウスの娘で、ムーサイ（文芸を司る９柱の女神たち）のうち歴史を司る神様。

そうすれば、現代日本が「春秋戦国時代」に匹敵する大いなる「過渡期」にあることが実感できるでしょう。

そして「過渡期」とは、人であれ、物であれ、組織であれ、制度であれ、「すべての“旧(ふる)きに属するもの”は例外なく片端から消えていき、“新しきに属するもの”だけが生き残ることが赦(ゆる)される時代」だということを我々は本書から学んできました。

六国(りっこく)が亡びたのは、教科書的には「秦の軍事力により」かもしれませんが、本質的には彼らが「“旧”に属していたから」であり、秦が天下を獲ることができたのは、秦が「“新”に属していたから」にすぎません。

同じように、今我々に襲いかかる「新型コロナ(Covot-19)」の渦に呑(の)み込まれて消えゆくものがあるとするなら、それは直接的には「コロナ禍」のせいかもしれませんが、本質的には「“旧”に属しているから」です。

今、我々が“乱世”を生き延びることができるかどうかは、「つねにアンテナを張って“旧(ふる)き”と決別し、“新しき”を自分の中に採り入れることができるかどうか」にかかっている —— と歴史は教えてくれます。

（＊19）もっともこうした“神の御加護（としか思えない強運）”も、その者が「歴史的役割」を担っている間だけです。やがてその者が「歴史的役割」を終えると、たちまち“神の御加護”は解除され、あれほど強運だった人物がウソのように“些細な不運”でもあっけなく命を落とします。信長が「本能寺」で討たれたのもそのためです。

〈春秋時代 おもな王侯・賢臣・戦（いくさ）〉

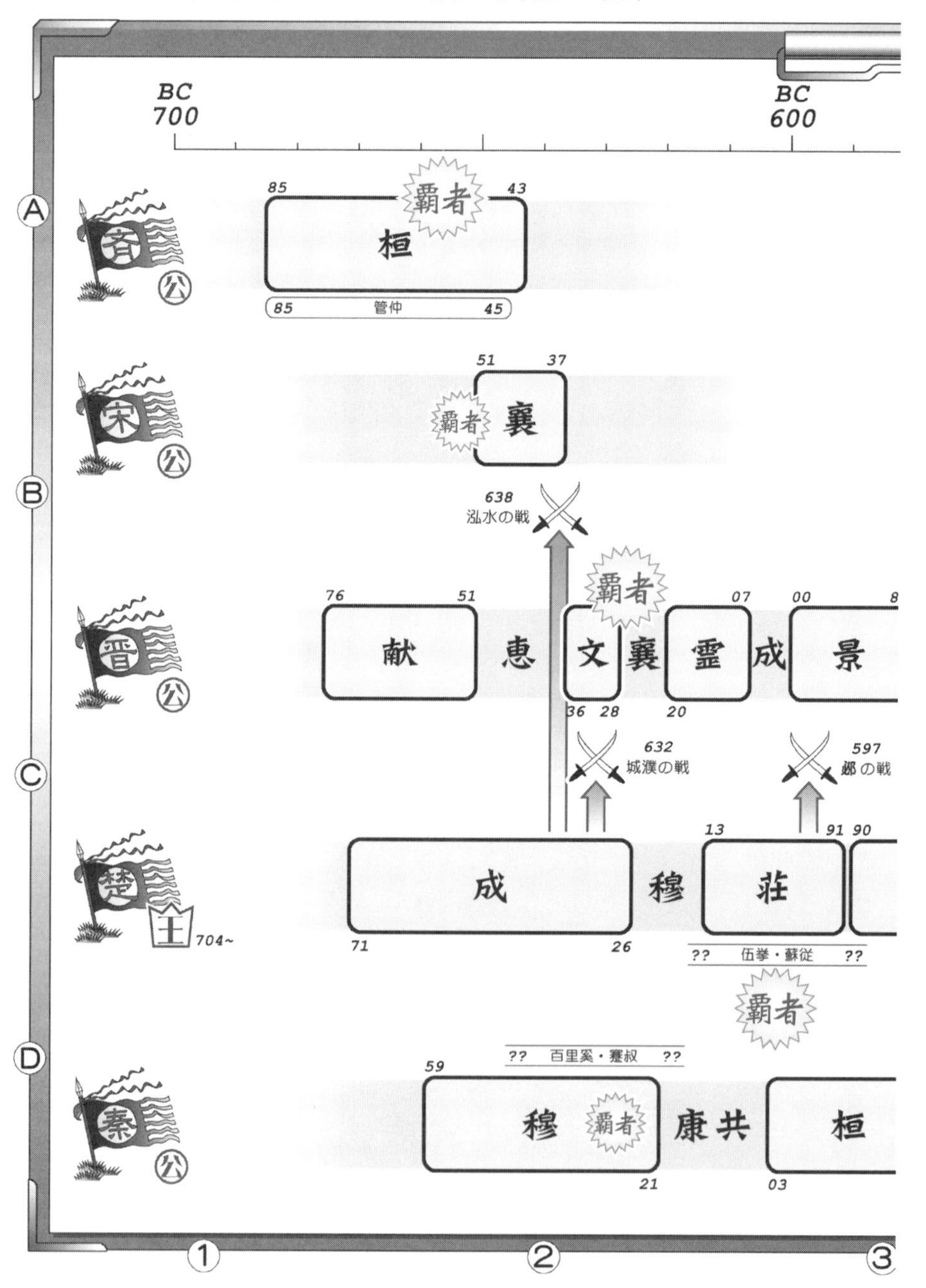

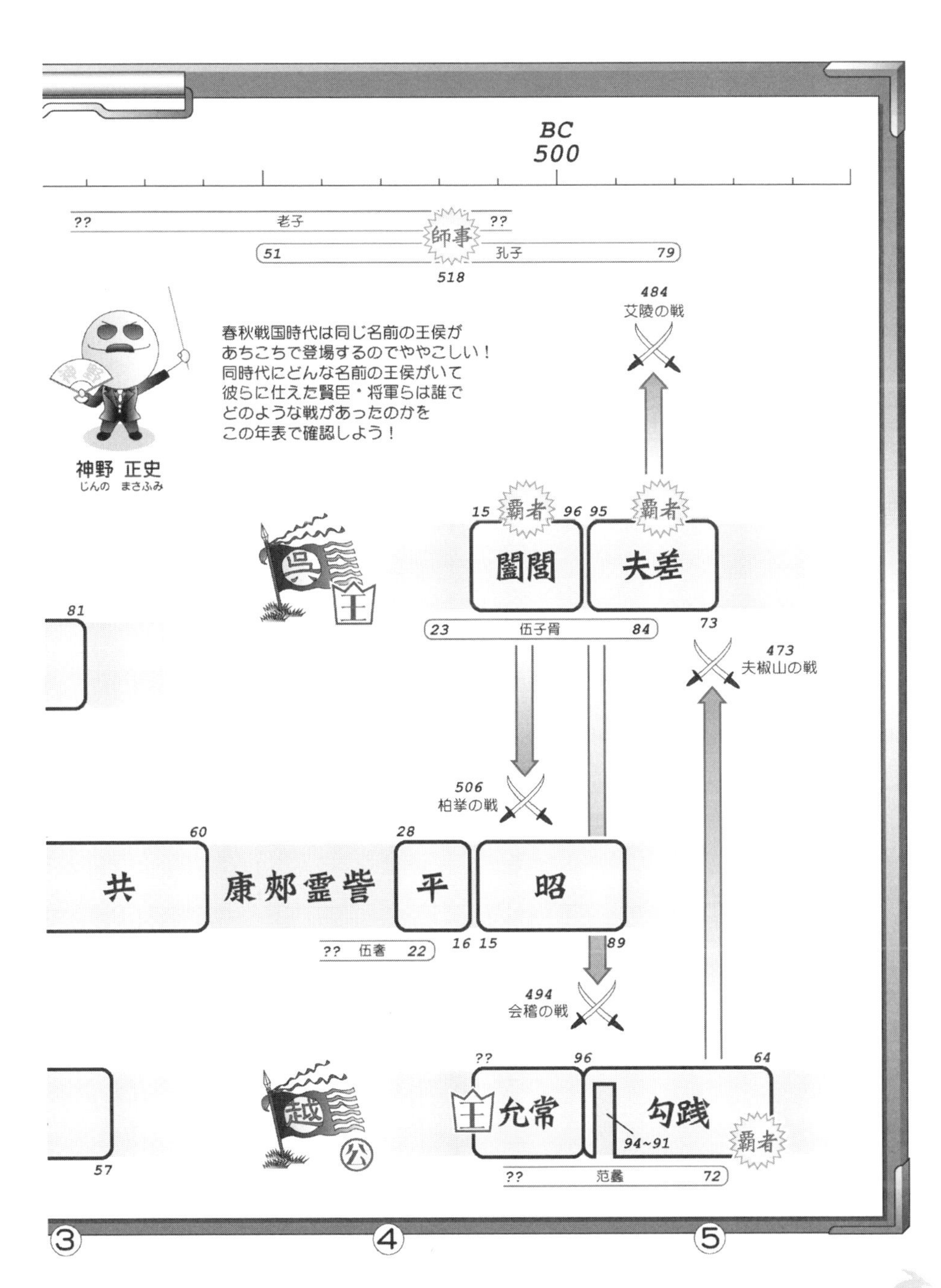
BC
500
??
老子
??
師事
51
孔子
79
518
484
艾陵の戦
春秋戦国時代は同じ名前の王侯が
あちこちで登場するのでややこしい！
同時代にどんな名前の王侯がいて
彼らに仕えた賢臣・将軍らは誰で
どのような戦があったのかを
この年表で確認しよう！
神野 正史
じんの まさふみ
15
覇者
96
95
覇者
闔閭
夫差
呉
王
81
23
伍子胥
84
73
473
夫椒山の戦
506
柏挙の戦
60
28
共
康鄭霊訾
平
昭
?? 伍奢 22
16 15
89
494
会稽の戦
??
96
64
王
允常
勾践
94~91
覇者
越
公
57
??
范蠡
72
③
④
⑤

〈戦国時代 おもな王侯・賢臣・戦〉

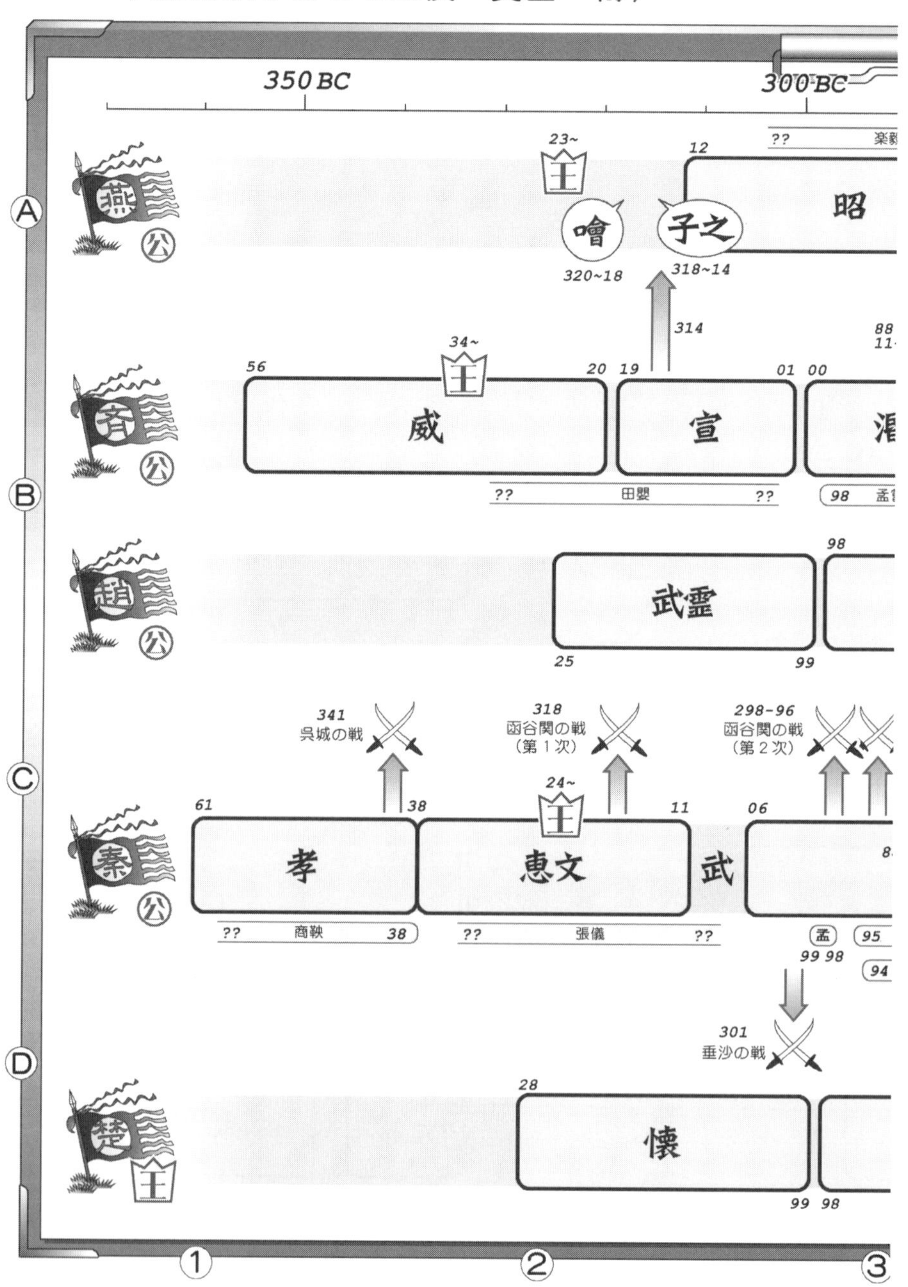

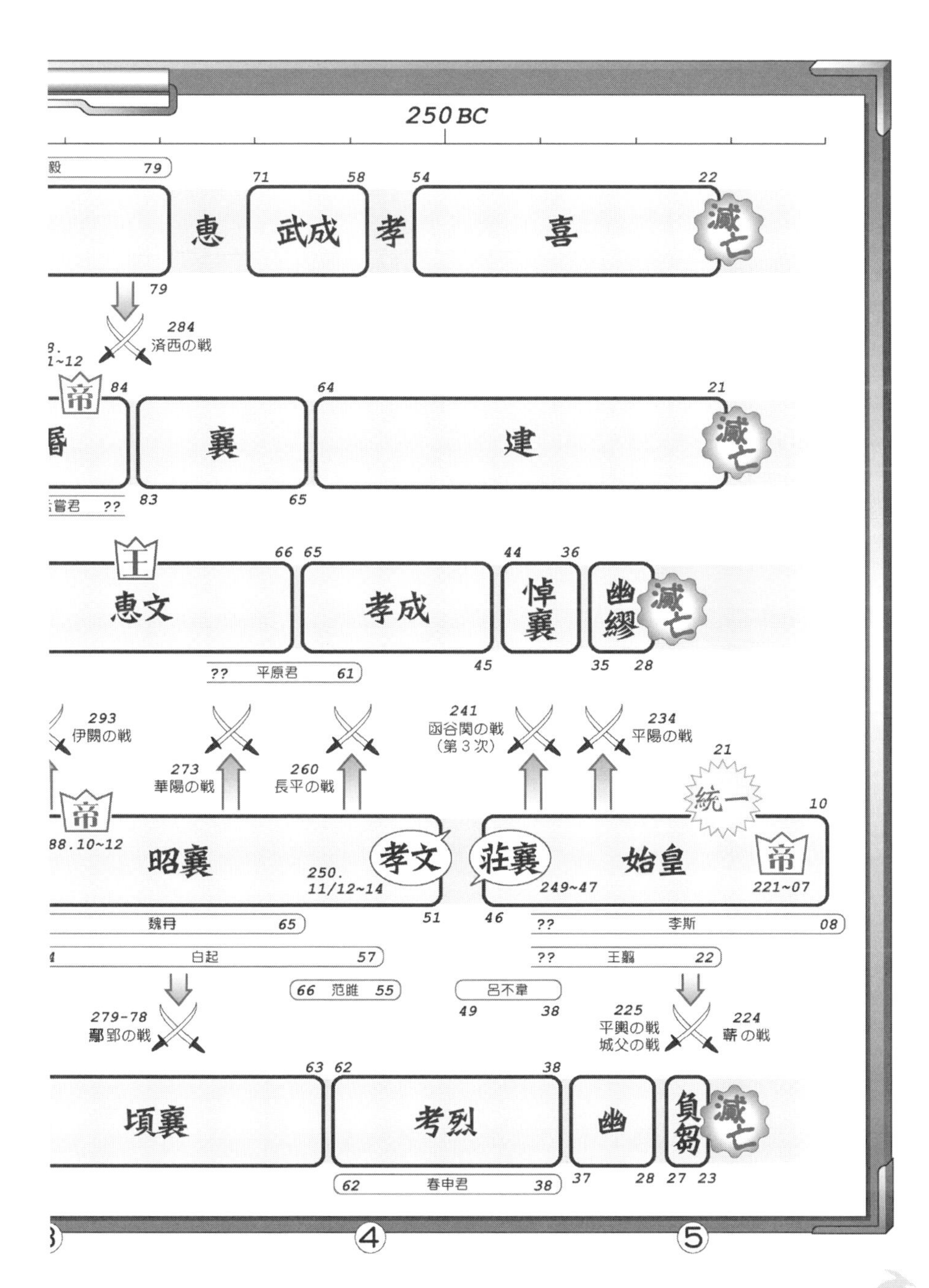

250 BC
毅 79
71 58 54 22
恵
武成
孝
喜
滅亡
79
284
済西の戦
84 64 21
帝
襄
建
滅亡
嘗君 ??
83 65
王
66 65 44 36
恵文
孝成
悼襄
幽繆
滅亡
45 35 28
?? 平原君 61
293
伊闕の戦
273
華陽の戦
260
長平の戦
241
函谷関の戦
（第３次）
234
平陽の戦
21
統一
10
帝
88.10~12
昭襄
孝文
250.
11/12~14
荘襄
249~47
始皇
帝
221~07
51 46
魏冄 65
?? 李斯 08
白起 57
?? 王翦 22
66 范雎 55
呂不韋
49 38
279-78
鄢郢の戦
225
平輿の戦
城父の戦
224
蕲の戦
63 62 38
頃襄
考烈
幽
負芻
滅亡
37 28 27 23
62 春申君 38
④
⑤

■おもな参考文献（順不同）■

司馬遷（小竹文夫・武夫 訳）『史記（全8巻）』（筑摩書房）
左丘明（小倉芳彦 訳）『春秋左氏伝（上・中・下巻）』（岩波書店）
曾先之（西野広祥 訳）『十八史略』（徳間書店）
劉向（近藤光雄 訳）『戦国策』（講談社）
歴史群像シリーズ『争覇春秋戦国』（学習研究社）
守屋洋『全訳「武経七書」1 孫子・呉子』（プレジデント社）
守屋洋『全訳「武経七書」2 司馬法・尉繚子・李衛公問対』（プレジデント社）
守屋洋『全訳「武経七書」3 六韜・三略』（プレジデント社）
韓非（西野広祥・市川宏 訳）『韓非子』（徳間書店）
井波律子 訳『完訳 論語』（岩波書店）
金谷治 訳注『大学・中庸』（岩波書店）
小林勝人 訳注『孟子』（岩波書店）
大橋武夫『図解兵法』（ビジネス社）
松村劭（すすむ）『世界全戦争史』（H&I）
小沢郁郎『世界軍事史』（同成社）
貝塚茂樹『世界の歴史 1 古代文明の発見』（中央公論社）
尾形勇 他『新版世界各国史 3 中国史』（山川出版社）
歴史学研究会『世界史史料 3 東アジアⅠ』（岩波書店）

著者紹介

神野 正史（じんの・まさふみ）

▶河合塾世界史講師。世界史ドットコム主宰。学びエイド鉄人講師。ネットゼミ世界史編集顧問。ブロードバンド予備校世界史講師。歴史エヴァンジェリスト。1965 年、名古屋生まれ。出産時、超難産だったため、分娩麻痺を発症、生まれつき右腕が動かない。剛柔流空手初段、日本拳法弐段。立命館大学文学部史学科卒。既存のどんな学習法よりも「たのしくて」「最小の努力で」「絶大な効果」のある学習法の開発を永年にわたって研究。そして開発された『神野式世界史教授法』は、毎年、受講生から「歴史が “見える” という感覚が開眼する！」と、絶賛と感動を巻き起こす。「歴史エヴァンジェリスト」として、TV 出演、講演、雑誌取材、ゲーム監修など、多彩にこなす。「世界史劇場」シリーズ（ベレ出版）をはじめとして、『最強の成功哲学書 世界史』（ダイヤモンド社）、『粛清で読み解く世界史』（辰巳出版）、『暗記がいらない世界史の教科書』（PHP 研究所）など、著書多数。

◉── カバーデザイン　川原田 良一（ロビンソン・ファクトリー）
◉── DTP　WAVE 清水 康広
◉── 校閲　有限会社蒼史社

世界史劇場 春秋戦国と始皇帝の誕生

2021 年 7 月 25 日　初版発行

著者	神野 正史
発行者	内田 真介
発行・発売	ベレ出版 〒162-0832　東京都新宿区岩戸町12 レベッカビル TEL.03-5225-4790 FAX.03-5225-4795 ホームページ　https://www.beret.co.jp/
印刷	株式会社文昇堂
製本	根本製本株式会社

ISBN 978-4-86064-664-6 C0022　　編集担当　森 岳人

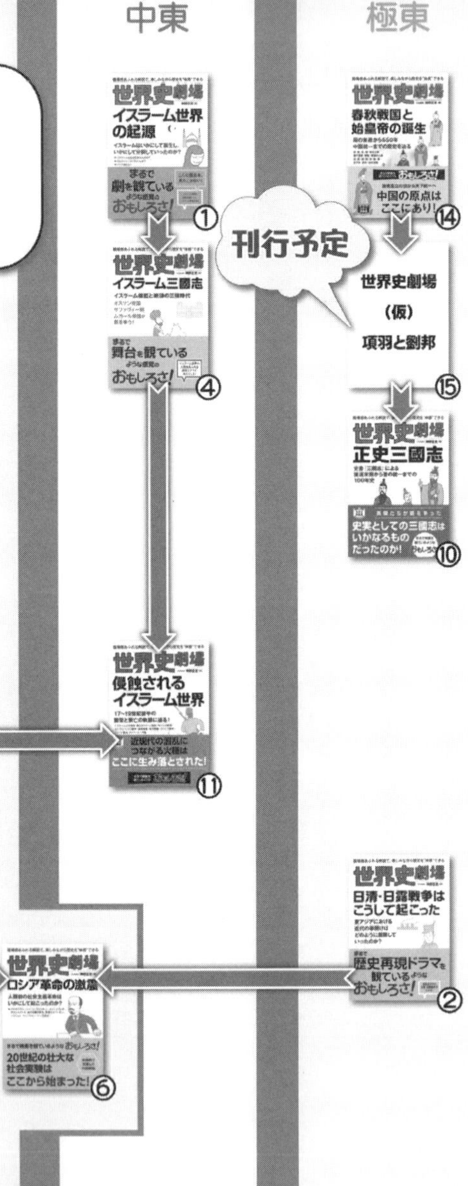

世界史劇場 天才ビスマルクの策謀 ⑬

世界史劇場 第一次世界大戦の衝撃 ⑤

世界史劇場 ナチスはこうして政権を奪取した ⑨

歴史が矢印方向へ連動している

丸数字：刊行順序